THE RISE OF STORYWORLDS
故事世界的兴起

数字时代的跨媒介叙事
Transmedia Storytelling
in the Digital Era

施畅 著

四川大学出版社
SICHUAN UNIVERSITY PRESS

图书在版编目（CIP）数据

故事世界的兴起：数字时代的跨媒介叙事 / 施畅著
. — 成都：四川大学出版社，2024.5（2024.10重印）
ISBN 978-7-5690-6919-8

Ⅰ．①故… Ⅱ．①施… Ⅲ．①数字技术－应用－传播媒介－研究－中国 Ⅳ．①G219.2

中国国家版本馆 CIP 数据核字（2024）第 107238 号

书　　名：故事世界的兴起：数字时代的跨媒介叙事
　　　　　Gushi Shijie de Xingqi: Shuzi Shidai de Kuameijie Xushi
著　　者：施　畅
出 版 人：侯宏虹
总 策 划：张宏辉
选题策划：王　冰
责任编辑：王　冰
责任校对：毛张琳
装帧设计：何思影
责任印制：王　炜

出版发行：四川大学出版社有限责任公司
　　　　　地址：成都市一环路南一段 24 号（610065）
　　　　　电话：（028）85408311（发行部）、85400276（总编室）
　　　　　电子邮箱：scupress@vip.163.com
　　　　　网址：https://press.scu.edu.cn
印前制作：四川胜翔数码印务设计有限公司
印刷装订：成都金龙印务有限责任公司

成品尺寸：165 mm×238 mm
印　　张：24.75
插　　页：2
字　　数：521 千字
版　　次：2024 年 5 月 第 1 版
印　　次：2024 年 10 月 第 2 次印刷
定　　价：88.00 元

本社图书如有印装质量问题，请联系发行部调换

版权所有 ◆ 侵权必究

扫码获取数字资源

四川大学出版社
微信公众号

国家社科基金后期资助项目
出版说明

  后期资助项目是国家社科基金设立的一类重要项目，旨在鼓励广大社科研究者潜心治学，支持基础研究多出优秀成果。它是经过严格评审，从接近完成的科研成果中遴选立项的。为扩大后期资助项目的影响，更好地推动学术发展，促进成果转化，全国哲学社会科学工作办公室按照"统一设计、统一标识、统一版式、形成系列"的总体要求，组织出版国家社科基金后期资助项目成果。

全国哲学社会科学工作办公室

序

《故事世界的兴起：数字时代的跨媒介叙事》是施畅在博士学位论文基础上，对跨媒介叙事批评理论历经十余年持续关注研究的结晶，也是他学术再出发的新起点。2014年他来复旦大学新闻学院跟我攻读博士研究生之前，学科背景是文学批评理论。进入新闻传播学科的博士学习，培养了媒介研究的旨趣之后，他选择跨媒介叙事这一研究领域也是其来有自，并有效地打通了两个学科的边界。这部书稿学术视野非常开阔，资料援引丰富翔实，体现了一位年轻学人敏锐、热情和上下求索的钻研精神以及成就。作为学术研究的处女作，第一部书稿出版就能够获得国家社科基金后期资助项目的支持，实属不易。一些相关研究的学者同事在开会或见面时也会特意向我褒扬他的工作，他发表的学术论文也已经获得了不少引用。这些都非常可喜可贺，也表明了他的学术之旅已经行稳致远。

跨媒介叙事研究作为近十年来跨学科的"显学"，即便是新闻传播学科对该议题的讨论也已经是蔚为壮观。施畅的工作在很大程度上对这一繁茂芜杂的学科领域进行了有效而精细的清理、界定和理论辨析，也得出了很多有意思的见解。这里，我略述一二，作为后续引申思考的话题。

跨媒介叙事使过去主要附丽于文学领域的叙事学开始走出"媒介"的盲点——对于文学理论领域来说，"媒介"是个新发现，事实上，今天文学理论领域的跨媒介叙事研究支撑了这一领域的半壁江山。而对于新闻传播学科而言，"跨媒介"是个新发现，这不仅仅是因为数字时代的到来，更重要的是数字时代已经并正在促使文化产业生产方式的深度重组——但是，这或许也恰恰是今天新闻传播学科相关研究"失焦"的问题所在。其实，跨媒介叙事在文化产业领域的商业成功才是它在学术界走红的关键，这就使得跨媒介叙事理论如何回应数字时代文化生产的复杂现实成为挑战，也是真问题。施畅把"虚拟媒介"，也就是今天一日千里的媒介技术对虚拟世界的持续建构，作为其论述面向未来的一个"问题域";第二个"问题域"是"幻想世界",一个具有历史维度的考察切面;第三个"问题域"是"复魅文化",从韦伯著名的"祛魅"论述翻转而来,"祛魅""复魅"这一对概念也已经成为描述当代社会的核心议题。这样,历史、当下与未来的"三位一体"构成了整部书稿的基本理论框架,并在此基础上回应了一系列文化生产的现实关切,讨论了诸如地图、空间、城市,以及中国本土案例的科幻、仙侠、盗墓、宫斗故事等一系列跨媒介生产和传播的成败得失。

跨媒介叙事之所以可能,在于背后是否能够生成统一的、共同的"故事世界",也即施畅所辨析的"共世性"——从这一后视的视角来看,"跨媒介叙事"其实是世界范围内不同文明交流和互鉴的基本方式,也是社会共识的形成机制。比如,古希腊的神话就是通过剧场上演的悲喜剧、由吟游诗人集体创作的荷马史诗,以及不可胜数的雕塑、绘画等"跨媒介叙事"完成的;中国传统戏剧的"本事"也就是跨越不同方言和戏剧表演类型的故事梗概,包括印刷、绘画、说书等在内的中国文化传统的"跨媒介叙事";欧洲中世纪民众通过雕塑、建筑、戏剧等方式对圣经故事进行"滚雪球式传播",当然也是这样的案例;中国佛教传播的方式其实也是一样,敦煌石窟就可以视为一个"跨媒介传播"的装置,除了造像、绘画、建筑还有藏经,也是百姓朝拜的场所。18 世纪以来,个人主义的兴起,"作者"的兴起,现代意义上小说的兴起,与资本主义时代中产阶级的兴起和女性读者的兴起互相建构,也成就了以作者为核心的文化生产体制,以及作为生意的资本主义文化版权制度——从世界文明史的长时段角度看,这反而是特例。因此,在这个意义上,以"跨媒介叙事"为表现方式的当代文化生产机制背后,以版权为核心的文化生产方式的嬗变,才是当代跨媒介研究背后的"物质性"问题。媒介的物质性,并不能仅仅停留在对"万物皆媒"的指认,这并不是否认这一指认的重要性——如此,我们才能理解为什么今天"跨媒介叙事"的"故事世界"中包含着创世神话、道德维度以及对时间和空间的再造;但是,今天,更重要的是对背后推动科学技术与生产方式更迭和重组的"政治"指认,在"新冷战"和新的战争阴云密布的当下,基于"粉丝"的"去政治化"的跨媒介叙事的文化研究路径必将遭到"左"和"右"的政治力量的挑战。言必称"物质性",却丧失了基本的辩证唯物主义和历史唯物主义视角,正是当今新闻传播学科的"拜物教"问题与危机所系。

当文化产业正在奔赴以 IP 为核心的"跨媒介叙事"的文化与资本生产与再生产的过程,仅仅指认"跨媒介叙事"的前世今生,甚至对跨媒介叙事做分类描述和学术界定，不是目的。在此基础上分析背后的跨媒介、跨领域、跨国别、跨冷战等一系列政治经济过程，可能是更重要的任务，也就是施畅所强调的一种创造和维系意义空间的生产实践究竟如何可能。因为，说到底，"故事世界"的背后是新与旧的世界观的博弈，是创造一个新世界是否可能，一代新人的成长是否可能，也就是"故事世界"与"现实世界"的叠印关系究竟如何发生。"共世性"不仅仅代表着跨媒介文本中的"故事世界"，现实的世界是所有"故事世界"的底本，无论它是以虚构还是非虚构的方式呈现。乌托邦的想象（故事）世界与现实世界的张力和搏斗本身，正是我们所共存的这个世界的现实政治——这就是我们所有人类的"共世性"，如何叙述这个"共世性"，构成了所有故事的温床，也是塑造人类未来的温床。

中国新生代的年轻学人任重道远。

吕新雨
2024年2月4日，上海

前　言

由美国 HBO 电视网制作的奇幻剧集《权力的游戏》（*Game of Thrones*），改编自美国小说家乔治·马丁（George R. R. Martin）的长篇小说《冰与火之歌》（*A Song of Ice and Fire*），自 2011 年开播以来引发全球收视热潮，堪称当代史诗奇幻片的里程碑式作品。《权力的游戏》之片头由 Elastic 特效公司负责制作，该公司凭借此片荣获同年艾美奖之"最佳片头设计"奖。片头即为一张复杂的地图：从君临的红堡到临冬城的神木林，再到风暴频发的狭海，摄像机带领观众从空中俯瞰了七大王国，纵横千里，来回游荡。观众可以借此了解"冰火"世界的地理形态以及重要城市的相对位置等信息。成千上万的齿轮和弹簧缓缓驱动，城市和城堡拔地而起，地图由平面转为立体。在贸易和战争的驱动下，这些城邦不断经历变迁。

剧集《权力的游戏》片头设计图[①]

考虑到地图至关重要却又难以置入剧情，制作方决定将地图置于片

---

① 剧集《权力的游戏》片头设计图之君临城（King's Landing）。该片头由 Angus Wall 导演，Elastic 特效公司制作，来源 http://www.artofthetitle.com。

头予以呈现。① 片头地图匆匆掠过却暗含大量剧情信息，以至于维基百科专辟词条单独介绍②。可以说，地图是理解"冰火"世界的一把钥匙，其历史进程寓于片头地图的变换之中。

基于乔治·马丁手绘的"冰火"地图，这份 CGI（电脑成像）地图历经无数张概念图，层层打磨，精心打造。导演安格斯·瓦尔（Angus Wall）曾坦言团队在制作地图时异常精细。因为他们明白，只要稍有差池，愤怒的粉丝就会"打着火把、扛着铁叉"找来算账。③ 如果想看得更仔细一些，你还可以把《冰与火之歌官方地图集》（*The Lands of Ice and Fire*，2012）找来看看。绘图师乔纳森·罗伯茨（Jonathan Roberts）以全彩大幅纸质地图，忠实还原了马丁笔下的"冰火"世界，甚至还标记出了主要角色的活动轨迹。你会惊讶地发现，幻想世界地图制作之精细，已经不亚于真实世界的地图了。

"冰火"地图《已知的世界》④

故事世界的"地图术"是数字时代跨媒介叙事的一个缩影。首先，地图指向一个似有其事的幻想世界，努力打造一个似是而非的幻境；其

---

① Will Perkins and Ian Albinson, "Game of Thrones," *Art of the Title*, May 11, 2011, retrieved from http://www.artofthetitle.com.
② 词条名为"Game of Thrones Title Sequence"。
③ John Axelrod, "How the Innovative Game of Thrones Opening Credits were Built," *Forbes*, March 30, 2013, retrieved from http://www.forbes.com.
④ 《已知的世界》（*The Known World*），Jonathan Roberts 制图，出自《冰与火之歌官方地图集》（参见 George R. R. Martin, *The Lands of Ice and Fire*, New York: Bantam, 2012.）。

次，地图为多元化的媒介实践提供了一个互为连接、彼此迁徙的基础性座架，各种媒介协同叙事、精细构筑；最后，地图指向一个极具吸引力的故事世界，召唤消费者前来探索体验，同时欢迎他们费心钻研、接续讲述。

跨媒介叙事理论如何回应数字时代的新挑战，是本书的问题意识所在。笔者以数字时代为背景，以跨媒介叙事为研究对象，围绕虚拟媒介、幻想世界、复魅文化三大问题域展开论述，尝试拓展数字时代跨媒介叙事的分析路径与研究方法。

问题域一，虚拟媒介。虚拟有四重涵义，包括虚拟作为装置（启动幻觉）、虚拟作为中介（再媒介化）、虚拟作为潜能（征服时空），以及虚拟作为世界（幻想世界）。随着技术的进步，虚拟媒介或将成为人们达至幻想世界的终极手段，原有的媒介手段届时难免相形见绌。就虚拟世界的研究理路而言，传播社会学、技术哲学、文艺批评构成其三大研究视域，其历史梳理可大致分为幻想史与媒介史两条脉络。

问题域二，幻想世界。幻想空间是根植于历史现实的"另类空间"，为人们提供了"另一种可能"，即以独立自决的姿态去面对一个日益崩坏的幻想世界。在现代生活的层面上，幻想空间允许人们从高速运转的现代社会中抽身出来，去迎接一个日益动荡的幻想世界。这既是对持续焦虑的短暂克服，也让人们重拾久违的价值与荣耀。在现代制度的层面上，幻想空间是对现代社会之理性制度的某种批判性回应。现代社会的治理术往往诉诸隔离秩序，而幻想空间中的混杂势力正不懈地挑战、进击这些宰制性力量。

问题域三，复魅文化。马克斯·韦伯（Max Weber）意义上的"祛魅"（disenchantment），指的是理性精神将原本神秘莫测的世界世俗化、合理化了。与此相对，"复魅"（re-enchantment）指的是那些为理性秩序所驱散、不见容于现代性的幻想又被人们召唤回来了。本书以"复魅"一词作为关键概念来深入理解数字时代的跨媒介叙事。

为了回应以上问题域，全书共有六章来逐一讨论相关议题。

第一章，笔者试图廓清关于跨媒介叙事的理论误读，指出其本质特征在于"共世性"而非"互文性"。"共世性"对创作者而言意味着对故事世界的扩展，对消费者而言则意味着对故事世界的探索，由此引申出两个关键问题：创作者如何扩展故事世界？消费者如何探索故事世界？笔者还将讨论跨媒介叙事的吸引力来源，以及跨媒介叙事参与者"盗猎""游牧"的行动逻辑。

第二章聚焦数字时代跨媒介叙事的三重转向，即技术虚拟化、媒介融合化与文化复魅化。就技术虚拟化而言，笔者从四个维度去展开讨论：虚拟作为装置（启动幻觉）、虚拟作为中介（再媒介化）、虚拟作为潜能（征服时空），以及虚拟作为世界（幻想世界）。就媒介融合化而言，笔者介绍跨媒介性及其研究传统，以及数字时代对纯粹媒介的批判，由此揭示数字时代跨媒介叙事的媒介融合转向。就文化复魅化而言，笔者从祛魅到复魅的文化变迁出发，来解释为何幻想与理性可以携手并置。

跨媒介之"跨"，在技术层面意味着"技术的跨越与变迁"。第三章聚焦跨媒介叙事的虚拟化历史。笔者先对虚拟世界的研究理路做简要梳理，再从"幻想世界的崛起"和"制造幻境的革命"两个方面爬梳跨媒介叙事的虚拟化历史，然后以虚拟现实（VR）和增强现实（AR）为例做深度解析，由此揭示虚拟技术的发展历程与未来前景。

跨媒介之"跨"，在媒介层面意味着"媒介的跨越与融合"。第四章聚焦跨媒介叙事的媒介学分析，介绍跨媒介研究的方法论，然后以电影为例探讨跨越媒介边界何以可能，最后对电影化游戏与游戏化电影两类新式媒介形态展开跨媒介研究，从而检验跨媒介研究的丰富潜力。

跨媒介之"跨"，在故事层面意味着"故事的跨越与整合"。第五章聚焦跨媒介叙事的文化批评。以故事世界为论述主轴，分析其探索方式，以及此种现象风行背后的复魅文化，进而分别从奇幻与科幻的角度重点分析"幻想文学疆域的地图构想"与"科幻影像城市的未来想象"。最后以未来纽约与未来上海作为个案，分析跨媒介叙事风潮背后的城市空间与社会心态。

第六章旨在探索构建中国跨媒介叙事体系。这一章笔者将目光转移至我国本土的跨媒介叙事实践，探讨如何构建中国跨媒介叙事体系，以及如何打造本土化的幻想世界。本章以三体宇宙、仙侠江湖、盗墓空间、修仙世界、权谋后宫为个案，深度探索大国科幻、侠骨柔情、探险寻宝、个体逆袭、女性成长的跨媒介叙事潜力与国际传播力。

结语再次回应本书的问题意识。数字时代的跨媒介叙事通过打造一个日趋混乱的幻想世界，促使人们主动参与、自行经历，寻找失落已久的事物与价值。跨媒介叙事所架构的复魅空间为我们提供了除历史现实之外的另一种可能，它允许人们投身其中，这既是逃避的权宜之计，也意味着欲望和反抗。根植于历史现实的"复魅空间"是对现代性的一种回应或批评。它既是逃逸空间，更是希望空间，是对理性主义的当代反思，亦是对祛魅社会的有益补充。

总之，数字时代的跨媒介叙事为一个据称被祛魅了的现代社会提供了幻想复魅的可能。借助虚拟媒介，奇幻实有其事，科幻不再遥远。人们全神贯注，投身其中，却也并非迷狂。人们逃离日常秩序，渴望非凡旅程，既怀念未曾祛魅的过去，也期待即将复魅的未来。

目 录

第一章　理解跨媒介叙事 ⋯⋯⋯⋯⋯⋯⋯⋯⋯⋯⋯⋯⋯⋯⋯⋯⋯ 1
　第一节　何谓跨媒介叙事 ⋯⋯⋯⋯⋯⋯⋯⋯⋯⋯⋯⋯⋯⋯⋯⋯ 1
　第二节　可扩展性：跨媒介叙事的本质属性 ⋯⋯⋯⋯⋯⋯⋯⋯ 14
　第三节　故事世界：跨媒介叙事的吸引力 ⋯⋯⋯⋯⋯⋯⋯⋯⋯ 19
　第四节　盗猎与游牧：跨媒介叙事的行动者 ⋯⋯⋯⋯⋯⋯⋯⋯ 26
　本章小结 ⋯⋯⋯⋯⋯⋯⋯⋯⋯⋯⋯⋯⋯⋯⋯⋯⋯⋯⋯⋯⋯⋯ 32

第二章　数字时代跨媒介叙事的三重转向 ⋯⋯⋯⋯⋯⋯⋯⋯⋯ 33
　第一节　技术虚拟化 ⋯⋯⋯⋯⋯⋯⋯⋯⋯⋯⋯⋯⋯⋯⋯⋯⋯ 33
　第二节　媒介融合化 ⋯⋯⋯⋯⋯⋯⋯⋯⋯⋯⋯⋯⋯⋯⋯⋯⋯ 50
　第三节　文化复魅化 ⋯⋯⋯⋯⋯⋯⋯⋯⋯⋯⋯⋯⋯⋯⋯⋯⋯ 59
　本章小结 ⋯⋯⋯⋯⋯⋯⋯⋯⋯⋯⋯⋯⋯⋯⋯⋯⋯⋯⋯⋯⋯⋯ 67

第三章　虚拟化：跨媒介叙事的技术变迁 ⋯⋯⋯⋯⋯⋯⋯⋯⋯ 69
　第一节　虚拟世界的研究理路 ⋯⋯⋯⋯⋯⋯⋯⋯⋯⋯⋯⋯⋯ 69
　第二节　幻想世界的崛起 ⋯⋯⋯⋯⋯⋯⋯⋯⋯⋯⋯⋯⋯⋯⋯ 81
　第三节　制造幻境的革命 ⋯⋯⋯⋯⋯⋯⋯⋯⋯⋯⋯⋯⋯⋯⋯ 90
　第四节　个案研究：虚拟现实的兴起 ⋯⋯⋯⋯⋯⋯⋯⋯⋯⋯ 97
　第五节　个案研究：增强现实的兴起 ⋯⋯⋯⋯⋯⋯⋯⋯⋯⋯ 113
　本章小结 ⋯⋯⋯⋯⋯⋯⋯⋯⋯⋯⋯⋯⋯⋯⋯⋯⋯⋯⋯⋯⋯⋯ 130

第四章　融合化：跨媒介叙事的媒介分析 ⋯⋯⋯⋯⋯⋯⋯⋯⋯ 133
　第一节　作为方法的跨媒介研究 ⋯⋯⋯⋯⋯⋯⋯⋯⋯⋯⋯⋯ 133
　第二节　跨越边界如何可能——以电影为例 ⋯⋯⋯⋯⋯⋯⋯ 147
　第三节　个案研究：对电影化游戏的跨媒介分析 ⋯⋯⋯⋯⋯ 165
　第四节　个案研究：对游戏化电影的跨媒介分析 ⋯⋯⋯⋯⋯ 193
　本章小结 ⋯⋯⋯⋯⋯⋯⋯⋯⋯⋯⋯⋯⋯⋯⋯⋯⋯⋯⋯⋯⋯⋯ 211

第五章 复魅化：跨媒介叙事的文化批评 ………………………… 215
第一节 故事世界与复魅文化 ………………………… 216
第二节 幻想文学疆域的地图构想 ………………………… 228
第三节 科幻影像城市的未来想象 ………………………… 253
第四节 个案研究：关于未来纽约的跨媒介想象 ………………………… 268
第五节 个案研究：关于未来上海的跨媒介想象 ………………………… 284
本章小结 ………………………… 294

第六章 探索构建中国当代跨媒介叙事体系 ………………………… 297
第一节 三体宇宙：大国科幻的跨媒介叙事 ………………………… 298
第二节 仙侠江湖：侠骨柔情的跨媒介叙事 ………………………… 309
第三节 盗墓空间：探险寻宝的跨媒介叙事 ………………………… 318
第四节 修仙世界：个体逆袭的跨媒介叙事 ………………………… 325
第五节 权谋后宫：女性成长的跨媒介叙事 ………………………… 339
本章小结 ………………………… 347

结语 迎向复魅空间的永恒探索 ………………………… 351

参考文献 ………………………… 357

后 记 ………………………… 379

第一章 理解跨媒介叙事

这样一个跨媒介故事横跨多种媒体平台展现出来,其中每一个新文本都对整个故事做出了独特而有价值的贡献。

——亨利·詹金斯(2006)

跨媒介叙事是指围绕共同的故事世界利用多种媒介各擅胜场地讲述故事。在此过程中,故事世界被精细构筑,并在地理、历史、人物方面具有极强的可扩展性,由此吸引消费者前来探索体验、研究钻研,甚至对故事世界再扩展、再讲述。跨媒介叙事实践之所以长盛不衰,其背后是人们对现代性的不满以及由此而兴起的复魅文化。人们渴望在溢出现实世界之外的幻想世界中体验探索,从而实现自我价值。

第一节 何谓跨媒介叙事

"跨媒介叙事"(Transmedia Storytelling)这一概念,早在2003年由时任麻省理工学院比较媒体研究项目主任的亨利·詹金斯(Henry Jenkins)正式提出。《文本盗猎者:电视迷与参与式文化》(1992)一书可视作詹金斯对跨媒介叙事的早期探索,而《融合文化:新媒体和旧媒体的冲突地带》(2006)一书的出版则标志着跨媒介叙事理论框架的初步形成。加上詹金斯近年来对个人博客(henryjenkins.org)苦心经营,跨媒介叙事的研究旨趣与核心问题逐渐明晰。十余年间,跨媒介叙事历经学界热议,渐受业界追捧,终于在诸多相似概念的围追堵截中脱颖而出,一时风头无两。

跨媒介叙事这一概念之所以能够在众多相似概念的激烈竞争中逐步扩张、后来居上,是因为作为跨媒介叙事"教主"的詹金斯不仅给学界注入了新的活力,也向业界描绘了一番美好愿景。跨媒介叙事并非倚仗时髦概念的标新立异,而是旨在接续前辈先贤的理论脉络,在数字时代加以理论延展。这也正是詹金斯开宗立派的根基所在。

一、对相近概念的辨析

"跨媒介叙事"亦可翻译为"跨媒介讲故事",这里的"叙事"(storytelling)并非叙事学(narratology)意义上的"叙事"。中国台湾学者郭哲玮将其翻译为"串媒体"。单从字面上来理解跨媒介叙事,固然不觉新鲜。太阳之下,本无新事,詹金斯也承认利用多种媒介来传播信息的做法古已有之。"在人类历史的大部分时间里,一个伟大的故事理所当然地会采用多种不同的媒介形式来表现,或嵌入彩窗玻璃,或织入挂毯,或写入文字,或由行吟诗人歌唱,或由旅行者演绎。"①

如果仅仅将跨媒介叙事理解为多种媒介功能的简单相加,或者理解为相同信息在不同平台之间的简单复制,那么显然低估了该理论的创新之处。詹金斯给出如下定义:故事系统性地散布于多个平台,各个平台以各自擅长的方式做出独特的贡献。②各种媒介自有其优势所在,例如,漫画提供背景故事设定,游戏允许玩家独立探索未知世界,电视剧则陈述故事、铺展情节。③另外,跨媒介叙事强调系统性与协同性,彼此呼应,相互驰援,而不是单打独斗、误打误撞。詹金斯认为"黑客帝国"系列(包括漫画、电影、游戏等)即为跨媒介叙事的绝佳范例。④

---

① Henry Jenkins, "Transmedia Storytelling: Moving Characters from Books to Films to Video Games Can Make Them Stronger and More Compelling," *MIT Technology Review*, Jan. 15, 2003.

② [美]亨利·詹金斯:《融合文化:新媒体和旧媒体的冲突地带》,杜永明译,北京:商务印书馆,2012年版,第157页。

③ Henry Jenkins. "Seven Myths about Transmedia Storytelling Debunked," *Fast Company*, April 8, 2011, retrieved from http://www.fastcompany.com/2745746/Seven-myths-about-transmedia-storytelling-debunked.

④ [美]亨利·詹金斯:《融合文化:新媒体和旧媒体的冲突地带》,杜永明译,北京:商务印书馆,2012年版,第153—205页。

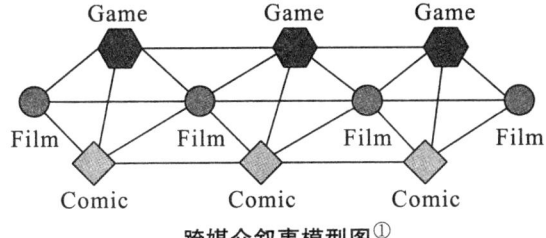

跨媒介叙事模型图①

詹金斯并不满足于在技术层面讨论跨媒介叙事，而是敏锐地指出其重要意义在于文化转型。文化转型之所以可能，是因为消费者广泛参与其中。消费者被鼓励去寻找新的信息，并在弥散的媒介内容中制造出新的关联。② 詹金斯热情洋溢地宣告：消费者倘或积极参与，实现媒介之间的自由流动，他们将无远弗届。③ 换言之，在跨媒介叙事中，消费者既是便于迁徙的，又是乐于迁徙的。

不过，在学术界另立山头绝非易事，除非证明其概念并非冷饭重炒或偷师于人，而是个人创见。与跨媒介叙事相似或相关的概念济济一堂，如"跨虚构"（Transfictionality）、"跨平台"（Cross-Media）、"多媒体"（Multimedia）、"深媒体"（Deep Media），以及"分布式叙事"（Distributed Narratives）等。"跨虚构"旨在考察虚构文本之间的差异，假定不同的文本所指向的世界是不一样的，而跨媒介则默认文本是延续的，假定不同的文本均指向同一个世界④；"跨平台"和"多媒体"皆着眼于同一个故事在不同媒体上的改编过程，而跨媒介叙事并非反复多次地讲述同一个故事，而是强调故事可以不断衍生、持续生长；"深媒体"强调故事必须可供观众沉浸⑤，而跨媒介叙事则将"可钻性"

---

① Geoffrey Long, "Transmedia Storytelling: Business, Aesthetics and Production at the Jim Henson Company", *Massachusetts Institute of Technology*, 2007, p. 15.
② [美] 亨利·詹金斯：《融合文化：新媒体和旧媒体的冲突地带》，杜永明译，北京：商务印书馆，2012年版，第31页。
③ [美] 亨利·詹金斯：《融合文化：新媒体和旧媒体的冲突地带》，杜永明译，北京：商务印书馆，2012年版，第30页。
④ Christy Dena, *Transmedia Practice: Theorising the Practice of Expressing a Fictional World across Distinct Media and Environments*. Sydney: University of Sydney, 2009, p. 119. Marie-Laure Ryan, "Transfictionality Across Media," in Pier J, Landa J Á G. (eds.) *Theorizing Narrativity*, Berlin: Walter de Gruyter, 2008, pp. 385−418.
⑤ Frank Rose, *The Art of Immersion: How the Digital Generation Is Remaking Hollywood, Madison Avenue, and the Way We Tell Stories*. New York: W. W. Norton & Company, 2011, p. 3.

(drillability) 吸纳为其原则之一①；"分布式叙事"强调某种难以在单一时空内经验的叙事②，强调无处不在的叙事致人沉浸③，而跨媒介叙事则更强调粉丝本身的能动性迁移。

作为概念创始人的詹金斯俨然一派宗师气度：热衷于学术对谈，并试图网罗有关跨媒介叙事的八方学说纳入本派麾下。虽然詹金斯谦逊地表示大家都在盲人摸象（包括他自己），不过他的学术野心显然不限于此。詹金斯试图把大家摸大象的成果拼凑起来，还原出一个真正的大象。

跨媒介叙事得以在语词争霸中力压群雄的另一个原因在于：跨媒介叙事与追逐利润的资本一拍即合，得到了资本的鼎力支持。在传媒大佬眼中，跨媒介叙事天然是一种营销手段。其业界鼓吹者不止一次地郑重承诺，"跨媒介可以帮助我们卖东西"④。"跨媒介叙事能使消费者乐于分享，使版权永葆活力，令观众无比忠诚，进而实现大幅盈利。"⑤ 传媒大佬们仿佛看到了一个美丽新世界：媒介产品一旦被生产出来，就如同永动机一般，可以持续不断地反复盈利。

跨媒介叙事或许可用于促销策略，却终究不同于促销策略，如品牌化娱乐（Branded Entertainment）。品牌营销与跨媒介叙事的区别在于：前者是将品牌附加于娱乐内容之上，临时拼贴又简单复制，结果信息冗余，后继乏力；后者则旨在建立起品牌神话，以品牌为核心展开叙事，故事情节纵深发展，经久不衰。更何况，品牌营销还得支付一大笔钱，而跨媒介叙事则相对而言要便宜许多。⑥ 另外，跨媒介叙事的价值衡量不在广告收入的多寡，而在于观众参与的强弱。⑦

跨媒介叙事的关键在于特许经营权（Franchising），即原创者将版权

---

① Henry Jenkins, "The Revenge of the Origami Unicorn: Seven Principles of Transmedia Storytelling," December 12, 2009. http://henryjenkins.org/blog/2009/12/the_revenge_of_the_origami_uni.html.

② Jill Walker, "Networks, Distributed Narrative Telling Stories Across," in Consalvo M, O'Riordan K, *Internet Research Annual*. Brighton: Peter Lang, 2004, pp. 91–103.

③ Glorianna Davenport, Stefan Agamanolis, Barbara Barry, et al. "Synergistic Storyscapes and Constructionist Cinematic Sharing," *IBM Systems Journal*. Vol. 39, No. 3–4 (2000): 456–469.

④ Michael Andersen, "Transmedia Across Disciplines at National Association of Broadcasters," *Wired*. May 5, 2011, retrieved from http://www.wired.com.

⑤ Daniël Van Gool, "Jeff Gomez Reveals Secrets to Transmedia Franchise Development at CineKid," http://www.argn.com, 2010-11-01.

⑥ Jeff Gomez, "Laurie Burkitt. Jeff Gomez," *Forbes*, March 30, 2009, retrieved from http://www.forbes.com.

⑦ "Here, There and Everywhere." *The Economist*. January 19, 2013, retrieved from http://www.economist.com.

有偿地授予其他媒介进行经营。特许经营权为版权的合理经营提供了法律保障。处于文化工业不同位置的传媒从业者有序地共享和复制特定的文化：漫画风行，小说大卖，电影开拍，游戏上线。

跨媒介叙事在文化工业中大行其道，首先是出于降低风险、增加利润的考虑。过去，电影制作始于剧本、导演和演员，而如今，影片得预计能赚大钱，故事才有望被编排。美国《新闻周刊》就曾刊文《特许经营权大热！》："好莱坞可不想用版权电影博得评论家的欢心，而是想方设法取悦华尔街。在这个纵向联合的新时代，投资者青睐版权电影，因为它每前进一步都能带来新的收入。"① 同时，跨媒介叙事也能拓展市场，吸引更多的消费群体。例如，青少年可能偏爱蜘蛛侠漫画，而年轻女性则可能更喜欢有关蜘蛛侠的爱情电影。

跨媒介叙事与业界风靡一时的高概念（High Concept）在规避风险方面颇有相似之处。高概念的核心在于明星号召（Look）、悬念吸引（Hook）与小说改编（Book），同时情节又不会过于繁重以致令人费解。不过据贾斯丁·怀亚特（Justin Wyatt）考证，高概念的黄金时代已在 20 世纪八九十年代结束了，其衰落的原因之一在于观众更青睐原创故事。② 与高概念不同的是，跨媒介叙事直接向观众发出邀请。这一回观众没有明星一号召、小说一改编便乖乖上钩，而是被一个无比丰富、持续扩张的故事世界所吸引。

总之，跨媒介叙事不只是多元媒介协同参与的媒体实践，也不只是基于商业利益考量的有组织的叙事实践，而更应是一种创造和维系意义空间的生产实践。③ 对于跨媒介叙事而言，可扩展性是它的本质属性，故事世界是它的吸引力来源，盗猎者与游牧者的参与令它成为一个富有张力的混杂场域。

二、对理论误读的澄清

在部分研究中存在一些似是而非的观点，包括"跨媒介叙事是叙事学的一个分支或流派""跨媒介叙事就是 IP 改编""跨媒介叙事就是媒介

---

① John Horn, "Franchise Fever," *Newsweek*. April 21, 2002, retrieved from http://www.newsweek.com.
② Justin Wyatt, *High Concept: Movies and Marketing in Hollywood*, Austin: University of Texas Press, 1994.
③ 刘煜、张红军：《遍在与重构："跨媒体叙事"及其空间建构逻辑》，《新闻与传播研究》，2019 年第 9 期。

的互文性关联",等等。这些观点对跨媒介叙事存在或多或少的误读,至少是不准确的。这里笔者将对跨媒介叙事与叙事学、改编以及互文性作对比,从而更好地理解这些理论之间在研究传统、研究旨趣、研究路径上的分野,也借此凸显跨媒介叙事的问题关切与理论创新。

(一)跨媒介叙事与叙事学

当我们谈起"叙事",自然绕不开"叙事学",自然联想到的就是西方叙事学(也称叙述学,法文为 narratologie,英文为 narratology)。当然,我国自古以来也有本土的叙事传统与叙事理论,但作为一门独立学科的叙事学确由西方率先兴起,中国当代的叙事学是在西方叙事学的影响下发展起来的。所谓"叙事",就是叙述事情,即通过语言或其他媒介来再现发生在特定时间和空间里的事件。① 胡亚敏指出,叙事学的研究对象包括叙事方式(叙事文表达的形式)、叙事结构(叙事文内容的形式)和叙事学的阅读(叙事文形式与意义的关系)。②

小说无疑是叙事学研究的中心对象,尤其是 19 世纪末 20 世纪初,现代小说在内容、技巧方面渐趋成熟,涌现出了诸如福楼拜(Gustave Flaubert)、亨利·詹姆斯(Henry James)等杰出大师。批评家们不再局限于小说的故事内容解读,而是转向小说的形式技巧剖析,譬如福楼拜就着重强调文体风格,而詹姆斯则强调叙述视角。这些都对现代小说叙事理论产生了深远的影响。申丹指出,20 世纪 60 至 80 年代初的西方结构主义叙事学被称为"经典叙事学",80 年代中后期以来在西方产生的女性主义叙事学、修辞性叙事学、认知叙事学等各种跨学科流派则被称为"后经典叙事学"。前者的特点是以文本为中心,将叙事作品视为独立自足的体系,隔断了作品与社会、历史、文化环境的关联;后者的特点则是将叙事作品视为文化语境中的产物,关注作品与其创作语境和接受语境的关联。③

为了避免与具有叙事学丰富内涵的"narrative"(叙事)作太多纠缠,詹金斯提出用"storytelling"(讲故事)这个更为直白的语词来描述跨媒介叙事实践。这样做的好处是,"讲故事"剥离了叙事学的层层累积

---

① 申丹、王莉亚:《西方叙事学:经典与后经典》,北京:北京大学出版社,2010 年版,第 2 页。
② 胡亚敏:《叙事学》,武汉:华中师范大学出版社,2004 年版,第 14 页。
③ 申丹、王莉亚:《西方叙事学:经典与后经典》,北京:北京大学出版社,2010 年版,第 5—6 页。

与概念束缚，在使用上更为灵活，适用情境也更为多元。

就媒介而言，叙事学研究围绕单一媒介（主要是文字媒介），而跨媒介叙事研究往往跨越媒介。狭义上叙事学的研究对象主要是小说或叙事文，广义上叙事学也包含各种非文字媒介叙事，如电影叙事、戏剧叙事、绘画叙事等。非文字媒介叙事研究通常以文字叙事为参照，揭示视觉艺术在讲述故事时显现的一些共同特征，试图提炼视觉媒介与文字媒介在叙事上的共通性。然而，跨媒介叙事的研究对象不限于单篇文本，而是涵盖分布于多元媒介并指向同一个故事世界的若干故事。

就故事而言，叙事学的分析对象是单一而有限的故事，而跨媒介叙事的分析对象是发生在同一个故事世界中的无数故事。就叙事学而言，"故事"（涉及"叙述了什么"，包括事件、人物、背景等）与"话语"（涉及"是怎么叙述的"，包括各种叙述形式和技巧）的二分法是其研究的基本思路。叙事学吸收了现代语言学、俄国形式主义等大量成果，考察偏重于叙事文本与叙事结构。通常而言，故事意味着一个相对封闭的组织结构，研究者需要在这个结构中探究情节布局、人物塑造、叙述视角、叙事时间、叙事空间等叙事技巧。跨媒介叙事更关心"故事"层面而非"话语"层面，也即注重"叙述了什么"而不太注重"是怎么叙述的"。单个故事的结构并不会牵扯跨媒介叙事研究者过多的精力，他们所关注的是发生在同一个故事世界中的若干故事，这些故事如何发生关联，以及消费者为何乐此不疲地从此故事迁移至彼故事、从此媒介迁移至彼媒介。

就时空而言，叙事学涉及的叙事时空通常是非扩展性的，而跨媒介叙事涉及的叙事时空具有极强的可扩展性，或者说可拓展性是跨媒介叙事的本质属性。就叙事学而言，叙事时间是它关注的问题之一，包括时序、时限、叙述频率等。叙事空间（环境）同样为叙事学所关注，包括自然现象、社会背景、物质产品等。龙迪勇将空间叙事分为故事空间、形式空间、心理空间与存在空间。[①] 就跨媒介叙事而言，历史、地理、人物等维度均具有较强的可扩展性。围绕同一世界的若干故事，不仅在时间跨度上持续延展，而且在地理疆域上无限拓展。换言之，正传的故事讲完了，还有前传（前一代人）与后传（后一代人）；已知疆域的故事讲完了，还有未知疆域有待探索。美国学者玛丽-劳尔·瑞安（Marie-Laure Ryan）则干脆将其命名为"扩散美学"（aesthetics of proliferation），

---

① 龙迪勇：《空间叙事学》，北京：生活·读书·新知三联书店，2015年版，第563页。

并声称这挑战了传统叙事学封闭、内向、界限分明的文本主义批评范式（包括英美新批评、结构主义等）。① 由此一来，故事不再是封闭的或"已经讲完的"，而是可以持续不断地"接着讲"。

就传播而言，叙事学通常针对的是单一的作者叙述，而跨媒介叙事针对的是创作者与粉丝的双向互动。"传—受"的传播问题一般不在叙事学的考察范围内，但叙事学也一定程度上关注阅读接受的问题。譬如"理想读者"，叙事学所关注的理想读者并非具体意义上的某位读者，而是马克斯·韦伯意义上的"理念型"，也即一套人为抽离出来的概念建构，而非一个真正实体。理想读者在乔纳森·卡勒（Jonathan Culler）看来具有某种"文学能力"（literary competence），也即"阅读文学文本的一套程式"②。作品结构有时迎合了读者的期待，有时也挑战了读者的知识结构与阅读期待，塑造新型的读者形象。而跨媒介叙事则将粉丝参与摆在了一个尤其重要的位置，甚至将其命名为"参与式文化"来凸显粉丝参与的重要性。粉丝不仅热情洋溢地探索体验跨媒介叙事所打造的故事世界，而且还亲自下场通过各种媒介手段来讲故事。粉丝读者自述的各种故事、各种版本，汇入跨媒介叙事的洪流之中，令其发展壮大，浩浩汤汤。

（二）跨媒介叙事与改编

随着当代中国网络文学 IP 改编③现象日益火爆，越来越多的研究者发现既有理论视角在分析该热潮时捉襟见肘，因此试图在前沿理论武器库中寻找更为称手好用的研究工具。于是，他们纷纷将传统意义上的"改编理论"（adaptation theory）升格为"跨媒介叙事"。需要承认的是，之所以研究者在方法论选择上更多地倾向于跨媒介叙事，并不完全因为它比改编理论看上去更加新潮或者说更具格调，而是在于它对当下传媒现象似乎更具解释力，在理论的包容度上也更胜一筹。改编理论与跨媒介叙事理论的主要差异在于：

第一，改编理论所关注的创作主体通常是有资质的权威创作者，而

---

① Marie-Laure Ryan, "The Aesthetics of Proliferation," in Marta Boni (ed.), *World Building: Transmedia, Fans, Industries*, Amsterdam: Amsterdam University Press, 2017, pp. 31–46.
② ［美］乔纳森·卡勒：《结构主义诗学》，盛宁译，北京：中国社会科学出版社，1991年版，第179页。
③ IP 即知识产权（intellectual property），IP 改编指将一部具有知识产权的作品进行多平台全方位的改编，如影视、游戏、动画改编等。

8

跨媒介叙事理论在此之外，还对广大草根创作者及其创作实践表现出浓厚兴趣。正如瑞安所指出的，改编通常强调某个权威创作者有意采用不同媒介传播叙事内容，而跨媒介叙事则范围更广，自下而上的草根创作亦在其视野之内，如中世纪民众通过雕塑、建筑、戏剧等方式对圣经故事进行滚雪球式传播。①

第二，改编的对象是"故事"，跨媒介叙事的对象是"世界"。詹金斯明确阐明了改编与跨媒介叙事的区别：前者只是重复性地再现一个现成的故事，而后者则是扩展（expanding）、注解（annotating）一个虚构的世界。②"故事世界"是跨媒介叙事理论中的一个核心概念，这一点与改编理论有着本质区别。

第三，改编注重考察"版本演变"，跨媒介叙事则注重考察"媒介融合"。改编侧重于考察故事版本的演变轨迹，以及故事文本的影视化表达，且忠实于原著通常被视作一种优良品质；跨媒介叙事理论则更强调媒介之间的联动与融合，试图勾勒出多种媒介围绕共同的故事世界展开多元叙事的动态文化图景。上述原因都使得后者的研究视野更为开阔，对于如火如荼的网络文学 IP 改编风潮而言别具解释力。

（三）跨媒介叙事与互文性

不少研究者倾向于使用"互文性"的概念去理解跨媒介叙事，或者干脆将跨媒介叙事等同于"互文性"③。这其实是对跨媒介叙事的一种误读。

在此我们有必要简要追溯互文性的学术脉络。法国语言学家朱莉娅·克里斯蒂娃（Julia Kristeva）借阐释巴赫金（Mikhail Bakhtin）的对话理论提出"互文性"（intertextuality），即"任何文本的建构都是引

---

① Marie-Laure Ryan, "Transmedia Storytelling: Industry Buzzword or New Narrative Experience?," *Storyworlds: A Journal of Narrative Studies*, Vol. 7, No. 2, 2015, pp. 1—19.

② Henry Jenkins, "The Aesthetics of Transmedia: Response to David Bordwell." September 10, 2009, retrieved from http://henryjenkins.org.

③ 基于互文性理论，李宁将当代影视的跨媒介叙事视作高度互文的"超文本结构"，李诗语认为跨媒介叙事的故事世界是基于互文性的心理建构模型，白晓晴认为"跨媒介互文"是故事世界建构中不同媒介文本联动的重要方式。参见李宁：《互联网时代艺术的跨媒介叙事》，《民族艺术研究》，2016 年第 3 期；李诗语：《从跨文本改编到跨媒介叙事：互文性视角下的故事世界建构》，《北京电影学院学报》，2016 年第 6 期；白晓晴：《故事世界建构中电影的跨媒介互文》，《当代电影》，2020 年第 9 期。

言的镶嵌组合；任何文本都是对其他文本的吸收与转化"①。在法国结构主义理论家热拉尔·热奈特（Gérard Genette）看来，互文性注重文本之间的互现关系，通常表现为"引语实践"，即某文本的含义由其他文本构成，其他文本为该文本做注脚。② 热奈特也将互文性形容为羊皮纸（palimpsests）的擦除与复写，假定每个文本都重写或覆盖了其他文本，文本背后亦有文本，故事背后仍有故事，任何故事都不会是一座孤岛。③ 在电影中，互文性意味着对影像的引用以及观影者对该引用的指认，指认的实现有赖于观影者此前的观影经验。"致敬经典"的电影桥段就是典型的互文性案例，例如《头号玩家》（*Ready Player One*，2018）中致敬《闪灵》（*The Shining*，1980）的桥段。需要注意的是，此类互文性并不属于詹金斯意义上的跨媒介叙事——多种媒介各擅胜场地表现共同的故事世界④。

也有论者注意到了互文性与跨媒介叙事的差异所在，例如李诗语就将跨媒介叙事语境下的互文性审慎地限定为"从属于同一世界的不同故事、不同文本之间的相关性"，道明此互文性非彼互文性⑤。这种区分不仅是必要的，而且更重要的是这涉及跨媒介叙事的基本特征——指向一个共同的世界。为了方便讨论，笔者以"共世性"（in-one-world）一词来指称该属性。顾名思义，"共世性"即基于若干媒介的若干故事均发生在同一个世界之内，或者说，指向同一个世界的若干故事散见于诸种媒介。准确来说，共世性与互文性的关系为：共世性属于互文性，但互文性未必就一定是共世性。

就分析主体而言，互文性对应的是穿梭故事里外、将故事内部与外

---

① ［法］朱莉娅·克里斯蒂娃：《符号学：符义分析探索集》，史忠义等译，上海：复旦大学出版社，2015年版，第87页。
② Gérard Genette, *Palimpsests: Literature in the Second Degree*, trans. Channa Newman & Claude Doubinsky, Lincoln, NE: University of Nebraska Press, 1998, pp. ix–xi, 1—6. 中译版参见［法］热奈特：《热奈特论文集》，史忠义译，天津：百花文艺出版社，2001年版，第68—80页。
③ 公元前2世纪起，羊皮纸开始逐渐取代莎草纸成为西方书籍的主要载体。由于羊皮纸便于翻检，经久耐用，不易毛边，尤其是它可以削去原来的文字进行重新书写，因此，在那些时间久远的羊皮书中，还依稀可见被反复书写的印记。换言之，羊皮书可以使人们看到其间的"隐迹稿本"。
④ ［美］亨利·詹金斯：《融合文化：新媒体和旧媒体的冲突地带》，杜永明译，北京：商务印书馆，2012年版，第157页。
⑤ 李诗语：《从跨文本改编到跨媒介叙事：互文性视角下的故事世界建构》，《北京电影学院学报》，2016年第6期。

部细心勾连的"考据派",而共世性对应的是置身故事世界之内、对故事世界了如指掌的"百晓生"。让我们以"冰与火之歌"系列①为例来理解"考据派"与"百晓生"在故事世界介入的方式上的差异。

"考据派"认定幻想世界并非凭空捏造,而是有其历史依据。因此他们通常热衷于考察故事世界的原型,探寻创建者的灵感来源。牛津大学文学教授卡洛琳·拉灵顿(Carolyne Larrington)在《凛冬将至:揭秘"权力的游戏"》(2015)中直言,冰火世界的构造由中世纪史学玄幻穿凿而得:中世纪北国是冰原蛮荒之地,满是猛兽恶狼;中世纪西境,骑士精神、王权制度、继承传统和男权主义等社会机制特点显著;中世纪地中海地区,贸易港、海盗、奴隶制度和远古文明交汇相融;中世纪异域东方的奇幻传说、蒙古铁骑侵袭传说中的富庶城市,面对来自已知世界边缘地区甚至更远处的陌生部族的冲击,怪异之俗风雨飘摇。② 网络游戏《魔兽世界》中的各大种族似乎也能与现实世界——对应:欧洲风格的人族、北欧气息的矮人、东方情调的血精灵、非洲风情的兽人,还有印第安韵味的牛头人。而散落在游戏中的各式建筑,包括哥特式建筑、古希腊建筑、拜占庭风格建筑等,都不免令人心向往之。"考据派"热衷于检视故事内容的蛛丝马迹,检索其出处,探寻其关联③。他们往往埋头在书堆里,绞尽脑汁地研究这一深藏着无尽秘密的文本。④

对于"百晓生"而言,对知识出处的考据并不重要,重要的是知识本身,尤其是体系化的知识。"百晓生"通常心怀编写百科全书的冲动,热衷于参与编订故事世界的指南、百科和大全,试图去掌握故事世界的全部知识。如设定集《冰与火之歌的世界》(2014)就洋洋洒洒地历数维斯特洛大陆的历史、地理及各大家族,且饶有意味地宣称该书由一位来自冰火世界的亚达尔学士所作,称其写作目的在于描述伟业与劣迹、熟悉与陌生的民族,以及近处与远方的土地的历史。⑤ 不过,无论是"考

---

① 《冰与火之歌》(*A Song of Ice and Fire*)是美国小说家乔治·马丁(George R. R. Martin)所写的长篇小说,美国HBO将其改编为奇幻剧集《权力的游戏》(*Game of Thrones*)。
② [英]卡洛琳·拉灵顿:《凛冬将至:揭秘"权力的游戏"》,罗钦芳译,哈尔滨:黑龙江教育出版社,2017年版,序,第2页。
③ 例如科幻片《黑客帝国》(*The Matrix*,1999)的开头出现了《仿真与拟像》的纸质书(被主人公尼奥拿来偷藏非法软件),可以理解为导演对鲍德里亚的致敬。
④ [美]亨利·詹金斯:《融合文化:新媒体和旧媒体的冲突地带》,杜永明译,北京:商务印书馆,2012年版,第161页。
⑤ [美]乔治·马丁等:《冰与火之歌的世界》,屈畅、赵琳译,重庆:重庆出版社,2016年版,前言。

据派"还是"百晓生",都仰赖于以共享、协作为特征的集体智慧（collective intelligence）①。正如詹金斯所言："我们当中没有人可以无所不知,但是我们每个人都有所知。"②

之所以研究者容易混淆互文性与共世性,是因为跨媒介叙事之学术理路本起源于互文性,后期发生了共世性转向。在艾柯、金德、詹金斯、瑞安等人的相关论述中,共世性逐渐取代互文性,作为跨媒介叙事的核心特质被予以确认。

在关于跨媒介叙事的早期讨论中,艾柯与金德均以互文性作为分析视角。意大利学者安伯托·艾柯（Umberto Eco）1985年关于邪典电影（cult film）的讨论便是基于互文性视角。邪典电影并非特定的电影类型,而是指在一部分影迷中具有经久不衰影响力的电影,令影迷如同宗教狂热一般不断去探索其中的细节与内涵。艾柯以爱情片《卡萨布兰卡》（*Casablanca*,1942）为例,指出邪典电影之所以备受粉丝喜爱,就在于它提供了一个信息充裕、细节完备的世界,由此粉丝可以自由征引其中的角色和片段;与此同时,邪典电影通常会大量征引其他电影的角色、片段、原型、典故等元素,对影迷而言观影过程也就转变为捕捉、辨认、钻研这些元素的益智游戏,由此获得愉悦和快感。③ 换言之,邪典电影之所以深受喜爱、推崇,正在于它有着丰裕的互文性可供粉丝辨认、钻研。20世纪90年代,美国电影研究者玛莎·金德（Marsha Kinder）在《电影、电视与游戏中的权力游戏：从〈布偶娃娃〉到〈忍者神龟〉》（1991）一书中提出"超级系统"（supersystems）的概念,用以描述"不同叙事媒介之间的互文关系"即"跨媒介互文性"（transmedia intertextuality）④。金德指出,商业化媒介环境中的互文性,往往以清晰可辨的角色（如忍者神龟、超级马里奥兄弟）为核心,这些符号化的角色本身并没有携带背景故事,却可以在各类媒体上广泛传播。这里金德

---

① 例如,"冰与火之歌中文维基"是冰火粉丝志愿经营的百科,其内容包括人物介绍、各大家族、七国历史、文化风俗、地理信息等,网址参见：https：//asoiaf. fandom. com/zh/wiki/冰与火之歌中文维基。

② [美] 亨利·詹金斯：《融合文化：新媒体和旧媒体的冲突地带》,杜永明译,北京：商务印书馆,2012年版,第32页。

③ Umberto Eco, "Casablanca: Cult Movies and Intertextual Collage," *SubStance*, Vol. 14, No. 2, Issue 47, 1985, pp. 3—12.

④ Marsha Kinder, *Playing with Power in Movies, Television, and Video Games: From Muppet Babies to Teenage Mutant Ninja Turtles*, Berkeley, CA: University of California Press, 1991, pp. 1—2.

的论述主要针对20世纪90年代的美国，彼时风头正健的多媒体艺术潮流确实令人颇感新奇。金德试图对商业化媒体中的"讲故事"（storytelling）做出整体性思考，尽管她最终承认这些故事相当松散，只能以符号化的角色相互勾连。

如果说艾柯、金德的论述强调互文性视角的话，那么詹金斯、瑞安等人则明确了跨媒介叙事的共世性视角。尽管詹金斯承认"跨媒介叙事"概念的灵感来源于金德的"跨媒介互文性"，但他强调故事世界在跨媒介叙事中的核心地位。詹金斯将"跨媒介叙事"描述为："这样一个跨媒介故事横跨多种媒体平台展现出来，其中每一个新文本都对整个故事做出了独特而有价值的贡献。"[①] "没有一部特定作品会再现电影中的全部元素，但是每一部作品都必须包含足够的内容，以让人一瞥就能辨认出这些作品都属于同一故事王国。"[②] 由此可见，"共世性"实乃跨媒介叙事之重要基础（尽管詹金斯并没有直接使用这个词）。

晚近以来，愈来愈多的研究者呼吁超越媒介中心（media-centered）的研究视角，标举故事世界的"世界"属性。以瑞安为代表，她呼吁跨媒介叙事的研究取径应从"故事讲述"（storytelling）转向"故事世界"（storyworlds）[③]。瑞安认为，前者考察的是"媒介意识"（media-conscious），意在比较不同媒介的表现力[④]，后者探究的是构筑世界的技艺，即世界究竟是如何被构筑的。总之，"共世性"可谓是打开跨媒介叙事理论的一把钥匙，在此基础之上展开讨论方能有的放矢。

---

① ［美］亨利·詹金斯：《融合文化：新媒体和旧媒体的冲突地带》，杜永明译，北京：商务印书馆，2012年版，第157页。
② ［美］亨利·詹金斯：《融合文化：新媒体和旧媒体的冲突地带》，杜永明译，北京：商务印书馆，2012年版，第181页。
③ 瑞安曾出版《跨媒介的叙事：故事讲述的语言》（2004）一书，偏重于讨论"故事讲述"（storytelling）的语法问题；时隔多年，瑞安推出姊妹篇《跨媒介的故事世界：朝向媒介意识的叙事学》（2014）一书，讨论重点转移至"故事世界"（storyworlds）。Cf. Marie-Laure Ryan, ed., *Narrative across Media: The Languages of Storytelling*, Lincoln, NE: University of Nebraska Press, 2004. Marie-Laure Ryan & Jan-Noël Thon, eds., *Storyworlds across Media: Toward a Media-Conscious Narratology*, Lincoln, NE: University of Nebraska Press, 2014.
④ Jan-Noël Thon, *Transmedial Narratology and Contemporary Media Culture*, Lincoln, NE: University of Nebraska Press, 2016, p.31.

第二节 可扩展性：跨媒介叙事的本质属性

跨媒介叙事并非终点而是过程（process）[①]，更准确地说是一种持续发生、绵绵不绝的扩展（extension）过程。詹金斯指出，重复冗余的内容会使消费者的兴趣消耗殆尽，唯有不断扩展用户的叙事体验才能维系消费者的忠诚度。[②] 詹金斯之门徒杰弗里·朗（Geoffrey Long）直言，跨媒介叙事不是叙事的重复（repetition），而是叙事的扩展（extension）。[③] 瑞安则干脆将其命名为"扩散美学"（aesthetics of proliferation），并声称这对原先封闭、内向、界限分明的文本主义批评范式（包括英美新批评、结构主义等）构成了挑战。[④] 令人遗憾的是，瑞安并没有进一步辨析"扩展/扩散"的具体路径。为此，笔者尝试提出"可扩展性"（extendibility）的概念，以期推进詹金斯、瑞安等人针对"扩展"问题的讨论。

故事世界能否成立，并不在于它究竟是幻想还是现实、是虚构还是真实，而在于它的扩展潜力，即"可扩展性"。对故事世界"可扩展性"的评估，可从历史、地理、人物三个维度予以考察[⑤]。其扩展方式分别对应：填补历史之缝隙、探索未知之疆域，以及关注次要人物之经历。譬如被影视、动漫、游戏反复改编的"三国"就属于相当典型的故事世界，其历史跨度之大可供拾遗补阙，疆域幅员之广可供纵横驰骋，文臣武将不可胜数。"三国世界"通常以罗贯中的《三国演义》为典范版本，

[①] "融合所指的是一个过程，而不是终点。"参见〔美〕亨利·詹金斯：《融合文化：新媒体和旧媒体的冲突地带》，杜永明译，北京：商务印书馆，2012年版，第47页。

[②] 〔美〕亨利·詹金斯：《融合文化：新媒体和旧媒体的冲突地带》，杜永明译，北京：商务印书馆，2012年版，第157页。

[③] Geoffrey Long, Transmedia Storytelling: Business, Aesthetics and Production at the Jim Henson Company, Master's Thesis, MIT, 2007, pp. 14—15.

[④] Marie-Laure Ryan, "The Aesthetics of Proliferation," in Marta Boni (ed.), *World Building: Transmedia, Fans, Industries*, Amsterdam: Amsterdam University Press, 2017, pp. 31—46.

[⑤] 这一分类方式借鉴了瑞安对叙事体验中的沉浸（immersion）的论述。瑞安认为，文本作为非隐喻意义上的"世界"（world）提供了三种基本的沉浸类型：相对于场景的空间沉浸，相对于情节的时间沉浸，以及相对于角色的情感沉浸。Cf. Marie-Laure Ryan, *Narrative as Virtual Reality: Immersion and Interactivity in Literature and Electronic Media*, Baltimore, MD: Johns Hopkins University Press, 2001, p. 121.

"七分实，三分虚"，可见虚/实、幻想/现实并非区分故事世界是否成立的指标，关键在于其"可扩展性"。

就历史而言，故事世界的扩展方式为"填补历史之缝隙"。"填补历史之缝隙"旨在填补先前未予交代的历史空白，阐明事件之原委，揭示未来之走向，通常表现为给正传续写前传、后传及别传，其典型案例如"星球大战"系列电影。就地理而言，故事世界的扩展方式为"探索未知之疆域"。新的疆域既是令人兴奋不已的崭新征程，也是令人头疼不已的全新挑战，在陌生环境中主角此前所拥有的经验和技能面临失效，或者不再够用，亟须主角重新学习、增长实力。就人物而言，故事世界的扩展方式为"关注次要人物之经历"。主要人物的故事经历已为大众所熟知，可扩展的空间相对有限，而次要人物只在原著中偶然登场、着墨不多，但其命运轨迹、悲欢离合亦值得书写。

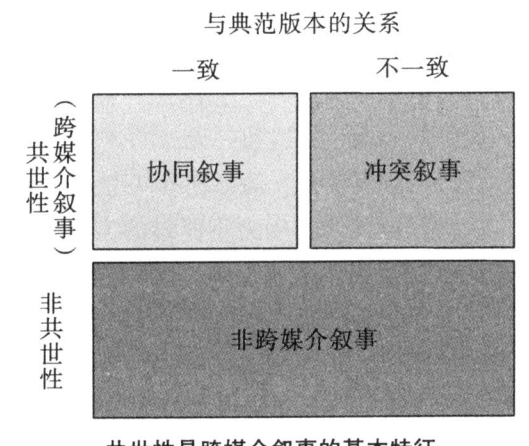

	与典范版本的关系	
	一致	不一致
（跨媒介叙事）共世性	协同叙事	冲突叙事
非共世性	非跨媒介叙事	

共世性是跨媒介叙事的基本特征

一、协同论：与典范版本保持一致

故事世界的扩展可以借用"协同论"（synergistic perspective）与"冲突论"（conflict perspective）两种视角予以审视。前者对应"协同叙事"，即后起叙述与典范版本（canonical version）① 基本保持一致，连缀不辍，前后贯通；后者所对应的"冲突叙事"则与之相反，指的是多种叙述之间互不兼容，乃至相互冲突。也可以形象地理解为：协同叙事之下的后起叙述可以与典范版本拼合无碍、浑然一体，而冲突叙事之下的

---

① "典范版本"即大多数人认可的故事版本，如吴承恩的《西游记》、罗贯中的《三国演义》。

后起叙述与典范版本多有龃龉,难以拼合。

协同叙事,通常指传媒产业之间的分工协作,也包括与传媒产业紧密协作的粉丝实践,目的在于打造一个系统的、一致的、连贯的故事世界。《跨媒介叙事的历史化:20世纪初期的跨媒介故事世界》(2017)一书作者马修·弗里曼(Matthew Freeman)将基于传媒产业策略的协同叙事形容为:对一栋既有的建筑物进行改造扩建,使之不断充实、扩张,如同一条装配流水线(assembly line),特定组件根据与其他组件的关系调整生产,相邻的组件可以组装成一个更大的产品。① 不过需要说明的是,保持一致并不等同于"完全一样",协同叙事的过程中可能会略有删改(如删减次要人物或分支情节),但不至于违背主要设定。

协同叙事的前提在于尊重、遵循故事世界的"设定"(setting)。设定是一种(虚构的)知识,强调故事世界的系统性和自洽性,可涵盖叙事作品从大到小的各个层次,包括历史、地理、种族、政治、语言、物理、画风等。②"艺术设定"是对"设定"的图像化表达,即对故事世界人物、生物、物品等对象的视觉呈现。艺术家、设计师、工艺师团队受命对幻想世界投入大量的心血,打造独一无二的"艺术设定集",如《哈利·波特》《古墓丽影》《刺客信条》等都拥有从事艺术设定的专业团队。以《哈利·波特》为例,设计师们竭力将罗琳的文字翻译为丰富多彩的图像,通过数不清的素描草图、数字绘画、雕刻作品及布景设计,来展现该系列作品中那些深受喜爱的角色和地标。正是基于扎实的艺术设定,电影中所呈现的细节才能符合原著要义,经得起反复推敲。首席设计师斯图尔特·克莱格(Stuart Crag)自豪地宣称:"任何细节都不会被浪费……在今天电影观众可以倒带、倒带、不停倒带,然后琢磨它们究竟是怎么一回事。"③ 艺术家们协同打造的视觉元素系统力求夯实细节、符合原著,这为故事世界的进一步扩展提供了坚实的基座。

有别于特许经营权(franchises),协同叙事的媒介彼此之间相对平等,并无高下之别,有些甚至从一开始就具有明确的协作意识,有意将

---

① Matthew Freeman, *Historicising Transmedia Storytelling:Early Twentieth-Century Transmedia Story Worlds*, New York:Routledge, 2017, pp. 1 – 18. Matthew Freeman & Henry Jenkins, "Yes, Transmedia HAS a History!:An Interview with Matthew Freeman (Part One)," January 17, 2017, retrieved from http://henryjenkins.org/.

② 邵燕君:《破壁书:网络文化关键词》,北京:生活·读书·新知三联书店,2018年版,第375—380页。

③ [美]马克·萨默克:《哈利·波特:艺术设定集》,巴扬译,北京:新星出版社,2019年版,第363页。

自己纳入跨媒介产业体系之中。詹金斯比较了特许经营与协同叙事两种模式：前者即处于核心地位的传媒公司（通常是电影制片方）出让版权给一个独立的第三方，授权它使用其版权来生产产品，同时基于版权保护的考虑还会限定电影人物和概念的使用范围；后者相当于"共同创造"（co-creation），不同公司从一开始就通力合作，制作出适合平台的内容产品，为消费者带来全新体验。① 例如，中国网络文学作家在世界想象、虚拟主体、叙述方式上都深受游戏经验的影响。② 这也可以理解为是网文作家的刻意为之，不少网络小说作家在创作之初就具有鲜明的跨媒介协同意识，为的正是让网络小说能够被纳入 IP 产业链开发的序列，使其在后期更容易被改编为游戏。忘语的玄幻小说《凡人修仙传》是关于资质平庸的凡人韩立依靠自身努力最后修炼成仙的故事，小说涉及大量的功法、宝物、灵兽、符箓、禁法、丹药、材料等参数内容。这诸多参数让个体的实力千差万别，也让修真者之间的争斗更为精彩，从而确保该小说在后期更容易被改编为游戏。

值得注意的是，协同叙事并不限于传媒产业内部的分工，有时粉丝也乐意参与其中。故事世界扩展的壮志雄心往往会带来情节上的缺漏（gaps）和冗余（excesses），令读者及观影者在理解上饱受困扰，故而有不少粉丝自发地通过创作来填补其缺漏，续写其未尽。这种粉丝创作可视作草根创作者对典范版本未经授权的拓展，这基于他们的朴素愿望——一旦发现商业创作过程中的缝隙所在就试图填充之③。粉丝的协同参与有效地提高了故事世界的丰富性与多样性，版权方对此乐见其成，但有时粉丝的冲突叙事也会令版权方深感不适④。

二、冲突论：另类于典范版本

冲突论视角关心那些与故事世界的典范版本存在较大差异乃至冲突的叙述。在跨媒介叙事中确实不乏此类现象：草根创作者基于某种意图背离了原创作者或传媒产业所树立的典范版本而另行讲述故事。这就好

---

① ［美］亨利·詹金斯：《融合文化：新媒体和旧媒体的冲突地带》，杜永明译，北京：商务印书馆，2012 年版，第 169 页。
② 黎杨全：《中国网络文学与游戏经验》，《文艺研究》，2018 年第 4 期。
③ Henry Jenkins, "Transmedia Storytelling 101", March 21, 2007, retrieved from http://www.henryjenkins.org.
④ 譬如粉丝对科幻剧集《星际迷航》（Star Trek）的耽美改编。参见［美］亨利·詹金斯《文本盗猎者：电视粉丝与参与式文化》，郑熙青译，北京：北京大学出版社，2016 年版，第 176—211 页。

比在典范版本的核心大楼的周围盖了风格迥异的小楼，自行其是，互不兼容。

草根创作者从故事世界中"盗取"既有材质（詹金斯将之形容为"盗猎"）用于冲突叙事，其原因无非两点：要么粉丝对典范版本不满足，在其基础上展开续写；要么粉丝对典范版本不满意，干脆另起炉灶改写之。无论是续写还是改写，都带来了与典范版本相矛盾的"另类叙述"。作为冲突叙事的"改写"，其例子并不少见，如同人作品的改写（包括追求大团圆结局的改写、耽美改写等）。那么，"续写"如何会造成冲突叙事呢？例如，《九阴九阳》一书伪托金庸之名①，接续《倚天屠龙记》讲述了大理段氏后裔段子羽的传奇故事。该书在网络上流布甚广，迎合了广大金庸武侠迷不甘于"射雕三部曲"就此落幕的期待心理。不过《九阴九阳》将张无忌描述为邪恶的反派，且书中不乏情色描写，因此可将其视作正统金庸武侠世界的"另类叙述"。

"另类叙述"尽管基于共世性前提，但其情节走向与典范版本截然不同。以基于真实历史情境但故事走向与历史完全不同的幻想历史小说为例，民国文人周大荒撰写的白话文章回小说《反三国演义》，让蜀汉势力无往不胜，最终一统天下。当代网络文学圈亦不乏以"改写历史"为指归的穿越历史小说。以穿越小说《临高启明》②为例，该小说讲述了一大群有组织的现代人经过周密准备，携带大量物资穿越到明朝末年的崇祯元年（1628年），尝试建立近代工业化社会并改变时代的故事。与此相似的还有《明末之逆流战神》《明末边军一小兵》等网络小说，其主要情节均为"穿越改变整体国运"。此类小说有意改写晚明历史，逆转其未来，相当于创造一个另类于真实历史（典范版本）的平行世界版本。就"明穿"小说而言，"穿越"热衷于破解作为"难题"的晚明，改变了传统历史小说的想象方式，让历史呈现出更多可能性。有研究者指出，网络作者们在"崛起"的当代语境中试图弥补晚明历史的遗憾，"救亡"呈现出激进化的趋势。③ 这也提醒我们，可以结合社会历史背景，对主题相近的一系列"另类叙述"的发生展开学术考察。

---

① 作者署名为"金庸新著"，读者乍一看往往误以为是"金庸 新著"。

② 2006 年，"独孤求婚"在 SC 论坛的军事架空版上提问："如果我们携带大量现代物资穿越到了明末，会怎么活下去并改变历史？"这个话题逐渐吸引了许多人讨论，并形成了第一批接龙文章。

③ 李强：《作为数字人文思维的"网文算法"——以"明穿"小说为例》，《中国现代文学研究丛刊》，2020 年第 8 期。

协同叙事与冲突叙事是故事世界扩展的两种常见方式，本身并无优劣之别。在版权方大肆讨伐草根创作者的背景下，詹金斯就对与典范版本存在较大出入的"草根叙述"抱有理解之同情。[1] 詹金斯提醒我们，研究者们不必拿着"协同叙事"作为唯一的标尺去度量跨媒介叙事实践的孰优孰劣，而更应该追问：为何会造成叙事的冲突？草根创作者为何不满于故事世界的典范版本，愿意花费精力改写乃至重写之？

跨媒介叙事的思路固然跳出了"改编"理论有关"是否忠实于原著"的二元化讨论，但也难免陷入"版权方－草根创作者"对垒对抗的分析套路[2]。有鉴于此，笔者提出作为渐变光谱的"协同论－冲突论"分析框架，借此打破"版权方－草根创作者"二元对立的思考框架，这也意味着不必以"创作者身份"作为跨媒介叙事的分类标准，而是呼吁研究者注重后起叙事之于典范版本的接续或反叛的复杂关系。

总之，关于跨媒介叙事理论的一个流行误读有必要予以廓清：准确地说，跨媒介叙事的基础并非"互文性"而是"共世性"，即散见于若干媒介的若干故事均发生在同一个世界之内。既然跨媒介叙事强调"共世性"或者说"世界性"，就创作者而言这就意味着对世界的扩展（extension），就消费者而言这就意味着对世界的探索（exploration）。具体而言，"扩展"为构筑世界、扩充内容的创作过程，"探索"为充任角色、迁徙游历的消费过程。笔者拒绝从本质主义的角度来界定故事世界，而是着眼于故事世界的生成性，即包含历史、地理、人物在内的"可扩展性"，由此为跨媒介叙事研究提供一个更贴合本土实践、更富有解释力的方法论框架。

第三节 故事世界：跨媒介叙事的吸引力

詹金斯曾引述一位好莱坞编剧的从业心得，认为就重要性而言，世界开始压倒故事："刚开始，你得看重故事，因为没有好故事就没有好电影；之后流行出续集，你得看重人物，因为没有出彩的人物就别想出续

---

[1] [美] 亨利·詹金斯：《融合文化：新媒体和旧媒体的冲突地带》，杜永明译，北京：商务印书馆，2012年版，第256—304页。

[2] 然而，即便是版权方有时亦会引发叙事的冲突，譬如剧集《权力的游戏》最终季的草草收尾，便被粉丝们视作对此前剧集缜密逻辑的背叛，斥之为"烂尾"。

集；如今，你得看重世界，因为一个精彩的世界可以跨媒介支撑起多个人物和多个故事。"①

数字时代，跨媒介叙事的第二个转向是世界构筑的精细化。世界构筑（world-building）是跨媒介叙事的核心概念。"构筑"（building）含有两层意思，一是创建（creation），二是扩充（expansion）。同时，"构筑"还体现为讲究精细的工匠精神，即故事世界必须被认真搭建，保持一致性与连续性，犹如建筑工程一般精准无误，而不是兴之所至地随意涂抹。

一、创建故事世界

创建一个故事世界需要包含哪些要素呢？通常来说，故事世界至少包含悠久的过去、迫近的事件及共享的价值规范。有研究者认为，故事世界是抽象的内容系统，即通过多媒介形态实现或衍生的、关于虚构故事及人物的总体剧目（repertoire），通常由三部分构成：创世神话（mythos）、基本设定（topos）与道德规范（ethos）②。创世神话指的是神话传说等背景设定，基本设定指的是地理空间以及历史大事件，道德规范指的是道德、伦理及价值观。创建故事世界相当于"设定"（setting），即虚构叙事艺术中设置一系列有别于现实世界的艺术元素，诸如历史、地理、种族、政治、语言、画风等。③

美国新媒体学者马克·沃尔夫（Mark J. P. Wolf）在《构筑幻想世界》（2012）中对"世界架构"提出了一系列标准，认为故事世界必须尽量满足创建（invention）、完整（completeness）和连续（consistency）。④ "创建"指的是幻想世界中的地图、历史、语言、生物、生态、文化、习俗等要素，均有其依据而非天马行空；"完整"意味着陈设完备，至少得保证有足够的细节来解释人物的背景、经历和动机；"连续"指的是细节合理，前后贯通不矛盾。当然，顾得周全并不容易——愈多创建，愈发完整，前后相续也就愈难。例如，星球大战制作团队有一个核心数据库

---

① Henry Jenkins. *Convergence Culture：Where Old and New Media Collide*. New York：New York University Press，2006，p. 114.

② Lisbeth Klastrup & Susana Tosca，"Transmedial Worlds：Rethinking Cyberworld Design," in Masayuki Nakajima, et al. (eds.)，2004 *International Conference on Cyberworlds*，Tokyo：IEEE Computer Society，2004，pp. 409—416.

③ 邵燕君：《破壁书：网络文化关键词》，北京：生活·读书·新知三联书店，2018年版，第375—380页。

④ Mark J. P. Wolf, *Building Imaginary Worlds：The Theory and History of Subcreation*，New York：Routledge，2012，pp. 33—47.

名为 Holocron Continuity Database，该数据库用于追踪官方审定的"星战宇宙"所有虚拟元素，包含角色、地点、武器、车辆、事件和关系等条目，旨在保证该故事世界的连续性。《便宜的冒牌货，我才不会上当》一文谈到了漫画出版商的抱怨："我们不指望蝙蝠侠系列能完全保持一致，我们只希望蝙蝠侠如果在电影中胳膊受伤，他也要在侦探漫画中养伤！"[1] 不同的故事被链接到同一个世界中去，须得保持前后相续的逻辑联系，否则可能会引起观众的反感。

沃尔夫特别指出，要想确保故事世界的"世界逻辑"（world logic），在创建环境（空间）、事件（时间）及人物角色（存在物）时可借助地图（maps）、时间轴（timelines）和人物谱系（genealogies）等设计工具。地图可以填补叙述中未曾涉及的区域，呈现区域之间的空间联系，还可以省略对旅程路线的繁复交代。[2] 时间轴或大事年表在时间维度上将各类事件串连起来，纳入同一条历史河流。它们通常被用来解释事件之间的因果关联，并为局部的边缘事件提供语境。[3] 人物谱系可以将数量众多的人物彼此联系起来，将家族世代的复杂关系梳理清楚。这些设计工具一方面帮助作者确保创作时前后相续的一致性，另一方面也帮助读者把握不同叙事元素之间的关系。由此我们也就不难理解为何地图、大事年表等附录往往成为故事世界正式发布时的标配。例如，设定集《冰与火之歌的世界》（2014）洋洋洒洒地历数维斯特洛大陆的历史、地理及各大家族，且饶有意味地宣称该书由一位来自冰火世界的亚达尔学士所著，称其写作目的在于描述伟业与劣迹、熟悉与陌生的民族，以及近处与远方的土地的历史。[4]

托尔金凭一己之力构筑的中土世界（Middle-earth）可谓故事世界的建筑师们心目中的理想典范。托尔金既是中土世界的创建者，也是中土世界孜孜不倦的研究者与修订者。遗作《中土世界的历史》十二卷

---

[1] William Uricchio, Roberta E. Pearson, "I'm Not Fooled by That Cheap Disguise," in Pearson R E, Uricchio W (eds.) *The Many Lives of the Batman: Critical Approaches to A Superhero and His Media*, New York: Routledge, 1991, pp. 182−213.

[2] Mark J. p. Wolf, *Building Imaginary Worlds: The Theory and History of Subcreation*, New York: Routledge, 2012, pp. 156−157.

[3] Mark J. p. Wolf, *Building Imaginary Worlds: The Theory and History of Subcreation*, New York: Routledge, 2012, p. 165.

[4] ［美］乔治·马丁等：《冰与火之歌的世界》，屈畅、赵琳译，重庆：重庆出版社，2016年版，前言，第1页。

（1983—1996）记录了他超过五十年的中土世界构筑工作。① 托尔金向世人证明，即便是奇幻文学，世界构筑也依然可以是理性的。在1938年的一次演讲中，托尔金提出了"第二世界"（secondary world）或者说"次创造"（subcreation）的概念，即对语言、文字、风俗、历史等内容的修改与创新。不同于神所创造的"第一世界"，人所创造的"第二世界"固然以幻想为主，却也以理性为基石。"幻想不会破坏或是羞辱理性，既不会减少我们追求真理的意愿，也不会遮蔽我们对科学理性的认知……倘或理性消失殆尽，全盘怪力乱神，幻想便沦为妄想，难免行之不远。"② 幻想不再是理性的悬置，而是理性的编织，用托尔金自己的话来说就是"现实的内在一致性"（inner consistency of reality）③。

加州大学戴维斯分校历史学家迈克尔·塞勒（Michael Saler）将此称为"幻想现实主义"（fantastic realism）④，其在专著《幻想成真：现代赋魅，以及虚拟现实的文学前史》（*As if: Modern Enchantment and the Literary Prehistory of Virtual Reality*）中指出，"现代幻想世界"（modern imaginary worlds）最早出现于19世纪晚期的欧美，其典型案例就是福尔摩斯生活的伦敦贝克街。"现代幻想世界"尽管细节丰富、现实感强，但其虚构性确凿无疑，因此区别于包括宗教故事、神话传说在内的前现代幻想世界（毕竟不少现代人坚信其确有发生）。⑤ 故事世界拥有丰富的经验性材料，讲究逻辑和细节，而且通常辅之以可供考证的配件，如脚注、词汇表、地图、照片、词典、附录、编年史、插图等。⑥ 塞勒还发现，当时的粉丝在故事世界中投入大量时间、精力及情感，同时参与世界构筑"裨补缺漏"式的集体性实践，包括参考引用原始文本、

---

① J. R. R. Tolkien & Christopher Tolkien, *The Complete History of Middle-Earth*, London: HarperCollins, 2002.

② J. R. R. Tolkien, "On Fairy Stories," in J. R. R. Tolkien(ed.) *The Tolkien Reader*, New York: Ballantine, 2001, pp. 74-75.

③ Karen Wynn Fonstad, *The Atlas of Middle-Earth*, Boston: Houghton Mifflin, 1991, p. ix.

④ Michael Saler, *As if: Modern Enchantment and the Literary Prehistory of Virtual Reality*, New York: Oxford University Press, 2012, p. 69.

⑤ Michael Saler, *As if: Modern Enchantment and the Literary Prehistory of Virtual Reality*, New York: Oxford University Press, 2012, p. 25.

⑥ Michael Saler, *As if: Modern Enchantment and the Literary Prehistory of Virtual Reality*, New York: Oxford University Press, 2012, p. 25.

解释自相矛盾之处、续写前传与后传等。① 如此一来，填补其空白、推测其可能的粉丝实际上成为故事世界的合著者。

随着 20 世纪视听技术的迅速发展，故事世界之"世界"不再仅限于读者的心理建构，也开始指涉特效技术所打造的视觉化空间。那些原先静躺在书本、图册中的不可思议的场景被一一打造出来。如此一来，故事世界之"世界"不再限于心理或隐喻层面，而是栩栩如生、巨细无遗地展现在观众面前。波德维尔就将六七十年代流行的科幻电影概括为"构筑世界"（worldmaking）的努力：借助各式各样的服装道具与现实风格的布景设计，试图打造细节丰富、场景逼真的科幻世界，其代表作品包括《2001 太空漫游》（1968）、《星球大战》（1977）、《异形》（1979）等。② 例如《星球大战》就大胆展现了脏乱差的星球环境，甚至车辆设备上的污垢、划痕、锈迹均一一可见。这种粗粝质感的美术置景使得它从同年代那些布景整洁、画面干净的科幻电影中脱颖而出。诚如英国文学研究者汤姆·希比（Tom Shippey）所言，故事世界的构筑原则是"冗余即事实"，"不必要的细节越多，虚构之物就越栩栩如生"③。随着数字特效技术的日益成熟，观众们惊喜地发现，自己终于可以亲临那些充满幻想且拥有现实质感的世界了。

二、扩充故事世界

除了"创建"，构筑故事世界的技艺还包括"扩充"。多勒泽尔在《异宇宙：虚构和可能世界》（1998）中归纳了虚构世界与另一个世界产生关联的三种方式，即扩充（expansion）、置换（displacement）和换位（transposition）。④ 瑞安借鉴了多勒泽尔这套术语，并对其稍加修订，将"置换"替换为"修改"（modification）。在瑞安看来，"扩充"即对虚构世界的拓展和填充，"修改"即重新设计结构、重新发明故事，"换位"即保留原型世界的设计和主要故事，但将其安置在另一个时空背景之中，例如将罗密欧与朱丽叶带入现代，或者让哥斯拉来到纽约。

---

① Michael Saler, *As if: Modern Enchantment and the Literary Prehistory of Virtual Reality*, New York: Oxford University Press, 2012, p. 25.
② [美] 大卫·波德维尔:《好莱坞的叙事之道：现代电影中的故事与风格》，谢冰冰译，北京：世界图书出版有限公司，2017 年版，第 60—62 页。
③ Tom Shippey, *The Road to Middle-Earth: How J. R. R. Tolkien Created a New Mythology*, London: Harper Collins, 1992, p. 68.
④ Lubomír Doležel, *Heterocosmica: Fiction and Possible Worlds*, Baltimore, MD: Johns Hopkins University Press, 1998, pp. 206-207.

显然,"扩充"是世界构筑最为常见的形式,相当于瑞安所谓的"滚雪球效应"(snowball effect)①。建筑师们通过添加更多内容来扩展故事世界的范围,具体包括:以填补空白、续写前后传等手段扩充内容,让角色访问故事世界的未知区域,将次要角色转化为故事的主角,以及添加更多角色和事物。② 托尔金的"探照灯"(searchlight)隐喻或许能够帮助我们理解故事世界的扩充技艺。托尔金在1971年给友人的一封信中写道:"《魔戒》写得很慢,我在细节上用力颇深,写到后面好似在用探照灯去观察一幅没有边框的巨幅画作,所照到的只是历史上的一小段、中土世界的一小部分,微弱光芒之外是不断延展、无穷无尽的时间和空间。"③ 托尔金将自己构筑中土世界的创作过程设想为在黑暗中对一幅巨型画作的持续探照,尽管终其一生只能照亮该画作的局部。

受托尔金的启发,笔者将"扩充故事世界的技艺"归纳为"人物视点转换""地图铺展""世代更替"三类"探照灯":随着人物视点的转换照亮其身处环境,随着地图的铺展照亮未知疆域,以及随着世代的更替照亮未来命途。这三类"探照灯"在故事世界的实际扩充中通常被综合运用。

第一,"人物视点转换"。处于同一世界的多个人物,通过视点的转换来照亮其身处环境。

好莱坞电影的经典叙事模式通常采用线性逻辑,即所有戏剧冲突都围绕着主人公展开,整个情节都围绕着主人公的心理变化或成长过程进行。这种线性逻辑缺乏可延展性,不免妨碍了故事世界的扩充。由此,多人物视点就成了故事世界扩充的便捷手段。例如,《冰与火之歌》及其改编剧集《权力的游戏》均采用了视点人物(POV,point of view)的创作手法④,即以不同人物的视角去观察各自所身处的环境,相当于多架探照灯分别照亮各自所在的位置。人物或停驻或移动,并在特定时空

---

① Marie-Laure Ryan, "Transmedial Storytelling and Transfictionality," *Poetics Today*, Vol. 34, No. 3, 2013, pp. 361-388.
② Marie-Laure Ryan, "Transmedial Storytelling and Transfictionality," *Poetics Today*, Vol. 34, No. 3, 2013, pp. 361-388.
③ J. R. R. Tolkien, "A 1971 Letter to Carole Batten-Phelps (draft)," in Humphrey Carpenter (ed.), *The Letters of J. R. R. Tolkien*, Boston, MA: Houghton Mifflin Company, 1981, p. 412.
④ 马丁把对事件的描述限制在视点人物所能觉察到的范围内,包括他自己的行为和动作;在很多情况下,他会以第三人称描述视点人物当时的精神状态;有时他还会以第一人称引用视点人物的想法,让我们了解他的"内心世界"。

中发生交会，从而照亮更多的地方。

故事世界没有唯一的主角，所有次要角色都是潜在的主角，可作为不断扩展的故事网络的备用人选。例如，Telltale Games 发行的图像冒险游戏《权力的游戏》（2014）根据同名剧集改编而来。如果说小说和剧集聚焦的是参与权力游戏的"核心玩家"，那么这款游戏就是聚焦被这场残酷游戏波及的外围"次要玩家"以及他们如何在权力的刀光剑影下拼命自保乃至反戈一击。这个被扩充的故事世界提醒我们，故事世界并非只有权力场上纵横捭阖的领主老爷，也有权力场外围那些既无显赫出身又无强劲实力的普通家族，而他们必须在这场权力游戏的缝隙中躲闪腾挪、奋力挣扎。不同身份的主角可以提供不同的代入感：位高权重者高处不胜寒，落难贵族辗转各地饱受世态炎凉，社会底层则为生计奔波艰难求存。

第二，"地图铺展"。伴随着人物的持续移动，故事世界的地图不断地铺展。

地图不仅记录了人物移动的轨迹，而且不啻为一份远方的诱惑，召唤并指引人们奔赴危机与欢愉并存之地。故事人物在奇幻世界中展开自己的冒险旅程，闯入陌生或敌对的区域，遭遇一连串惊心动魄的事件。譬如《权力的游戏》中的主要人物丹妮莉丝·坦格利安、琼恩·雪诺、艾莉亚·史塔克等人基于各种原因或主动或被迫地展开迁移，我们也追随人物的脚步不断抵达或者说解锁地图上的未知区域。

地图铺展的对立面不是地图停止铺展，而是地方感的缺失。地方即"有意义的区位"[①]。对中土世界的人们来说，地方意味着亲密或恐怖情感的来源。旅行者用双足去丈量中土世界，而非开启任意门穿梭往来。地方感的反例是漫威超级英雄电影。对于漫威电影宇宙而言，空间只是故事发生的背景或者说容器，可以被毫无留恋地高频替换——电影场景此刻在埃及金字塔，一会儿又转入纽约大都会。这也能解释为何"地图的铺展"常被用于奇幻类型的故事世界，如托尔金的中土世界、乔治·马丁的冰火世界。

第三，"世代更替"。伴随着时间的流逝，故事世界的世代不断地更替。

故事世界总会面临新的威胁，一代有一代之传奇。当比尔博·巴金

---

① [英] Tim Creswell：《地方：记忆、想像与认同》，王志弘、徐苔玲译，新北：群学出版有限公司，2006 年版，第 14 页。

斯(《霍比特人》主角)将至尊魔戒传给佛罗多(《魔戒》主角),当蕾伊("星战"后传三部曲的主角)接过卢克·天行者("星战"正传三部曲的主角)手中的光剑,这些激动人心的交接时刻意味着故事世界的"跨代重启"[①],即故事世界随着代际周期的更替而再次启动。旧英雄的传奇已成往事,而新英雄的传奇正待谱写。

故事世界的"世代更替"总能一定程度上呼应时代精神。例如,"星战"系列电影的选角变化就在潜移默化中暗示了时代精神的变迁。"星战"前传、正传中的主角均为白人男性,而后传的主人公则为女性,这象征着女性力量在新世纪的不断崛起。后传中,起义军新一代领袖是有色人种,弃暗投明的帝国风暴兵是非裔男性,而他的搭档则是亚裔女性。正义一方的人物如此丰富多元,而穿戴整齐划一的帝国士兵连基本的面目都不可见。多元胜过单一,这既是欧美当下的"政治正确",也是新时期文化特征的真实写照。

总之,"人物视点转换"提供了代入感,"地图铺展"提供了地方感,"世代更替"提供了时代感。借助这三款"探照灯",世界构筑者们在扩充世界时将考虑得更为精细:是否可以引入故事主线之外的外围人物视点以填充叙事的缝隙?是否可以驱使人物游历更多的未知区域以扩大叙事的范围?是否可以追溯世代的历史或续写世代的传奇以增加叙事的广度?

第四节　盗猎与游牧:跨媒介叙事的行动者

跨媒介叙事的行动者可分为盗猎者与游牧者。前者讲求战术,后者扮演角色;前者强调为我所用,后者强调自由迁徙;前者是官方叙事的反叛者,让传媒机构大伤脑筋,后者是官方叙事期待的读者类型,受传媒机构召唤而来。

一、盗猎者的战术

陶东风、杨玲等人认为詹金斯跨媒介叙事的理论受益于霍尔

---

① 李诗语:《文化同构与跨代重启:跨媒介故事世界的可能边界》,《当代电影》,2018年第8期。

(Stuart Hall)与费斯克(John Fiske)。① 20世纪七八十年代，霍尔将传播视作争夺意义的斗争，并将受众的解码方式分为：以接受占统治地位的意识形态为特征的"主导－霸权的地位"的符码，对其加以一定修正以使之有利于反映自身立场和利益的"协商的符码"，以及与占统治地位的意识形态截然相反的"对抗的符码"。② 费斯克在《理解大众文化》中承续其志，呈现了一幅大众与文化工业对抗的图景：文化工业试图收编消费者的文化趣味，但消费者不会任凭摆布，而是与文化工业的收编进行抗争。③ 费斯克在《粉都的文化经济》中一以贯之，认为粉丝将大众文化中的某些元素据为己用，以此来抵抗制度性权力。④

诚然，詹金斯继承了上述文化研究的学术理路，不过詹金斯坦言自己受德·塞尔托（de Certeau）的启发更为直接。德·塞尔托在《日常生活实践》中把大众通过消费进行抵抗的艺术称为"姑且用之的艺术"或"将就着用的艺术"（The Art of Making Do），并加以生动描绘："读者并没有冒冒失失地无故缺席，相反，读者兴致盎然，或进击或撤退，玩弄文本，讲究手段。时或沉浸其中，时或抽身而退，时而戏谑时而抗议，来而复往，变化无常。"⑤ 接过德·塞尔托的枪，詹金斯指出，粉丝文化同样是一种"为我所用"（Scavenge，原意为乌鸦觅食腐肉）的文化：盗猎者盗得媒介产品的某些材料，加以挪用，由此制造出新的意义。⑥ 詹金斯对德·塞尔托的修正之处在于，德·塞尔托所描述的读者是孤立的、缺乏联系的，而詹金斯认为粉丝自发联结、彼此呼应。

詹金斯后来在《融合文化》中提到的"参与式文化"（Participatory Culture）实际上与盗猎相去不远。比起盗猎，参与式文化更强调粉丝盗猎文本的同时亦是对主流媒体的某种回馈。"参与的力量并非来自于摧毁商业文化，而是来自改写、修改、补充、扩展，赋予其更广泛的多样性

---

① 陶东风：《粉丝文化读本》，北京：北京大学出版社，2009年版，第4—12页。
② Stuart Hall, "Encoding/decoding," in Stuart Hall, et al. (eds.) *Culture, Media, Language*, London: Routledge, 2003, pp. 117-127.
③ John Fiske, *Understanding Popular Culture*, New York: Routledge, 1989.
④ John Fiske, "The Cultural Economy of Fandom," in L. A. Lewis, D. Waldron, J. Fiske. (eds.) *The Adoring Audience: Fan Culture and Popular Media*, New York: Routledge, 1992.
⑤ Michel de Certeau, *The Practice of Everyday Life*, trans. Rendall S. Berkeley: University of California Press, 1984, p. 175.
⑥ Henry Jenkins, "'Strangers No More, We Sing': Filking and the Social Construction of the Science Fiction Fan Community," in L. A. Lewis, D. Waldron, J. Fiske. (eds.) *The Adoring Audience: Fan Culture and Popular Media*, New York: Routledge, 1992, p. 232.

观点，然后再进行传播，将之反馈到主流媒体中。"①

此外，"参与式文化"的提法还为粉丝群体的"正名"提供可能。众所周知，粉丝在现实生活中时常遭到非议：理论学界认为粉丝深受文化工业操控，大众媒体又将粉丝污名化为危险和病态的。塔尔萨大学传播教授朱莉·詹森（Joli Jenson）挺身而出替粉丝辩护，坚称对粉丝的不公正认定是上流社会对于中下层阶级的文化压迫。"只要是广受中下层人士喜爱，又廉价易得，便会被斥之为粉丝文化（或草根的爱好）；如果广受有钱有识者欢迎，又高不可攀，便会被视作偏爱之物、兴趣所至、专长所在。"②总之，詹金斯将盗猎视作一种合法的参与，盗猎对主流媒体而言亦是一种有益的回馈。

不过，倏忽而来、呼啸而去的盗猎者并非随心所欲，而是自有其局限。詹金斯对德·塞尔托有关战略（Strategy）与战术（Tactic）的区分加以发挥：战略属于实力雄厚的领主，稳步扩张却远非固若金汤；战术属于居无定所的盗猎者，劫掠骁勇却难免后继乏力。盗猎者永远不可能完全战胜领主，而领主却也无法阻止盗猎者的进犯。③毕竟战略统摄全局，战术只是权宜之计。

那么盗猎的动机何在呢？粉丝对媒体内容不甚满意，难免跃跃欲试。倘或媒体没有令粉丝受挫，粉丝也就没有改写的动力。④同人小说（Fan Fiction）即为文本盗猎的表现之一，指的是利用原有的漫画、动画、小说、影视作品中的人物角色、故事情节或背景设定等元素进行的二次创作。同人小说中的激进形式之一为耽美改编，多为描写男性之间的缠绵情爱。詹金斯认为同人小说是对新自由主义经济所造成的文化伤害的一种补偿。⑤不过在这个问题上，詹金斯有些语焉不详，反倒是亚文化研究者痛痛快快地单刀直入。宾夕法尼亚大学民俗学博士卡米尔·培根-史密斯（Camille Bacon-Smith）试图解释女粉丝为何热衷于对"星际迷

---

① ［美］亨利·詹金斯：《融合文化：新媒体和旧媒体的冲突地带》，杜永明译，北京：商务印书馆，2012年版，第371页。
② Joli Jenson, "Fandom as Pathology: The Consequences of Characterization." in L. A. Lewis, D. Waldron, J. Fiske. (eds.) *The Adoring Audience: Fan Culture and Popular Media*, New York: Routledge, 1992, p. 19.
③ Henry Jenkins, *Textual Poachers: Television Fans and Participatory Culture*, New York: Routledge, 1992, p. 45.
④ ［美］亨利·詹金斯：《融合文化：新媒体和旧媒体的冲突地带》，杜永明译，北京：商务印书馆，2012年版，第358页。
⑤ ［美］亨利·詹金斯：《融合文化：新媒体和旧媒体的冲突地带》，杜永明译，北京：商务印书馆，2012年版，第369页。

航"系列做耽美改编——把舰长柯克与大副史波克(两个男性)描绘成一对恋人。她认为,在通常情况下女性谈论性是有风险的,而男同的性爱离她们非常遥远,谈论起来比较安全。虽然写的是男同,但女性的声音却是清晰无误的。[①] 显然,培根-史密斯在向亚文化知名研究者迪克·赫伯迪格(Dick Hebdige)的经典论点致敬,即亚文化实为安全地表达欲望:"面对家庭、学校和工作场所的多项纪律规定,亚文化的生存环境只能在合规合法的谈论之下暗中建构。亚文化在身陷监控和逃逸监控之间的夹缝中生成,它把遭人监视的事实转变成受人注视的乐趣。它在众目睽睽之下隐藏自己。"[②]

不过,肆意盗猎真的毫无风险吗?不见得。盗猎者可能需要应付怒气冲天的版权所有者。因为版权方有一个强烈的愿望,即监管和保证故事的连续性,而同人小说则可能会破坏其连续性,因而被版权方视为一种威胁。詹金斯倒是觉得这种敌视大可不必,认为文本盗猎不过是多了一种叙述版本而已,只是消费者在保卫和扩大他们的参与权利。[③] 不过詹金斯显然低估了版权方的愤怒,华纳兄弟娱乐公司就是一个例子。华纳兄弟担心哈利·波特的形象会被粉丝玩坏,曾试图强制关闭一个粉丝创办的在线网站"预言家日报"(与小说中魔法界的一份重要报纸同名)。詹金斯教授面对此番情景不禁挺身而出,用几近革命性的措辞亮明旗帜,为粉丝军团摇旗呐喊。媒体也乐于将主办者希瑟·洛娃(Heather Lawyer)形塑为媒体帝国霸凌之下孤立无援的小姑娘。最终粉丝的广泛抵制让华纳兄弟做出让步[④]。

偶然的成功并不意味着永远的自由,至少得克萨斯州大学奥斯汀分校的助理教授苏珊娜·斯科特(Suzanne Scott)对詹金斯所描述的乐观前景深表怀疑。斯科特认为跨媒介叙事一味标榜自由,实为大言不惭。她认为,跨媒介叙事实际上以一种更为隐秘的方式下发了"勒令停止通知函",创造性地(而不是依仗法律)禁止粉丝另行阐述文本。在她看来,跨媒介叙事会强化官方叙事和非官方叙事之间的边界,结果是作者

[①] Camille Bacon-Smith, *Enterprising Women: Television Fandom and the Creation of Popular Myth*, Philadelphia: University of Pennsylvania Press, 1992, pp. 203-227.

[②] Dick Hebdige, *Hiding in the Light: On Images and Things*, London: Routledge, 1988, p. 35.

[③] [美]亨利·詹金斯:《融合文化:新媒体和旧媒体的冲突地带》,杜永明译,北京:商务印书馆,2012年版,第256—257页。

[④] Manohla Dargis, A. O. Scott, "The Fans Own the Magic," *The New York Times*, 2011-07-01.

意图得到贯彻，官方叙事大获成功。非官方的粉丝作者虽然影响不小，却不得不接受媒体融合的规训。同时，媒体融合将粉丝的劳动成果窃为自有，使其服务于自身的营销目标。① 换言之，商业收编的阴云已然密布，再想盗猎怕是难上加难，即便偶尔得逞，也恐怕自身难保。

二、游牧者的使命

詹金斯将消费者认定为居无定所的游牧民，拥有"一种跨越文本边界和类型边界的逻辑"。这种逻辑将粉丝的兴趣互相串连，散漫无端，漂移不定。由此，各类节目、电影、书籍、漫画和其他通俗材料被连接成一个互文性的网络。② "过去消费者消极被动，如今消费者积极进取；过去消费者的行为可以被预测，你叫他们待在哪里他们就待在哪里，如今消费者不断迁移，对网络和媒体的忠诚度不断下降；过去消费者是孤立的个体，如今消费者的社会联系更为紧密；过去消费者一言不发、隐而不显，如今消费者大声叫嚷、公开出场。"③

持续扩张的故事世界不断发出使命召唤，召唤游牧者成为学士或骑士，学士将试图掌握故事世界的全部隐秘，而骑士将受命游历故事世界以获得独特体验。

学士的使命在于修纂有关故事世界的百科全书。"我们将不得不去掌控一个势必无法完全掌控的世界。在以往建构的经典叙事中，我们坐拥一个能洞察故事全部隐秘的剧院，而跨媒介叙事所带来的愉悦体验则截然不同——洞察一切？省省吧！"④ 不过，"我们无人能知天下事，我们人人可知某些事"⑤。詹金斯称粉丝将通过"集体智慧"（Collective Intelligence）来了解故事世界，因为现代社会我们无法单凭个人来处理海量信息，只能依靠协同合作。詹氏门徒杰弗里·朗借用济慈有关"负性能力"（Negative Capability）的提法，认为跨媒介叙事将唤起受众的"负性能力"，即对象愈是不确定，愈是神秘，愈是可疑，受众便愈发感

---

① Suzanne Scott, "The Trouble with Transmediation: Fandom's Negotiation of Transmedia Storytelling Systems," *Spectator*. Vol. 30, No. 1, 2010, pp. 30–34.

② Henry Jenkins, *Textual Poachers: Television Fans and Participatory Culture*, New York: Routledge, 1992, p. 41.

③ Henry Jenkins, *Convergence Culture: Where Old and New Media Collide*, New York: New York University Press, 2006, pp. 18–19.

④ Henry Jenkins, "Transmedia Storytelling 101," retrieved from http://henryjenkins.org.

⑤ Henry Jenkins, *Convergence Culture: Where Old and New Media Collide*, New York: New York University Press, 2006, p. 4.

觉妙不可言。这种能力一方面允许受众去填补叙事的缝隙，一方面又让他们迫不及待地去找出更多的缝隙。① 情节一直在扩展，视野一直在增大，而世界总是出乎意料地超出受众的掌控，这将驱使以学士自命的粉丝编排历史，修订家谱，制作地图，创建百科词条，撰述有关故事世界的百科全书。

修纂百科全书之所以可能，在于故事世界不会听凭粉丝天马行空，而是自有一套既定的规则。值得注意的是，这套规则附着在相当于类文本（Paratext）的配件之上，而配件便是通往故事世界的神奇按钮，譬如在"荷马史诗"中审视阿喀琉斯之盾便可进入整个神话世界。詹金斯举过生活中的一个有趣例子。有一回，詹金斯胡乱抓起一面塑料盾牌，高举塑料宝剑或是斧子什么的，吵吵嚷嚷地闯进卧室，打算安慰刚刚做了噩梦的儿子。岂料儿子对细节十分考究，立马纠正："错啦，老爸，这是属于女巫的东西！"诚然，配件所指向的神话是通往虚拟世界的隐秘通道。"配件（accessory）是人物的延伸，是个性的反映，是能力的显现。要么敌对，要么结盟，每个人都有属于自己的神话，而神话则是虚拟世界的入口。"②

骑士的使命在于游历故事世界，参与到无穷无尽的叙事中，从而获得独特的叙事体验。相对于传统的连续叙事（如狄更斯的小说），帕特·哈里根（Pat Harrigan）认为计算机的能力扩展使"批量叙事"（Vast Narratives）成为可能。③《沉浸的艺术：数字时代如何重塑好莱坞、麦迪逊大道，以及我们讲故事的方式》作者弗兰克·罗斯（Frank Rose）引用《模拟人生》游戏设计师的一段话，来解释"批量叙事"："光剑、死星、原力，以及所有这些东西，将给你带来眼花缭乱的游戏体验。我能手持光剑，与我的朋友并肩作战，也能玩一局炸毁死星。我体验一番，然后回头告诉你究竟发生了什么。精彩的故事百玩不厌，百玩不厌又带来了更多的故事。"④ 简单地说，游戏每玩一局，情节大不一样，骑士可

---

① Geoffrey Long, *Transmedia Storytelling: Business, Aesthetics and Production at the Jim Henson Company*, Cambridge, MA: Massachusetts Institute of Technology, 2007, p. 53.

② Henry Jenkins, "He-Man and Masters of Transmedia," retrieved from http://henryjenkins.org, 2010-05-21.

③ Pat Harrigan, Noah Wardrip-Fruin. *Third Person: Authoring and Exploring Vast Narratives*. Cambridge, MA: The MIT Press, 2009.

④ Frank Rose, *The Art of Immersion: How the Digital Generation Is Remaking Hollywood, Madison Avenue, and the Way We Tell Stories*, New York: W. W. Norton & Company, 2011, p. 141.

以满血复活重新出征，开始一次全新的冒险。叙事常玩常新，骑士永不知倦。

从文本盗猎到媒体融合，被奉为跨媒介叙事理论"教主"的詹金斯的研究路数的变迁构成了一个绝妙的隐喻：盗猎计时或得逞，而召唤术终将奏效。詹金斯一面联手亚文化研究者共抗霸权文化，一面力倡媒体融合向业界传经送宝。凭借对盗猎和游牧的理论改造，詹金斯跻身粉丝研究、亚文化研究的大师谱系；凭借故事世界与使命召唤，詹金斯在短时期内承蒙资本垂青，声名鹊起。

本章小结

跨媒介叙事并非各类媒介的简单相加，也不同于商业营销手段，而是媒体融合的文化转型：不同媒介各擅胜场，互为驰援；消费者自由流动，无远弗届。跨媒介叙事的前提并非"互文性"，而是"共世性"，即基于若干媒介的若干故事发生在同一个故事世界之内。故事世界成立的关键，不在于其材质是幻想抑或现实，而是取决于历史、地理、人物等维度的"可扩展性"，其扩展方式分别对应：填补历史之缝隙，探索未知之疆域，以及关注次要人物之经历。跨媒介叙事扩展可以借助"协同论"与"冲突论"两类视角来考察：前者关注与典范版本保持一致的叙事扩展；后者则关注与典范版本存在明显矛盾冲突的叙事扩展，尤其是草根创作者有意为之的"另类叙述"。

跨媒介叙事的洞见在于对盗猎、游牧、故事世界等理论的构建。盗猎强调对媒介产品中的现有材料加以挪用，制造出新的意义。游牧强调消费者在媒介世界中的居无定所、自由迁徙。面对粉丝的抵抗与散漫，故事世界是跨媒介叙事的隐秘的收编方式：通过使命召唤将粉丝纳入预定的运行轨道。故事世界不断扩展，召唤粉丝成为学士或骑士。学士将试图掌握故事世界的全部隐秘，骑士将受命游历故事世界以获得独特体验。简而言之，粉丝自有粉丝的盗猎计，媒介自有媒介的召唤术。不过，面对强势的收编，盗猎的威胁真的消弭了吗？未必。虽然盗猎者最后的胜利希望不免渺茫，但领主老爷永远无法阻止盗猎者发起新一轮攻击。盗猎计与召唤术的来回对抗、反复纠缠，正是跨媒介叙事的一体两面。

第二章　数字时代跨媒介叙事的三重转向

虚拟的消逝意味着虚拟的成功。

——迈克尔·海姆（2014）

仿佛就在一夜之间，"万物皆可元宇宙"。元宇宙（metaverse）这个陌生的概念裹挟着一股巨大的力量，把人们此前对互联网的既有知识与既成经验冲击得七零八落，再加上一些新潮炫目的技术和名词，向我们展示了一个全新虚拟世界的可能。互联网产业的一些资深人士向我们郑重承诺，这就是未来社会的终极形态。

在科技悲观主义者看来，这些都是奢望。在他们看来，所有的新技术概念都是"噱头"，都是"炒作"，即便新产品摆在面前，他们也会选择性无视。实际上，人们往往倾向于高估技术在短期的影响，却低估未来长期的影响，互联网、人工智能莫不如是。尽管这些新技术暂时还无法如它们所承诺的那样深刻重塑我们的社会生活，但我们还是强烈预感到了数字虚拟作为一种趋势，终将在未来"奇点将近"的那一刻成为重塑社会生活的爆点。那么，进入数字时代，跨媒介叙事究竟发生了哪些变化？接下来，笔者将分别从技术虚拟化、媒介融合化、文化复魅化三方面来一一解析。

第一节　技术虚拟化

数字时代，跨媒介叙事的第一个转向是"技术虚拟化"。这既是技术变迁的发生背景，也是正在发生的时代情境。在本节中，笔者会从四个维度去讨论"虚拟"：虚拟作为装置（启动幻觉）、虚拟作为中介（再媒介化）、虚拟作为潜能（征服时空），以及虚拟作为世界（构筑幻想）。

当我们谈论虚拟时，我们在谈论什么？"虚拟"（virtual）一词在

《牛津词典》中有多种定义，主要的两个定义是："某物在描述上几乎是、差不多是，但却不完全是，或者在严格意义上并不是"，以及"并非物理性的存在，而是基于计算机软件的某种呈现"。《韦氏词典》对"虚拟"的定义和《牛津词典》基本一致："近似某物却并非某物"，以及"存在、发生于计算机或网络中"。前一个定义中，虚拟被视作真实的对立面，意味着"似真还假"；后一个定义中，虚拟与物理性的真实世界相对，通常由计算机技术或者说数字媒体所承载。

据在赛博文化与新媒体领域著述颇丰的独立学者玛丽－劳尔·瑞安的考证，virtual 最初来源于拉丁语词汇 virtus，涵义为力量、男子气概、德行。由此，virtus 引申为某种力量（force or power）。在经院哲学中，虚拟与现实（actual）的关系并非决然对立，而是辩证统一的。换言之，虚拟不是从现实存在中抽离出来的事物，而是一种可以转化为现实存在的潜在力量。典型的例子就是亚里士多德提过的"潜能－实现"的对举（如橡子－橡树）[1]。到了18、19世纪，virtual 与 actual 由原先的辩证关系转变为二元对立：虚拟成了虚构的、不存在的。[2] 简言之，虚拟的语义经历过一个重大变迁，从原先的"潜在的可能性"，到如今的"似真非真"。

不仅如此，玛丽－劳尔·瑞安还对现实（actual）和虚拟（virtual）的辩证关系做了详细整理[3]。从中我们可以看出，虚拟的内涵，不仅丰富多样，而且极具开放性：

现实（actual）	虚拟（virtual）
既成的（enacted）	潜在的（potential）
事实的（factual）	伪造的（counterfactual）

---

[1] 亚里士多德的"四因说"：质料因（material cause）、形式因（formal cause）、动力因（moving cause）以及目的因（final cause）。吴寿彭将其翻译为本因、物因、动因以及极因。参见［古希腊］亚里士多德：《形而上学》，吴寿彭译，北京：商务印书馆，1997年版，第6—7页。譬如一棵橡树，从一粒橡子的状态下萌发成长，橡子是质料因，而最终长成的橡树则是形式因，同时橡树也是橡子所要达到的目的，橡树还是推动橡子向它生长的动力。基于此，形式因、动力因和目的因是合一的。由此，"四因"可以归结为质料因与形式因两个最基本的原因。在本论文中，虚拟正是"幻想质料"的实现形式。

[2] Marie-Laure Ryan, *Narrative as Virtual Reality 2: Revisiting Immersion and Interactivity in Literature and Electronic Media*, Baltimore, Maryland: Johns Hopkins University Press, 2015, pp. 18—19.

[3] Marie-Laure Ryan, *Narrative as Virtual Reality 2: Revisiting Immersion and Interactivity in Literature and Electronic Media*, Baltimore, Maryland: Johns Hopkins University Press, 2015, p. 20.

已实现的（accomplished）	有可能的（possible）
封闭的（closed）	开放的（open）
物质的（material）	精神的（mental）
实在的（concrete）	抽象的（abstract）
完整的（complete）	不完整的（incomplete）
确定的（determine）	不确定的（indeterminate）
物质的、有形的（corporeal）	光谱一般的、无形的（spectral）
受身体或外物束缚（bound body or object）	气息、灵韵（aura）
核爆中心（kernel）	核辐射（irradiation）
暂时固定（temporally located）	随时自由流动（temporally free-floating）
嵌入空间（inscribed in space）	与空间隔断（deterritorialized）
单数（singular）	复数（plural）
制成品（manufactured object）	设计图、代码（blueprint, code）
现在（present）	过去或未来（past and future）
在此（here）	别处（there）
固态的、有形的（solid）	易散的、无形的（evanescent, nontangible）
形象（figure）	背景（ground）
可见的（visible）	潜藏的（latent）
在场的（presence）	缺席的（absence）
面对面的（face-to-face）	中介化的（mediated）
机械的、打印的（mechanical, printed）	电子的（electronic）
物质（matter）	信息（information）
空间（space）	赛博空间（cyberspace）
可数的（that which counts）	不可数的（that which does not count）
存在（being）	表现（presenting）
合乎身份（identity）	扮演（passing as, role playing）

真正的行为（serious behavior）	叫人相信（make-believe）
现实经验（lived experience）	幻想、梦幻（fantasy and dreams）
事实（fact）	虚构（fiction）
本质（essence）	表面（appearance）
真实（authenticity）	假冒，模拟（fake, simulation）
真相（truth）	幻象，虚假（illusion, falsity）
本源（original）	复制，拷贝（copy, double）
描述、提示（represented, referent）	图像（image）
……	

一、作为装置的虚拟：启动幻觉

古罗马诗人奥维德（Ovid）的《变形记》（Metamorphose）记述了一位名为皮格马利翁的雕刻家，他根据自己心中理想的女性形象用象牙制作了一个雪白的人像雕塑，命名她为"伽拉忒亚"。雕塑是如此完美，以至于皮格马利翁居然不可救药地爱上了她，陪她说话，为她装扮。爱神维纳斯听到了皮格马利翁的祈求，非常同情他，便给这件雕塑赋予了生命。[①]

油画《皮格马利翁与伽拉忒亚》[②]

[①] ［古罗马］奥维德：《变形记》，杨周翰译，北京：人民文学出版社，1958年版，第206—208页。

[②] 法国画家让－莱昂·盖罗姆（Jean-Léon Gérôme）绘制于约1890年，现藏于美国大都会艺术博物馆。

这则传说生动形象地揭示了古人从事雕塑的至高目标——企图赋予雕像以生命①。再加上神灵的慷慨相助，一座冰冷无情的雕塑旋即转变为一具曼妙火热的酮体。栩栩如生的雕塑，奇妙之处就在于它能启动一种似真非真的幻觉——仿佛它有生命一般。

古希腊的另一则传说同样说明了艺术制造幻觉的企图。相传古希腊名画家宙克西斯与帕拉修斯比试，要在写实才能上一较高下。当日，宙克西斯出示了一幅画，上面画着悬挂枝头的水果。画作中的葡萄是如此栩栩如生，甚至招来飞鸟啄食。帕拉修斯连声叹服，继而出示了自己的作品。不过他的画作上覆盖着一层帘子。宙克西斯正要揭开帘子一睹究竟，但立刻发现，那帘子便是帕拉修斯的画作。宙克西斯不过是欺骗了小鸟，而帕拉修斯却是骗倒了旁人的眼睛。至此，高下立判。

这两则传说有一个共同的指向——"虚拟"（virtuality），一种启动"似真非真"幻觉的装置/媒介/技术。我们可以将此类"启动幻觉的装置/媒介/技术"称为"虚拟媒介"（virtual media）。虚拟媒介，对于皮格马利翁而言是亲手制成的美人雕像，对于宙克西斯而言则是骗他伸手去掀的帘子画作。虚拟媒介的确有些狡猾，旨在启动似真非真的幻觉，一心叫人误以为真。

吉姆·布拉斯科维奇（Jim Blascovich）等人在《无尽的真实：化身、永生、新世界以及虚拟革命的黎明》（*Infinite Reality*：*Avatars*，*Eternal Life*，*New Worlds*，*and the Dawn of the Virtual Revolution*，2011）一书中将虚拟技术理解为打造逼真世界的努力和尝试。虚拟实践"几乎和人类历史一样古老"，包括讲故事、绘画、雕塑、戏剧、手稿、印刷术、摄影术、摄像术、电气化、广播、计算机以及互联网。作者认为，这些媒介的效果与南美原住民煎服的"死藤水"（可使人产生幻觉，陷入所谓的"通灵"状态）在某种意义上并无二致，都是允许人们从脚下的物理世界凌空而起，抵达另一个幻想世界。②

人类学家汤姆·博勒斯托夫（Tom Boellstorff）在《第二人生的成

---

① 希腊文明受埃及文明影响颇深。在埃及，雕刻家一词本义就是"使人生存的人"。参见[英] E. H. 贡布里希：《艺术的故事》，范景中译，南宁：广西美术出版社，2008年版，第58页。

② Jim Blascovich and Jeremy Bailenson，*Infinite Reality*：*Avatars*，*Eternal Life*，*New Worlds*，*and the Dawn of the Virtual Revolution*，New York：Harper Collins，2011，pp. 24—36. 可参考中文译本[美]吉姆·布拉斯科维奇、杰里米·拜伦森：《虚拟现实：从阿凡达到永生》，辛江译，北京：科学出版社，2014年版。

年》（*Coming of Age in Second Life*，2008）一书中梳理了"虚拟"的历史。在博勒斯托夫看来，"虚拟"的历史有两种讲法：第一种讲法将虚拟追溯到早期人类所创设的诸种符号（图像、文字等），如法国拉斯科山洞中的野牛岩画（公元前 1500—前 1000 年）。另一种讲法认为虚拟意味着投影，是对真实之物的摹仿，可追溯至柏拉图的"洞穴寓言"。[1] 实际上，博勒斯托夫是将"虚拟"区分为"再现"（represent）与"反映"（reflect），二者均为对真实的捕捉与接近。

在《虚拟艺术：从幻觉到沉浸》（*Virtual Art: From Illusion to Immersion*，2001）一书中，德国艺术史学家奥利弗·格劳（Oliver Grau）关注"将观众置身于图像虚幻的封闭空间"的虚拟装置。格劳指出，这种尝试并非随着虚拟现实的发明而首次出现，而是在传统艺术中就早有实践。[2] 格劳以"幻觉"和"沉浸"为线索，从西方图像发展史和艺术史中追溯了虚拟现实的"前世"，包括庞贝古城的壁画房间、全景画、环形电影、立体电影等。在格劳看来，虚拟艺术就是一种制造幻境的艺术：占据观众的全部视野，并提供一种置身其中的幻觉。就庞贝古城的这间睡房而言，壁画使得空间不再狭小，让人恍如置身于广阔天地之间。在格劳看来，虚拟艺术即为制造幻觉的艺术，其关键在于沉浸感的打造。

庞贝古城某睡房壁画[3]

---

[1] Tom Boellstorff, *Coming of Age in Second Life: An Anthropologist Explores the Virtually Human*, Princeton: Princeton University Press, 2008, pp. 32—59.

[2] [德] 奥利弗·格劳：《虚拟艺术》，陈玲主译，北京：清华大学出版社，2007 年版，第 3 页。

[3] 画满壁画的一间睡房（Cubiculum [bedroom] from the Villa of P. Fannius Synistor at Boscoreale），来自罗马共和国晚期的庞贝城，约公元前 50—前 40 年，现藏于美国大都会艺术博物馆。

虚拟所要实现的效果（effect），是感官或主观意义上的真实。换言之，虚拟所要实现的并非是现实（the actual），而是感官或主观上的真实（the real），是接受意义上的"效果真实"（real effect）。由此，虚拟是一门"令人信以为真"（feel it real）的技艺。我们可以举两个例子来加以说明——使用了透视法的绘画，以及早期电影。

文艺复兴时期的透视法，革新了中世纪以降的绘画艺术。其典范为意大利画家马萨乔的湿壁画《圣三位一体》（The Holy Trinity, with the Virgin and Saint John and Donors，1427）。礼拜堂深处的十字架，是圣父、圣子、圣灵三位一体；礼拜堂拱柱两侧，分别立着圣母玛利亚和施洗约翰；礼拜堂之外，左右各跪着一个赞助人。凭借透视技法，湿壁画让墙壁不再扁平，而是富有纵深。更关键的是，透视法还制造了一种观看/凝视的幻觉，用英国艺术史家约翰·伯格（John Berger）的说法是"运用透视法的每幅图画都在提醒观赏者他是世界唯一的中心"[①]。后来，透视法由卡拉瓦乔、维米尔、伦勃朗等大师发扬光大。他们精准地处理光影的微妙变化，让画作显得生动自然，犹如我们亲临所见一般。

湿壁画《圣三位一体》[②]

[①] ［英］约翰·伯格：《观看之道》，戴行钺译，桂林：广西师范大学出版社，2005年版，第13页。

[②] 意大利画家马萨乔（Masaccio）于1427年作湿壁画《圣三位一体》（The Holy Trinity, with the Virgin and Saint John and donors），位于意大利圣玛利亚·诺维拉教堂。

透视法只是实现了形似，并不能表现运动。电影的发明，让透视幻境加上了时间的维度，更是叫人信以为真。卢米埃尔兄弟的《火车进站》（*L'Arrivée d'un train en gare de La Ciotat*，1895）据称在放映时曾让不少观众不由自主地闪避，甚至落荒而逃。1897年，电影在当时的中国尚属新式舶来品。一位中国观影者在看完"美国影戏"之后如是感慨："电灯高烛，马车来往如游龙，道旁行人纷纷如织，观者至此几疑身如其中，无不眉为之飞，色为之舞……忽灯光一明，万象俱灭……如海市蜃楼，与过影何以异？……乍隐乍现，人生真梦幻泡影耳。"① 虽不至于叫人信以为真，但也足够令人慨叹"电法既创"以来"影戏"之神奇。

高超的技艺固然重要，但启动幻觉并非仅仅取决于虚拟媒介，也关乎人们内心的观念——"启动幻觉的阈值"，或者叫"真实感的临界值"。既然虚拟是某种"真实感"，那么"虚拟程度"在理论上就是可测度的。在达到特定阈值之后，虚拟之物有望令我们信以为真。

不难设想，随着新式媒介的出现与发展，虚拟化程度不断提升，人们"信以为真"的阈值自然也就水涨船高——现代人看到电影里扑面而来的火车当然不会再落荒而逃。阈值的升高，反过来又促进了虚拟媒介的进一步革新与发展。这是一个相互作用的动态过程。

在这里，笔者尝试区分几个容易和"虚拟"混淆的概念。

"虚拟"（the virtual）不同于"再现"（representation）。"再现"意味着以文字或图像的方式"重新结构"（reconstruct）某事物。"再现"通常会和某些修饰语一同使用，如"完全再现""忠实再现""精准再现"等。在多数情况下，"精准"是"再现"的一种美德。"再现"的过程意味着小心翼翼地接近真实，至少不违背真实。不过，"精准"并非"再现"所必需的一项品质。例如，"符号化再现"就意味着"再现"可做适当的简略处理，甚至变形夸张。与此相对，"虚拟"旨在"骗倒眼睛"，希望实现"似真非真的效果"。另一点差异是，虚拟效果可以通过多种感官刺激来实现，不似"再现"唯有倚赖视觉。

"虚拟"不同于"虚构"（fiction）。"虚构"意味着编造的故事，故事中的人物和事件并非实际存在。"虚拟"当然也是假的，但却可以感知，至少在感官或主观层面上是真实的，给人以真实感。

"虚拟"并非柏拉图意义上的"摹仿"（imitation）。在柏拉图看来，

---

① 佚名：《观美国影戏记》，《游戏报》（上海），1897年9月5日。见丁亚平：《百年中国电影理论文选》，北京：文化艺术出版社，2005年版，第3—4页。

"理式"（forms）是单纯、纯粹、永恒不变的，看不见摸不着，只能用理性去把握。柏拉图所谓的"摹仿"，是"摹本"对理想世界中"理式"的复写与逼近，现实世界是"理式"的"摹本"，而艺术则是现实世界的"摹本"，即"摹本的摹本"。在柏拉图看来，摹本难免存在不同程度的不完美，难以真正抵达完美的"理式"。柏拉图还取譬设喻：我们好比身处地穴的囚徒，将洞壁上投射的影子信以为真，而不会走出洞穴去拥抱真实的世界。① 而"虚拟"与柏拉图的"摹仿"正相反，"虚拟"试图通过模拟现实进而获得主观上的效果真实。

"虚拟"不同于"摹制品"（replica）。摹制品是相对于原作而言的复制品，一般由与原作相同的材质制成，且不容易翻制，如古罗马人对古希腊雕塑的摹制。自19世纪以来"机械复制"（本雅明语）的技术（照相术）兴起之后，摹制的传统便有了消退的势头。

"虚拟"不同于"复制"（reproduction）。本雅明在《机械复制时代的艺术作品》一文中认为：技术促成了"机械复制"，使得艺术品的大规模传播成为可能，但代价是作品固有的"原真性"（Echtheit）被消解，"灵韵/光韵"（aura）消逝不见。② "复制品"是对原作的复制，而"虚拟"是对真实感觉的虚拟。

"虚拟"不同于"拟象"（simulacrum）。在让－鲍德里亚（Jean Baudrillard）看来，"拟象"替换了真实（the real）。后现代社会，充斥着符号、信息以及意义，以至于再现与真实的边界崩溃了。"拟象"不再指涉真实，而是自我指涉，即"拟象"在真实世界中找不到对应的指涉物。③ "虚拟"可指涉真实，但并不保证一定指涉真实，如虚拟出"一条喷火的龙"。"虚拟"主要致力于提供某种真实的感觉。

"虚拟"与"模拟"（simulation）十分相似。《韦氏词典》中"模拟"（simulation）指的是"某制成品可观、可感、可动，用于特定的研究或训练"。譬如模拟场景，就是旨在打造一个模拟特定情境的三维立体空间，一般出于某种应用目的（有时也用于娱乐消遣），以便让使用者较快地掌握并提升相关技术。其应用领域包括医学手术、军事射击、交通驾

---

① ［古希腊］柏拉图：《理想国》，郭斌和、张竹明译，北京：商务印书馆，1986年版，第272—311页。
② ［德］瓦尔特·本雅明：《机械复制时代的艺术作品》，王才勇译，北京：中国城市出版社，2002年版，第5—14页。
③ ［法］让－鲍德里亚，《仿真与拟象》，汪民安等：《后现代性的哲学话语——从福柯到赛义德》，杭州：浙江人民出版社，2000年版，第333页。

驶等，优势在于安全廉价，譬如虚拟现实的早期应用"林克机"（Link Trainer）以及"传感影院"（Sensorama）。

二、作为媒介的虚拟：再媒介化

19世纪早期，照相术被发明出来。19世纪末，电影被发明出来。法国电影理论家安德烈·巴赞认为，照相术和电影"完全满足了我们把人排除在外、单靠机械的复制来制造幻象的欲望"，"从本质上最终解决了纠缠不清的写实主义问题"。① 在机械复制时代，虚拟术成了一个无比客观、与人无涉的自动化装置。

20世纪60年代以来，虚拟装置有了新变化。虚拟装置开始成为一个可供互动操作的界面，例如由实验室电子仪器改装而成的电子游戏《双人网球》（*Tennis for Two*，1958）。以如今的眼光来看，图像太过抽象，甚至有些简陋不堪，但这毕竟是早期的虚拟化尝试。当时的人们无比兴奋，因为他们惊奇地发现自己可以操控屏幕上的图像了，这使得原本冰冷的屏幕多了几分人情味。虚拟图像犹如幽灵一般，附着在黑漆漆的屏幕之上，为使用者提供主观经验上的真实。

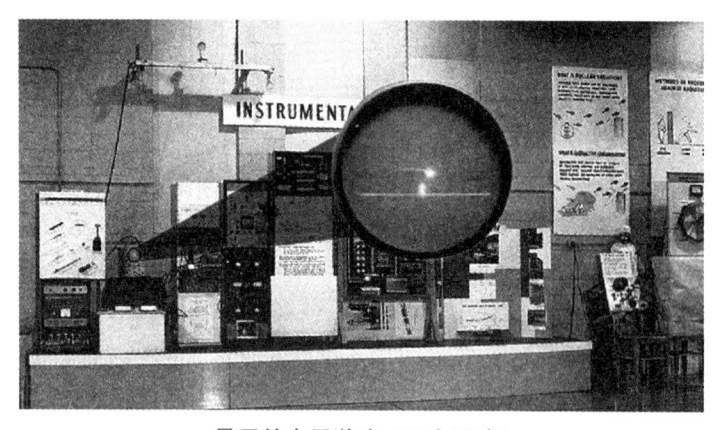

最早的电子游戏《双人网球》

数字化浪潮滚滚向前。必须承认，数字技术正以前所未有的速度和程度介入我们的日常生活。有论者将其称作"人类中介系统的革命"②。

在解构主义者眼中，这场革命早已发生并永续进行。在他们看来，并没有一个完好如初的真实等待着我们去虚拟。"真实总是已经被虚拟化

---

① ［法］安德烈·巴赞：《电影是什么？》，崔君衍译，北京：中国电影出版社，1987年版，第10页。

② 陈志良：《虚拟：人类中介系统的革命》，《中国人民大学学报》，2000年第4期。

了的",或者说真实早已受到虚拟的"侵蚀"而变得不再纯粹了。真实从未摆脱虚拟的纠缠,虚拟不啻如影随形的幽灵:真实转瞬即逝(untimely),犹如刚好错过的地铁;真实难以校准(disadjusted),犹如老有杂音的调频。① 现如今,现实正日益被媒介技术"媒介化"(mediated),纯之又纯的现实再难寻觅,正如杜克大学媒介学者马克·汉森(Mark Hansen)所坚称的那样——一切现实均为"混合现实"(mixed reality)②。虚拟与现实,相互杂糅,再无边界。所谓虚拟化,不再是有待经历的过程,而是永续的既成状态。

在《再媒介化:理解新媒体》(*Remediation*:*Understanding New Media*,1999)一书中,作者杰伊·大卫·博尔特(Jay David Bolter)与理查德·格鲁辛(Richard Grusin)将新媒体归结为一句话:"我们的文化既希望媒介增殖,又指望擦除媒介化(mediation)的所有痕迹。"③ 作者将前者命名为"超媒介"(hypermediacy),将后者命名为"去媒介"(immediacy)。"超媒介"增殖、吸纳了多种多样的媒介,并始终凸显媒介自身的存在,毫不遮掩媒介与空间之间的缝隙。④ "去媒介"与之相反,它近乎透明,不断地接近人们的感官经验,试图消除媒介的存在感,旨在打造一个无缝的逼真世界。⑤ 作者指出,"超媒介"丰富饱满,"去媒介"透明无缝,二者共同抵达观者在经验上的真实,二者均为"再媒介化"(remediation)的可选策略。⑥ 赵斌对"电影再媒介化"进行了知识考掘,认为它既是一个媒介问题,又是一个表意问题,其理论脉络包括詹姆斯·费伦(James Phelan)的当代叙事学、茱莉亚·克里斯蒂娃的语言诗学及雅克·朗西埃(Jacques Rancière)的电影图像分析等三种

---

① Marcus A. Doel and David B. Clarke, "Virtual Worlds: Simulation, Suppletion, S(ed)uction and Simulacra," in Mike Crang, Phil Crang and Jon May (eds.), *Virtual Geographies: Bodies, Space and Relations*, New York: Routledge, 1999, p.279.
② Mark B. N. Hansen, *Bodies in Code: Interfaces with Digital Media*, New York: Routledge, 2006, pp.1-6.
③ Jay David Bolter and Richard Grusin, *Remediation: Understanding New Media*, Cambridge, Massachusetts: MIT Press, 1999, p.53.
④ Jay David Bolter and Richard Grusin, *Remediation: Understanding New Media*, Cambridge, Massachusetts: MIT Press, 1999, p.38.
⑤ Jay David Bolter and Richard Grusin, *Remediation: Understanding New Media*, Cambridge, Massachusetts: MIT Press, 1999, p.22.
⑥ Jay David Bolter and Richard Grusin, *Remediation: Understanding New Media*, Cambridge, Massachusetts: MIT Press, 1999, p.53.

表意理论。①

"再媒介化"为我们理解"作为媒介的虚拟"提供了一个较为合适的理论框架。就"超媒介"而言,虚拟不断集成、增殖、吸纳多种媒介,如增强现实;就"去媒介"而言,虚拟隐匿行藏,近乎透明,如虚拟现实。在这个意义上,虚拟在不断地叠加,同时也在不断地消失。

或许是时候考虑一下虚拟本身的悖论了。美国学者迈克尔·海姆(Michael R. Heim)曾断言"虚拟的消逝意味着虚拟的成功",即虚拟的终极目标是将自己彻底融入背景,从而消弭于无形。② 界面弥散消融,边界开始模糊,我们不再仰赖特定的媒介物,进而无所不在虚拟之中。换言之,虚拟的悖论在于其"自我否定性"——虚拟自噬己身之际,方为虚拟大获全胜之时。

虚拟正在不断进击,试图遮断、隔绝、掩盖,甚至取代真实。鲍德里亚引述了博尔赫斯的一个故事:帝国的绘图员绘制了一幅非常详尽的地图,精细绝伦,巨细无遗。地图原本只是帝国的副本,然而,如今"国土不再先于地图,已经没有国土,所以是地图先于国土,亦即拟象在先"③。鲍德里亚甚至断言,这是一场拟象对现实的"完美谋杀":拟象对真实的覆盖与替代,导致真实世界诡异地消失了。谋杀的过程无人目击,"真实"的尸首无处可寻,堪称"完美的罪行"。④ 鲍德里亚担心,虚拟在效果上臻于完美,以至于完全压倒了现实。

虚拟界面开始试图中介我们的日常生活,介入愈发深刻,过程却愈发无形。"界面,成了我们与赛博空间这一平行世界的唯一通道,这意味着当今世界最具活力、最富创新的领域只会通过匿名的、中介的界面设计者显露给我们。"⑤ 换言之,这层虚拟界面上可能被有意动过手脚了。在数字时代,虚拟装置已经被彻底地"黑箱化"(black-boxed)了。有人对此忧心忡忡,担心我们被隔离在真实世界之外而仍不自知。这一悲观图景在科幻作品中表现得最为集中,以科幻电影《黑客帝国》、科幻剧集

---

① 赵斌:《电影再媒介化:概念考古与理论展望》,《文艺研究》,2022 年第 8 期。
② Michael R. Heim, "The Paradox of Virtuality," in Mark Grimshaw(ed.), *The Oxford Handbook of Virtuality*, New York: Oxford University Press, 2014, p. 111.
③ [法]让-鲍德里亚:《仿真与拟象》,汪民安等:《后现代性的哲学话语——从福柯到赛义德》,杭州:浙江人民出版社,2000 年版,第 329 页。
④ [法]让·博德里亚尔:《完美的罪行》,王为民译,北京:商务印书馆,2000 年版,第 6—11 页。
⑤ Steven Johnson, *Interface Culture: How New Technology Transforms the Way We Create and Communicate*, New York: HarperCollins, 1997, p. 19.

《黑镜》为代表。科幻故事实际上为我们提供了一种对媒介技术的"反身性"（reflexivity）思考。科幻故事有意暴露了媒介装置的运作机制，提醒我们注意犹如"黑箱/黑镜"一般的新式媒介。由此，媒介使用者才不至于陶醉在新媒体的欢愉愿景之中而丧失警惕。

不过，一味夸大虚拟的中介似乎也有问题。虚拟的中介或许并非无往不利，因为虚拟始终仰赖于特定的物质媒介，而物质媒介的缝隙始终是存在的。在媒介技术学者看来，"虚拟对现实的全方位遮断"无疑是理论家们的一厢情愿。虚拟对现实的遮断绝非长长久久，而是裂隙暗布、危机四伏。虚拟取代现实，与其说是现实情形，倒不如说是故作惊悚的修辞。杰夫·马尔帕斯（Jeff Malpas）坚称，讨论虚拟的首要前提就是要承认虚拟的非独立性。虚拟不是封闭运作的系统，虚拟必然嵌入我们的日常世界，而且总是依赖他物。[①] 换言之，虚拟并不巨细无遗，也并非完好无缺，而是始终仰赖技术的支持，那就必然存在技术的缝隙。

三、作为潜能的虚拟：征服时空

虚拟是未曾实现的有待实现，极具生成性。法国后现代主义哲学家吉尔·德勒兹（Gilles Deleuze）试图提醒我们：不能仅将已经实现的认作真实，虚拟同样真实，只是尚未实现。在小说《追忆似水年华》（*A la recherche du temps perdu*，1913）中，主人公通过品尝一块点心而回忆起曾经的欢愉时光。记忆"既存在于现在，又存在于过去，真实（real）而非现实（actual），理想而不抽象"[②]。德勒兹用这个例子来诠释他所理解的虚拟：几近真实却并非真实，极富可能性却尚未实现，换言之，虚拟之中恰恰是无穷的、未实现的经验。[③] 法国媒介哲学家皮埃尔·利维（Pierre Lévy）同样指出，虚拟不是真实的反面，相反，虚拟是丰富有力的存在。在他看来，虚拟推动进程，开启未来，为陈腐不堪的当下情境注入核心意义[④]。

虚拟是不在场的在场，充满变化与未知。法国解构主义大师雅克·

---

① Jeff Malpas, "The Non-Autonomy of the Virtual: Philosophical Reflections on Contemporary Virtuality," *Ubiquity*, May, 2008, p. 4.

② ［法］马塞尔·普鲁斯特：《追忆似水年华（1）：在斯万家那边》，李恒基、徐继曾译，南京：译林出版社，1989年版，第181—182页。译文有改动。

③ Gilles Deleuze, *Bergsonism*, trans. Hugh Tomlinson and Barbara Habberjam, New York: Zone Books, 1991 (Original work published 1966), pp. 96—97.

④ Pierre Lévy, *Becoming Virtual: Reality in the Digital Age*, trans. Robert Bonono, New York: Plenum Trade, 1998 (Original work published 1995), p. 16.

德里达（Jacques Derrida）的"延异"概念可供我们参考。德里达所谓的"踪迹"（trace），既是见证，又是否认。打一个比方，猎手在森林里追踪猎物，猎物留下来的踪迹有时清晰有时模糊，且时断时续。在猎手的仔细辨认之下，踪迹可以提供猎物去向的信息，不过踪迹并不完全可靠，有时甚至会在某处顿然中止。消失的踪迹叫人彷徨无计、无从判定。基于踪迹，我们只能确认猎物曾经经过，但眼下，猎物早就不在这里了。这种既确认又否认的状态，也即一种"延异"（différance）的效果：难以溯源，有所指向，持续展开，保持开放。① 对德里达来说，"踪迹"既不是不在场，也不是在场，而是在场的自我拆解、自我位移和自我参照（renvoi）的显像。② 台湾学者洪世谦借此讨论虚拟问题："以解构哲学的角度来说，虚拟仅是相对于'现实'的'不可能性'，一种与'现实'之间的差异，一种对'现实'越界的他异性，一种迟到而尚未出现的'实在'，它以不在场的方式，悬置了一切'在场'，却也为'在场'提供了更多可能性。"③ 总之，虚拟意味着既"在场"，又"不在场"。

结合上述诸人的论述，我们不难发现，虚拟意味着"未实现的实现"（德勒兹语）、"不在场的在场"（德里达语），充满了可能性。瑞安建议我们将"虚拟"理解为一条渐变的光谱（spectrum）：一端是视觉意义上的"假"，即复制品或幻象，多含负面的意味；另一端是思辨意义上的"潜力"，意味着生产性、开放性和多样性。④

现实自有其局限，虚拟是可供选择的另一条道路，似乎可以让我们的世界更加完美，也更加可控。当现实不尽如人意，我们至少还有虚拟可以指望。不过虚拟之路究竟会通往何方，究竟是捷径还是歧途，一切尚未可知。路标并非准确无误，远方是暧昧的。马库斯·德尔（Marcus Doel）等人指出，虚拟是一种补充手段，提供了除现实以外的另一种解决方式，尽管这种方式并不总是奏效——有时虚拟形同诱骗或误导，无

---

① ［法］雅克·德里达：《延异》，汪民安译，《外国文学》，2000年第1期。
② Jacques Derrida, *Margins of Philosophy*, trans. Alan Bass, Chicago: The University of Chicago Press, 1982 (original work published 1972), pp. 23-25.
③ 洪世谦：《"虚拟"的悖论——从解构哲学观点探讨网路空间》，《人文及社会科学集刊》（台湾），2014年第26卷第1期。
④ Marie-Laure Ryan, *Narrative as Virtual Reality: Immersion and Interactivity in literature and Electronic Media*, Baltimore: Johns Hopkins University Press, 2001, p. 27.

力解决真正的问题。① 虚拟时而诚恳，时而狡猾；虚拟似乎有所承诺，但也不见得会——兑现。

那么，虚拟到底有什么用处呢？答案或许五花八门，但它们都有一个共同的指向——对时空的重塑与征服。

征服时空，或者说再造时空，是虚拟术的核心要义。如摄影影像，实现时光的凝滞②；如数字游戏，重启一个崭新的时空，可供游历体验；如虚拟现实，实现时空的瞬时转移，犹如乘坐时光机一般抵达逼真幻境；如增强现实，在移动中实现对空间景观的重塑与掌控。

一方面，重塑时空，常常以逃避为目的。段义孚在《逃避主义》（*Escapism*，1998）一书中认为人们通常会逃避严酷的自然环境、令人难受的文化氛围、混杂不清的混沌状态，以及人类自身的兽性。③ 那么，我们逃向何方？虚拟所塑造的似真非真的幻境或有助益。如庞贝睡房壁画所制造的静谧风景，给予睡房主人以岁月静好的感觉④。尽管外界风雨飘摇，但仍有一隅空间可供逃避俗世纷扰。

另一方面，重塑时空，也往往出于积极的追求。如美国军方的"虚拟伊拉克"（*Virtual Iraq*）项目。⑤ "虚拟伊拉克"运用了虚拟现实技术，能够为患有"创伤后应激障碍"（PTSD）的退伍老兵们再现战争场景。该项目试图让老兵"重返"战场，打破记忆中原有的连接，从而降低恐慌。

在潜能的层面来讨论虚拟，其首要问题不再是"真实－虚拟"的等级次序，亦不再是虚拟是否能够抵达或取代真实，而是作为一种选择项的虚拟究竟可以实现什么——虚拟如何承诺？虚拟又如何兑现自己的承诺？

---

① Marcus A. Doel and David B. Clarke, "Virtual Worlds: Simulation, Suppletion, S(ed)uction and Simulacra," in Mike Crang, Phil Crang and Jon May (eds.), *Virtual Geographies: Bodies, Space and Relations*, New York: Routledge, 1999, pp. 261-283.

② 法国电影理论家安德烈·巴赞（Andre Bazin）将电影高举为"与时间相抗衡"的发明，令此时此刻的景象凝固、留驻、永存，好似古埃及人制作木乃伊的传统。见［法］安德烈·巴赞：《电影是什么？》，崔君衍译，北京：中国电影出版社，1987年版，第1页。

③ ［美］段义孚：《逃避主义》，周尚意、张春梅译，石家庄：河北教育出版社，2005年版，第5页。

④ 美国大都会艺术博物馆原馆长康柏堂（Thomas Campbell）对庞贝古城的这间睡房如此讲解道："这是一位罗马富人舒适的乡间别墅，房子可以让他暂时抛开城市的紧张生活。想象中的丰饶景象，有着一切都在掌握之中的感觉。在罗马政局动荡的公元1世纪，这一切都叫人向往。"见 http://metmuseum.org.

⑤ Sue Halpern, "Virtual Iraq," *The New Yorker*, May 19, 2008.

四、作为世界的虚拟：构筑幻想

虚拟在何种情境下可称为"世界"？当其诸种技术手段被应用于打造幻想世界之时，虚拟世界由此兴起。其一，在形式/技术层面，回归"虚拟"。虚拟世界是一个依赖虚拟媒介实现的、基于人类感官的"似真非真"的世界。这个层面重点强调了"虚拟世界"之"虚拟"，"虚拟"既是虚拟世界的存在形式，也是虚拟世界的实现手段。其二，在内容/材质层面，聚焦"幻想"。虚拟世界所要虚拟的，主要是超越现实世界的幻想世界[①]。这个层面重点强调了虚拟世界之"世界"，这既是虚拟世界的内容架构，也是虚拟世界的内在逻辑。"世界"在这里并非一个修辞性的语词，而是指一个空间化、故事化的"世界架构"（world-building）。这不同于社会学意义上的"虚拟社群"（virtual communities），也不同于哲学意义上的"赛博空间"（cyberspace）。

何谓幻想（fantasy[②]）？作为文学类型的幻想更像是一个大筐，不合乎现实的文学题材统统可以往里面装。英国诗人柯勒律治（Samuel T. Coleridge）"怀疑的悬置"（suspension of disbelief）的说法被广为征引，不过毕竟有些空泛。正如罗丝玛丽·雅克森（Rosemary Jackson）所抱怨的那样："作为批评概念的'幻想'，被不加区分地用于一切不奉行现实主义创作原则的文学，如神话、传奇、童话和民间故事、乌托邦寓言、梦幻文学、超现实文本、科幻小说、恐怖小说，以及一切现实人间之外的另类世界。"[③]《牛津文学术语简明辞典》（*The Oxford Concise Dictionary of Literary Terms*，2001）对词条"幻想"（fantasy）如此阐述：作为虚构作品的幻想类型，并不致力于对已知世界的现实主义再现；幻想世界往往处于神秘力量的掌控之中，存在诸多不可思议的事情。[④] 典型的幻想常会涉及奇幻、魔法，以及并不存在的科学技术，或描述历

---

① 不过，幻想世界并非虚拟世界的唯一题材，例如虚拟世界游戏《第二人生》（*Second Life*，2003）。不过幻想世界毕竟是虚拟世界的主要题材。即便如《第二人生》，其中也不乏幻想元素。

② 需要说明的是，fantasy 一词在西方语境中一般单指奇幻类型，与 science fiction（科幻）并举。但本书中对 fantasy 的使用，指的是广义上的幻想，大致由奇幻和科幻两种类型组成。在这个意义上，幻想世界（fantasy worlds）与想象世界（imaginary worlds）可以相互替换。

③ Rosemary Jackson, *Fantasy: The Literature of Subversion*, New York: Routledge, 2013, pp. 13-14. 雅克森将"幻想"理解为"欲望的文学"（literature of desire），具有"天生的颠覆性"（innately subversive），因为它提供了一条从现实世界逃逸而出的通道。

④ Chris Baldick (ed.), *The Oxford Concise Dictionary of Literary Terms*, Oxford: Oxford University Press, 2001, p. 95.

史，或指向未来。

何谓幻想世界（fantasy worlds）？顾名思义，比起零星出现的幻想元素，幻想世界更强调一种整体性的世界架构。幻想世界之"世界"，通常指的是"故事世界"（storyworld），即"不断结构化"的世界，与之相对的是散漫无序的奇思妙想。"故事世界"最早由戴维·赫尔曼（David Herman）提出，指的是线性叙事不断地"空间化"（spatialize），不断地"生成各种设定"（evolving configurations），包括参与者、物件、区域等。① 赫尔曼强调，"故事世界"将故事"空间化"为世界，并且这个世界将伴随故事的推进而不断成型、不断变迁。换言之，"故事世界"不是一只现成的、静止的容器，而是始终处于变迁之中的、不断生成的世界。

虚拟世界的幻想面向，逐渐为研究者们所留意。迈克尔·塞勒在其专著《幻想成真：现代赋魅，以及虚拟现实的文学前史》中指出：虚拟世界是幻想世界文本的技术化与媒介化②，或可将虚拟世界称为"想象世界"（imaginary worlds）的"虚拟显现"（virtual manifestations）。③ 显然，塞勒试图将文学幻想纳入虚拟世界的讨论之中。这一尝试倒是揭示出虚拟世界在以往研究中较受忽视的一个研究面向：从幻想的角度来讨论虚拟世界。需要追问的是，我们在打造虚拟世界时究竟选取了哪些幻想作为"材质"。

与被"虚构"（fiction）的幻想世界不同，被"虚拟"的虚拟世界能够提供更多感官上的真实感。这是一种主观上的真实，煞有介事，却并非现实，例如为幻想世界制作一份子虚乌有的地图。塞勒将其称为"双重意识"（double consciousness）：既奋不顾身地全身心投入，也明白这不过是个游戏。就好像在看魔术表演，明知是假的，却也陶醉在技巧与幻境中。④

唯有考察幻想的材质/内容，虚拟世界的文化意义才能得以彰显。换言之，我们选择打造、进入、留驻何种虚拟/幻想世界，是与我们的文化

---

① David Herman, *Story Logic: Problems and Possibilities of Narrative*, Lincoln, NE: University of Nebraska Press, 2002, p.263.
② Michael Saler, *As if: Modern Enchantment and the Literary Prehistory of Virtual Reality*, New York: Oxford University Press, 2012, p.28.
③ Michael Saler, *As if: Modern Enchantment and the Literary Prehistory of Virtual Reality*, New York: Oxford University Press, 2012, p.7.
④ Michael Saler, *As if: Modern Enchantment and the Literary Prehistory of Virtual Reality*, New York: Oxford University Press, 2012, p.182.

紧密相关的。迈克尔·海姆对虚拟世界的定位是"新的泊位"——"虚拟世界的最终目标是消解所泊世界的制约因素,以便我们能够起锚,起锚的目的并非漫无目标的漂流,而是去寻找新的泊位,也许寻找一条往回走的路,去体验最原始和最有力的另一种选择。"① 在后面的章节中,笔者将以"幻想文学疆域的地图构想""科幻影像城市的未来想象"等为例,在幻想层面讨论那些风行一时的虚拟世界所具有的文化意义。

第二节 媒介融合化

数字时代,跨媒介叙事的第二个转向是"媒介融合化",其核心要义在于"跨媒介性"。接下来笔者将介绍跨媒介性及其研究传统,以及立足数字时代对纯粹媒介展开批判,由此揭示数字时代跨媒介叙事的媒介融合化转向。

一、跨媒介性及其研究传统

在媒介融合的背景下,恐怕没有哪个术语像"跨媒介"(intermedia)一样在当代媒介研究中如此频繁地被使用。术语"跨媒介性"(intermediality)从关系而非实体出发,意指不同媒介之间所发生的共通、混合、转化等关系,是审视不同媒介之间关联与互动的重要视角[2]。该术语以"inter"为前缀,表示它着眼于关系而非结构,也被译作互媒性[3]、媒介间性[4]、跨媒介间性[5]等。

与"跨媒介"意涵相近的概念不胜枚举,"媒介"一词可加前缀或形容词,如跨(inter-)、混杂(mixed)、多(multi-)、混合(hybrid)等;或者以特定术语来描述媒介,包括模仿(imitation)、融合(convergence)、再媒介化(remediation)、超媒介(hyper-mediation)、再利用(repurposing)、重塑(re-forming/refashioning)、转型

---

① [美]迈克尔·海姆:《从界面到网络空间——虚拟实在的形而上学》,金吾伦、刘钢译,上海:上海科技教育出版社,2000年版,第142页。
② 笔者在文中根据需要交替使用"跨媒介"与"跨媒介性",前者为形容词"intermedia",后者为名词"intermediality",二者在英语中词性有别,但含义一致。
③ 石安伶、李政忠:《双重消费、多重愉悦:小说改编电影之互文/互媒愉悦经验》,《新闻学研究》,2014年第118期。
④ 张玲玲:《媒介间性理论:理解媒介融合的另一个维度》,《新闻界》,2016年第1期。
⑤ 唐宏峰:《通向跨媒介间性艺术史》,《当代文坛》,2020年第5期。

（transition）、捆绑（bundling）、吸收（absorption）、合成（combination）、整合（integration）、转化（transformation）等。① 这些概念均指向一个共同的预设，即在当代社会所谓的"纯粹媒介"已不复存在。

"跨媒介性"这一概念预设了"媒介边界"（media borders）的存在，同时也暗示媒介实践难以恪守其边界，模糊、搅乱边界实乃常事，故而媒介经常处于一种不稳定、不纯粹的状态。正如瑞典学者拉尔斯·艾勒斯特罗姆（Lars Elleström）所言，"跨媒介意味着对媒介边界的逾越"②。在《劳特里奇叙事理论百科全书》（2005）中，德国学者维尔纳·沃尔夫（Werner Wolf）负责编写"跨媒介性"（Intermediality）词条，尝试勾勒跨媒介研究的学术版图。③ 此后德国及北欧诸国的不少学者对跨媒介理论逐渐产生兴趣。相关著述包括但不限于：维尔纳·沃尔夫等主编的《构筑边界：在文学与其他媒介之间》（2006）④；瑞典学者延斯·阿维森（Jens Arvidson）等主编的《变迁中的边界：跨媒介性的当代立场》（2007）⑤；艾勒斯特罗姆主编的《媒介边界、多模态与跨媒介》（2010）⑥；芬兰学者莉娜·艾拉特（Leena Eilittä）等主编的《跨媒介：哲学、艺术及政治》（2011）⑦；德国学者伯纳德·赫佐根拉特（Bernd Herzogenrath）主编的《跨媒介旅行：搅乱边界》（2012）⑧；艾拉特（Leena Eilittä）等人合编的《跨媒介艺术：搅乱、记忆及转化媒介》

---

① Janna Houwen, *Film and Video Intermediality: The Question of Medium Specificity in Contemporary Moving Images*, New York: Bloomsbury, 2017, p. 5.
② Lars Elleström, "The Modalities of Media: A Model for Understanding Intermedial Relations," in Lars Elleström (ed.), *Media Borders, Multimodality and Intermediality*, Hampshire: Palgrave Macmillan, 2010, pp. 11-48.
③ Werner Wolf, "Intermediality," in David Hartman, et al. (eds.), *Routledge Encyclopedia of Narrative Theory*, London: Routledge, 2005, pp. 252-256.
④ Werner Wolf & Walter Bernhart (eds.), *Framing Borders in Literature and Other Media*, Amsterdam: Rodopi, 2006.
⑤ Jens Arvidson, et al. (eds.), *Changing Borders: Contemporary Positions in Intermediality*, Lund: Intermedia Studies Press, 2007.
⑥ Lars Elleström (ed.), *Media Borders, Multimodality and Intermediality*, Hampshire: Palgrave Macmillan, 2010.
⑦ Henk Oosterling, et al. (eds.), *Intermedialities: Philosophy, Arts, Politics*, Lanham: Lexington Books, 2011.
⑧ Bernd Herzogenrath (ed.), *Travels in Intermedia[lity]: Reblurring the Boundaries*, Hanover, NH: Dartmouth College Press, 2012.

（2012）①；芬兰学者朱哈·赫克曼（Juha Herkman）等合编的《跨媒介与媒介变革》（2012）②；瑞士学者加布里埃尔·瑞普（Gabriele Rippl）主编的《跨媒介手册：文学、图像、声音与音乐》（2015）③；瑞典学者索尼娅·彼得森（Sonya Petersson）等合编的《居间性的力量：作为美学分析和批判反思工具的跨媒介性》（2018）④；艾勒斯特罗姆主编的《跨越媒介边界：多模态媒介的跨媒介关联》（2021）⑤。近年来，国内艺术学者针对跨媒介艺术展开的讨论相当热烈，尤其以南京大学跨媒介研究团队的系列著述为代表。周宪、何成洲、周计武、李健等学者的讨论多有共同的学术旨趣，比如梳理跨媒介艺术理论的脉络，以及讨论跨媒介性对艺术学科理论话语体系构建的独特价值⑥。

追溯其学术脉络，跨媒介理论继承了互文性、符号学及比较艺术三大研究传统。

第一，跨媒介研究借鉴了互文性理论对"关系"（relationships）的强调。互文性（intertextuality）也称"文本间性"，本有编织、交织、混合、编制物等含义。法国语言学家朱莉娅·克里斯蒂娃着重阐述了互文性，"任何文本的建构都是引言的镶嵌组合；任何文本都是对其他文本的吸收与转化"⑦。热奈特认为，互文性注重文本之间的互现关系，通常表现为"引语实践"，即某文本的含义由其他文本构成，其他文本为该文本

---

① Leena Eilittä, et al. (eds.), *Intermedial Arts: Disrupting, Remembering and Transforming Media*, Newcastle upon Tyne: Cambridge Scholars, 2012.

② Juha Herkman, et al. (eds.), *Intermediality and Media Change*, Tampere, FI: Tampere University Press, 2012.

③ Gabriele Rippl (ed.), *Handbook of Intermediality: Literature-Image-Sound-Music*, Berlin: De Gruyter, 2015.

④ Sonya Petersson, et al. (eds.), *The Power of the In-Between: Intermediality as a Tool for Aesthetic Analysis and Critical Reflection*, Stockholm, Sweden: Stockholm University Press, 2018.

⑤ Lars Elleström (ed.), *Beyond Media Borders, Volume 1－2: Intermedial Relations among Multimodal Media*, Basingstoke: Palgrave Macmillan, 2021.

⑥ 最近五年来，中文出版的讨论跨媒介艺术的著述包括且不限于：周宪《艺术跨媒介性与艺术统一性——艺术理论学科知识建构的方法论》（《文艺研究》2019年第12期）、《作为艺术理论方法论的跨媒介性》（《江海学刊》2020年第2期）；周计武《艺术的跨媒介性与艺术学理论的跨媒介建构》（《江海学刊》2020年第2期）；李健《论作为跨媒介话语实践的"艺格敷词"》（《文艺研究》2019年第12期）、《跨媒介艺术研究的基本问题及其知识学建构》（《中国比较文学》2021年第1期）；赵奎英《当代跨媒介艺术的复杂共感知与具身空时性》（《文艺研究》2021年第8期）；何成洲《跨媒介的理论与方法》[《西北工业大学学报（社会科学版）》2023年第2期]。

⑦ ［法］朱莉娅·克里斯蒂娃：《符号学：符义分析探索集》，史忠义等译，上海：复旦大学出版社，2015年版，第87页。

做注脚。① 互文性理论打破了传统意义上的封闭文本，强调某一具体文本与外部各种文本的复杂关联。而跨媒介性（inter-mediality）作为与互文性（inter-textuality）构词法相同的学术概念，亦是强调某一具体媒介同其他媒介的复杂关联。罗马尼亚学者艾格尼丝·派舍（Ágnes Pethö）指出，跨媒介研究方法注重关系而非结构，注重媒介之间实际发生之事而非预先给定之事。② 正如文本之中另有文本（互文性），媒介之中亦另有媒介（跨媒介性）。沃尔夫认为二者均属于"跨符号"（inter-semiotic）形式或关系，即两种及以上"符号单位"（文本或符号系统）之间的关系；其差异在于，互文性是单媒介（mono-medial）的跨符号关系，跨媒介是跨越媒介（cross-medial）的跨符号关系。③ 换言之，跨媒介性克服了互文性囿于文本媒介的局限，将研究范围扩展至不同媒介之间的互涉、互动关系，从而指向与此相关的物质性、社会功能等面向。④ 简言之，"跨媒介是跨越媒介边界的互文性"⑤。

第二，跨媒介研究借鉴了符号学领域的"多模态研究"（Multimodal Research）。以往跨媒介研究的缺陷在于"比较有余，精细不足"⑥，而艾勒斯特罗姆认为引入多模态分析法有望克服该缺陷。模态（modes）即为社会文化所规定、形塑的符号资源，用于生产和传播意义，包括但不限于言语、图像、手势、书写等。⑦ 媒介可以理解为多种模态的复合体。艾勒斯特罗姆将模态分为四个层面：①物质（material）模态，即有形或

---

① ［法］热奈特：《热奈特论文集》，史忠义译，天津：百花文艺出版社，2000 年版，第 69 页。

② Ágnes Pethö, *Cinema and Intermediality*: *The Passion for the In-Between*, Newcastle upon Tyne: Cambridge Scholars, 2011, p. 1.

③ Werner Wolf, *The Musicalization of Fiction*: *A Study in the Theory and History of Intermediality*, Amsterdam: Rodopi, 1999, p. 46.

④ Jürgen E. Müller, "Intermediality and Media Historiography in the Digital Era," *Film and Media Studies*, Vol. 2, 2010, pp. 15–38.

⑤ Mikko Lehtonen, "On No Man's Land: Theses on Intermediality," *Nordicom Review* Vol. 22, No. 1, 2001, pp. 71–83.

⑥ 艾勒斯特罗姆认为目前跨媒介研究存在以下问题：①对媒介缺乏统一定义，以至于难以展开对跨媒介的讨论；②每次只比较两种媒介类型，如文字和图像、电影和文学、电影和游戏等；③以符号学、语言学的概念来分析媒介；④"二分法"误导了研究，如文学和图像、语言和视觉等；⑤未能区分媒介存在模式与对这些模式的感知。Cf. Lars Ellerström, "The Modalities of Media II: An Expanded Model for Understanding Intermedial Relations," in Lars Ellerström (ed.), *Beyond Media Borders*: *Intermedial Relations among Multimodal Media*, Volume 1, Basingstoke: Palgrave Macmillan, 2021, pp. 3–91.

⑦ Gunther Kress, *Multimodality*: *A Social Semiotic Approach to Contemporary Communication*, London: Routledge, 2010, pp. 84–88.

潜在的媒介界面，包括身体、界限分明的物质性媒介（如平面及三维物体），以及界限不甚分明的物质显现（如声波、激光）；②感官（sensorial）模态，即需要调用感官方能感知当前媒介界面的物理和心理行为，包括看、听、触、尝、闻等；③时空（spatiotemporal）模态，即将物质界面的感官感知结构化为时空经验，包括宽度、高度、深度、时间等维度，其模式包括物质界面中显示的空间、认知空间及虚拟空间；④符号（semiotic）模态，即通过不同的思维方式和符号解释创造意义，其主要模式是规约（象征符号）、相似（像似符号）和邻近（指示符号）。① 多模态分析的优势在于，它犹如庖丁解牛一般处理跨媒介所造成的异质性混合状态，令跨媒介研究科学化、精细化。

第三，跨媒介研究继承了"比较艺术/跨艺术"的研究传统，关注不同艺术形态的比较与混合。"跨艺术研究"（Interart Studies）或"跨门类艺术"（Interdisciplinary Arts）在比较文学和艺术史学科中一直以来占据着重要位置。该研究通常比较不同艺术门类彼此之间的相似与差异，也讨论跨越艺术边界比较研究的可行性与局限性。② 有论者将跨艺术研究追溯至德国"艺术互鉴"（mutual illumination of the arts）的学术传统，该提法源于德国学者奥斯卡·沃尔泽尔（Oskar Franz Walzel），他在 1917 年的研究中试图阐发比较艺术的理念。③ 也有论者认为跨媒介研究继承自"艺格敷词"（Ekphrasis）的艺术学传统。④ 除了学理方面的继承，在学科建置方面，跨媒介之于跨艺术亦是一脉相承。以瑞典为例，早期探索者汉斯·隆德（Hans Lund）2001 年在瑞典隆德大学文化科学系开展跨媒介研究（Intermedia Studies），其学术传统就可以追溯至 15 年前由瑞典文学评论家乌拉－布里塔·拉格罗斯（Ulla-Britta Lagerroth）

---

① Lars Elleström, "The Modalities of Media: A Model for Understanding Intermedial Relations," in Lars Elleström (ed.), *Media Borders, Multimodality and Intermediality*, Hampshire: Palgrave Macmillan, 2010, pp. 17—24.

② Claus Clüver, "Interarts Studies: An Introduction," in Stephanie A. Glaser (ed.), *Media inter Media: Essays in Honor of Claus Clüver*, Amsterdam: Rodopi, 2009, p. 500.

③ Claus Clüver, "From the 'Mutual Illumination of the Arts' to 'Studies of Intermediality'," *International Journal of Semiotics and Visual Rhetoric*, Vol. 3, Issue 2, 2019 (July—December), pp. 63—74.

④ Laura M. Sager Eidt, *Writing and Filming the Painting: Ekphrasis in Literature and Film*, Amsterdam: Rodopi, 2008, pp. 19—20. 李健：《论作为跨媒介话语实践的"艺格敷词"》，《文艺研究》，2019 年第 12 期。

在该校比较文学系开展的跨艺术研究。① 总之，跨媒介继承了跨艺术的研究传统，但又比跨艺术在概念上更具包容性，因为它将新式媒介尤其是数字媒介纳入研究视野。

为了有效推进讨论，笔者旨在对跨媒介理论做一个批判性回顾，梳理看似混乱芜杂的诸种学术脉络，进而揭示其洞见。笔者沿着以下思路展开论述：跨媒介何以成为当前学术研究的关键所在，"跨越边界"表现为哪些形式，又蕴含了何种潜能及美学政治？该理论的未来推进方向又有哪些？

二、纯粹媒介及其批判

跨媒介艺术理论的问题意识缘起，在于对"纯粹媒介"（pure media）的不满，而"纯粹媒介"的理论支撑在于媒介特性论，即关于媒介特殊性（Media Specificity）的理论。该理论认为艺术媒介具有自主独特的本质，强调媒介边界之不可逾越，因此也被称作媒介本质论（Media Essentialism）②。

媒介特性论通常采取解析、剥离的分析进路，注重媒介的独异性。倘或某一特征为其他媒介所共享，那么就需要排除；倘或该特征仅为此媒介所独占，那么即为此媒介之特殊性，也即"人无我有"。就绘画而言，美国艺术评论家克莱门特·格林伯格（Clement Greenberg）关于绘画的媒介特殊性论述可谓影响深远。格林伯格的分析进路是排除共有特性，寻找独特品质，由此发现绘画之媒介特殊性在于其"平面性"（flatness）。在《现代主义绘画》（1961）中，格林伯格将艺术史描述为一段不断剥离附属之物（主题、错觉等）并逐渐发现其独特品质的历程。他坚称，每一种艺术媒介都应该自我限定，明确自己的能力圈，进而达到一种纯粹媒介的理想状态。"保留自身所具有的特殊效果，完全排除来自或借用任何其他艺术媒介的效果。"③ "纯粹媒介"以媒介特性论为根基，体现为一种价值判断，即艺术媒介之价值在于其纯粹性，与之相对

---

① Claus Clüver, "Intermediality and Interarts Studies," in Jens Arvidson, et al. (eds.), *Changing Borders: Contemporary Positions in Intermediality*, Lund: Intermedia Studies Press, 2007, pp. 19–37.

② 媒介特殊性的相关研究参见张晓剑:《视觉艺术中媒介特殊性理论研究——从格林伯格到弗雷德》，《文艺研究》，2019年第12期。

③ [美] 格林伯格:《现代主义绘画》，《艺术理论基本文献：西方当代卷》，周宪主编，北京：生活·读书·新知三联书店，2014年版，第93页。译文有改动。

的混杂媒介则难称价值，故而艺术实践须遵循媒介纯粹之法则，并致力于将其发扬光大。由此也就不难理解格林伯格为何会旗帜鲜明地反对"跨媒介"了——"不幸的是，现在品位的下降或将首次压倒艺术本身。我看到所谓'跨媒介'以及对这一症候的放任自流……好的艺术处处皆有，但与跨媒介及其效仿之作绝无相干。"[①]

与格林伯格的主张形成鲜明对比的是，20世纪中期以来，跨越媒介边界的冲动成为难以遏止的艺术潮流，"纯粹媒介"的坚守似乎变得不合时宜了。媒介多样性和数字化日益影响艺术实践和意义生产，其中包括激浪派（Fluxus）、偶发艺术（Happening）、新现实主义（Nouveau Réalisme）、行为艺术（Performance Art）、观念主义（Conceptualism）、过程艺术（Process Art）、波普艺术（Pop Art）、贫穷艺术（Arte Povera）等。跨媒介艺术的实践与研究相辅相成，共同推动了艺术的"跨媒介转向"，媒介特性论以及与之唇齿相依的"纯粹媒介"随之受到严峻挑战。不少学者纷纷表示对媒介特性论的不满，坦言"纯粹媒介"不过是例外状态、人造神话，媒介的不纯性方为常态与现实。

晚近以来，媒介特殊性的话语更是陷入持续性危机。随着媒介技术的日益混杂，媒介的纯粹性在具体创作中已被破坏殆尽。美国当代艺术批评家罗莎琳德·克劳斯（Rosalind E. Krauss）在《北海航行：后媒介情境的艺术》（1999）中援引美国当代哲学家斯坦利·卡维尔（Stanley Cavell）"复合媒介"（composite medium）的概念，认为随着20世纪70年代便携式录像机的出现，当代艺术媒介已不复纯粹、独立与单一，而是与其他媒介相互渗透，通过异质性（heterogeneity）更好地挖掘自身潜力，进入到所谓的后媒介情境（post-medium condition）。[②] 在她看来，媒介特殊性的理念似乎已经变得多余，纯粹媒介不过是形而上学的虚构而已。以视频（video）为例，纵然视频有独特的技术支持，但是它散乱无章、充满异质性，以至于无法被理论化，更谈不上拥有本质属性或统一内核，由此可宣告媒介特殊性的终结。[③] 换言之，录像艺术的诞生促进了以结构电影为代表的现代主义媒介特殊性观念的瓦解。

值得注意的是，克劳斯反对的是媒介特殊性的神话，但她并没有直

---

① Clement Greenberg, "Intermedia," *Arts Magazine*, Vol. 56, No. 2, 1981, p. 93.
② Rosalind Krauss, *"A Voyage on the North Sea"：Art in the Age of the Post-Medium Condition*, London: Thames & Hudson, 2000, pp. 5–20.
③ Rosalind Krauss, *"A Voyage on the North Sea"：Art in the Age of the Post－Medium Condition*, London: Thames & Hudson, 2000, pp. 31–32.

接取消媒介特殊性这个概念，而是试图用建构主义替代格林伯格式的本质主义定义："媒介特殊性，即使是现代主义意义上的，也必须被理解为差异性的（differential）、自我变异的（self-differing），故而讨论绝不可由惯例（conventions）层面坍缩至支撑它们的物质性。"① 换言之，她认为媒介由一系列规则和惯例组成，是动态结构而非静态实体，由此媒介特殊性永远处于变化之中。我们可以将这种建构主义的媒介理念称作"动态的媒介观"。

美国艺术理论家 W. J. T. 米歇尔（W. J. T. Mitchell）高擎"混合媒介"（mixed media）大旗，同样立场坚定地反对"纯粹媒介"。他认为，语言和形象的"相互污染"不可避免，视觉形象固然很难摆脱语言的介入，而语言文学亦难免牵扯视觉性，故而"一切艺术都是合成艺术，一切媒介都是混合媒介"②。在《视觉媒介不存在》（2005）一文中，米歇尔认为现代主义艺术家热衷于讲述关于绘画艺术早年为文学所污染、最终得以净化自立的故事——绘画从语言、叙事、寓言、具象甚至是可命名对象的再现中解放出来，以"纯粹的光学性"（pure opticality）为特征，致力探索所谓的"纯绘画"。这个故事由格林伯格最先散布，且得到了迈克尔·弗雷德（Michael Fried）等人的响应：坚持媒介的纯粹性和特殊性，拒绝杂交形式和混合媒介。对此，米歇尔尖刻地批评道："这恐怕是现代主义最耳熟能详也最陈腐不堪的神话，如今是时候让它一边歇着去了。"米歇尔将现代艺术中的抽象表现主义认定为特例状态，认为它是"对更为持久的混合与杂交媒介传统的一次偏离"。③

"纯粹媒介"之式微已无可挽回，但如何处理日益混合的"不纯媒介"，成为横亘在众多学者眼前的又一道难题。为了解决这一难题，研究者大多采用三种方案：其一，通过"媒介概念的增殖"来增加媒介类型；其二，通过"媒介概念的扩展"来囊括众多变体；其三，通过"媒介实践的混合"来强调混合过程。

其一，"媒介概念的增殖"即对不断涌现的新式媒介混合体予以命名，通过概念上的增殖来处理传统概念工具鞭长莫及之处。新媒体艺术

---

① Rosalind Krauss, "A Voyage on the North Sea": Art in the Age of the Post-Medium Condition, London: Thames & Hudson, 2000, p. 53.
② [美] W. J. T. 米歇尔：《图像理论》，陈永国、胡文征译，北京：北京大学出版社，2006年版，第82页。
③ W. J. T. Mitchell, "There Are No Visual Media," Journal of Visual Culture, Vol. 4, Issue 2, 2005, pp. 257–266.

理论家列夫·马诺维奇（Lev Manovich）承认："我们并未完全摆脱媒介类型学（media typology），而是增加更多新类别，命名更多新类型。"①通过将传统媒介与新式媒介在概念上作嫁接（通常将新媒介作为限定性的修饰词），新的媒介类型便可层出不穷，诸如互动装置、互动艺术、网络艺术等。以"新媒介电影"为例，该概念族群的确立有赖于"电影"类型在新媒体环境下的不断增殖，其中包括屏幕电影、数据库电影、电子游戏媒介电影、录像媒介电影、VR电影等。②

其二，"媒介概念的扩展"即对原先的概念予以加工扩展，或者将其替换为一个更具扩展性的概念，用以囊括新环境之下的诸多媒介变体。美国媒介艺术理论家吉恩·杨布拉德（Gene Youngblood）在1970年提出"延展电影"（Expanded Cinema）的概念。他不光将电影特效、计算机艺术、录像艺术、多媒体环境、全息影像等在当时还只是初现潜力的技术及艺术手段纳入视野，更是预言了即将到来的电影艺术潜能——延展意识（expanded consciousness），即"将自身意识呈现于自身头脑之外，双眼之前"③。"延展电影"大大扩展了电影的边界，将各种视听层面的探索性实验全部纳入电影研究的考察范围，注重探索"意识外显"的可能性与创造性。美国艺术理论家诺埃尔·卡罗尔（Noël Carroll）建议用"动态影像"（moving image）的概念取代"电影"（film）。④ 由此一来便可将录像、电视、计算机生成图像等当时的新媒介统统纳入考察范围，从而勾连出更具历史纵深与拓展空间的动态影像史——所谓的"电影"时代，不过是其中的一个阶段而已。

其三，"媒介实践的混合"区分了"媒介物质"与"媒介实践"，认为正是跨媒介实践才造成了媒介的混合状况。代表性学者如米歇尔，他就拒绝将媒介还原为单一的物质性，即由物质材料、技术技艺所支配的特定本质，而是将媒介理解为雷蒙德·威廉斯（Raymond Williams）意义上的"物质性社会实践"（material social practice）⑤。在他看来，媒介

---

① Lev Manovich, "Postmedia Aesthetics," in Marsha Kinder & Tara McPherson (eds.), *Transmedia Frictions: The Digital, the Arts, and the Humanities*, Oakland, CA: University of California Press, 2014, p. 36.
② 杨鹏鑫：《屏幕电影：媒体挪用与新电影形态的生成》，《文艺研究》，2020年第2期。
③ Gene Youngblood, *Expanded Cinema*, New York: E. P. Dutton, 1970, p. 41.
④ Noël Carroll, *Theorizing the Moving Image*, Cambridge: Cambridge University Press, 1996, p. xiii.
⑤ ［英］雷蒙德·威廉斯：《马克思主义与文学》，王尔勃、周莉译，开封：河南大学出版社，2008年版，第165—172页。

实践相当于烹饪食物，特定媒介成分按照特定顺序、特定比例组合，以特定形式搅拌在一起，并在特定温度下以特定的时长烹饪。故而，所有媒介都是混合媒介（烹饪时的混合），但与此同时我们可以保留媒介特殊性的概念（烹饪前食材、佐料本身各有其类）。[1] 米歇尔似乎找到了一条中间道路：在物质性或技术性的层面上，媒介特殊性得到承认；在媒介实践的层面，媒介混合也持续且愈发普遍地发生着。

伴随着20世纪中期以来跨媒介实践的风起云涌，"纯粹媒介"之神话在当代面临深刻危机。尽管对"纯粹媒介"的批判已达成共识，但研究者对"不纯媒介"的处理方案各有不同：马诺维奇的做法是去一一界定那些新旧混合的媒介变体（增殖论），卡罗尔的做法是用一个更宽泛的概念去囊括媒介的多样性和混合性（扩展论），而米歇尔则试图引入媒介实践的混合性来寻求一条以承认媒介特殊性为前提的中间道路（实践论）。

不过以上处理方案同样存在问题："增殖论"过分重视媒介的特殊性却对共通性观照不足；"扩展论"着眼于共通性而对特殊性把握不够[2]；"实践论"将混合性一股脑地全归于实践层面，事实上维护了媒介特殊性理论。更为重要的是，他们并未能够提供针对跨媒介现象的具体分析进路。而跨媒介理论旨在克服以上三种思路的局限性，采取媒介融合的视角，将分析重点聚焦于"媒介如何跨越边界"，即共通、混合、转化的关系之上。

第三节　文化复魅化

数字时代，跨媒介叙事的第三个转向是"文化复魅化"。这既是跨媒介叙事变迁的文化背景，也是当下社会的情感结构。接下来笔者将追溯祛魅的思想史，分析现代社会为何幻想重临（复魅），最后再揭示幻想与

---

[1] W. J. T. Mitchell, "There Are No Visual Media," *Journal of Visual Culture*, Vol. 4, Issue 2, 2005, pp. 257–266. 参考周诗岩译文。

[2] 罗德维克批评卡罗尔通过抹除媒介边界来分析媒介混合性的做法得不偿失，无异于把婴儿和洗澡水一起倒掉了——倘或无法把握各媒介之属性，也就难以理解混合之后的媒介杂交体。他认为，对媒介概念的过度泛化，事实上阻碍了我们对媒介内部混合、变化情形的细微分析。参见［美］D. N. 罗德维克《电影的虚拟生命》，华明、华伦译，南京：南京大学出版社，2019年，第44页。

理性缘何携手并进。

一、祛魅：消逝的宗教幻想

要讨论世界如何"复魅"（re-enchantment），首先就要理解世界是如何被"祛魅"（disenchantment）的。简单来讲，"祛魅"指的是宗教幻想的消逝与世俗主义的崛起。"祛魅"可以追溯到资本主义的生产方式以及货币经济。马克思和恩格斯指出，资本主义冷酷无情的剥削关系，将政治幻想和宗教幻想扫荡一空。资产阶级"把宗教虔诚、骑士热忱、小市民伤感这些情感的神圣发作，淹没在利己主义打算的冰水之中"。"一切神圣的东西都被亵渎了。"① 齐美尔（Georg Simmel）则更强调一个被货币中介化了的现代社会将不可避免地导致意义的滑落。货币横亘于人与人之间，也横亘在商品与商品之间，事物的意义均在我们的视野之外了。齐美尔取譬设喻：正如现代人通过风景画来欣赏银装素裹的阿尔卑斯山，作为中介的风景画尽管栩栩如生，但难以回避一个事实——接近自然的承诺无从兑现，唯有拒绝和冷漠。②

"祛魅"的概念由马克斯·韦伯加以明确申说。据韦伯的考察，新教伦理极大地重塑了传统社会：神迹湮灭，祈祷无应，奇幻难再，宗教式微。"再也没有什么神秘莫测、无法计算的力量在起作用，人们可以通过计算掌握一切。而这就意味着为世界除魅。人们不必再像相信这种神秘力量存在的野蛮人那样，为了控制或祈求神灵而求助于魔法。"③ 在祛魅的世界中，人们崇尚理性，一心世俗。一切都是可以"合理化"的，终究是能够把握和驯服的。祛魅成了时代精神。

不过韦伯并没有为此欢欣鼓舞，相反他深感忧虑。现代社会是一个冷冰冰的世界，富有效率，精于计算，充满控制，身处其中的人们难免深受奴役。韦伯将其称为"合理性的铁笼"，资本主义的经济秩序"正以不可抗拒的力量决定着一切降生于这一机制之中的每一个人的生活"④。韦伯似乎有点沮丧，"现代文明每前进一步，就意味着向一个缺乏意义的

---

① ［德］马克思、恩格斯：《共产党宣言》，中共中央马克思恩格斯列宁斯大林著作编译局译，北京：人民出版社，1997年版，第30—31页。
② ［德］西美尔：《货币哲学》，陈戎女等译，北京：华夏出版社，2002年版，第389页。
③ ［德］马克斯·韦伯：《学术与政治：韦伯的两篇演说》，冯克利译，北京：生活·读书·新知三联书店，2013年版，第29页。
④ ［德］马克斯·韦伯：《新教伦理与资本主义精神》，于晓、陈维纲译，北京：生活·读书·新知三联书店，1987年版，第142页。

可怕世界更近一步"①。

英国哲学家厄内斯·盖尔纳（Ernest Gellner）对"祛魅"的成就与代价加以总结："如今的人们和浮士德一样，获得了知识、技术和权力，其代价是告别了原来那个充满意义、富有人性、有求必应的世界——尽管它常常来势凶猛且反复无常。"② 马克·施耐德（Mark Schneider）认为，韦伯将历史进程看作"告别深度赋魅的过去、动身前往业已祛魅的未来"——这是一段神奇属性及其意义与自然世界逐渐剥离的伤感旅程。③

祛魅问题实际上与现代性问题渊源颇深。"现代"首先体现为一种时间意识，"同过去拉开距离而面向未来"④，或者说同过去的"断裂"。英国学者安东尼·吉登斯（Anthony Giddens）给"现代性"下过一个定义："现代性指社会生活或组织模式，大约17世纪出现在欧洲，并且在后来的岁月里，程度不同地在世界范围内产生着影响。"⑤

汪民安将现代性问题拆解为现代生活、现代资本主义、现代观念、工业主义、民族国家等问题。⑥ 现代性问题可以从现代生活、现代制度、现代观念三个层面展开讨论。首先，在现代生活的层面上，现代性意味着变动不居的经验，往往与都市生活经验相关，常见的说法有"短暂性、瞬间性"（波德莱尔）、"烟消云散"（马克思、鲍曼）、"断裂"（詹姆逊）等。⑦ 其次，在现代制度的层面上，现代性意味着基于理性的制度和法律，组织严密，效率至上，或可理解为一套强大的技术逻辑，甚至成为一种宰制性力量，将整个社会的节奏和秩序纳入其统治之下，常见的例子有工业主义、资本主义制度、科层制（韦伯）、"规训"（福柯）等。⑧ 最后，在现代观念的层面上，现代性体现为个人主义。自欧洲文艺复兴

---

① Max Weber, *From Max Weber: Essays in Sociology*, trans. H. H. Gerth and C. Wright Mills, New York: Routledge, 2009 (Original work published 1948), p. 357.
② Ernest Gellner, "The Rubber Cage: Disenchantment with Disenchantment," in Ernest Gellner (ed.), *Culture, Identity, and Politics*, Cambridge: Cambridge University Press, 1987, p. 153.
③ Mark A. Schneider, *Culture and Enchantment*, Chicago: University of Chicago Press, 1993, p. ix.
④ 汪民安：《现代性》，南京：南京大学出版社，2012年版，第1页。
⑤ ［英］安东尼·吉登斯：《现代性的后果》，田禾译，南京：译林出版社，2011年版，第1页。
⑥ 汪民安：《现代性》，南京：南京大学出版社，2012年版。
⑦ 汪民安：《现代性》，南京：南京大学出版社，2012年版，第3—21页。
⑧ 汪民安：《现代性》，南京：南京大学出版社，2012年版，第25—61页。

以来，人们不再匍匐于神权之下，而是日渐自信，踌躇满志，开始向这个自然世界发起征服，持此观点者包括培根、笛卡尔等。① 我们也可以将其形象化地理解成为改造世界而奋斗不息的浮士德博士。

祛魅真的毫无悬念地大获全胜了吗？

恐怕没有。

二、复魅：现代社会的幻想重临

启蒙运动之后，理性一路高歌猛进，由西方开始乃至全球。自此之后，世界各地都生发出了以解决问题为首要目标的实用主义文化。由此，一套稳定的、可持续的、基于规则的理性秩序开始形成。然而，总有一些东西不为这套秩序所容，它们前所未有地陷入紧张之中，逐渐被否定、被压抑、被抹去……然而它们并未束手就擒，也没有日薄西山、气息奄奄，它们转变形态之后反而焕发出勃勃生机。这也就是所谓的"复魅"。

起初，有关复魅的讨论多集中在宗教层面上。"复魅"一词最初指的是宗教幻想的卷土重来。玛格丽特·韦特海姆（Margaret Wertheim）在《空间地图：从但丁到网络的空间史》（*The Pearly Gates of Cyberspace*：*A History of Space from Dante to the Internet*，1997）一书中指出，宗教信仰曾在"科学认知之强大镰刀"②的收割下纷纷倒伏，自科学革命之后，宗教衰微，精神世界、幻想世界亦随之衰微，而网络空间则复兴了虚拟空间。③ 韦特海姆的判断是：网络空间重新激活了但丁神曲式的精神世界，这是一种物质空间之外的、多维可见的心灵空间。

社会学家克里斯托弗·帕特（Christopher Partridge）在《西方的复魅：替代信仰及仪式、大众文化及神秘文化》（*The Re-Enchantment of the West*：*Alternative Spiritualities*，*Sacralization*，*Popular Culture and Occulture*，2004）中谈道：世俗化进程或许削弱了传统教会的影响力，但这并不意味着人们对有关理性的凿凿论断照单全收，进而成为无神论者。恰恰相反，许多人找到了替代性的灵魂信仰，如灵修（spirtuality，即灵性的修炼）、玛雅预言、自然疗法等。不过吊诡的是，

---

① 汪民安：《现代性》，南京：南京大学出版社，2012年版，第65—101页。
② Margaret Wertheim, *The Pearly Gates of Cyberspace*：*A History of Space from Dante to the Internet*, New York：W. W. Norton & Company, 1999, p.152.
③ Margaret Wertheim, *The Pearly Gates of Cyberspace*：*A History of Space from Dante to the Internet*, New York：W. W. Norton & Company, 1999, p.21.

科学权威的兴起却为 UFO 的"神祇化"铺平了道路。① 例如《三体》中的地球三体组织将三体人奉若神明,渴望他们的降临带来毁灭或拯救。

也有人对"祛魅"说法本身抱有怀疑。或许韦伯的"祛魅"大体上没有说错,但也并非无懈可击。

英国社会学家科林·坎贝尔(Colin Campbell)的专著《浪漫伦理和现代消费主义精神》(*The Romantic Ethic and the Spirit of Modern Consumerism*,1987)从标题到研究思路都沿袭了韦伯的《新教伦理与资本主义精神》,试图进一步讨论韦伯未竟的论题。坎贝尔认为,韦伯只把问题解决了一半,即资本主义诞生的生产问题,还有另一半即消费问题是韦伯未能解决的。韦伯所谓的新教伦理回答不了一个颇为棘手的问题:为何是禁欲清苦的清教徒推动了消费革命,而不是挥霍无度的贵族?

坎贝尔指出,现代社会的消费主义不仅源自工业资本主义的市场力量,也与充满梦幻的浪漫艺术密切相关。坎贝尔考察了加尔文教派(Calvinists)的历史,认为自加尔文教派以来社会出现了一种新的倾向——"自主的、自我幻想的享乐主义"(autonomous, self-illusory hedonism),即"浪漫伦理"(romantic ethic)。作为现代消费主义滥觞的浪漫伦理,几乎与韦伯所谓的新教伦理同时诞生。② 换言之,有关复魅的种子早在资本主义诞生之初便已播下。

祛魅或许不假,但并不能就此遮蔽复魅的可能。芝加哥大学历史学家迪佩什·查卡拉巴提(Dipesh Chakrabarty)提醒我们:"当我们认定这个世界已经被祛魅的时候……我们就已经对历史的叙述方式自我设限了。"③ 福柯对线性历史观的严厉批评,对我们不无启发。福柯坚称,所谓的连续性不过是历史学家们的一厢情愿,历史是断裂的而非延续的,是四散分布而非脉络相连。④ 因此,我们或许不必纠缠于这个世界到底是祛魅的还是复魅的,因为在祛魅世界的空隙中总能找到复魅的碎片,犹如从坚硬公路的裂缝处生长出来的青青野草。约书亚·兰迪(Joshua

---

① Christopher Partridge, *The Re-Enchantment of the West* (Volume 1): *Alternative Spiritualities, Popular Culture, and Occulture*, London: T&T Clark International, 2004, pp. 8–16.

② Colin Campbell, *The Romantic Ethic and the Spirit of Modern Consumerism*, Oxford: Basil Blackwell, 1987, pp. 58–76.

③ Dipesh Chakrabarty, *Provincializing Europe: Postcolonial Thought and Historical Difference*, Princeton, NJ: Princeton University Press, 2009, p. 89.

④ [法] 米歇·傅柯:《知识的考掘》,王德威译,台北:麦田出版有限公司,1993 年版,第 41 页。

Landy)与迈克尔·塞勒总结道：祛魅可能是大势所趋，却也并不尽然；现代社会既有祛魅，亦有复魅，二者同时进行，并行不悖。[1]

笔者所谈到的复魅，并不拘于宗教意义，而是侧重于现代社会的幻想重临。那么，现代社会为什么复魅了呢？

如前所述，祛魅不是没有代价的。韦伯对此忧心忡忡，盖尔纳、施耐德亦对此不免忧虑。他们担心祛魅的"合理化"大潮将吞没这个世界的神奇、意义和寄托。他们怀念曾经那个充满人性、富有意义的神奇世界。

在霍克海默和阿多诺看来，祛魅就不只是令人感伤怀旧这么简单了——祛魅本身就是另一种赋魅，是一种反神话的神话。霍克海默和阿多诺认为，启蒙推翻了神话的王权，却又亲手重建了王权。"启蒙的纲领是要唤醒世界，祛除神话，并用知识替代幻想"，叫人们"摆脱恐惧、树立自主"[2]，可最终事与愿违。偏离科学理性之于启蒙时代，犹如跳出巫术法阵之于蒙昧时代，都成了不可触犯的禁忌。[3] 启蒙最终倒退成了神话，启蒙现代性成为一种缺乏批判维度的、自我合法化的力量。

当现代性开始走向自己的反面，复魅幻想就是对祛魅世界或者说对现代性的必要补充，它允许人们去体验那些原先被狭隘的理性主义所压抑的经验。卡尔·荣格（Carl Jung）哀叹，人与自然直接交流的时光一去不返了：雷电不再是神灵的怒吼，闪电不再是神灵的报复，蛇也不再是智慧的化身，河中无神灵，山中无巨魔，树亦无生命。荣格坚称，虽然现代世界将这些神奇生物一扫而空，但由此产生的情感能量已经渗入我们的潜意识之中。[4] 荣格着迷于那些逝去的神话、童话和民间故事，他坚信必有深植犹如本能的原型象征寄身于斯。雅克森（Rosemary Jackson）将幻想视为一种改变现状的欲望。她指出，幻想"诉说了一种不屈不挠的欲望，欲望那些并不存在的，欲望那些被明令禁止的，欲望

---

[1] Joshua Landy and Michael T. Saler, *The Re-Enchantment of the World: Secular Magic in a Rational Age*, Redwood City, CA: Stanford University Press, 2009, pp. 1—14.

[2] ［德］马克思·霍克海默、西奥多·阿道尔诺：《启蒙辩证法——哲学断片》，渠敬东、曹卫东译，上海：上海人民出版社，2006年版，第1页。

[3] ［德］马克思·霍克海默、西奥多·阿道尔诺：《启蒙辩证法——哲学断片》，渠敬东、曹卫东译，上海：上海人民出版社，2006年版，第20页。

[4] ［瑞士］卡尔·古斯塔夫·荣格：《象征生活》，储昭华、王世鹏译，北京：国际文化出版公司，2011年版，第199—200页。

那些闻所未闻、见所未见、子虚乌有的"①。雅克森指出,幻想文学带来了文化转型的某种可能:拉康所谓的想象界和象征界互相流转,通过强力反转和拒绝形式,象征界溃散了,既成的社会形态有望被彻底颠覆。②

鲍曼在《后现代伦理》(*Postmodern Ethics*,1993)中认为,后现代对祛魅的反抗从未停歇,犹如深深扎进"现代性"体内的"后现代之刺"(postmodern thorn)。"对人类受冲动、本能、倾向等驱使的自发性(排斥预测评估、排斥理性决策)的不信任,如今已经被对毫无情感、精于计算的理性的不信任取代。情感重拾尊严,不可解释的以及无理性的,都重获合法性……在后现代的世界中,神秘之物不再仅仅只是逆来顺受、坐等驱逐的异端……我们再一次学着去敬畏混沌不清,重视人类的情感,理解那些既无目的、亦无回报的行为。"③ 在鲍曼看来,混沌不明、情感丰沛的力量亦可视作复魅力量的一种。

幻想文学自20世纪以来大为兴盛,可以视作复魅文化兴起的一个信号。迈克尔·塞勒在专著《幻想成真:现代赋魅,以及虚拟现实的文学前史》中对此加以讨论。据塞勒解释,幻想兴盛是因为已经祛魅的世界又被复魅了。④ 塞勒坦言,沉浸在幻想世界中的体验是愉悦的,承认这点似乎叫人尴尬,也让人内疚。因为这种沉浸通常被指为危险之举,往往被视作逃避现实的享乐主义,或者被视作原教旨主义的回归。我们貌似应该老老实实地待在"就这样吧"(just so)的世界里而不该妄想跨入"幻想成真"(as if)的世界。⑤ 祛魅后的世界是可理解的、可解释的、可预见的,不过同时也是沉闷无趣、庸俗不堪的,因为我们不再被允许拥抱幻想。然而在复魅的世界中,科幻、奇幻等幻想内容可以重新"附魔"这个世界。我们尽可以从现实生活中抽离出来,重拾幻想与神圣,体验丰富的愉悦。

塞勒进一步指出,一方面,幻想世界是独立于真实世界的自足存在,这个虚构的空间提供了一个出口,借此我们可以逃离无趣的祛魅社会,

---

① Rosemary Jackson, *Fantasy: The Literature of Subversion*, New York: Routledge, 2013, p. 53.
② Rosemary Jackson, *Fantasy: The Literature of Subversion*, New York: Routledge, 2013, p. 53.
③ Zygmunt Bauman, *Postmodern Ethics*, Oxford: Basil Blackwell, 1993, p. 33.
④ Michael Saler, *As if: Modern Enchantment and the Literary Prehistory of Virtual Reality*, New York: Oxford University Press, 2012, p. 3.
⑤ Michael Saler, *As if: Modern Enchantment and the Literary Prehistory of Virtual Reality*, New York: Oxford University Press, 2012, pp. 20—23.

逃向既神秘又神奇的幻想大陆。另一方面，幻想世界脱离了现实生活与日常交际，为居寓其中的人们提供了既安全又有趣的场所，他们借此有机会反思之前的现实处境，展望个人与社会的变革愿景。幻想世界的出现，使得现实世界的规则不再被天然地视为理所应当。在这个意义上，想象和建构意味着改变的可能。由此，有更多的人会接受那些与众不同的、出乎意料的新事物。他们勇于改变，悦纳多元，至少不会是一帮顽固守旧的本质主义者。①

在复魅的幻想世界中，幻想不再一味拒绝理性，而是选择与理性携手并进。塞勒考证 20 世纪 20 年代的"福尔摩斯现象"，认为它开启了一个前所未有的幻想世界。其特殊之处在于，其一，当时人们不仅悬置其怀疑，而且假装在参与。不少读者认定福尔摩斯确有其人，有人还花费心力考订福氏年谱，同时粉丝被鼓励探索这个幻想世界，粉丝之间广为联络，试图进入并居寓福尔摩斯身处的伦敦世界。其二，理性与想象力开始联姻，既沉湎于想象，却又不失逻辑。② 塞勒将其称为颇具讽刺意味的"双重意识"：既奋不顾身地全身心投入，也明白这不过是个游戏。就好像是在看魔术表演，明知是假的，却也陶醉在技巧与技境中。③

复魅文化与现代性可谓两不相害，天马行空却合乎理性原则，神秘奇幻亦不乏世俗智慧。在 1938 年的一次演讲中，托尔金提出了"第二世界"的概念。不同于神所创造的"第一世界"，人所创造的"第二世界"固然以幻想为主，却也以理性为基石。托尔金指出："幻想不会破坏甚至羞辱理性，既不会减少我们追求真理的意愿，也不会遮蔽我们对科学理性的认知……倘或理性消失殆尽，全盘怪力乱神，幻想便沦为妄想，难免行之不远。"④ 托尔金所谓的"理性"，并不是指对魔法、魔龙等超自然现象的拒绝，而是指人物的行为在逻辑上能讲得通。譬如，主人公不会毫无畏惧地奔赴远方，更不会无缘无故就以拯救世界为己任。换言之，世界尽管复魅了，却并不缺乏理性的考量。现代读者会发现幻想世界中的人物与我们并无二致，而不尽是大刺刺地提枪冲向风车的堂吉诃德。

---

① Michael Saler, *As if : Modern Enchantment and the Literary Prehistory of Virtual Reality*, New York: Oxford University Press, 2012, p. 7.
② Michael Saler, *As if : Modern Enchantment and the Literary Prehistory of Virtual Reality*, New York: Oxford University Press, 2012, p. 28.
③ Michael Saler, *As if : Modern Enchantment and the Literary Prehistory of Virtual Reality*, New York: Oxford University Press, 2012, p. 182.
④ J. R. R. Tolkien, *Poems and Stories*, Boston: Houghton Mifflin, 1994, p. 162.

本章小结

随着 20 世纪中后期数字社会的兴起，乃至晚近以来虚拟技术的迭代爆发，跨媒介叙事面临着技术、媒介、文化层面的三重转向。

转向之一是"技术虚拟化"。这是跨媒介叙事的技术基础，也是跨媒介叙事的技术逻辑。虚拟意味着"似真还假"。笔者建议从四种维度解读虚拟：作为装置的虚拟旨在启动幻觉；作为媒介的虚拟旨在再媒介化；作为潜能的虚拟旨在征服时空；作为世界的虚拟旨在构筑幻想。换言之，虚拟既是一种启动幻觉的技术装置，也是一种再媒介化的媒介艺术，更是一种征服时空的潜能，而最终它指向打造一个似真实幻的幻想世界。这解释了为何跨媒介叙事总是指向一个极大丰富、无限扩展的幻想世界。

转向之二是"媒介融合化"。媒介融合化的关键在于"跨媒介性"，这一概念预设了"媒介边界"的存在，同时也暗示媒介实践难以恪守其边界，模糊、搅乱边界实乃常事，故而媒介经常处于一种不稳定、不纯粹的状态。跨媒介性基于对纯粹媒介的批判，旨在克服"增殖论""扩展论""实践论"等论断的局限性，采取媒介融合的视角，将分析重点聚焦于"媒介如何跨越边界"，即共通、混合、转化的关系。

转向之三是"文化复魅化"，这也是跨媒介叙事兴起的社会文化土壤。在祛魅的世界中，人们崇尚理性，一心世俗。一切都是可以"合理化"的，终究是能够把握和驯服的。但祛魅并没有大获全胜，复魅犹如坚硬路面上长出的盈盈青草，倔强而富有生命力。复魅之"魅"，指的是那些已为理性秩序所驱散、不见容于现代性的幻想。如今，幻想与理性携手并进。所谓的复魅，是"魅"的去而复来。归来之"魅"，已不再是原初的那个"魅"了。容颜或许犹在，本质诚然已改。复魅之"魅"不再是需要匍匐在地、全盘领受的宗教幻想，也不再是荒诞不经的奇思妙想，而是结构完整、遵从理性的世界架构。幻想的复魅并不意味着理性的溃散，复魅只不过让那些被现代性无情抹去了的东西重新显露出来。现如今，幻想不再一味拒绝理性，而是选择与理性携手，并肩同向而行。

第三章 虚拟化：跨媒介叙事的技术变迁

虚拟之中恰恰是无穷的、未实现的经验。

——吉尔·德勒兹（1966）

本章重点讨论的是与跨媒介叙事携手并进的虚拟世界史（history of the virtual worlds）。虚拟世界史也即制造幻境的革命历程。在技术变革的推动下，幻想世界的悍然崛起，最终为跨媒介叙事爱好者们提供了独特的复魅空间。本章以"复魅空间"（Re-Enchantment Space）为关键概念。"复魅空间"可以从两个方面加以理解——"复魅的空间"（the spaces of re-enchantment）与"空间的复魅"（the re-enchantment of spaces）。前者从内容上考察幻想世界的构造逻辑，后者从技术上考察虚拟空间究竟如何复魅。

第一节 虚拟世界的研究理路

虚拟世界（virtual worlds）通常被认为是基于数字技术的三维模拟空间。近年来，关于虚拟世界的研究呈现出某种文化转向：着眼于虚拟世界的"材质"而将其理解为"对幻想世界（fantasy worlds）的媒介化再现"。这既拓展了虚拟世界的技术维度，又为其增加了内容维度。笔者对虚拟世界的观察与讨论正基于此。

一、传播社会学视域：作为虚拟社群的网络游戏

虚拟世界在西方通常被定义为基于虚拟社群的三维数字模拟环境，其典型代表为MMORPG（大型多人在线角色扮演游戏）。西方研究者对虚拟世界的观察，多基于传播社会学的角度，从虚拟社群（virtual communities）入手。他们眼中的虚拟世界，不单是三维模拟的数字环

境，更是虚拟社群在线上的"化身"（avatar）交往（不同于一般的线上通讯或社交）。

在社会交往的意义上，虚拟世界与现实世界紧密相关。研究者们更倾向于讨论：虚拟世界中虚拟社群的"虚拟交往"，在何种程度上"复刻"了现实生活中的真实交往，又在何种程度上不同于现实交往，以及如何反过来影响了人们的社会生活。这当然也与他们自身社会学、传播学的专业背景相关。同时，他们对网络游戏这一新兴事物并未心存芥蒂，甚至可以说是满怀热情。

"虚拟世界"的提法最早见于米歇尔·本尼迪克特（Michael Benedikt）的著述。1991年，本尼迪克特将由计算机生成并维系的赛博空间称为虚拟世界。相对于我们日常生活的世界，虚拟世界的特殊之处在于它可以无视甚至改写物理世界的规则。[①] 2007年，《科学》（*Science*）杂志刊文《虚拟世界之科学研究的可能性》[②]。作者认为，虚拟世界是一种电子环境，是对复杂物理空间的可视化模拟，身在其中的人们拥有各自的"化身"，通过虚拟之物与他人展开互动。作者讨论了对以《魔兽世界》《第二人生》等MMORPG网络游戏为代表的"类世界的在线环境"（online worldlike environments）从社会学、行为科学、经济学等领域展开研究的可能性，其研究方法包括实验法、网络民族志与定量分析等。

网络游戏《魔兽世界》暴风城某拍卖行

---

① Michael Benedikt, "Cyberspace: Some Proposals," in Michael Benedikt (ed.), *Cyberspace: First Steps*, Cambridge, MA: MIT Press, 1991, p.119.

② William Sims Bainbridge, et al., "The Scientific Research Potential of Virtual Worlds," *Science*, Vol.317, No.5837, 2007, pp.472-476.

在西方研究者看来，虚拟世界基于虚拟社群，并与现实生活中的日常交往紧密关联。1993年，美国评论家莱茵戈德（Howard Rheingold）出版了《虚拟社群：在计算机世界中寻求连接》（*The Virtual Community: Finding Connection in a Computerized World*）一书，他将网络社区称之为"虚拟社群"。① 爱德华·卡斯彻诺瓦（Edward Castronova）干脆把虚拟世界称作"合成世界"（synthetic worlds），认为虚拟世界不过是复制了现实世界的特征，为人们提供了一个可供社交的场所。② 玛利亚·皮特热拉（Maria Bittarello）也指出，虚拟世界的核心特征在于参与互动，即用户可以通过数字技术参与到故事中来，添加内容，修改设置，与其他用户在线互动。③

创刊于2008年的在线期刊《虚拟世界研究》（*Journal of Virtual Worlds Research*）基本沿用了本尼迪克特的定义，将"虚拟世界"界定为：在计算机模拟的环境中，用户可以通过图像、文字、语音、视频等各种形式与其他用户互动。虚拟世界与下列概念相近：虚拟现实（virtual reality）、虚拟空间（virtual space）、数字景观（datascape）、元宇宙（metaverse）、虚拟环境（environment）、大型多人在线即时战略游戏（MMO或MMOG）、大型多人在线角色扮演游戏（MMORPG）等④。2009年英国期刊《游戏与虚拟世界》（*Journal of Gaming and Virtual Worlds*）⑤ 同样在数字游戏的层面上界定"虚拟世界"。简言之，"虚拟世界"就是多人在线角色扮演的网络游戏，允许用户"化身"为虚拟人物在三维空间中进行面对面的交流与互动。⑥ 以网络游戏《魔兽世界》为例，如果说"魔兽"是一个社会，其核心骨架就是公会。公会吸纳了一批价值观趋同的玩家，如同齿轮一般地构成了"魔兽"这个世界规则建立与运转的驱动力。

---

① Howard Rheingold, *The Virtual Community: Finding Connection in a Computerized World*, Boston, MA: Addison-Wesley Longman, 1993.

② Edward Castronova, et al., "What is a Synthetic World?" *Space Time Play*, No. 2, 2007, pp. 174—177.

③ Maria Beatrice Bittarello, "Mythologies of Virtuality: 'Other Space' and 'Shared Dimension' from Ancient Myths to Cyberspace," in Mark Grimshaw (ed.), *The Oxford Handbook of Virtuality*, New York: Oxford University Press, 2014, p. 87.

④ Yesha Sivan (Editor in Chief), "Overview," *Journal of Virtual Worlds Research*, retrieved from http://jvwresearch.org/index.php/2011-07-30-02-51-41/overview.

⑤ 来源链接：http://www.intellectbooks.co.uk/journals/.

⑥ Mark W. Bell, "Toward a Definition of 'Virtual Worlds'," *Journal for Virtual Worlds Research*, Vol. 1, No. 1, 2008.

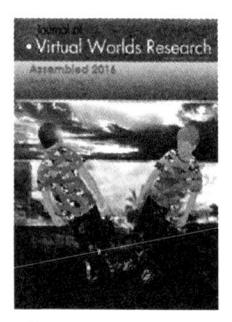

图 10　学术期刊《虚拟世界研究》[①]

《虚拟世界研究》（*Journal of Virtual Worlds Research*）各期主题如下：

Vol.1，No.1（2008）	虚拟世界的过去、现在及未来
Vol.1，No.2（2008）	虚拟世界中的消费者行为
Vol.1，No.3（2008）	虚拟世界中的文化
Vol.2，No.1（2009）	虚拟世界与教育及创新
Vol.2，No.2（2009）	3D 虚拟世界与健康及医疗
Vol.2，No.3（2009）	技术、经济以及标准
Vol.2，No.4（2009）	虚拟经济，以及虚拟物品和服务的交付
Vol.2，No.5（2009）	元宇宙（metaverse）
Vol.3，No.1（2010）	研究者的工具箱（1）
Vol.3，No.2（2010）	虚拟世界与儿童
Vol.3，No.3（2010）	研究者的工具箱（2）
Vol.4，No.1（2011）	元宇宙 2.0
Vol.4，No.2（2011）	管控与抵制
Vol.4，No.3（2011）	MPEG-V（媒介内容与控制）及其他标准
Vol.5，No.1（2012）	虚拟世界 2012 前沿问题
Vol.5，No.2（2012）	虚拟世界的亚洲视角
Vol.5，No.3（2012）	管理与商业应用
Vol.6，No.1（2013）	元宇宙
Vol.6，No.2（2013）	虚拟世界的艺术问题
Vol.6，No.3（2013）	法律与监管的挑战

[①] 2008 年创刊的《虚拟世界研究》（*Journal of Virtual Worlds Research*）将"虚拟世界"界定为"基于计算机模拟的环境"，可供用户交流互动。

Vol. 7, No. 1（2014）	探索：新发现与新视角（1）
Vol. 7, No. 2（2014）	虚拟世界 2014 前沿问题
Vol. 7, No. 3（2014）	探索：新发现与新视角（2）
Vol. 8, No. 1（2015）	虚拟世界 2015 前沿问题
Vol. 8, No. 2（2015）	未来：机器人、头戴设备、电子竞技等
Vol. 9, No. 1（2016）	虚拟世界的应用前景
Vol. 9, No. 2（2016）	虚拟世界的（性别）身体问题
Vol. 9, No. 3（2016）	虚拟世界中的边缘学习
Vol. 10, No. 1（2017）	虚拟世界、虚拟现实与增强现实
Vol. 10, No. 2（2017）	MMOG 游戏中的关系
Vol. 11, No. 1（2018）	虚拟世界与青少年研究
Vol. 11, No. 2（2018）	虚拟世界与 VR 开发
Vol. 10, No. 3（2018）	科幻小说如何成为现实
Vol. 12, No. 1（2019）	虚拟世界与教育学
Vol. 12, No. 2（2019）	虚拟世界对教育的影响
Vol. 12, No. 3（2019）	虚拟世界中的第一人称用户
Vol. 13, No. 1（2020）	虚拟世界的阴暗面
Vol. 13, No. 2（2020）	3D 时代的数字、设计、开发、社区、创作与商业

……

从《虚拟世界研究》近年来出刊主题的趋势来看，不难发现有关"元宇宙/虚拟现实"（metaverse/VR）的讨论正在逐渐升温。迈克尔·海姆认为虚拟世界的实现依赖于虚拟现实技术："虚拟现实是一项技术，让使用者相信自己在另一个地方，通过输入由计算机生成的数据，替换原先的诸种感觉……虚拟世界是计算机的一个工作区，使用者通过虚拟身体来重新认识自己，并拥有某个虚拟群体的归属感。"[1] 不过，即便海姆将虚拟现实引入了虚拟世界的界定，但他仍然延续了前人的判断——虚拟世界是基于虚拟社群的。

基于此，虚拟世界被研究者们置于社会科学、传播科学的研究视域之下，研究议题分布甚广，涉及社会学、传播学、人类学、经济学、管

---

[1] Michael Heim, *The Metaphysics of Virtual Reality*, New York: Oxford University Press, 1993, pp. 160－161.

理学、法学等。哈维尔·萨拉扎（Javier Salazar）将虚拟世界研究分为四大主题，包括社会结构研究、玩家个体研究、叙事研究与游戏研究。[1]

近年来，我国学者也开始尝试在传播社会学的视域下展开对虚拟世界的讨论。在《虚拟世界：机制、关系、分析及展望》中，岳宇君、吴洪以《第二人生》为例分析了"仿现实机制"（包括领土、政府、居民、组织、生活、商业等）、"与现实世界的关系"以及典型应用。[2] 李名亮研究了三维虚拟世界（网络游戏《第二人生》）的"虚拟新闻"。[3] 孔少华对国外 MMORPG 虚拟世界研究加以评述，借鉴了大卫·哈肯（David Hakken）有关赛博空间的研究框架，延伸出了 MMORPG 虚拟世界研究的四个框架，包括内涵研究、用户研究（如参与动机）、用户内的组织及行会研究（如社会交往），以及社会影响研究（如政治、经济、法律、教育等）。[4]

二、技术哲学视域：作为赛博空间的网络世界

在哲学视域中，虚拟世界被视作"作为赛博空间的网络世界"，这主要见于我国学者的相关论述。我国学界对"虚拟世界"的讨论主要集中于 20 世纪末 21 世纪初，尤其以哲学界的回应最为热烈。不难理解，光是从字面上来看，"虚拟世界"就意味着原有的世界认知体系正在遭遇挑战与冲击。彼时的热门电影《黑客帝国》（*The Matrix*，1999）、《盗梦空间》（*Inception*，2010）更是为这场围绕"虚拟世界"的讨论添上了一把火。

参与讨论的几位哲学宿将多已年逾不惑，他们热情洋溢地开始新的征程，尝试为哲学研究开辟新的疆土。令人遗憾的是，研究者们虽然频繁使用"虚拟世界"的语词/概念，却很少涉及虚拟世界的界定与范畴，也并未对虚拟世界的技术发展做详尽的梳理。这固然情有可原，因为研究者们大抵从来没有接触过网络游戏（西方意义上的"虚拟世界"），不过他们已经明显注意到计算机和互联网对现代社会的重塑力量。因此，中文文献所指涉的"虚拟世界"，曾一度是"网络世界"的同义词或近义

---

[1] Javier Salazar, "On the ontology of MMORPG Beings: A Theoretical Model for Research," Paper presented at the Proceedings Digital Games Research Association 2005 Conference: Changing Views: Worlds in Play, Vol. 3, 2005, pp. 16–20.
[2] 岳宇君、吴洪：《虚拟世界：机制、关系、分析及展望》，《学术论坛》，2011 年第 3 期。
[3] 李名亮：《"虚拟世界"的虚拟新闻存在与本体追问》，《国际新闻界》，2010 年第 1 期。
[4] 孔少华：《国外 MMORPG 虚拟世界研究评述》，《情报科学》，2014 年第 3 期。

词——我们可以将之替换为"虚拟/网络/赛博空间"(cyberspace)。事实上,当他们在谈论"虚拟世界"时,"世界"一词被处理为一种修辞。

台湾大学教授叶启政在《虚拟与真实的浑沌化——网路世界的实作理路》一文中将"网路世界"与"虚拟"结合起来加以讨论。叶启政认为,"网路所形构的那个看不见但却感觉得出来的空间","加剧了拟像更加大量地漂浮在人的世界里",结果导致"真实"为"拟像"所消融,即"浑沌化"。① 不过,中央党校教授冯鹏志显然不似这般忧心忡忡,而是颇为乐观。冯教授并不认为虚拟世界是对现实世界的一种侵袭或挑战,而是认为二者可以和谐"共生"。② 有意思的是,冯文原意是接着叶文往下谈,却用"虚拟世界"一词替换了"网络世界"。由此观之,在冯看来两者并无二致。

直到 21 世纪初期,哲学界对"虚拟世界"的讨论始终延续上述思路——"虚拟世界等同于赛博/网络空间"。南京师范大学哲学系教授张之沧认为,"虚拟世界"的兴起,意味着除卡尔·波普尔(Karl R. Popper)意义上的三大世界——自然物质(世界 1)、主观精神(世界 2)、客观知识(世界 3)之外的"世界 4"的兴起。③ 事实上,张之沧所认定的"虚拟世界"也还是基于计算机网络的网络化社会。孟威关注网络"虚拟世界"的符号文本,认为网络空间的符号文本构筑了崭新的"拟态世界"。④ 徐世甫认为虚拟之物实际上是"电子信息物","虚物就是电子化、数字化的虚拟物,它主要是实物的电子化、数字化的对象性存在,这从根基上决定了它是客观存在的,具有客观实在性"。⑤ 虚拟世界既印证又丰富了马克思主义哲学物质观。到了 2007 年,有研究者开始呼吁"虚拟世界研究的方法论转向",即"从技术思辨转向社会哲学",试图考察虚拟世界是如何"嵌入到人类生活的社会文化系统之中,带来了社会关系和人类生活方式的改变"。⑥ 何明升、白淑英所著《虚拟世界

---

① 叶启政:《虚拟与真实的浑沌化——网路世界的实作理路》,《社会学研究》,1998 年第 3 期。
② 冯鹏志:《从混沌走向共生——关于虚拟世界的本质及其与现实世界之关系的思考》,《自然辩证法研究》,2002 年第 7 期。
③ 张之沧:《从世界 1 到世界 4》,《自然辩证法研究》,2001 年第 12 期。
④ 孟威:《网络"虚拟世界"的符号意义》,《新闻与传播研究》,2001 年第 4 期。
⑤ 徐世甫:《虚拟世界的本体论探析》,《科学技术与辩证法》,2005 年第 1 期。
⑥ 白淑英:《从技术思辨到社会哲学——关于虚拟世界研究的方法论转向问题》,《自然辩证法研究》,2007 年第 1 期。

与现实社会》[1]正是在这一领域的有益尝试。这种呼吁或尝试,也从侧面说明了当时学界所存在的问题——"哲学思辨有余、现实调研不足"。

总之,国内研究者们更多地在广义的层面上讨论"虚拟世界"。"广义的虚拟世界,不仅包含狭义的虚拟世界的内容,而且还指随着计算机网络技术的发展和相应的人类网络行动的呈现而产生出来的一种人类交流信息、知识、思想和情感的新型行动空间,是一种动态的网络社会生活空间。"[2]简单地说,广义的"虚拟世界"就是"赛博/网络空间"(cyberspace)。可见,我国学者所讨论的"虚拟世界"在很长一段时间内与西方学界存在错位——"赛博空间"与"虚拟社群"毕竟不是一个概念。

三、文艺批评视域：作为跨媒介叙事的科幻世界

在文艺批评（包括文学评论以及影视评论）视域中,虚拟世界通常被视为"作为跨媒介叙事的科幻世界"。"科幻世界"并不直接等同于科幻作品（包括文学、影视、游戏等）。"世界化"的科幻,方为"科幻世界"。科幻"世界化"的主要方式为跨媒介叙事,即科幻在跨媒介意义上的衍生与增殖,最终扩展为丰富多样的故事世界。[3]

科幻电影是以科幻为题材的一类电影,也是好莱坞电影的一个重要类型。科幻电影通常基于科学性及幻想性的设定或假设,或严谨推测,或大胆虚构,被视作实证与超自然的连续性光谱,电影叙事由此得以展开。科幻电影的常见题材包括外星生物、外星世界、特异功能、时间旅行、机器人、赛博格（半机械人）、星际旅行等。科幻电影还涉及政治、社会、哲学等议题,因而长期以来被用于"安全"地讨论富有争议的议题,并往往敢于置评其所预见的未来前景,如敌托邦、技术威胁等。上海交通大学教授江晓原将好莱坞科幻电影主题分为七类,包括星际文明、时空旅行、机器人、生物工程、专制社会、生存环境、超自然能力等。[4]

不少研究者承认,科幻是暧昧的、难以界定的,这源于"科技－幻

---

[1] 何明升、白淑英：《虚拟世界与现实社会》,北京：社会科学文献出版社,2011年版。

[2] 何忠国：《虚拟与现实的冲突及融合——虚拟世界的本质、特征及其伦理考量》,《河南社会科学》,2005年第2期。

[3] 需要说明的是,作为一种分类手段的类型学,既适用于科幻文学,也适用于科幻电影。实际上,科幻电影通常被视作科幻文学的一种衍生品。在类型学的视野里,文学研究和电影研究交缠一处,故而一般对科幻类型的讨论既关乎文学,也牵涉电影。

[4] 江晓原：《好莱坞科幻电影主题分析》,《自然辩证法通讯》,2007年第5期。

想"的内在冲突。美国佐治亚理工学院教授托雷特（J. P. Telotte）出版于 2001 年的《科幻电影》（*Science Fiction Film*，2001）尝试勾勒科幻类型的轮廓。托雷特坦言，科幻难以被界定为一种独特而清晰的类型，主要是因为科幻同时来源于两个世界——科学世界（逻辑、理论与技术）与虚构世界（神话、惊悚与幻想）。受益于茨维坦·托多洛夫（Tzvetan Todorov）对作为文学类型的"幻想性"（the fantastic）的界定，托雷特认为科幻正是一种在"不可思议"（the uncanny）与"神秘莫测"（the marvelous）之间来回游移的"幻想性"。"不可思议"指的是有些事物看似不可思议，但毕竟有望实现；"神秘莫测"指的是那些强行闯入并直接威胁了人类日常生活的超自然事物；"幻想性"则居于二者之间，就是那些可能发生、也可能不发生的中间状态。[1] 美国科幻作家、学者詹姆斯·冈恩（James Gunn）坦言，定义科幻小说就好像在测量电子的属性，很不容易。测量的对象不是一个稳定的实体，而是一团束状的电子云，没有明确的轨道，运动也不规则。冈恩指出，科幻缺乏可识别的动作（如神秘的谋杀）、环境（如西部片中的荒漠）、关系（如浪漫爱情），不过唯一可以确定的是，科幻是关乎未来的而不是关乎现在或过去的。科幻能和其他所有类型相结合，因而科幻是不断变化的文学。[2]

科幻界定的开放性决定了科幻批评的开放性。吴岩在《科幻文学理论和学科体系建设》一书中征用文学批评的方法将科幻批评分为：俄国形式主义、接受美学、新批评、结构主义、后现代主义、解构主义、女性主义，以及酷儿理论。[3] "科幻研究重镇"加州大学河滨分校教授罗伯·莱瑟姆（Rob Latham）在其主编的《牛津科幻手册》（*The Oxford Handbook of Science Fiction*，2014）的导言中将科幻研究归纳为三类：内容研究、形式研究和批评研究。内容研究关心"可供讨论的事物"，旨在择选经典作品，打造类型历史的指引罗盘；形式研究关心"可理论化的事物"，旨在探讨图像与理念的关系；批评研究主要针对相关机构及其运作机制。[4]

---

[1] Jay P. Telotte, *Science Fiction Film*, Cambridge, UK: Cambridge University Press, 2001, pp. 10–30.

[2] James E. Gunn and Matthew Candelaria, *Speculations on Speculation: Theories of Science Fiction*, Lanham, MD: Scarecrow Press, 2005, pp. 1–4.

[3] 吴岩：《科幻文学理论和学科体系建设》，重庆：重庆出版社，2008 年版。

[4] Rob Latham, *The Oxford Handbook of Science Fiction*, New York: Oxford University Press, 2014, pp. 1–19.

吴岩与莱瑟姆的著作

科幻与历史现实紧密勾连——这也是文艺批评的基本立足点。换言之，科幻从未与真实世界"脱钩"，而是深深地根植于社会历史的大背景。科幻研究通常以历史研究为取径，研究者关注作为流行文化的科幻如何折射特定时期的社会历史，并如何呼应其社会心理。社会历史分析的方法看似朴拙，实则有效。该研究取径关心科幻电影背后的社会与历史，关心电影制作、流通、接受过程中不断变迁的语境。

加拿大麦吉尔大学教授达科·苏恩文（Darko Suvin）认为，科幻是一个矛盾体，是"相当真实的不真实"。科幻是"我们时代颇具权威又令人遗憾的基本认知方式，将激活某一疏离空间"，简言之，科幻是"认知的疏离"（cognitive estrangement）。[1] 作为一名马克思主义者，苏恩文进一步指出，科幻是一种反抗的文学类型，"来证明情况可能会大不一样"。苏恩文强调，无论如何冒险、浪漫、通俗、惊奇，科幻题材最终都会落到"乌托邦－敌托邦"的故事设定之中。[2]

美国电影与媒体研究学会（SCMS）前主席、加州大学洛杉矶分校教授维维安·索布切克（Vivian Sobchack）出版于1987年的《银幕空间：美国科幻电影》（*Screening Space*: *The American Science Fiction Film*, 1987）被公认为科幻电影研究的扛鼎之作。鉴于当代流行艺术的不断演变，索布切克不太愿意给科幻电影下一个定义，因为她担心一个

---

[1] Darko Suvin, *Metamorphoses of Science Fiction*: *On the Poetics and History of a Literary Genre*, New Haven: Yale University Press, 1979, p. viii.

[2] Darko Suvin, *Metamorphoses of Science Fiction*: *On the Poetics and History of a Literary Genre*, New Haven: Yale University Press, 1979, p. 62.

封闭的定义可能会过于武断,从而导致作为理论工具的概念失去其有效性。[1] 尽管如此,索布切克还是对"科幻"做出了一个较为开放的描述:"强调动作、推理或奇观的科学,强调实证手段,可能还与超验的魔法、宗教有所关联(现在少一些了,不过还有),并试图让人类与未知之物达成和解。"[2]

索布切克试图考察科幻电影中"声画要素与电影主题之间的结构性关系"[3]。例如,索布切克不是将宇宙飞船理解为特定历史时期(如西进运动)的、孤立的象征符号(如铁路),而是将其置于一个更大的、想象的科幻符号体系中。索布切克观察到,20世纪50年代的美国科幻电影强调新技术的可怖、惊奇与陌生,然而70年代之后,技术不再是陌生的,而是熟悉的、接受无碍的,以至于80年代的科幻电影"为晚近资本主义的消费制品和景观生产而欢欣鼓舞"[4]。例如,20世纪50年代的科幻电影告诫我们要随时盯着天空,以防侵略者从天而降;而如今,周遭环境混乱不堪,我们忙得不可开交,以至于对昔日开放的、空旷的空间怀恋不已。[5] 于是,索布切克在结论中指出科幻类型有面临消失的危险,因为科幻原本被定位为对未来的想象,而如今却只是在怀旧,"未来"也由此成了"后现代"。[6]

---

[1] Vivian Carol Sobchack, *Screening Space: The American Science Fiction Film*, New Brunswick: Rutgers University Press, 1987, pp.17-18.

[2] Vivian Carol Sobchack, *Screening Space: The American Science Fiction Film*, New Brunswick: Rutgers University Press, 1987, p.63.

[3] Vivian Carol Sobchack, *Screening Space: The American Science Fiction Film*, New Brunswick: Rutgers University Press, 1987, p.13.

[4] Vivian Carol Sobchack, *Screening Space: The American Science Fiction Film*, New Brunswick: Rutgers University Press, 1987, p.253.

[5] Vivian Carol Sobchack, *Screening Space: The American Science Fiction Film*, New Brunswick: Rutgers University Press, 1987, p.270.

[6] Vivian Carol Sobchack, *Screening Space: The American Science Fiction Film*, New Brunswick: Rutgers University Press, 1987, p.300.

詹姆逊与索布切克的论著[①]

在科幻的专题研究中，冷战题材、反乌托邦主题最受关注。众所周知，科幻的新浪潮就发生在冷战正盛的20世纪60年代。英国利物浦大学教授大卫·锡德（David Seed）在其专著《美国科幻与冷战：文学与电影》（*American Science Fiction and the Cold War: Literature and Film*，1999）中认为，美国科幻对冷战恐慌的描绘可谓不遗余力，对核灾难、苏联入侵、极权主义兴起等均深感不安，这既是社会批评也是冷战批判。[②] 美国阿肯色大学教授布克（M. Keith Booker）在其专著《怪兽、蘑菇云及冷战：美国科幻以及后现代的起源，1946—1964》（*Monsters, Mushroom Clouds, and the Cold War: American Science Fiction and the Roots of Postmodernism, 1946—1964*，2001）中认为，冷战阴影下对红色革命的恐慌深刻反映在美国科幻之中，并由此催生了后现代主义。[③] 莫伊伦（Tom Moylan）在《玷污天空的废料：科幻、乌托邦及敌托邦》（*Scraps of the Untainted Sky: Science Fiction, Utopia, Dystopia*，2001）中，反驳了"乌托邦即是极权主义，现状是最好的制度"这一流行观念：我们对乌托邦不能求全责备，乌托邦只是

---

① 詹姆逊与索布切克有师承关系，因此詹氏在前，索氏在后。
② David Seed, *American Science Fiction and the Cold War: Literature and Film*, Edinburgh, Scotland: Edinburgh University Press, 1999.
③ M. Keith Booker, *Monsters, Mushroom Clouds, and the Cold War: American Science Fiction and the Roots of Postmodernism, 1946—1964*, Westport, CT: Greenwood Press, 2001.

比现状更好一些。[1]

抽取科幻的某一题材或主题的专门史研究，是西方科幻研究的常规做法，如择取某一科幻题材，如机器人[2]、火星[3]、后人类[4]、硬科幻研究[5]、粉丝文化[6]等，进而与社会历史变迁脉络相连。此外，以某一特定理论作为观照，并以此统摄其整体研究，亦不在少数，包括性别理论观照下的科幻[7]、马克思主义理论观照下的科幻[8]、后殖民理论观照下的科幻[9]，等等。

总之，科幻"世界化"的主要方式为跨媒介叙事，即科幻基于跨媒介意义上的衍生与增殖，最终扩展为丰富多样的故事世界。但本书讨论的并不限于科幻世界，而是指向包含科幻在内的幻想世界。

第二节 幻想世界的崛起

20世纪以来日益崛起的一系列幻想世界，并不拘于某类特定的媒介，而是包括漫画、广播剧、电视剧、电影、电子游戏等。接下来笔者将聚焦美国社会的流行幻想，因为这是20世纪以来全球范围内最具影响力也是最具代表性的幻想。不过，笔者并不满足于整理幻想世界的文本

---

[1] Tom Moylan, *Scraps of the Untainted Sky: Science Fiction, Utopia, Dystopia*, Boulder, CO: Westview Press, 2001.

[2] Jay p. Telotte, *Replications: A Robotic History of the Science Fiction Film*, Champaign: University of Illinois Press, 1995.

[3] Robert Crossley, *Imagining Mars: A Literary History*, Middletown, CT: Wesleyan University Press, 2011.

[4] N. Katherine Hayles, *How We Became Posthuman: Virtual Bodies in Cybernetics, Literature, and Informatics*, Chicago: University of Chicago Press, 2008.

[5] Gary Westfahl, *Cosmic Engineers: A Study of Hard Science Fiction*, Westport, CT: Praeger, 1996.

[6] Sam Moskowitz, *The Immortal Storm: A History of Science Fiction Fandom*, Atlanta: Atlanta Science Fiction Organization Press, 1954.

[7] Brian Attebery, *Decoding Gender in Science Fiction*, New York: Routledge, 2002. //Joanna Russ, *To Write Like a Woman: Essays in Feminism and Science Fiction*, Bloomington, CA: Indiana University Press, 1995. //Marleen S. Barr, *Alien to Femininity*, New York: Greenwood Press, 1987.

[8] Mark Bould, *Red Planets: Marxism and Science Fiction*, Middletown, CT: Wesleyan University Press, 2009.

[9] Jessica Langer, *Postcolonialism and Science Fiction*, Basingstoke, UK: Palgrave Macmillan, 2011.

故事，而是试图指认流行幻想背后不断变迁的历史语境与意识形态。

流行文化从来都是历史的产物，它深植于特定时代的知识谱系和情感结构之中。正如达科·苏恩文所言，科幻作品始终存在一套"给定的社会历史语境"（a given socio-historical context）[①]。文学批评家弗里德里克·詹姆逊（Fredric Jameson）也认为，大多数科幻不过是"陌生化并重塑我们有关过去的经验"[②]，"并不真打算想象我们社会系统的'真正'未来，而是以未来的重重装饰来实现多种功能：将我们的当下转化为已经到来的、确凿无疑的过去"[③]。换言之，幻想不过是以寓言的方式将现实重新演绎一番。幻想种种，即在今日。

一、19世纪90年代—20世纪50年代：两次世界大战

20世纪中叶，牛津大学教授托尔金完成《霍比特人》（*The Hobbit*，1937）、《魔戒》三部曲（*The Lord of the Rings*，1954—1955）等奇幻作品，获得了巨大的成功，严肃奇幻文学类型得以流行与复兴。21世纪以来，电影《指环王》三部曲（2001—2003）、《霍比特人》三部曲（2012—2014）更是掀起了中土世界的奇幻热潮，加之粉丝社群的不断参与，跨媒介作品不断衍生，如插图、音乐、电影、电视、广播剧、游戏、同人文、衍生周边等。

以《魔戒》为例，夏尔的霍比特人佛罗多无意之中得到了一枚至尊魔戒，从而卷入了一场事关生死的凶险争夺之中。在巫师甘道夫、游侠阿拉贡等人的帮助下，他们组成了"魔戒远征队"去执行一项艰巨的任务：前往黑暗之主索伦的领地魔多，将魔戒投入末日火山的岩浆中摧毁，把中土世界从遭受奴役和毁灭的厄运中拯救出来。

[①] Darko Suvin, "Narrative Logic, Ideological Domination, and the Range of Science Fiction: A Hypothesis with a Historical Test," *Science Fiction Studies*, Vol. 9, No. 1, 1982, p. 1.

[②] Fredric Jameson, "Progress versus Utopia; Or, Can We Imagine the Future?" *Science Fiction Studies*, Vol. 9, Issue 2, 1982, p. 151.

[③] Fredric Jameson, "Progress versus Utopia; Or, Can We Imagine the Future?" *Science Fiction Studies*, Vol. 9, Issue 2, 1982, p. 153.

图 13　小说《魔戒》与第一次世界大战[①]

在约瑟夫·洛孔特（Joseph Loconte）看来，《魔戒》很大程度上来源于托尔金在第一次世界大战索姆河战役中的经历：惨淡污秽的战争环境、机械化战争的大屠杀，以及战友们的英勇无畏。而托尔金笔下"魔戒远征队"的英勇品质、魔王索伦对权力的欲望，以及魔戒对人心的诱惑与腐蚀，均与20世纪上半叶两次世界大战的大背景紧密相连。不妨将《魔戒》视作一个善恶斗争的寓言：人类灵魂与邪恶的斗争中，总有一种高贵向善的力量，能够压倒对权力的欲望。[②] 这是古典奇幻（也称严肃奇幻）的一个突出特点：正义与邪恶之间史诗般的恢宏战斗。这也与人们对第二次世界大战的普遍共识有关：善恶一目了然，正邪势不两立；邪恶或许会暂时占据上风，可最终邪不胜正。

20世纪30年代末，以超人和蝙蝠侠为代表的超级英雄问世。超人（Superman）与蝙蝠侠（Batman）分别在1938年、1939年的DC漫画中首度登场。来自遥远氪星的超人，也称"钢铁之躯"（Man of Steel），拥有超级的力量、速度、耐力和感官，而且刀枪不入、自我愈合。蝙蝠侠尽管没有天生的超能力，可是他坐拥亿万资产，拥有各种高科技设备，并且擅长格斗术。每当夜幕降临，蝙蝠侠出没于罪恶横行的哥谭市，以

[①] 来自《纽约时报》。
[②] Joseph Loconte, *A Hobbit, a Wardrobe, and a Great War: How J. R. R. Tolkien and CS Lewis Rediscovered Faith, Friendship, and Heroism in the Cataclysm of* 1914−1918, Nelson Books, 2015, pp. 27−52.

暴力维护正义。

每逢美国社会遭遇危机,超级英雄就会出手相助。超级英雄的漫画在大萧条和二战时期最为火爆。面对法西斯势力在欧陆的不断扩张,超级英雄们也按捺不住,纷纷响应号召,抗击境外强敌。美国队长（Captain America）就曾给希特勒的脸上狠狠地来了一拳,让人看着很是解恨。此时的超级英雄漫画,正是二战宣传的好手段。

图 14　美漫中的美国队长与希特勒

二战结束之后,有关超级英雄的漫画销量狂跌。20 世纪 50 年代,人们不满于超级英雄毫无节制地使用暴力,开始批评甚至抗议包括超人在内的超级英雄。最终,漫画家们接受了这一建议。从此之后,超级英雄不再不计后果地动辄开打,而是变得小心谨慎了。[1]

二、20 世纪 50 年代—20 世纪 90 年代：美苏争霸与核威慑

20 世纪 50 年代,科幻电影行销甚好,一跃而为好莱坞主流电影,常见题材包括基因突变的巨型生物、已经灭绝的远古生物意外复活、外来生物的入侵和渗透、太空旅行,以及突如其来的世界末日。不仅个体生命受到死亡的威胁,而且整个社会笼罩在全盘毁灭的阴影之下。事先毫无警告,危机随时可能登门造访。这显然与冷战背景紧密相关。美苏争霸,人们笼罩在核威慑的阴影之下,惶惶不可终日。而科幻故事正是

---

[1] Jean-Paul Gabilliet, Bart Beaty and Nick Nguyen, *Of Comics and Men: A Cultural History of American Comic Books*, Jackson, MS: University Press of Mississippi, 2010, pp. 20-28.

在焦虑的重压之下探索另一种可能性——劫后余生的可行性方案。[1]

二战之后的美苏争霸，使得政治与军事竞争风险不断增加。1945年，世界上第一颗原子弹在新墨西哥州成功引爆。苏联不甘落后，在1949年也成功引爆了核弹。二战之后，广岛、长崎满目疮痍的影像流传至美国，触目惊心的场面让美国人陷入更大的焦虑与恐慌。20 世纪 50 年代洲际导弹（ICBM）的发明，令核战威胁前所未有地真切。20 世纪 60 年代以后，"保证相互毁灭"（Mutually Assured Destruction，简称 MAD）理论逐渐占据上风。美苏双方最担心的不是核战爆发，而是核战爆发后自己没有能力确保对方也被毁灭。反过来讲，如果能让对手相信自己在经受核打击之后仍有能力反击，全面核战便不会爆发。库布里克执导的电影《奇爱博士或者我如何学会停止恐惧并爱上炸弹》（*Dr. Strangelove or: How I Learned to Stop Worrying and Love the Bomb*，1964），片名便已揭示了核军备竞赛的吊诡之处：我们唯有不断地制造核弹方能制止核战。这个逻辑看上去似乎没有问题，不过该片提醒我们：在实际操作中倘或稍有差池，整个世界便在劫难逃。

美国著名评论家苏珊·桑塔格（Susan Sontag）认为五六十年代的灾难电影就是冷战和核军备竞赛的一个投射。例如，"某个自史前时代以来就一直沉睡在地球某处的拥有超级破坏力的魔鬼偶然间被唤醒了"，这种怪兽片是原子弹的一个隐喻。[2] 这在美国电影《原子怪兽》（*The Beast from 20000 Fathoms*，1953）以及日本电影《哥斯拉》（ゴジラ，1954）中均有体现。

同怪兽一同入侵的，还包括来自异域的外星人。电影《地球争霸战》（*The War of the Worlds*，1953）中，火星人侵入地球，大肆屠杀，人类所有的武器都不能对付火星人的死光炮。所有人都在逃命，整个地球乱作一团。不过外星人的入侵并不全是铁血扫荡，更可怕的是暗中渗透。电影《天外魔花》（*Invasion of the Body Snatchers*，1956）讲述了形似豆荚的外星人偷偷复制、替换小镇居民，最终没有情感、冷漠残忍的复制人逐渐控制全城的故事。电影可以理解为美国人当时对共产主义渗透的焦虑，也可以理解为对麦卡锡主义时期（1950—1954）白色恐怖的影

---

[1] Victoria O'Donnell, "Science Fiction Films and Cold War Anxiety," in Peter Lev(ed.), *The Fifties: Transforming the Screen*, 1950—1959, Berkeley: University of California Press, 2003, pp.169—196.

[2] ［美］苏珊·桑塔格：《反对阐释》，程巍译，上海：上海译文出版社，2003 年版，第 264 页。

射。电影在1978年被翻拍为电影《人体异形》（*Invasion of the Body Snatchers*，1978），与越战、水门事件之后美国社会缺乏信任的氛围相呼应。

桑塔格坚称这些可怕的灾难片与冷战环境下的社会心理相合。"一是永无止境的平庸，一是不可思议的恐怖。"灾难电影不仅"通过使我们遁入那些奇异、危险但最后一刻肯定会出现美满结局的情境，来使我们从不可承受之单调乏味中摆脱出来"，而且"使我们心理上难以承受的东西正常化，并因此使我们适应它"。① 换言之，恐怖/奇幻/科幻电影成了冷战年代人们逃避现实的安慰剂。

20世纪60年代，西方新左派学生运动以及形形色色的文化实践如火如荼。格林尼治村的嬉皮士们衣着鲜艳、滥用药物、自由恋爱，表达对当前政治的抗议，并通过游行示威等抗争活动争取权益。中产阶级的孩子们纷纷抛弃父辈们赖以立身的传统文化，开始争夺文化领导权。在保守派人士看来，这着实叫人头疼不已。到了20世纪70年代中期，曾经的嬉皮士们愤世嫉俗早已不复当年。此时，乔治·卢卡斯的《星球大战》（*Star Wars*，1977）横空出世，彻底重塑了青年一代的文化。

当时有评论赞叹道，《星球大战》大概是自摩西分开红海之后最为壮观的景象了。《星球大战》的特殊意义不仅在于以惊人的创造力和特效技术重塑了电影业，而且在于它传递出一套极具"正能量"的价值观：孤胆英雄挺身对抗邪恶的专制政权。少年英雄就是"新的希望"，他们出于正义的使命，而非出于无因的愤怒（如果不学会克制自己的愤怒，恐怕就会投靠黑暗势力，如曾经的阿纳金·天行者）。不同于20世纪60年代"中产阶级的孩子们"的愤世嫉俗，"星球大战的孩子们"在父辈看来不仅叫人放心，而且前程远大。

从《星球大战》"帝国－义军"二元对立的格局中，我们还是能够看出不少冷战和越战的痕迹。但核战阴影下的末世感如今已经完全被胜利的喜悦压倒。大规模杀伤性武器"死星"（Death Star），作为显而易见的核弹隐喻，不再是一个致命的威胁，而是注定要被摧毁、被征服的对象。复杂胶着的冷战格局简化为一场激动人心的青年冒险。

这种乐观情绪其实并非孤例。自20世纪60年代以来，漫画里新的超级英雄一一登场。这些新人不再如蝙蝠侠那样出身显赫，也不再如超

---

① ［美］苏珊·桑塔格：《反对阐释》，程巍译，上海：上海译文出版社，2003年版，第262页。

人那样遥不可及。他们和我们差不多，都是普通人。换言之，人人皆可成为超级英雄。除了因缘际会获得的超能力之外，他们难免有普通人的一些毛病。如1961年诞生的"神奇四侠"（Fantastic Four），这四个人在性格上并非完美无缺，有些缺点甚至令人讨厌。1962年诞生的"绿巨人"浩克（Hulk）就无法控制自己的情绪，变身"绿巨人"之后会不分好坏地摧毁周围的一切事物。同年，蜘蛛侠（Spider-Man）出世。纽约皇后区的普通男孩彼得被一只受过放射性感染的蜘蛛意外咬伤后，居然获得了神奇的特殊能力——像蜘蛛一样吐丝、爬墙。

响应时代的召唤，更多的超级英雄被打造出来。20世纪60年代以来，非裔美国人民权运动、妇女解放运动、性革命等一系列民权运动深刻影响了超级英雄的形塑。朱莉安娜·奥库安（Julianna Aucoin）谓之"超级英雄的多样性"（superhero diversity problem），即超级英雄的面目开始变得多元，不再局限于某一特定的种族、性别和性向。[①] 1966年，第一个非裔超级英雄"黑豹"（Black Panther）闪亮登场，他的技能是远超常人的各项体能以及如豹子一般灵敏的感官。20世纪70年代，"神奇女侠"（Wonder Woman）的形象开始出现在电视荧屏上，彼时女权运动正轰轰烈烈地展开。

三、20世纪90年代至今：新的威胁

苏联解体，东欧剧变，持续了近半个世纪的冷战终于结束了，世界格局进入了一个新的阶段。21世纪以来，尤其是9·11袭击事件之后，人们突然发现告别冷战并不意味着可以坐享太平。恐怖主义等极端势力在暗中蠢蠢欲动，宗教极端主义、孤立主义、种族主义甚嚣尘上。"历史的终结"远未终结，有人宣称启蒙的神话已然失败。弥漫在空气中的各种威胁实在难以预测，一旦爆发，破坏性之大，波及范围之广，令人震惊。

以丧尸（Zombie）为题材的流行文化产品在当下颇为火爆。丧尸起源于海地的巫毒教，原为通过巫术手段驱使丧尸从事劳役活动。"丧尸片鼻祖"《活死人之夜》（*Night of the Living Dead*，1968）基本确立了现代意义上的丧尸形象：毫无意识，行动迟缓，成群结队地攻击活人，被它们咬伤的人也会迅速变成丧尸。典型的丧尸形象面如死灰，血迹斑斑，

[①] Julianna Aucoin, "The Superhero Diversity Problem," *Harvard Political Review*, October 24, 2014.

缺条胳膊，少只眼睛，衣衫褴褛，步履蹒跚，伤口露出柔软的肉，肠子扯在外面，嘴巴烂了一半，抬起头来便会露出白森森的牙齿。

作为流行文化的丧尸题材作品，或许是对公共卫生危机事件全球蔓延的某种影射。1976年爆发的埃博拉病毒，20世纪80年代以来日益泛滥的人体免疫缺陷病毒，2002年爆发的SARS病毒，2003年爆发的禽流感……不断冒出来的新型病毒，传播迅速，危害又大，人们无不谈之色变。几乎与此同步的是丧尸类题材影视、游戏作品的风行。由日本Capcom公司开发的电子游戏《生化危机》（バイオハザード，1996）在被改编为电影《生化危机》（*Resident Evil*，2002）之后更是风靡全球。美剧《行尸走肉》（*The Walking Dead*，2010—2021）集中展现了"丧尸围城"等极端情境下的末日生存主义。

昔日核威慑的极度恐惧如今告一段落，但实际上恐惧并未远去，而是如影随形。丧尸片似乎是对全球化的一种批评或嘲讽：越是城市化，越是全球化，病毒爆发得也就愈发厉害，愈发势不可挡。哈维尔·扎拉西纳（Javier Zarracina）指出：以前的丧尸片告诉我们，对抗丧尸不是不可能，唯有团结一致，方有一线生机；如今的丧尸片却告诉我们，全球的团结是指望不上的，真正的危险来自人类内部——因争夺有限资源而出现的内部分裂。①

当然，丧尸片也是一种娱乐。《大西洋月刊》（*The Atlantic*）的一篇文章征引了桑塔格的论断，认为关于丧尸的流行文化产品是将世界末日浪漫化："无缘无故的感伤，无关痛痒的沮丧，以及眼前的庸俗生活，统统消失殆尽。原先的现实生活无比复杂，如今一切都变得简单了。"② 在这个意义上，丧尸世界不再是恐惧的宣泄，而是幻想的出口，如同一个逃生舱，进入一个戏剧冲突不断的精彩世界。人们可以重新塑造自己，或为英雄，或为恶棍。

超级英雄也在后冷战时代有了新变化。2001年9月11日，美国纽约世贸大楼遭受恐怖袭击，举世为之震惊。漫威也将9·11事件纳入超级英雄的故事脉络之中。不过，这回漫画家们一改以往"英雄在最后一刻力挽狂澜"的固定套路：恐怖分子将超级英雄打了个措手不及，他们没

---

① Javier Zarracina, "How the Zombie Represents America's Deepest Fears," *The Vox*, October 31, 2016, retrieved from http://www.vox.com.

② Mike Mariani, "The Tragic, Forgotten History of Zombies," *The Atlantic*, October 28, 2015.

能及时制止悲剧的发生。漫画中的蜘蛛侠满怀悲怆，对美国队长说道："我希望我从来没看过这一幕。"（I wish I had not lived to see this once.）超级英雄们陷入了深切的反思与缅怀，他们一改往日的骄傲，对赶来营救、不辞辛劳的志愿者满怀钦佩之情。

图 15　美漫中蜘蛛侠面对世贸大楼的废墟

9·11事件发生之后，超级英雄们开始去抗争那些不怎么可见，也难以预测的威胁（如火灾、爆炸等），而不只是对付那些从天而降的大魔头。2008年，在诺兰执导的电影《蝙蝠侠：黑暗骑士》（*The Dark Knight*，2008）中，蝙蝠侠遇上了他此生之中最为凶险的敌人——"小丑"（Joker）。小丑是所有混乱的源头与支配者，智商极高，不按套路出牌。蝙蝠侠的管家在电影里曾这样描述小丑这类人："有些人无法被逻辑理解，无法被金钱收买，无法被威胁、控制，无法与之谈判。有些人就是想看世界毁灭。"如果非要说小丑的恐怖行为有什么动机的话，他的破坏就是为了破坏本身。无法预测又无比恐怖的反派，足见9·11的恐怖梦魇其实并未远离。

2013年，美国国家安全局绝密级电子监听计划"棱镜计划"（PRISM）被披露曝光，美国当局对个人隐私的非法监控受到了前所未有的关注与批评。中央情报局前职员爱德华·斯诺登（Edward J. Snowden）向媒体揭露"棱镜计划"的做法也引发了巨大的争议：斯诺登究竟是一个叛国者还是爱国者？不少好莱坞电影也对此有所呼应。在电影《美国队长3：内战》（*Captain America：Civil War*，2016）中，昔日并肩作战的超级英雄们分裂成了两派，大打出手。一派以主张自由的美国队长为代表，一派以主张政府监管的钢铁侠为代表。双方的争执在于：为了保证安全，是否有必要交付出自己的部分自由？

奇幻作品中最具代表的当属 J. K. 罗琳一手打造的魔法世界。有论者指出，从电影"哈利·波特"系列（Harry Potter）到"神奇动物"（Fantastic Beasts）系列，罗琳一以贯之地延续了魔法世界的"反法西斯战争"。黑巫师们信奉"魔法即强权"，还鼓吹血统纯正，这都与法西斯存在着内在关联。罗琳所构建的美好愿景在种族主义、新纳粹主义甚嚣尘上的今天无比珍贵：包容那些与我们不同的人，一同对抗偏见和歧视。[①] 电影"X战警"系列（X-Men，2000—2019）也对种族主义的议题有回应：变种人究竟应该如何处理与外部世界之间的关系？

晚近以来暴得大名的长篇奇幻小说《冰与火之歌》（A Song of Ice and Fire，后改编为剧集《权力的游戏》），在吴冠军看来，就政治哲学而言至少提供了三个丰富的维度：马基雅维利政治（现实主义政治）、神权政治（宗教极端主义政治）与革命政治（理念主义政治）。尤其是剧中以"大麻雀"为首的宗教极端主义势力的崛起，与后冷战时代新自由主义大潮下"伊斯兰国"的崛起遥相呼应。[②] 在民族矛盾、种族冲突和宗教信仰问题日益凸显，区域性政局动荡愈发严峻的今天，幻想世界是对动荡不安的世界格局的隐秘复现。

第三节　制造幻境的革命

虚拟世界并非一夜之间猝然降临，而是经历了漫长的技术准备。笔者讨论的是 20 世纪以降的虚拟世界，也即两次工业革命之后人们对幻想世界的虚拟化实践。20 世纪之前，人类对幻想世界的再现主要通过文字与图像。20 世纪之后，特效电影、数字游戏，以及晚近崛起的虚拟现实技术，均大大推动了幻想世界虚拟化的进程。幻想世界本是不可思议的异质性世界，日益成熟的虚拟技术令其"实有其事"——幻想世界不再停留于文本或想象，而是亲眼可见，甚至触手可及。

从虚拟技术的角度来看，复魅的"复"就是手段，是一套沉浸、互

[①] 林品：《〈神奇动物在哪里〉：魔法世界的"反法西斯战争"即将打响》，《澎湃新闻》，2016 年 11 月 25 日。

[②] 吴冠军：《马基雅维利政治及其激进溢出——〈权力的游戏〉与政治哲学》，《上海大学学报（社会科学版）》，2017 年第 1 期。

动的机制。虚拟媒介是"复魅"幻想的实现方式，或者说举行"召唤仪式"的必要道具：电影特效的辅助，使得幻想世界的视觉呈现成为可能；虚拟现实允许我们凌空而起，进入久违的奇异世界；增强现实则让虚拟之物漂浮、叠加于我们的视野之中；电子游戏的蓬勃发展，则为我们提供了越来越多的互动可能。

幻想世界的虚拟化进程，就是制造幻境的技术革命过程。人们对虚拟化的既有机制太过熟悉，不再轻易相信虚拟之物，对生动性和互动性提出了前所未有的期待。传统媒体疲态尽显，新式媒体呼之欲出。

一、特效电影

电影诞生之初是默片。尽管沉默无言，黑白影像仍显示出了虚拟的强大威力。卢米埃尔（Louis Lumière）兄弟的《火车进站》（*L'Arrivée d'un train en gare de La Ciotat*，1895）就让不少观众不由自主地闪避，甚至落荒而逃。1927年电影开始配置声音，20世纪30年代彩色电影开始引入市场，从而实现了基本视听效果。晚近以来，电影技术进一步发展，通过提高清晰度（IMAX）、增加画幅（宽银幕）、拓展深度（3D电影）等方式，进一步加强了身临其境的效果。

除了视听效果的增强，电影人在电影诞生之初就对"打造幻境"表现出极大的兴趣。被誉为"戏剧电影之父"的梅里埃（Georges Méliès）动用了布景、特效、魔术、光学效果、美工、舞台机关、模型等手段，拍摄了诸如《月球旅行记》（*Le Voyage dans la lune*，1902）在内的一系列幻想电影。梅里埃的电影实践开启了幻想世界的虚拟化先河。

在数字技术成熟之前，特效技术主要有光学特效（optical effects）与机械特效（mechanical effects）。前者包括投影（projection）、合成（compositing）等，后者包括微缩模型（miniature）、傀儡（puppets）、化妆（makeups）等。例如，早期电影人多使用"微缩模型"（miniature）来打造奇观或摧毁建筑，如《大都会》（*Metropolis*，1927）中的摩天大楼。早期电影人还常使用"定格动画"（stop-motion animation）来为现实场景添加虚拟之物，如《伊阿宋与金羊毛》（*Jason and the Argonauts*，1963）中的英雄大战骷髅。20世纪70年代发明的"运动控制"（motion control）技术则允许电影人以同一镜头轨迹进行多次拍摄，以便合成多个对象，效果看上去就像是同时拍摄而成一般，如《星球大战：新的希望》（*Star Wars*，1977）中的太空大战。

特效电影《大都会》(*Metropolis*，1927) 剧照[①]

特效电影《星球大战：新的希望》海报

20 世纪 90 年代以降，借助电脑生成图像技术（computer-generated imagery，简称 CGI）或称数字技术，虚拟和现实愈来愈被混合杂糅，如今光凭肉眼已不易分辨。例如，色键技术（chroma key，又称绿屏抠像）可以将绿屏背景轻松替换成数字场景。动态捕捉（motion capture）技术可以记录人类演员的动作，并将其转换为数字模型的动作，进而生成 2D 或 3D 的数字动画，赋予幻想生物以自然的表情和动作，如电影《指环王》（*The Lord of the Rings*，2001—2003）中的人物"咕噜"。2016 年的电影《星球大战外传：侠盗一号》（*Rogue One：A Star Wars Story*，2016）更是通过 CGI 技术让已过世的演员"起死回生"，即通过动态捕捉让替身演员还原出昔日经典中人物的面孔。

[①] 《大都会》的未来城市造型特效使用了微缩模型技术。

电影《指环王》应用了动态捕捉技术的"咕噜"

二、数字游戏

随着电影技术的发展，人们制造幻境的能力的确大为提升，但如果人们想进入虚拟世界并有所作为，传统的影视媒体仍然无能为力。20世纪60年代前后，以数字游戏为代表的数字互动媒体开始崛起，为虚拟世界的参与互动提供了新的可能。

20世纪50年代，时值美苏争霸。面对未知的命运，人们迫切地希望把握自身的处境——如果不能掌控，至少是可以预期。当时最为迫切的任务是精确快速地计算出导弹的轨迹，这就对计算机的运算能力提出了新要求，同时也为电子游戏的诞生创造了物质条件。早期电子游戏如《双人网球》（*Tennis for Two*，1958）就是由实验室里昂贵的电子仪器改装而成的。游戏《太空大战》（*Spacewar*，1962）在当时如同冰箱般大小的电脑上模拟出太空竞赛的场景，其背后弥漫着的是全世界对太空大战的恐惧。20世纪70年代末，日本游戏《太空侵略者》（*Space Invaders*，1978）十分火爆。玩家控制一个可以左右移动的激光炮，对不断迫近的、密密麻麻的外星军团火力全开。

街机游戏《太空侵略者》

老是无缘无故地痛击外星人，迟早会叫人厌倦。这些游戏的缺点显而易见：没有角色，情感乏味，目的单一，并且缺乏一个振奋人心的故事。由乔治·卢卡斯（George Lucas）执导的电影《星球大战》（*Star Wars*，1977）横空出世，迅速风靡全球。这部科幻电影大量吸收了约瑟夫·坎贝尔（Joseph Campbell）有关英雄神话的研究成果。自此之后，使命召唤发出，英雄开始征程。

电子游戏一旦吸收了叙事，就开始显示出强劲的生命力。20世纪80年代，动作探索类游戏迅速火爆。在《大金刚》（*Donkey Kong*，1981）中，玩家必须从邪恶的大猩猩手上救出自己的女朋友。在《超级马里奥兄弟》（*Super Mario Bros*，1983）中，这个胖乎乎的水管工必须击败从地下管道不断冒出来的怪物，最后解救公主。《塞尔达传说》（*The Legend of Zelda*，1986）是一款英雄冒险的游戏。主角是一个敢于冒险犯难的男孩，手持宝剑以拯救世界。

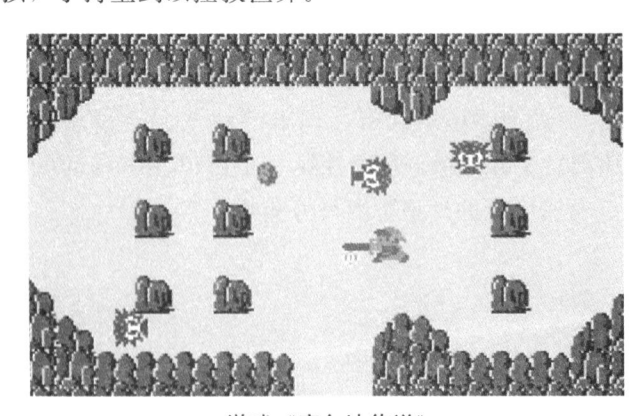

游戏《塞尔达传说》

20世纪90年代，地图型的二维游戏衰落了，更具空间感的第一人称游戏开始崛起。《德军总部3D》（*Wolfenstein 3D*，1992）据信是第一款商业化的第一人称射击游戏（first-person shooter，简称 FPS）。玩家所扮演的被俘美国大兵，得想方设法逃离德军总部的监狱城堡。《古墓丽影》（*Tomb Raider*，1996）是一款第三人称动作冒险游戏。主角劳拉是一位手持双枪的性感女性，她将克服重重机关，深入未知险境去完成一个个看似不可能完成的任务。

游戏《古墓丽影》

20 世纪 90 年代后期，网络游戏逐渐成熟，大型多人线上游戏（massively multiplayer online game，简称 MMOG）开始风靡世界。玩家不再独自战斗，而是联网参与。人们可以自行定制"化身"，在幻想世界中展开合作和竞争。2004 年以来的《魔兽世界》（*World of Warcraft*）系列可能是迄今为止最为成功的网络游戏。玩家们化身为各路英雄，在危机四伏的艾泽拉斯大陆上游历、战斗。

目前，随着游戏引擎（game engine）的不断成熟，数字游戏制作正面临前所未有的技术变革。以往的游戏开发，仅有熟练掌握编程语言的一小撮人才能驾驭。他们需要掌握几十万条指令，毫无差错地正确记述，才能完成一个游戏。如今这些艰巨的任务由游戏引擎一力承担。游戏引擎是搭建虚拟世界的便捷工具包，提供即时渲染、物理模拟、人工智能等功能，让游戏制作过程可视化。这也意味着，创制虚拟世界的门槛正在逐渐降低，它不再是电影工业或商业公司垄断的尖端科技，普通爱好者稍加练习亦有望掌握。

软件"虚幻引擎"界面

三、从 VR 到元宇宙

尽管虚拟世界在制造幻境和参与互动的能力上大为拓展，但人们并未就此满足。我们开始对虚拟现实满怀热望，因为这一新兴技术许下的承诺更为慷慨——启动虚拟现实设备，你仿佛穿越屏幕，被虚拟幻境全方位"包裹"，获得前所未有的感官刺激。随着技术的成熟与进步，一些技术布道者与先行者宣称，元宇宙（metaverse）或将成为人们抵达幻想世界的终极手段，原有的媒介手段届时难免相形见绌。

乔纳森·斯特尔（Jonathan Steuer）为虚拟现实设定了两个重要指标——生动性和互动性，二者的结合是实现"临场感"（telepresence，或翻译为"遥在"）的重要基础。[①] 其中，生动性（vividness）包括广度和深度，其例证为电影；互动性（interactivity）包括"输入－反馈"的速度、使用者的自由度以及"控制－效果"的对应关系，其例证为数字游戏。

生动性和互动性，是幻想世界媒介化的理想坐标。虚拟世界可以据此分为两个维度：一个维度强调"制造可供沉浸的幻境"，一个维度强调"提供参与互动的可能"。前者强调虚拟世界理应栩栩如生，提供感官体验，实现一定程度上的沉浸感与临场感；后者强调虚拟世界的特点在于参与互动，即社会性与互动性。

---

① Jonathan Steuer, "Defining Virtual Reality: Dimensions Determining Telepresence," *Journal of Communication*, Vol. 42, No. 4, 1992, pp. 73-93.

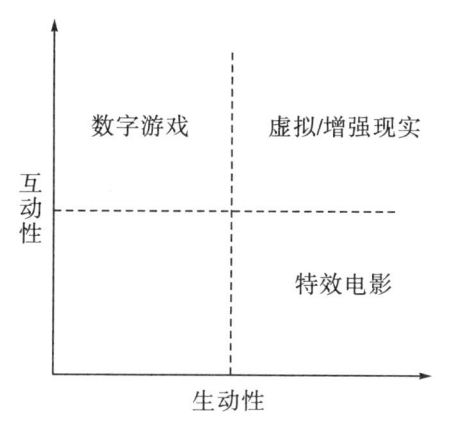

虚拟世界之媒介坐标：生动性和互动性

20世纪以来，虚拟世界在"制造幻境"和"参与互动"两大方面均不断推进。以电影为代表的视听媒体全力打造逼真幻境，尽可能地让我们沉浸于虚拟世界。以数字游戏为代表的数字互动媒体则允许我们参与其中，实现更为广泛地互动与交往。虚拟现实技术则吸纳、融合了生动性与互动性，从而显示出一种新的可能。虚拟现实允许我们"身临其境"，试图消除我们与屏幕之间的最后一道边界，实现更为彻底的虚拟化。从电影革命到游戏革命，从虚拟现实到元宇宙，虚拟革命已经轰然作响，正在重塑我们脚下的土地。

第四节　个案研究：虚拟现实的兴起

匈牙利民谚有言："逃避虽可耻但有用。"逃避确实挺有用，但逃避是可耻的吗？在大多数情况下，"逃避"一词多多少少都带有贬义。一般来说，"逃避"是指个体因无法忍受现实状况，只能退而栖身别处，意味着消沉、无能、不思进取。人文地理学家段义孚则坚持为"逃避"辩护。段义孚坚称，逃避的愿望和行为未必就是可耻的、低人一等的。人类文化本身又何尝不是一种逃避机制呢？[1] 文化既是我们逃避的愿望，也是实现这种愿望的能力。[2] 实际上，我们都在或多或少地逃避。那么，我

---

[1] ［美］段义孚：《逃避主义》，周尚意、张春梅译，石家庄：河北教育出版社，2005年版，第32页。

[2] ［美］段义孚：《逃避主义》，周尚意、张春梅译，石家庄：河北教育出版社，2005年版，第21页。

们究竟在逃避何物？

段义孚在《逃避主义》（Escapism，1998）一书中对此有过回答：

> 人类逃避的对象之一是自然。严酷的自然环境、突发的自然灾害都会让人们产生逃避的念头。人类逃避的对象之二是文化。逃避喧闹的城市生活，逃避猛于虎的苛政，逃避严厉的宗教禁锢，这些统统都属于逃避文化。人类逃避的对象之三是混沌。混沌的、不清晰的状态令人感到困惑与费解，人们总是试图寻找清晰与明朗……人类逃避的对象之四是人类自身的动物性或兽性。人类对自身某些粗鲁的特征感到羞耻和厌恶，于是乎，人类做出种种努力，想要逃离这些本性。①

那么，我们逃往何处？在《无尽的现实：化身、永生、新世界，以及虚拟革命的黎明》（Infinite Reality：Avatars，Eternal Life，New Worlds，and the Dawn of the Virtual Revolution，2011）一书中，布拉斯科维奇（Jim Blascovich）和拜伦森（Jeremy Bailenson）认为，"虚拟世界几乎和人类历史一样古老"：绘画、雕塑、戏剧、手稿、印刷术、摄影术、摄像术、广播、计算机以及互联网，这些媒介的效果与南美原住民煎服的"死藤水"（可使人产生幻觉，陷入所谓的"通灵"状态）在某种意义上并无二致，都是允许人们从脚下的物理世界凌空而起，抵达另一个幻想世界。②周逵从媒介技术史的角度，认为媒介形态的"虚拟化"趋势自古有之：从法国韦泽尔峡谷岩洞的壁画到柏拉图关于洞穴人的哲学比喻，再到数字时代洞穴状的虚拟现实环境，媒介发展史完成了从"自然洞穴"到"虚拟洞穴"的回归。③"虚拟现实并不是什么新鲜玩意，不过是一个新式的标签。"④

眼下日益崛起的虚拟现实为制造幻境的古老愿望提供了新的可能。

---

① ［美］段义孚：《逃避主义》，周尚意、张春梅译，石家庄：河北教育出版社，2005年版，第5页。

② Jim Blascovich and Jeremy Bailenson，Infinite Reality：Avatars，Eternal Life，New Worlds，and the Dawn of the Virtual Revolution，New York：Harper Collins，2011，pp. 24—36. 可参考中文译本［美］吉姆·布拉斯科维奇、杰里米·拜伦森：《虚拟现实：从阿凡达到永生》，辛江译，北京：科学出版社，2014年版。

③ 周逵：《虚拟现实的媒介建构：一种媒介技术史的视角》，《现代传播》，2013年第8期。

④ Jim Blascovich and Jeremy Bailenson，Infinite Reality：Avatars，Eternal Life，New Worlds，and the Dawn of the Virtual Revolution，New York：Harper Collins，2011，p. 35.

虚拟现实无疑属于兼具"科技性、媒介性和大众参与性"[①]的传媒艺术，而且是当下最富活力、最具可能性的传媒艺术之一。虚拟现实集中体现了传媒艺术的科技属性：在创作上走向机械化、电子化、数字化的无损与自由复制创作；在传播上走向非实物化的模拟/虚拟内容传播；在接受上走向人的审美感知方式的重新整合。[②]

虚拟现实既承载了一种延续，也宣告了一种断裂。我们遁入幻境的愿望一如既往，而遁入幻境的方法则迎来了剧烈变革。随着数字媒体技术的进步，捆缚幻想世界大门的重重锁链纷纷崩坏，虚拟革命轰然作响，正在重塑我们脚下的土地。

一、虚拟现实发展史

"虚拟现实"一词最早出现于法国戏剧家翁托南·阿铎（Antonin Artaud）《剧场及其复象》（*The Theatre and Its Double*，1958）一书。阿铎认为，戏剧与炼金术一样，都是虚拟现实向象征世界净化升华的一个过程，阿铎将其称为"精神的复象"。[③] 阿铎对虚拟现实的理解类似于戏剧，即假扮的现实。

不过，虚拟现实的实践比它的名词出现得更早。飞行模拟一般被视作虚拟现实的前身。20世纪20年代，由美国艾德文·林克（Edwin Link）研发的"林克机"（Link Trainer），可视为虚拟现实的早期尝试之一。使用者进入封闭的"机舱"之后，听从指令，接收反馈，通过操作面前的仪表盘来模拟飞行。"林克机"好似游乐场里的旋转木马，可以升降转向，为使用者模拟出飞行时的种种感觉。用飞行模拟器来训练未来的飞行员，既降低了成本，也更为安全。

---

① 胡智锋、刘俊：《何谓传媒艺术》，《现代传播》，2014年第1期。
② 刘俊：《融合时代的传媒艺术》，北京：中国传媒大学出版社，2017年版，第3页。
③ ［法］翁托南·阿铎：《剧场及其复象》，刘俐译注，杭州：浙江大学出版社，2010年版，第51—57页。

用于模拟飞行的林克机

1935年，美国科幻作家斯坦利·温鲍姆（Stanley Weinbaum）发表小说《皮格马利翁的眼镜》（*Pygmalion's Spectacles*）。故事里有位教授发明了一副眼镜，戴上之后，即可穿越屏幕，进入影像之中。"你就是故事人物，你就在故事里面，就跟做梦一样！"[①] 不同于爱丽丝掉进兔子洞才得以漫游奇境，温鲍姆设想我们可以凭借特定的视觉装置进入虚拟世界。

20世纪50年代，美国的一位电影放映员莫顿·海利希（Morton Heilig）设想了一种占满观众整个视野的屏幕，弯曲的屏幕以全景的方式令人产生一种置身其间的幻觉。"在虚拟现实中，屏幕会把观众从头到脚，整个吞掉！"[②] 后来海利希在《未来电影》（*The Cinema of the Future*，1955）中提出了一个大胆的设想，他打算造一台集成人类五大感官的设备，使观众能够完全沉浸在影片里。[③] 1962年，概念落地，海利希研制出一款名为"传感影院"（Sensorama）的设备。这是一台立体电影设备，其造型和后来游戏厅里的投币街机颇为相似。使用者坐上有震动功能的摩托车座椅，眼前是预先录制的沙漠风光短片。设备不仅能

[①] Stanley G. Weinbaum, *Pygmalion's Spectacles*, Auckland: The Floating Press, 2012, p.5.

[②] Ken Hillis, *Digital Sensations: Space, Identity, and Embodiment in Virtual Reality*, Minneapolis: University of Minnesota Press, 1999, p.7.

[③] Morton Heilig, "The Cinema of the Future," in Randall Packer and Ken Jordan(eds.), *Multimedia: From Wagner to Virtual Reality*, New York: W. W. Norton, 2002, pp.239–251.

够发出轰鸣声，还有风扇吹风，给使用者制造出一种在沙漠中风驰电掣的感觉。

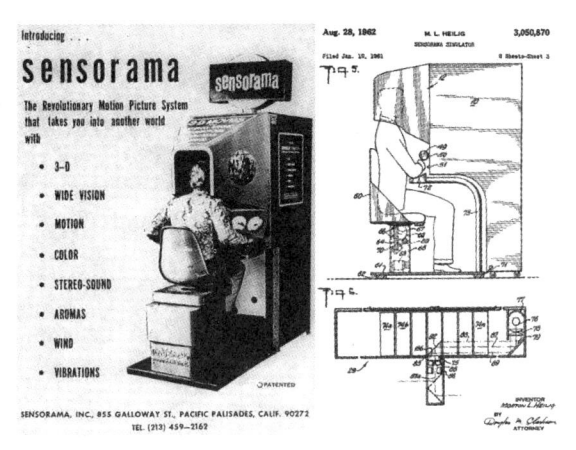

海利希发明的传感影院

1965年，美国计算机专家伊凡·苏泽兰（Ivan Sutherland）发表了一篇名为《终极的显示》（"The Ultimate Display"，1965）的文章，预言未来计算机将提供一扇进入虚拟现实的窗户，人们可以漫步数字奇境而不必受制于物理法则。① 三年后，苏泽兰在麻省理工学院研制出一款头盔显示器，头盔通过追踪使用者的头部运动进而呈现相应的图形。尽管图形不免简陋——仅仅只是几条线段而已，但该设备已经初步实现了立体画面显示、虚拟画面生成、头部位置追踪等关键技术。因而不少人据此认为苏泽兰才是真正的"虚拟现实之父"。当时这款设备巨重无比，设计者不得不从天花板上垂下一根支架将其固定住，如此方能正常使用。因而它很快赢得了"达摩克利斯之剑"的绰号，仿佛使用者随时都有可能送了性命。

---

① Ivan E. Sutherland, "The Ultimate Display," *Proceedings of the IFIP Congress*, 1965, pp. 506—508.

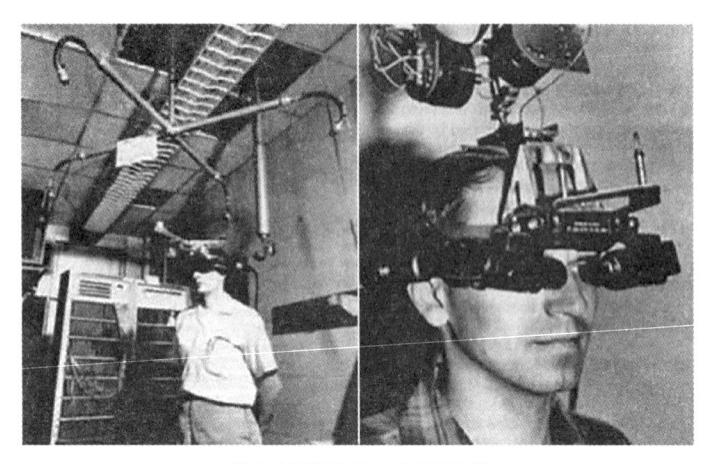

苏泽兰发明的头盔显示器

1984年，在硅谷一所并不起眼的社区大学，一个临时拼凑的项目团队开始探索虚拟现实技术。当时年仅24岁的贾瑞恩·拉尼尔（Jaron Lanier）牵头成立了VPL研究公司，致力于虚拟现实技术的商业化，并制造出一系列虚拟现实设备。令人遗憾的是，这些产品与人们的期待相去甚远：不仅造价昂贵，而且体积庞大，运行速度也慢，用户体验还很糟糕。最终，该产品在市场上毫无悬念地遭到惨败。当时有媒体声称：该技术是不存在的。VPL公司在20世纪90年代宣告破产，唯一的成果是推广了"虚拟现实"这个术语。

不过虚拟现实的火种毕竟还是保留了下来。近年来，随着跟踪、渲染、显示等关键技术的成熟，更多价廉优质的设备开始出现在市场上。人们突然意识到，虚拟现实"熟了"，它正成为投资者们竞相追捧的新宠。2014年3月，Facebook斥资20亿美元收购Oculus公司（该公司致力于虚拟头盔等设备的开发与推广），创始人兼CEO马克·扎克伯格（Mark E. Zuckerberg）断言：虚拟现实是继智能手机之后的下一个平台，将深刻改变我们的生活、工作以及社交方式。[①] 谷歌、索尼等公司也不甘人后，大举进军，抢滩布局，仿佛虚拟现实就是下一个风口。投资者们相信，率先拿到虚拟现实的船票就意味着将在未来世界前程远大。现实社会被疫情割裂的2021年，虚拟现实以"元宇宙"的面目重新站上了风口浪尖。2021年7月，Facebook创始人扎克伯格对外表示，Facebook将在五年内从社交媒体公司变成元宇宙公司。从业者把对下一

[①] Leo King, "Facebook, Oculus, and Businesses' Thirst for Virtual Reality," *Forbes*, March 30, 2014, retrieved from http://www.forbes.wm.

第三章 虚拟化：跨媒介叙事的技术变迁

轮流量的渴求寄托于高度仿真和沉浸式体验：概念含混不清却又无比笃信，应用尚未落地却又宏图远大。

随着技术的发展与成熟，学界对虚拟现实的界定也"由粗转精"，原有的分歧缩小，概念逐渐明朗。

1994 年，美国学者迈克尔·海姆在《虚拟现实的形而上学》（*The Metaphysics of Virtual Reality*，1994）一书中认为，"虚拟现实是一个事件或实体，并非真实却效果逼真"①。海姆为我们梳理了当时衡量虚拟现实的七大指标：模拟（simulation）、互动（interaction）、人工（artificiality）、沉浸感（immersion）、临场感（telepresence）、全身沉浸（full-body immersion）与网络传播（networked communications）。② 这些指标对虚拟现实的衡量确有助益，相互之间却难免重叠交叉。在海姆看来，虚拟现实的实现有赖于网络空间，虚拟现实在一定程度上就等同于网络空间。他将虚拟现实技术的发展过程描述为"从界面到网络空间"（from Interface to Cyberspace）——"计算机屏幕或电视机把我们置于界面之前。最新的界面是完全模拟的环境，一种我们可以进入的虚拟实在。"③"虚拟实在（现实）系统可利用网络空间来表现物理空间。"④

乔纳森·斯特尔不满于商业资本对虚拟现实是"一套技术装置"的强势界定，试图从传播学角度重新理解虚拟现实：虚拟现实指的是由传播介质所引起的一系列知觉体验，以此实现某种临场感（telepresence），故而虚拟现实区别于纯粹的心理现象（如梦境或幻觉），因为这些体验并不要求知觉的介入。斯特尔还提出了两个重要的评价指标：生动性（广度、深度）和互动性（速度、范围、映射）。⑤

马里奥·古铁雷斯（Mario Gutiérrez）等人则将虚拟现实的指标提炼为沉浸感（immersion）和临场感（presence）。前者在程度上有深有浅，靠的是用户的感知（视觉、听觉、触觉等）；后者则比较主观，与用

---

① Michael Heim, *The Metaphysics of Virtual Reality*, New York: Oxford University Press, 1994, p. 108.
② Michael Heim, *The Metaphysics of Virtual Reality*, New York: Oxford University Press, 1994, pp. 108-127.
③ ［美］迈克尔·海姆：《从界面到网络空间——虚拟实在的形而上学》，金吾伦、刘钢译，上海：上海科技教育出版社，2000 年版，第 73 页。
④ ［美］迈克尔·海姆：《从界面到网络空间——虚拟实在的形而上学》，金吾伦、刘钢译，上海：上海科技教育出版社，2000 年版，第 81 页。
⑤ Jonathan Steuer, "Defining Virtual Reality: Dimensions Determining Telepresence," in Frank Biocca and Mark R. Levy (eds.), *Communication in the Age of Virtual Reality*, Hillsdale, New Jersey: Lawrence Erlbaum Associates, 1995, pp. 33-56.

户的心理相关。古铁雷斯提醒我们注意临场感和参与感（involvement）的区别：可以是临场却没有参与感（比如在体育馆心不在焉地看一场无聊的比赛），也可以是不临场却极具参与感（比如在电视机前看自己心爱的球队踢球，不由自主地摇摆身体）。古铁雷斯等人建议将虚拟现实放置于"真实－虚拟"的连续体中进行考察，即"真实环境－增强现实－增强虚拟－虚拟现实"的连续性光谱（spectrum）。[1]

总之，虚拟现实既是一项技术，也是一种体验。它附着在一套媒介装置之上，通过启动这一装置，虚拟现实渐次展开，从而允许我们获得包括沉浸、临场、交互在内的种种体验。如今技术正在加速成熟，闻风而至的资本奋力推动，虚拟现实由此暴得大名。可以预见的是，虚拟现实注定是一个不断更新的概念，它的各项指标将随着技术革新而水涨船高。科幻预言了虚拟现实的未来前景，而科技则支撑并规定了虚拟现实的实际边界。

二、时光机的承诺

虚拟现实向我们发下宏愿：因为虚拟，你将无所不至。这也是虚拟现实最令人振奋的地方。虚拟现实仿佛一架可以任意穿梭时空的时光机，或者说犹如神话中的传送门，将我们送抵一个个充满无数奇迹和无限可能的平行宇宙。霍华德·莱茵戈德表示，"虚拟现实是另一个世界的神奇窗口，或者说真正的现实在屏幕之后陡然消失"[2]。虚拟现实如今被应用于影视、游戏、医疗、探险、军事、教育等领域，例如"大英博物馆使用虚拟现实将游客传送至青铜时代"[3]。《卫报》甚至刊文讨论"虚拟情色如何带来世界和平"[4]。

美国军方的"虚拟伊拉克"（*Virtual Iraq*）项目较早地应用了虚拟现实技术。[5] 据统计，超过 20% 的伊拉克退伍老兵患有"创伤后应激障

---

[1] Mario A. A. Gutiérrez, Frédéric Vexo and Daniel Thalmann, *Stepping into Virtual Reality*, London: Springer, 2008, pp. 1－8.

[2] Howard Rheingold, *Virtual Reality: The Revolutionary Technology of Computer-Generated Artificial Worlds and How it Promises to Transform Society*, New York: Simon & Schuster, 1992, p. 19.

[3] Lizzie Edwards and Juno Rae, "Virtual Reality: How the Samsung Digital Discovery Centre Created a Virtual Bronze Age Roundhouse," *The British Museum*, August 10, 2015.

[4] Stuart Heritage, "How Virtual Reality Porn Could Bring about World Peace," *The Guardian*, July 9, 2015.

[5] Sue Halpern, "Virtual Iraq," *The New Yorker*, May 19, 2008.

碍"（PTSD），即经历巨大的心理创伤之后所出现的创伤再体验的精神障碍。例如，有退伍老兵在美国街头开车时，看到对面奔跑的小孩，就可能触发他关于被车队碾过甚至是自己碾过孩子的战争记忆，进而产生焦虑、内疚、自我厌恶等情绪。"虚拟伊拉克"能够为老兵们再现战争场景：风沙呼啸，玻璃碎裂，集市熙熙攘攘，枪炮声由远及近，甚至还可以模拟尸体烧焦后的气味。这种借助技术的"暴露疗法"，试图让老兵"重返"战场，打破记忆中原有的连接，防止日常事件勾起痛苦回忆，从而减少患者的恐慌。

美军项目《虚拟伊拉克》[①]

虚拟现实提供了身临其境的体验，使用者将切切实实地"感同身受"。有人断言虚拟现实将成为"同理心的终极机器"[②]。以虚拟现实技术拍摄而成的纪录片《锡德拉湾上空之云》（Clouds over Sidra，2015），讲述了约旦札塔里难民营一名12岁少年的故事。该片在2015年达沃斯世界经济论坛上首次展映，这些来自世界各地名声煊赫的参会者可能终其一生都没有机会走进约旦难民营的帐篷。借助虚拟现实，他们却突然发现自己置身其间，与难民们一同席地而坐，体验生活的艰辛。

---

① 美国军方的"虚拟伊拉克"（Virtual Iraq）项目，来源《纽约客》
② Chris Milk，"How Virtual Reality can Create the Ultimate Empathy Machine，"TED，March 2015，retrieved from http://ted.com.

VR 纪录片《锡德拉湾上空之云》

在不远的未来，赛博空间或许可以成为虚拟现实的下一个平台。《神经浪游者》(*Neuromancer*，1984)、《雪崩》(*Snow Crash*，1992)等科幻小说为我们展示了一个与现实世界平行的赛博空间、一个随时可供接入的虚拟三维空间。在现实世界中彼此隔绝的人们，在赛博空间中可以通过各自的"化身"进行交流互动。这种交流不是简单的信息传输，而是"化身"之间的面对面接触交流。威廉·吉布森（William Gibson）在《神经浪游者》中预言了一个把人类裹挟进媒介之中、将日常生活排斥在外的赛博空间。科幻作品往往对虚拟现实的未来充满信心：虚拟现实技术终将被整合进我们的日常生活，并重新构架我们的世界，我们将渐次迁移进入虚拟世界。这不禁令人想起技术布道者们向我们承诺的元宇宙未来。

三、致幻剂的威胁

虚拟现实之所以广受追捧，在于它是更为廉价也更为安全的致幻剂。以往要靠长途旅行、长时间阅读、长期社会交往才能获得的经验，如今可以一键获取，以至于原来的神奇和感动都变得廉价易得。不少人对虚拟现实赞许有加，他们相信沉迷于虚拟现实并非坏事——即便人们不沉迷于虚拟现实，也极有可能会沉迷于其他恶习，比如赌博或滥用药物。相较之下，沉溺于虚拟现实反倒是不错的选择。然而，反对者则坚称这种数字致幻剂并非无害。迈克·马德里（Michael Madary）等人指出，虚拟现实的伦理困境体现在四个方面：一是由长期沉溺引发的心理问题；二是使用者跟虚拟现实互动频繁，却对现实中的互动置之不理；三是虚拟现实提供的内容可能具有风险（譬如暴力、情色）；四是个人隐私面临侵害。①

　　虚拟现实的生产者永远鼓励我们即刻接入虚拟现实，却并不保证我们能够安然返回。现实与虚拟的版本往往相差悬殊，现实显得太苍白、太糟糕、太艰难，犹如废墟一般荒芜。在未来，我们是否会长久地遁入虚拟世界，而丧失抽身返回的勇气呢？"被困在虚拟现实中的人物"是科幻作品乐于表现的主题之一。我们也许应该追问，虚拟现实是否意味着一种潜在的囚禁：焦躁不安的受困者们希望即刻返回现实，却苦于找不到"退出"按钮。《黑客帝国》《盗梦空间》等科幻电影向我们发出警告：虚拟现实是否会被当作唯一的真实？我们真的能够区分虚拟现实和真实世界吗？

科幻片《黑客帝国》②

　　"人们被植入了虚假的记忆"是科幻故事中的常见桥段。假如记忆可以移植，那么人们就有可能被预先灌输记忆，包括他们从未经历的整段人生，以至于没有人可以确定自己的真实身份。由于被植入了并未发生的虚假回忆，个体现实面临前所未有的崩解。菲利普·K. 迪克（Philip K. Dick）的《记忆大批发》（*We Can Remember It for You Wholesale*，1966）是最早处理这一题材的作品之一，后被改编为电影《全面回忆》（*Total Recall*，1990）。在未来，人们无须亲自旅行，只需要在"回忆旅行公司"植入有关旅行的记忆即可。比起亲自去一趟充斥着反政府武装的火星，这的确是一个不错的选择。工人奎德如愿地接受了回忆旅行的服务，但是虚拟记忆植入的过程出现错误，奎德原本平静的人生开始变得危机四伏。

---

　　① Michael Madary and Thomas K. Metzinger, "Real Virtuality: A Code of Ethical Conduct. Recommendations for Good Scientific Practice and the Consumers of VR-Technology," *Frontiers in Robotics and AI*, February 19, 2016.
　　② 醒来之后的男主角尼奥惊诧地发现自己一直生活在一个类似培养皿的"茧子"里。

在虚拟现实中，你将会拥有一个怎样的"化身"？它会遵循什么样的规则？这是否会重塑我们的性格与态度，让我们在现实中变得更加暴力？电影《感官游戏》（*eXistenZ*，1999）对此进行了讨论：在未来，人们疯狂地迷恋游戏，迫不及待地把游戏驱动器和身体连接，进入如假包换的虚拟现实。在游戏中，人们可以肆意地作恶与杀戮，因为所有的结果都可以一键撤销。可怕的是，现实和幻觉之间原本脆弱的分界线正在分崩离析。如肿瘤般蠕动的游戏驱动器不啻构成了一个隐喻：虚拟现实成了无法摆脱的寄生兽，而使用者则是任其摆布的宿主。

阿根廷微电影《恐怖谷》（*Uncanny Valley*，2015）则为我们呈现了另一种惊悚：在未来，贫民窟里的苦力们沉溺于虚拟现实，常常在游戏中发泄自己的暴力欲望。玩家毫不关心身边的事物，正变得愈发孤立。他们坦言："现实生活太慢了，什么都不会发生，太安静了，太无聊了，太孤独了。"虚拟世界会给你定制一个激动人心的目标，而不是让你像在现实中那样无所事事。然而，一次程序出现错误，男主角发现游戏世界竟然和现实中的战场同步——自己正操作着真实的机器人在战场上杀戮百姓。

微电影《恐怖谷》

除了致人迷失，虚拟现实是否还意味着一种操控？电影《黑客帝国》中，一个喜欢探听的黑客无意中发现了终极秘密：所谓的"真实世界"是模拟出来的！其背后的真相是：几个世纪以来，机器人一直在奴役人类并将其作为能量来源。每个人的身体实际上都被囚禁在一个诡异的、滑腻腻的茧状物里面，而在意识中他们却过着与常人无异的生活。在电影中，墨菲斯对主人公尼奥说："这是你最后的机会。此后再无回头路。服下蓝色药丸，故事到此为止，你在床上醒来，相信什么都行。服下红色药丸，你留在仙境，我向你展示兔子洞有多深。"尼奥选择了红色药丸，开始挑战名为"矩阵"的虚拟现实。讽刺的是，现代人如今正在为名为"元宇宙"的虚拟世界的降临而欢欣鼓舞。

文化历史学家迈克·杰伊（Mike Jay）曾经介绍过一种名为"楚门妄想症"（Truman Show Delusion）的精神疾病，即患者们深信有人正在偷偷拍摄他们的生活，并在电视上通过真人秀播出。杰伊富有洞见地指出，这不仅仅是一种特定的精神疾病，也是全球化时代人类普遍的偏执症候：无孔不入的媒介扭曲了我们的现实观念，让我们笃信自己就是宇宙的中心。"一位沙漠牧民更可能相信他会被灯神用沙子活埋，而对都市美国人来说，则是被中情局植入了芯片而处于监控之中。"[①] 这是虚拟时代的妄想寓言，它试图让我们相信自己正身处于一个常人难以察觉的巨大阴谋之中。

当技术拥趸们为虚拟现实欢欣鼓舞之际，科幻电影早已向我们做出了悲观的预测。当虚拟现实压倒了现实，或者说虚拟现实入侵了现实并取而代之，我们该何去何从？《盗梦空间》片尾那只停不下来的陀螺提醒我们：有时抽身返回并没有那么简单。我们似乎有必要反思：惊悚究竟是一种妄想，还是已经在路上？

科幻片《盗梦空间》片尾

四、后人类身体

科幻作品为我们描绘了一幅关于虚拟现实的恐怖图景：沉溺其中的人们或将混淆虚拟与现实的界限，自我迷失，甚至受人操控。然而，兰登·温纳（Langdon Winner）提醒我们，技术的背后有时并没有一个巨

---

① Mike Jay, "A Culture of Hyper-reality Made Paranoid Delusions True," *Aeon*, August 23, 2013, retrieved from http://aeon.co.

大的阴谋,而是技术本身启动了一种趋势,以其自身的逻辑,不可避免地重新构架这个世界。① 作为技术的虚拟现实或将重构我们的世界,包括我们的身体。

1985年,唐娜·哈拉维(Donna Haraway)出版了《类人猿、赛博格和女人》(Simians, Cyborgs, and Women: The Reinvention of Nature, 1985)。哈拉维宣称,自然生命和人造机械之间的界限已不复存在。"我们的机器令人不安地生气勃勃,而我们自己则令人恐惧地萎靡迟钝。"② 哈拉维断言我们都将成为"赛博格"(Cyborg),也即"控制论的有机体,既是机器和有机体的杂糅,也是现实和虚拟的混合"③。哈拉维坚称我们的身体将为技术所改造,其势不可阻挡。后人类主义最具颠覆性的一点在于"身体的自足与整一这个前提预设开始动摇了",赵柔柔将其称为"斯芬克斯的觉醒",即斯芬克斯如今可以坦然接受自己的赛博格身份,甚至引以为傲,而不至于像原先那样羞愤难当——因为人人皆为斯芬克斯④。

个体正在经历前所未有的虚拟化改造,不断为信息技术所吸纳。斯科特·布卡特曼(Scott Bukatman)在《终端身份:后现代科幻中的虚拟主体》(Terminal Identity: The Virtual Subject in Postmodern Science Fiction, 1993)中指出:在数字时代,主体与信息技术紧紧绑定,"被模拟、变形、更改、重组、基因改造,甚至被消融殆尽"⑤,成为一种被紧紧连接的新型主体。赛博空间把传统社会赖以支撑之物连根拔起,使得我们转变为"后人类",并将我们强行纳入一种"网络离散"的状态,以便和大数据的全球流动相对接。布卡特曼指出,鲍德里亚的论述试图将身体转化为一种装置,这种装置可以被远程界面完全吸纳。身体不再是隐喻或者象征,皮肉之下别无他物。如今,身体意味着无限的界面,这也意味着主体破碎、泯然于众。⑥

---

① Langdon Winner, "Do Artifacts Have Politics?" *Daedalus*, Vol. 109, No. 1, Winter, 1980, pp. 121−136.

② Donna J. Haraway, *Simians, Cyborgs, and Women: The Reinvention of Nature*, New York: Routledge, 2013, p. 152.

③ Donna J. Haraway, *Simians, Cyborgs, and Women: The Reinvention of Nature*, New York: Routledge, 2013, p. 149.

④ 赵柔柔:《斯芬克斯的觉醒:何谓"后人类主义"》,《读书》,2015年第10期。

⑤ Scott Bukatman, *Terminal Identity: The Virtual Subject in Postmodern Science Fiction*, Durham: Duke University Press, 1993, p. 244.

⑥ Scott Bukatman, *Terminal Identity: The Virtual Subject in Postmodern Science Fiction*, Durham: Duke University Press, 1993, p. 246.

第三章 虚拟化：跨媒介叙事的技术变迁

未来学家对未来的判断则更为激进，他们认为人类的身体在未来将变得无足轻重，甚至是可有可无。凯瑟琳·海尔斯（Katherine Hayles）在《我们如何成为后人类：文学、信息科学和控制论中的虚拟身体》（*How We Became Posthuman: Virtual Bodies in Cybernetics, Literature, and Informatics*，1999）一书中指出：信息的"去身体化"（disembodiment）促使人类开始转变为后人类。"去身体化"意味着人类逐渐抽离肉身而成为信息的集合体，人的意识甚至能够像下载计算机数据那样被下载下来永久保存，成为"缸中之脑"。身体存在与计算机模拟之间并无本质区别或者说并非不可逾越，传统意义上的"自我"概念不再适用于后人类。在自由人文主义者看来，认识先于身体，身体是有待掌控的客体；在控制论者看来，身体不过是承载信息代码的容器而已；后人类主义则走得更远，直接"擦除"主体性身体，身体尽可为机械所替换，主体意识无须依傍。[①]

然而，不少学者对未来学家们的激进论断并不认同。至少就目前而言，"去身体化"的判断还言之过早，虚拟现实并没有完全"擦除"身体，反而凸显出身体在媒介交互中的重要位置。

肯·希利斯（Ken Hillis）在《数字感觉：虚拟现实中的空间、身份及具身化》（*Digital Sensations: Space, Identity, and Embodiment in Virtual Reality*，1999）中认为，虚拟现实承诺我们可以弃置肉身并以纯粹的数据形式"浪游"于赛博空间，但这其实并不容易办到。我们或许可以享受"从脆弱易朽的肉身世界和真实空间逃逸出来的自由"，但这不过是一种新的身体感觉形式罢了，并非真正地"脱离肉身"。[②]

然而，人类身体感知方式的转换已变得不可避免。与笛卡尔"灵肉两分"的二元本体论不同，法国思想家莫里斯·梅洛－庞蒂（Maurice Merleau-Ponty）认为，身体才是我们与这个世界发生关联的相关项。他强调知觉的身体性以及身体的意向性。[③] 沿着梅洛－庞蒂的思路，马克·汉森（Mark Hansen）认为，新媒体技术重新调整了身体与技术的关系。技术试图通过动作捕捉、感官刺激、可视化界面等方式，来重新中介我

---

① N. Katherine Hayles, *How We Became Posthuman: Virtual Bodies in Cybernetics, Literature, and Informatics*, Chicago: University of Chicago Press, 1999, pp. 1-24.

② Ken Hillis, *Digital Sensations: Space, Identity, and Embodiment in Virtual Reality*, Minneapolis: University of Minnesota Press, 1999, pp. 1-2.

③ ［法］莫里斯·梅洛－庞蒂：《知觉现象学》，姜志辉译，北京：商务印书馆，2001年版，第196—203页。

们的身体与世界的关系。① 如今轮到身体出场了，视觉不再独占上风，视觉的知觉经验将转向身体的体感经验。② 迈克尔·海姆提醒我们有关虚拟现实的两种极化观点：一种观点认为虚拟现实将通向私密的、可供沉浸的感官世界，另一种观点则认为虚拟现实将通向交流互动的网络世界。③ 这两种观点体现了"体感转向"与"去身体化"的分野。

以上对人类身体命运的两种判断不啻反映了一个事实：由技术所中介的后人类身体正在日益成为关注和争议的中心。不过，这两种判断并不是决然对立的："去身体化"或许只是更为遥远的未来，而不是我们现有视野范围内的前景。无论是"去身体化"还是"身体体验方式的改变"，在多感官（multisensory）体验的取向上是一致的：视听触等诸种感官体验，将在不断进取的虚拟现实中得以实现。现代视觉文化笼罩下被长期忽视、压抑的身体，不再屈居于视觉之下，而是与日渐崛起的虚拟现实携手来到我们的面前。

遁入幻想世界是人类的永恒梦想，而虚拟现实则被视作实现这一梦想的终极途径。虚拟现实的命名早已指明了它的终极使命，即打造一个前所未有的虚拟世界。这并非遥遥无期，而是已呈黑云压城之势正向我们不断迫近。虚拟现实启动了一种趋势，将以其自身的逻辑，不可避免地重新构架这个世界。未来学家们宣称：世界为拟象所吸纳，"去身体化"为大势所向，终有一日，人类将迎来元宇宙的新纪元。不过就目前而言，虚拟现实并没有完全"擦除"身体，反而凸显出身体在媒介交互中的重要位置。虚拟现实是"身临其境"的传媒艺术，这意味着日渐崛起的虚拟现实将与后人类身体携手并进。

站在新技术的门槛前，人们已经预感到新技术可能带来的威胁了。科幻作品警告我们，失控的危机已经在酝酿：人们将难免混淆虚拟与现实的界限，沉溺其间，自我迷失，甚至受人操控。自弗兰肯斯坦以来，"人造物反噬造物者"的梦魇挥之不去，或许这一梦魇本身就是我们这个时代的偏执妄想。或许，有朝一日我们将会像逃避现实一样，逃避虚拟现实所打造的幻想世界。

---

① Mark B. N. Hansen, *Bodies in Code: Interfaces with Digital Media*, New York: Routledge, 2006, pp. 1-22.

② Mark B. N. Hansen, *New Philosophy for New Media*, Cambridge: The MIT Press, 2004, pp. 1-18.

③ Michael R. Heim, "The Paradox of Virtuality," in Mark Grimshaw(ed.), *Virtuality*, New York: Oxford University Press, 2014, pp. 111-125.

第五节　个案研究：增强现实的兴起

　　1977年，由乔治·卢卡斯执导的太空冒险电影《星球大战》横空出世。片尾，反抗军试图摧毁邪恶帝国的巨型空间站"死星"。年轻的卢克临危受命，接手这一艰巨任务。他必须限时完成以下步骤：驾驶战斗机迅速通过死星的狭窄堑道，将质子弹（不同于可自动制导的导弹）精确地射入狭小的排气口，进而炸毁死星。前有激光炮阻击，后有追兵奔袭，卢克必须迅速闪躲、高速通过。与此同时，卢克必须精准射击，不容半点闪失。这几乎是不可能完成的任务。

　　不过，此时的反抗军并非毫无胜算。凭借一款名为"瞄准计算机"（Targeting Computer）的机器，射击的精准度可显著提升。"瞄准计算机"犹如一款双筒望远镜，通过雷达扫描和高速计算，可将飞行员的视野简化为几何图形，以此锁定射击目标，同时提醒飞行员发射质子弹的最佳时机。以今天的眼光来看，这款设备一定程度上应用了增强现实（Augmented Reality，简称AR）技术。死星最终当然被成功炸毁。不过最后关头，卢克停用了机器，选择听从原力。

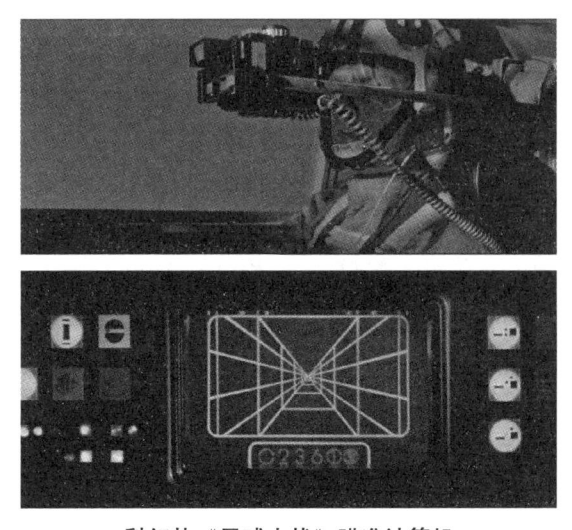

科幻片《星球大战》瞄准计算机

　　我们可以将"炸毁死星"看作一个关于现代性困境的寓言：在复杂情境下，如何既保持快速移动，又最大限度地削减不确定性？当然，前提是你并不具备神秘的原力。

20世纪以来，随着交通运输工具日新月异的发展，空间本身在持续变化，同时人们也在不同场景之间快速流转。美国地理学者大卫·哈维（David Harvey）将其称为"时空压缩"（Time-Space Compression）。哈维认为，随着交通运输及传播方式的进步，我们所感知的时空正以前所未有的方式加速，跨越空间所需要的时间越来越短，空间距离对移动所造成的阻隔愈见式微。[①] 波兰社会学家齐格蒙特·鲍曼（Zygmunt Bauman）后来将其概括为"流动的现代性"（liquid modernity）。鲍曼观察到，现代生活方式往往表现为脆弱的、临时的、容易受损的与不断变化的。"唯一永续的是变动不居，唯一确定的是不确定性。"[②] "流动的现代性"，体现在空间中是移动，体现在时间中是瞬时。这是一个"不确定性的时代"（an age of uncertainty），一切都变得混淆不清、变化不定。鲍曼的判断有些悲观："当代最大的恐惧产生于持续不断的不确定性"[③]，内生于隔离的、均质化的城市空间之中，叫人倍感焦虑，甚至绝望。

移动不断加速，周围的环境也随之迅速转换。我们如今移动得太快了，以至于我们漫无头绪，甚至对周遭环境一无所知。面对移动加速所带来的不确定性的激增，我们迫切希望某种新媒体能够提供帮助：一方面，它允许我们实时把握当下处境，监测不断变化的周围环境，提供某种控制的感觉；另一方面，它必须是轻巧灵活的，可以追随我们移动的身体，如影随形，毫无滞碍。

增强现实，由此而起。

一、增强现实发展史

增强现实的幻想，最早可以追溯到20世纪初。1901年，《绿野仙踪》的作者莱曼·弗兰克·鲍姆（L. Frank Baum）在小说《万能钥匙》（*The Master Key*，1901）中虚构了一副神奇眼镜。这副眼镜会给所见之物自动打上相应的字母标记，使用者可借此判定对方究竟是可信的，还是邪恶的。[④]

---

① [美] 戴维·哈维：《后现代的状况：对文化变迁之缘起的探究》，阎嘉译，北京：商务印书馆，2013年版，第300页。

② Zygmunt Bauman, *Liquid Modernity*, Cambridge, UK: Polity, 2012, p. viii.

③ Zygmunt Bauman, *Liquid Times: Living in an Age of Uncertainty*, Cambridge, UK: Polity, 2007, p. 92.

④ L. Frank Baum, *The Master Key: An Electrical Fairy Tale*, Indianapolis: The Bowen-Merrill Company, 1991, p. 94.

增强现实技术的早期研发源自军事需要。早期的技术设备主要是头戴式显示器，其原理是将矢量图形加入飞行员的视野之中，既用于提供导航及飞行信息，也用于定位、瞄准目标。[1] 二战期间，英国皇家空军面临一个难题：在夜空中执行任务时，既要留意雷达、侦察敌情（黑暗中难以靠肉眼察觉敌机的接近），又要注目前方、准备射击。这给执行任务的飞行员们带来了不小的挑战。1942 年，英国军方成功研制出一款能将雷达图像投射在前挡风玻璃上的显示器，将雷达图像与射击视野同屏集成，便于飞行战斗。[2]

流行文化总是比科学技术走得更快。20 世纪 80 年代，不少科幻电影纷纷添加了增强现实的元素。《终结者》（*The Terminator*，1984）中，终结者机器人 T-800（阿诺·施瓦辛格饰演）在追捕目标时，实时分析当前情境，并在视野中显示数字信息。《机械战警》（*RoboCop*，1987）中，底特律警察墨菲在执行任务时牺牲，后被打造为拥有人类头脑和机器身体的机械警察，在这座犯罪猖獗的未来城市大显神威。机械战警的头盔设备不仅有助于瞄准锁定，还集成了红外透视功能。电影《极度空间》（*They Live*，1988）则有一些批判的味道——在未来的极权社会中，一些反对强权统治的人发明了一种眼镜，戴上这种眼镜之后，官员和警察即刻显形为骷髅，楼体广告标语背后的资本主义意识形态一一显形："尽情消费""服从""工作！工作！"

科幻片《终结者》中的增强现实场景

---

[1] Ronald T. Azuma, "A Survey of Augmented Reality," *Presence*: *Teleoperators and Virtual Environments*, Vol. 6, No. 4, 1997, pp. 355-385.

[2] Ian White, *The History of Air Intercept Radar & the British Nightfighter*: 1935-1959, Barnsley: Pen and Sword, 2007, p. 207.

科幻片《机械战警》中的增强现实场景

科幻片《极度空间》中的增强现实场景

20 世纪 90 年代，波音公司的汤姆·考戴尔（Thomas P. Caudell）与同事首次提出"增强现实"（Augmented Reality）的概念。1992 年，考戴尔等人发表论文《增强现实：用于人工制造流程的头戴显示器应用技术》：作为增强现实设备，头戴显示器集成了头部位置追踪、物理对象－虚拟图形"匹配"（registration）两大技术，能够将虚拟图形叠印、固定在需要作业的对象之上，相当于预先绘制了操作路径，从而有助于操作精准度的提升。[1]

21 世纪以来，增强现实在科幻电影中更是频繁出镜。《少数派报告》（*Minority Report*，2002）中，主人公戴上数据手套，通过手势即可对虚拟对象实现抓取、调用等一系列操作。在"钢铁侠"（*Iron Man*）系列电影（2008、2010、2013）中，主角斯塔克身着动力服即可"变身"钢铁侠。动力服的操作系统集成了人工智能，可以收集、分析内部和外部信息，提供战略报告，在钢铁侠的视野里予以呈现。

---

[1] Thomas p. Caudell and David W. Mizell，"Augmented Reality：An Application of Heads-up Display Technology to Manual manufacturing Processes，" paper presented at the Proceedings IEEE Hawaii International Conference on Systems Sciences，Hawaii，January 7，1992.

科幻片《少数派报告》中的数据手套

科幻电影中的未来设想或许并非遥遥无期，增强现实技术的局部应用已在眼前。增强现实有助于复杂情境下的精准操作，目前主要集中在六个领域：医学手术、机械制造、信息标注、机器人控制、环境治理以及军事应用。[1]

美国北卡罗来纳大学罗兰德·阿祖玛（Ronald Azuma）对"增强现实"的定义被广为征引。阿祖玛认为，作为一套系统的增强现实有三个特征：虚拟与现实相融合；即时互动；虚拟内容可以在三维空间中"定位"，即与特定的空间"匹配"（registration）。[2] 增强现实可以直观地理解为"覆盖"（overlay / overlap）在现实图景之上的虚拟"图层"（layer），包括但不限于文字、图形与视频。常见设备包括头戴式显示器[3]、增强现实眼镜、视频投影仪、手持移动设备（如智能手机、平板电脑）等。

谷歌公司是增强现实的先行者。谷歌眼镜充分显示了谷歌在探索未来科技领域的壮志雄心。谷歌眼镜是一款配有光学头戴式显示器[4]的可穿戴式电脑，于2014年公开发售（2015年宣布停产，但研发继续）。其功能更多地被设计为"标注现实"（Annotated Reality），即与谷歌地图等产品相结合，显示使用者周围环境的相关信息，而不是覆盖或替换现

---

[1] Ronald T. Azuma, "A Survey of Augmented Reality," *Presence：Teleoperators and Virtual Environments*, Vol. 6, No. 4, 1997, pp. 355—385.

[2] Ronald T. Azuma, "A Survey of Augmented Reality," *Presence：Teleoperators and Virtual Environments*, Vol. 6, No. 4, 1997, pp. 355—385.

[3] Head-Mounted Display，简称 HMD。

[4] Optical Head-Mounted Display，简称 OHMD。

实视野。① 官方宣传片《佩戴谷歌眼镜的一天》（*One Day with Google Glass*，2012）试图为我们勾勒一幅便捷生活的图景，人们可以借此实时导航、拍照摄像，以及与朋友分享视野。

短视频《佩戴谷歌眼镜的一天》

或许专门增强现实的设备普及还有待时日，不过智能手机已经向我们初步展现了增强现实的未来潜力。智能手机普及率高，且功能强大，是较为理想的手持设备。② 2016 年，由 Niantic 开发的手机游戏 Pokémon Go 甫一面世就迅速蹿红，去户外抓小精灵俨然成为一股现象级的热潮。其原理是将虚拟的卡通人物"叠加"到相机拍摄的现实世界之上。从技术的角度来看，尽管 Pokémon Go 还不是严格意义上的增强现实游戏，而更像是一款定位游戏（location-based game），但这股热潮对增强现实技术的大众化颇有助益，堪称"增强现实踏入人类世界的第一步"③。不少科幻作品预测，在不远的未来，增强现实设备或可植入人体内，将视野范围内的一切事物数据化。这意味着：目力所及，界面无所不在，而媒介或将消失。

二、弥漫的界面

"快速移动中克服不确定性"的愿望，是增强现实技术得以发生、发

---

① David Cox，"Wearable Computers，Augmented Reality，and a New Set of Social Relations，" March 22，2014，retrieved from http://www.othercinema.com/.

② 处理器运行速度较快，彩色显示屏分辨率较高，同时也集成了联网、摄像、GPS 定位等功能。见 Mark Billinghurst，Huidong Bai，Gun Lee and Robert Lindeman，"Developing Handheld Augmented Reality Interfaces，" in Mark Grimshaw(ed.)，*The Oxford Handbook of Virtuality*，New York：Oxford University Press，2014，pp. 615-635.

③ Sun Joo Ahn，"Pokémon Go is AR's Foot in the Door to Our World，" 2016，retrieved from http://spectrum.ieee.org.

展的内在条件。它赋予了增强现实三大指向：无处不在的弥漫性，即时重组的生成性，以及引导操作的界面化。基于此，笔者尝试将"理想中的增强现实"[①] 界定为"弥漫的界面"（ubiquitous interfaces）。这并非某种夸张的修辞，而是在技术上可以预见的未来。

弥漫性意味着：基于移动的需要，增强现实将如影随形、无处不在。普适计算（ubiquitous computing）为增强现实提供了有力的技术支撑。计算机本身或从人们的视线里消失，人们能够在任何时间、任何地点，以任何方式进行信息的获取与处理。在杰伊·大卫·博尔特与理查德·格鲁辛看来，增强现实是计算机桌面的窗口形式[②]，这意味着计算机界面的消失，或者说整个世界被转化为电脑界面[③]。未来的增强现实将给人们目力所及之处，包括地表、街道、身体等在内，统统加上一层虚拟的图层，将其转化为提供分析、可供操作的即时界面。尽管移动是不确定的、难以预测的，但是虚拟界面弥漫四周，人们可以随时选择激活。增强现实的野心在于：让物理界面悉数消失，任何景观都可转为虚拟界面。

增强现实带来了视觉体验的革命性的变化。霍瑞·艾弗拉姆（Horea Avram）认为，增强现实拓展了，更确切地说，质疑并拒绝了自文艺复兴以来视觉艺术中关于"图像"的传统定义：一种被"框取"（framed）、类似窗户的视觉再现机制。原先，图像有着特定的边界，且与现实世界分离。如今，不仅图像无框，而且倾向于透明的增强现实正取而代之。这是一种"消融"（dissolve）现实－虚拟边界的视觉体验。[④]

"弥漫"的另一层含义在于：虚拟图景只是"漂浮"于我们的视野之上，并没有真正地"嵌入"空间，而只是一层"遮挡"。与其说增强现实改造了空间，倒不如说它改造了终端所见的空间面貌。

生成性意味着：随着移动的发生，增强现实将即时生成、不断重组。

[①] 需要指出的是，增强现实很大程度上属于一种"未来的媒介"，因为相关技术在现实生活中尚未得到广泛应用，技术的可能性有待进一步展开。这意味着有关增强现实的论述不仅是困难的，也是颇具风险的。接下来，笔者对增强现实的讨论更多地着眼于其"可能性"或者说"指向性"，而不止于既有技术范围。

[②] Jay David Bolter and Richard Grusin, *Remediation: Understanding New Media*, Cambridge, MA: MIT Press, 1999, p. 216.

[③] Jay David Bolter and Richard Grusin, *Remediation: Understanding New Media*, Cambridge, MA: MIT Press, 1999, p. 213.

[④] Michael Kelly(ed.), *Encyclopedia of Aesthetics* (2ed. Vol.1), New York: Oxford University Press, p. 232.

提姆·克瑞斯威尔（Tim Cresswell）将移动（mobility）拆解为运动、再现和实践，认为正是三者变动不居的"缠绕"（entanglement）构成了移动。克瑞斯威尔还提醒我们注意构成移动的六个要素：动机、速度、节奏、路径、感受和中止。① 移动的复杂性决定了增强现实生成的复杂性。马克·格雷厄姆（Mark Graham）等人认为，增强现实是一种复合的现实，即人们在主观上将物理经验和虚拟经验即时合成，不确定，不稳定，高度依赖情境。② 雷瓦·赖特（Rewa Wright）强调，增强现实的重要特征在于"重新组合"（re-assembly）③。移动发生，景观改变，虚拟得以不断激活，不断生成。

增强现实之所以能够伴随移动而不断生成，在于其本质为虚拟/数字空间与现实/物理空间的连接与整合。这类似于曼纽尔·卡斯特（Manuel Castells）所说的流动空间和地方空间之间的相互作用。流动空间（space of flows），即不断加速的跨区域流动所形成的空间。地方空间（space of places），即日常生活中的地理空间和社区，可以由我们的经验感知。网络化改变了社会的组织形式，带来了全新的社会结构方式。卡斯特断言，流动的网络化逻辑将成为支配性的力量，推动当代城市在功能、形式、意义上实现重组。④ 马克·格雷厄姆等人指出，增强现实将虚拟的、互动的、实时的数字编码与地方相融合，中介我们的日常实践，重塑城市生活的经验，生产出一种新的地方感。⑤

界面化意味着：增强现实将生成界面（interfaces）、提供引导。史蒂文·约翰逊（Steven Johnson）认为："信息爆炸将是毁灭性和解放性的，倘或没有界面引导我们穿过信息空间，我们很容易在信息过载中迷失方向……界面是针对陌生领域的导引，让我们能够应付那些令人困惑的新

---

① Tim Cresswell, "Towards a Politics of Mobility," *Environment and Planning D: Society and Space*, Vol. 28, No. 1, 2010, pp. 17-31.

② Mark Graham, Matthew Zook and Andrew Boulton, "Augmented Reality in Urban Places: Contested Content and the Duplicity of Code," *Transactions of the Institute of British Geographers*, Vol. 38, No. 3, 2013, pp. 464-479.

③ Rewa Wright, "Mobile Augmented Reality Art and the Politics of Re-assembly," paper presented at the 21st International Symposium on Electronic Art, Vancouver, Canada, August 14-18, 2015.

④ Manuel Castells, *The Rise of the Network Society*, Oxford, UK: Blackwell, 2000, pp. 440-448.

⑤ Mark Graham, Matthew Zook and Andrew Boulton, "Augmented Reality in Urban Places: Contested Content and the Duplicity of Code," *Transactions of the Institute of British Geographers*, Vol. 38, No. 3, 2013, pp. 464-479.

环境。"① 自计算机发明以来，界面历经三次迭代。第一代是 DOS 界面。DOS 界面功能强大，但是需要记忆、使用大量代码，掌握起来颇为不易。第二代是以鼠标、键盘为辅助的图形界面②。图形界面的操作更为具象，也更为简易，操作门槛大幅降低。第三代是以智能手机为代表的触控屏幕。触控屏幕相当于拿掉了以往的鼠标、键盘和手写笔，光凭触控即可完成一系列操作。而眼下的增强现实，或将启动界面的第四次迭代。在科幻作品的畅想中，类似于隐形眼镜一般的增强现实设备将屏幕一并取消，我们在可见视野中直接对虚拟景观进行各种操作。

在增强现实中，物理空间被感知、分析、重组，转化为易于理解的信息，重要信息在信息洪流中被筛选、精简并勾勒出来。目力所及之处被迅速转化为可视化界面，操作便捷，决策优化，将风险降低到最低水平。增强现实重新赋予人类掌控感，人类自身感知的局限性得以克服：即便我们快速移动，一切也能尽在掌控，至少我们不再漫无头绪。

尽管界面大大增强了效率，不过约翰逊仍对界面心怀忧虑。"界面成了我们与赛博空间这一平行世界的唯一通道，这意味着当今世界最具活力、最具革新的领域只会通过匿名的、中介的界面设计者显露给我们。"③ 换言之，这层虚拟界面可能被有意动过手脚了。

三、终端的威胁

增强现实即虚拟景观的生产及其对现实的叠加。我们有必要梳理"景观"这一核心概念。在《景观社会》（*The Society of the Spectacle*，1967）开篇，居伊·德波（Guy Debord）如是断言："在现代生产条件无所不在的社会，生活本身展现为景观的庞大堆聚。直接存在的一切全都转化为一个表象。"④ 德波强调，景观不仅是一种强制的、垄断的设定，而且也是一种单向度的肯定，无须应答，不容争辩，观者只能被动领受，由此遮蔽了真实的面向。⑤ 同时，景观好似一个试图根除历史的

---

① Steven Johnson, *Interface Culture: How New Technology Transforms the Way We Create and Communicate*, New York: HarperCollins, 1997, p. 38.
② 其中最著名的隐喻即桌面，以及各类工具的图标化：文件、文件夹、剪刀（剪切）、胶水（粘贴）、橡皮（擦除），以及回收站（删除）等。
③ Steven Johnson, *Interface Culture: How New Technology Transforms the Way We Create and Communicate*, New York: HarperCollins, 1997, p. 19.
④ ［法］居伊·德波：《景观社会》，王昭风译，南京：南京大学出版社，2006 年版，第 3 页。
⑤ ［法］居伊·德波：《景观社会》，王昭风译，南京：南京大学出版社，2006 年版，第 5 页。

篡位者，假装自己总是在那里一样，好让我们忘记景观仅是刚刚到达。①德波担心的是景观受资本主义的操控，致人迷失。"巨大聚集的奇观"对现实疯狂的侵袭与占领，这恰恰在增强现实终端所提供的视野中有望实现。

那么，由增强现实打造的虚拟景观与以往的景观有什么不同呢？

第一，与虚拟现实不同，增强现实并不打算完全隔绝现实，而旨在"争夺"空间表面的关键部位，可能是添加、覆盖，也有可能是移除、屏蔽。一方面，增强现实可能会在消费者的视野范围内强制加入某些内容，尤其是广告。短片《增强（广告）现实》(*ADmented Reality*，2012) 是由同人制作的谷歌眼镜官方宣传片的戏谑版本。制作者对官方版本的影像素材加以大胆"挪用"，将各种广告不断加入谷歌眼镜使用者的视野之中。短片试图提醒我们：无孔不入的广告不会忘记侵入增强现实。在野心勃勃的厂商眼里，增强现实是一块现成的广告板，成本低廉，便利有效，抵达率高。伦敦设计师松田启一（Keiichi Matsuda）制作的短片《超现实》(*Hyper-Reality*，2016) 描绘了一幅增强现实高度发达之后的可怕图景：借助铺天盖地的二维码，增强现实可以随处激活，所有事物都被标注出来，似乎再没有令人困惑的事物了。广告被包装成信息服务，堂而皇之地占据我们的视野，犹如一面面旗帜漂浮在半空中，不遗余力地向我们推销产品。随着我们的移动，它们几乎向我们扑面而来。在增强现实的驱使下，我们与海量广告狭路相逢。这不啻一场可怖的梦魇。

短片《超现实》

---

① ［法］居伊·德波：《景观社会》，王昭凤译，南京：南京大学出版社，2006 年版，第 114 页。

另一方面，增强现实或许意味着某种移除或屏蔽。这种屏蔽有可能是强制性的。英剧《黑镜》剧集中的《白色圣诞节》(*White Christmas*, 2014)一集中，有关增强现实的一个设定令人印象深刻：每个人都被植入了电子眼，你可以选择"屏蔽"某人——在对方的视野中，你个人甚至包括你的照片、影像都会变成一团模糊的马赛克。这意味着对方将无法与你进行任何沟通。埃文·塞林格（Evan Selinger）担心增强现实只会按照我们心仪的版本修改世界，从而加深我们的固有偏见，令我们在观念立场上愈发极化。① 在《黑镜·战火英雄》(*Men Against Fire*, 2016)中，每一个军方士兵都被植入了名为 Mass 的感知封闭系统，他们的任务是清除那些形同妖怪的、不停繁殖的、对社会有害的"蟑螂"。Mass 系统相当于一个全方位感官的增强现实，可以获取情报、分析环境、调准射击、保持通讯、调整心态。Mass 系统不只是修改眼睛所见，还会接管其他感官，让人听不到惨叫，闻不到血味和屎味。在视觉上将杀戮对象"妖魔化"，在听觉上屏蔽无辜者的痛苦惨叫，那么扣动扳机就容易多了。然而，一次偶然的故障，黑人主角发现自己居然是在屠杀无辜的平民。

第二，增强现实与网络化的数据库、算法相互配合，事实上实现了"信息的即时的、强制性的敞露"，甚至侵害隐私。以谷歌眼镜为例，使用者将会不间断地留下个人的数据痕迹：地理定位、行程、点赞/喜欢、笔记、标签……我们使用增强现实来识别、标记、锁定周围环境，我们也同时被识别、被标记、被锁定。在增强现实的裹挟之下，我们突然意识到，如今一个人想要保护自己的隐私或许会前所未有地吃力。

增强现实的可怕之处，正在于它能实现"信息的即时敞露"。原先至少需要通过检索方能获取的信息（如调用数据库、使用网络引擎、查询谷歌地图等），如今被直接投射在现实地景之上，甚至永久性地追随个体的身体。借助增强现实，一切信息都可以即时调取，一切信息都在向观者敞露。在《黑镜·急转直下》(*Nosedive*, 2016)一集中，人们的眼睛被植入了增强现实装置，裸眼即能看到附着于现实之上的虚拟界面。每个人的面庞旁边会显示一个评分，该评分基于社交活动中他人对个体的总体评价。高评分者可以享受优惠折扣、绿色通道等各项优质社会资源，而低评分者则被排除、抛弃在正常社会生活之外，举步维艰，前景惨淡。

---

① Evan Selinger, "Augmented-Reality Racism," December, 2012, retrieved from http://www.theatlantic.com.

剧集《黑镜·急转直下》

增强现实的"敞露",不仅即时完成,而且具有强制性。增强现实的使用者主动让渡了视野的权力,换言之,计算机网络分享了个体的视野。增强现实设备如同一个个高清摄像头,我们自愿将自己的视野与之分享,以供流通、存储、计算、分析①。不管我们是否愿意,我们将都暴露于增强现实的操作界面之下,暴露于分析软件的算法之下。以色列短片《视界》(*Sight*,2012)中,增强现实被应用于人际交往。男主角在约会时利用增强现实与相关软件,对视野中女孩的面部表情、肢体语言加以科学分析,并得到操作系统给出的最佳沟通建议。最终,得知真相的女孩无比愤怒,但噩梦并未就此而止。

短片《视界》

---

① 这不免有伤害隐私的风险,这一点同样是谷歌眼镜饱受诟病的地方。Cf. Charles Arthur, "Google Glass: is it a threat to our privacy?" *The Guardian*, March 6, 2013, retrieved from https://www.theguardian.com.

第三，增强现实对信息的"敞露"愈发打造了一个新型的监控社会，这个监控社会背后的结构性力量正是资本主义。福柯曾富有洞见地指出，从古典社会到现代社会，"惩罚从一种制造无法忍受的感觉的技术转变为一种暂时剥夺权利的经济机制"①。福柯也因此断言，现代社会意味着一系列封闭性的社会机构，如家庭、学校、军队、监狱、医院、工作场所等，通过"高墙、空间、机构、规章、话语"对身体实施监禁与干预，进而形成"监狱群岛"。②但德勒兹认为，社会目前已经脱离了福柯所谓的"规训社会"（Disciplinary Societies），进入了以"后规训的"组织方式为特征的"控制社会"（Society of Control）。"控制社会"不再通过禁锢来发挥作用，而是"通过持续的控制和即时的信息传播来运作"③。在资本主义全球体系的背景之下，德勒兹认为"控制社会"的"控制"是流动的、分散的、无中心的。因此，"控制是短期和迅速轮换的，但也是持续和无穷尽的，而惩戒是长期、无限而断续的。人不再是被禁锢的人，而是负债的人"④。"负债"之人是被允许移动的，但"债务"却如影随形。

马克·波斯特（Mark Poster）不同程度地吸收了福柯与德勒兹的观点，就数据库问题展开论述。波斯特疾呼，当今的数据库相当于福柯所谓的"超级全景监狱"（Superpanopticon），即一套没有围墙、窗户、塔楼、看守的监控系统。监控不再强迫，而是全民参与。监控的实现方式是数字编码，通过栅格化改变了自身所要表达的材料，既消除了歧义，也限制了意义。⑤波斯特进一步指出，数据库语言是一种贫瘠受限的语言，利用规范来构建个体、界定异类，在严格的范畴或领域之内排列信息，便于分类、搜寻，但同时也对真实造成了无可修复的伤害。⑥社会学家大卫·莱昂（David Lyon）梳理了监控的历史，将其概括为"数据

---

① ［法］福柯：《规训与惩罚：监狱的诞生》，刘北成、杨远婴译，北京：生活·读书·新知三联书店，1999年版，第11页。

② ［法］福柯：《规训与惩罚：监狱的诞生》，刘北成、杨远婴译，北京：生活·读书·新知三联书店，1999年版，第353页。

③ ［法］吉尔·德勒兹：《哲学与权力的谈判：德勒兹访谈录》，刘汉全译，北京：商务印书馆，2000年版，第199页。

④ ［法］吉尔·德勒兹：《哲学与权力的谈判：德勒兹访谈录》，刘汉全译，北京：商务印书馆，2000年版，第207页。

⑤ Mark Poster, *The Mode of Information: Poststructuralism and Social Context*, Cambridge, UK: Polity Press, 1990, pp. 93—94.

⑥ Mark Poster, *The Mode of Information: Poststructuralism and Social Context*, Cambridge, UK: Polity Press, 1990, pp. 95—98.

库取代纸质文件"①。莱昂指出，计算机将离散的、碎片化的信息匹配起来，整合一处，并将其处理为叙述性结构，由此绘制出一幅详尽的日常生活图景，从而大大增强了监控能力。②

就增强现实而言，马克·格雷厄姆提醒我们注意增强现实中存在的权力关系。除了涉及消费空间与产品销售的数字地理信息的"发布（内容）权力"和"传播权力"，还有制图者的"编码再现权力"（如评级排序、筛选）和"永续权力"（但实际情况可能并非如此），后者经常被忽视。③ 数字监控诚然更为隐秘：监禁的空间设施消失了，隔离的措施被抹除了，但这只是规训空间从有形到无形的虚拟转换，人们仍处于无止境的数字监控之下。④

列夫·马诺维奇更愿意用"增强空间"（augmented space）来指称被增强现实所"增强"的空间。马诺维奇认为，以动态数据"覆盖"（overlay）物理空间，使得对用户的追踪和监控成为可能。换言之，信息既传输给了用户，也被人暗中提取。在此意义上，"增强空间"也是监控空间。⑤ 监控空间容易被哈佛商学院肖珊娜·祖博福（Shoshana Zuboff）教授所谓的"监控资本主义"（Surveillance Capitalism）所征用，它已经成为信息资本主义未来的默认方式，其实现手段包括：数据提取与分析、服务监测的新协议、个性化和定制化，以及不断的实验。⑥ 监控资本主义对人类行为实施监控和修正，由此将用户的行为数据（behavioral

---

① David Lyon, *The Electronic Eye: The Rise of Surveillance Society*, Minneapolis, MN: University of Minnesota Press, 1994, pp. 40—42.

② David Lyon, *The Electronic Eye: The Rise of Surveillance Society*, Minneapolis, MN: University of Minnesota Press, 1994, pp. 83—84.

③ Mark Graham, Matthew Zook and Andrew Boulton, "Augmented Reality in Urban Places: Contested Content and the Duplicity of Code," *Transactions of the Institute of British Geographers*, Vol. 38, No. 3, 2013, pp. 464—479.

④ 眼下日益流行的可穿戴设备，可以与增强现实互相配合使用，均处于无止境的数字监控之下。例如，乐活（Fitbit）品牌的智能手环的广告词是"将你的轨迹转为比特数据"。智能手环以健身、健康的名义对使用者的身体数据进行追踪，获取定位、移动轨迹、移动速度、移动状态（测心率）、移动偏好（音乐偏好）等一系列数据。"如今的可穿戴设备……可以听你说话，识别你的手势，感知你心跳的变化、血压……整个身体，如何移动、发声、打手势，几乎任何身体的信号都可以被可穿戴设备加以追踪、进行分析。"参见 Rosalind W. Picard, *Affective Computing*, Cambridge, MA: MIT Press, 1997, p. 229.

⑤ Lev Manovich, "The Poetics of Augmented Space," *Visual Communication*, Vol. 5, No. 2, 2006, p. 223.

⑥ Shoshana Zuboff, "Big Other: Surveillance Capitalism and the Prospects of an Information Civilization," *Journal of Information Technology*, Vol. 30, No. 1, 2015, pp. 75—89.

data）转化为持续不断的盈利。

增强现实发生于"在移动中掌控"的诉求，但反过来，增强现实技术恐怕会对个体的移动加以操控。例如，游戏 Pokémon Go 的火爆充分展示了增强现实制造流量的能力：资本指望我们移动到特定的区域，进而增加消费。精明的商家通过购买"引诱模块"（Lure Modules）来增加门店周围小精灵的刷新概率，以此增加客流量。消费者消遣娱乐的同时也在遭受剥削。因娱乐行为而产生的蕴藏商业价值的位置数据，为开发商所收割，成为资本盈利链条的一个中间环节。以批判的角度来看，Pokémon Go"代表了一种'将消遣娱乐活动转化为价值生产活动'的资本剥削新手段，更为资本的全球流动提供了全新的便利条件"[①]。

借助可穿戴设备所提供的数字信息，增强现实将对我们的生活予以全方位的介入，不但不会让人觉得生硬，反而打造出一个甜腻温馨的环境。"用于普适计算的系统也带来了完全监控的可能性：计算机能够追踪我们每个人，并不断地调整我们周围的环境以迎合我们的期待。"[②] 也就是说，增强现实试图为我们量身定制一个世界。这个世界处于不断调整之中，依据用户的个人信息定制推送，让我们的生活变得舒舒服服、无比甜腻。

移动被定制化了，或者说，移动被规训、控制、监控了，游荡的无限可能性被缩减成在规定路线上的来而复往。为了自由移动，我们将信任托付于增强现实，增强现实又最终辜负了我们的信任。利用增强现实技术"自由移动、迅速掌控"的梦想面临着来自资本的严峻挑战。

四、复魅的希望

我们对马克斯·韦伯所谓的宗教之"魅"稍加延伸："魅"不见容于现代性，恰是现代性试图驱散的那些东西。它们几乎快要被我们遗忘，然而我们却又无比怀念，甚至还迫不及待地妄想将其召回。尽管我们深知这是暂时的、脆弱的、转瞬即逝的，但我们还是愿意郑重其事地将那些渐行渐远的"魅"一次又一次地带回来。在"复魅"的召唤中，我们与那些久违的神奇事物重逢。虚拟媒介是我们举行召唤仪式的法器：虚

[①] 张跃然等：《制造童年，玩转空间：Pokémon Go 与资本的未来》，知乎专栏"政见 CNPolitics"，2016 年 8 月 23 日

[②] Jay David Bolter and Richard Grusin, *Remediation*: *Understanding New Media*, Cambridge, MA: MIT Press, 1999, p. 218.

拟现实让我们凌空而起，进入久违的奇异世界；增强现实则将虚拟嵌入了现实世界，让原本平平无奇的世界变得有意思起来。

Pokémon Go 为我们展示了增强现实"复魅"奇幻的某种可能。借助增强现实，游戏把瘫坐在沙发上的人们"拔"了出来，催促玩家行动起来，探索未知，开展社交。那些人们匆匆而过、毫不留意的角落，突然熠熠生辉了起来：此处立有一尊铜质雕像，彼处刻有一处纪念铭文，都成了神奇生物出没的地方。现实世界犹如卷轴一般向我们展开，原本隐藏的细节此时纷纷显露出来。

增强现实手游 Pokémon Go

与制造幻境、可供逃避的虚拟现实不一样，增强现实更倾向于介入现实，有着更为清晰的指向性。纽约大学马克·斯克瓦雷克（Mark Skwarek）以 2011 年"占领华尔街"运动为例，试图说明增强现实具有"行动主义"的潜在面向。尽管这场运动遭到了当局的驱逐，也被人批评取得的成效微乎其微，但依靠增强现实等虚拟手段，占领的影像被永久性地保存了下来。当你站在华尔街街头，打开特定的软件，当时运动的情形就会自动"叠加"到如今华尔街的景观之上[1]。换言之，增强现实与海报、标语牌、涂鸦、传单、博客等传播工具别无二致，都可以用于社会变革。[2] 斯克瓦雷克强调，"增强现实有一种力量，让那些未被看到的东西显露出来"[3]，从而吸引更多人参与进来。

---

[1] 以 AR 的方式"占领华尔街"（*AR Occupy Wall Street Protest*，2011）。

[2] Mark Skwarek, "Augmented Reality Activism," in Vladimir Geroimenko（ed.）, *Augmented Reality Art：From an Emerging Technology to a Novel Creative Medium*，London：Springer，2014，pp. 3—29.

[3] Mark Skwarek, "Augmented Reality Activism," in Vladimir Geroimenko（ed.）, *Augmented Reality Art：From an Emerging Technology to a Novel Creative Medium*，London：Springer，2014，p. 24.

以增强现实的方式占领华尔街

抗议者们往往借助对空间的改造与破坏，实现对权力的反叛。他们抹除边界，猛攻堡垒，破坏稳定，嘲弄刻板，打破惯例，骚扰执法者……总有人想在这权力的标记上乱涂乱画，推倒它，碾碎它，焚毁它，甚至用排泄物玷污它，从而创造出新的象征意义。凭借增强现实，虚拟影像实现了对物理景观局部的虚拟"覆盖"。这不同于不易修复的"嵌入"或"破坏"，也不同于不易清理的"涂鸦"。事实上，虚拟影像只能通过终端设备加以观看，物理景观并不因虚拟的"覆盖"而有损分毫。因此，"增强现实行动主义"（Augmented Reality Activism）谈不上是一种倔强的介入方式。增强现实赋能那些不见容于秩序空间中的盗猎行为，虚拟之物试图以"覆盖"的方式对秩序景观进行"复魅"，从而传递反抗的力量。它牺牲了耐久度，却由此获得了自由，犹如盗猎者一般来而复往、不断纠缠。

鲍曼强调，流动的现代性中，最有权力的不是那些能够移动的人，而是那些行动自由且令人捉摸不定的人。[①] 增强现实的行动者们亦是如此。他们享受移动的便利，时刻准备进入，却也可以随时抽身离开，不留丝毫痕迹。

总之，"在移动中掌控"是增强现实的发生学背景。"快速移动"催生了技术的发生与发展，而技术的发展又反过来推进了"移动的加速"。一方面，增强现实意味着绝对的理性，人们可以随时调用、激活虚拟界面，通过信息处理和互动操作，进而获得某种控制感。另一方面，增强

---

① ［英］齐格蒙特·鲍曼：《流动的现代性》，欧阳景根译，上海：上海三联书店，2002年版，第189页。

现实意味着"复魅"的可能,让虚拟从现实中"生长"出来,用奇幻碎片点缀枯燥现实,让平凡刻板的现实世界熠熠生辉起来。

与虚拟现实不同,增强现实是对现实的补充、辅助与改动,而非对现实的隔绝、取代与混淆。虚拟现实打算让我们进入一个完整、封闭的世界,鼓励我们沉浸其中。而增强现实是碎片化的,必须在移动中不断地与之相逢。增强现实并不打算让我们迷失,而是提醒我们用虚拟"增益"或"改动"现实的可能性。

将增强现实界定为"弥漫的界面",与其说是某种修辞,毋宁说是对新兴技术未来指向的某种判断。在可以预见的未来,抬眼挥手之际,我们便能调出可视化界面,实现对视野的改造。这被称为"界面的透明化"[1],或者说"几何透视"(linear perspective)[2] 的自动化生成。增强现实因其虚拟性,可以不断地吸纳、叠加各种媒介。同时,虚拟之物进入我们的视野,漂浮在虚空之中,覆盖于现实之上。原先的屏幕变得"透明",或者说"消失"了。

虚拟对现实的改动可以是主动的、自由的,但也可能是被迫的、受操纵的。虚拟犹如一个亟待召唤的幽灵。我们举行仪式,反复念咒,期盼它即刻现身,赐予我们力量。然而,我们又心怀畏惧,不肯完全托付,害怕与其纠缠最终将反噬己身。历史学家沃尔特·麦克杜格尔(Walter McDougall)在看完《星球大战》(1977)之后表示:"我们相信,我们能将个人纳入系统的理性之中,却也同时能够保持人性。"[3] 这或许也正是电影中卢克最终放弃技术设备、毅然使用"原力"的理由之一吧。

本章小结

本章试图描述虚拟世界的"兴起"过程。笔者并不认为"兴起"是一个略带噱头的修辞,或者一种故作惊诧的指认,而是尝试以历史的考察方式,将虚拟世界的发展过程纳入一个更大的文化视野之中,而不是

---

[1] Jay David Bolter and Richard Grusin, *Remediation*:*Understanding New Media*,Cambridge, MA:MIT Press, 1999, p. 218.

[2] Jay David Bolter and Richard Grusin, *Remediation*:*Understanding New Media*,Cambridge, MA:MIT Press, 1999, p. 25.

[3] Walter A. McDougall, *The Heavens and the Earth*:*A Political History of the Space Age*,Baltimore, Maryland:The Johns Hopkins University Press, 1985, p. 449.

将其理解为一个来历不明、倏忽崛起的新潮事件。笔者始终相信,太阳之下,本无新事。总有某些事物是脉络相连的,已经发生的事情还远没有过去。

"兴起"的另一层意思是虚拟世界的面貌并未完全展露出来。20世纪以来,虚拟技术确实正在经历前所未有的加速发展,原先被讥讽为痴人说梦的技术设想正在逐一落地。不过就目前而言,虚拟技术尚未成熟,更多的潜能还有待展开。我们至多只能承认,新式虚拟技术(VR、AR等)正显示出某种新的可能性。这也是笔者坚持将历史脉络引入讨论的原因之一——我们如果了解虚拟媒介的"前世",就会更加了解它的"今生"。

同时,本章也采用了不少与科幻相关的辅助材料。尽管笔者不能坚称这是严谨的学术做法,也不敢断言这必将成为未来技术的前进方向。但科幻为我们观察正在浮出水面的虚拟世界提供了难得的角度。在某种意义上,科幻讨论了技术的可能性指向,而这正蕴含了技术的某种内在逻辑[①]。有充分的案例可以证明,新式技术的未来发展本身就寓于科幻之中。

虚拟世界,就是通过特定的虚拟媒介,打造一个似真非真的幻想世界,实现主观上的真实效果。虚拟世界不同于针对特定场景所打造的虚拟场景,而是一种重塑时空的、异质性的世界架构,为人们提供除现实之外的另一种可能。或为逃避,或为欲求,或二者兼而有之。

针对虚拟的幻想史主要聚焦20世纪以来日益崛起的幻想世界的流行文本。这是跨越媒体的一系列文本,包括漫画、广播剧、电视剧、电影、电子游戏等。尤其是以欧美为代表的流行幻想,毕竟这是20世纪以来全球范围内最具影响力也最具代表性的幻想了。笔者并不满足于整理幻想世界的文本故事,而是试图指认流行幻想背后不断变迁的历史语境与意识形态。

针对虚拟的媒介史主要包括特效电影、数字游戏、虚拟现实三部分。该部分讨论了20世纪以降的虚拟媒介,也可以大致理解为自电影发明以来的虚拟媒介。20世纪之前,人类对幻想世界的再现主要通过文字与图

[①] 詹姆逊在一次访谈中表示:"我认为高雅文学对历史走向的揭示不像以前那样有力了,所以我对科幻小说的出现更有兴趣。"见[美]詹明信、曾军:《后现代性,或资本主义的文化逻辑——詹明信访谈录》,陶东风主编:《文化研究年度报告(2012)》,北京:社会科学文献出版社,2013年版,第155页。

像。20世纪之后，特效电影、数字游戏，以及晚近崛起的虚拟现实和元宇宙，均对幻想世界的虚拟化产生了不同程度的影响。幻想世界本是不可思议的异质性世界，日益成熟的虚拟技术则让其显得"实有其事"——幻想世界不再停留于文本或想象，而是亲眼可见，甚至触手可及。

以虚拟现实为例，遁入幻想世界是人类的永恒梦想，虚拟现实被视作其终极途径。虚拟现实既是一项技术，也是一种体验，它允许知觉的介入，提供沉浸感与临场感。一方面，虚拟现实犹如时光机，承诺使用者能在须臾之间无远弗届。另一方面，虚拟现实或为致幻剂，科幻作品警告我们失控的危机已在酝酿之中。尽管激进的未来学家言之凿凿地声称"去身体化"乃大势所向，不过就目前而言，虚拟现实并没有完全"擦除"身体，而是以多感官体验为指向不断推进。虚拟现实是"身临其境"的传媒艺术，这意味着日渐崛起的虚拟现实将与后人类身体携手并进。

以增强现实为例，近年来随着技术的成熟，逐渐兴起的增强现实愈来愈受到学界的重视。增强现实起源于"快速移动中对不确定性的克服"。凭借普适计算等相关技术，增强现实将虚拟图层"叠印"在使用者视野之上，通过添加、去除、简化、标注等方式，将现实空间转化为提供分析、可供操作的虚拟界面。"弥漫的界面"是增强现实技术的未来指向：无处不在的弥漫性，不断重组的生成性，以及提供导引的界面化。一方面，增强现实具有实时监控、强制添加、刻意屏蔽的可能性，容易被"监控资本主义"征用。另一方面，增强现实又有着潜在的变革力量，让那些暂时的、转瞬即逝的图景重新在空间中显露出来，通过对秩序景观的"覆盖"来实现反抗的姿态。

第四章　融合化：跨媒介叙事的媒介分析

新媒介重塑先前媒体的形式逻辑。

——杰伊·博尔特与理查德·格鲁辛（2000）

针对跨媒介叙事的研究通常侧重于故事的讲述如何跨越媒介，例如蜘蛛侠的故事如何从漫画到电影，而常常会忽视对媒介本身的研究，针对媒体融合背景下新式媒介的讨论尤其匮乏。我们可以从两个维度来理解"跨越媒介"：一是叙事在跨越媒介，众多故事彼此呼应，指向同一个故事世界；二是媒介本身也在跨越边界，若干媒介彼此混合，激发出别样的叙事潜能。本章所要讨论的正是后者，也即"媒介如何跨越边界"的问题。

第一节　作为方法的跨媒介研究

跨媒介研究采取媒介融合的视角，将分析重点聚焦于媒介之间的"跨越边界"，即共通、混合、转化的关系。[1]

一、分析进路：共通、混合及转化

"跨媒介"指的是不同媒介之间的关系。沃尔夫[2]、拉杰夫斯基[3]、

---

[1] 德国学者伊琳娜·拉杰夫斯基将广义上的"跨媒介"定义为"在媒介之间发生的所有现象的通用术语"。Cf. Irina O. Rajewsky, "Intermediality, Intertextuality, and Remediation: A Literary Perspective on Intermediality," *Intermediality*, No. 6, 2005, p. 46.

[2] Werner Wolf, "Intermediality Revisited: Reflections on Word and Music Relations in the Context of a General Typology of Intermediality," *Word and Music Studies*, Vol. 4, 2002, pp. 13–34. Werner Wolf, "Intermediality," in David Hartman et al. (eds.), *Routledge Encyclopedia of Narrative Theory*, London: Routledge, 2005, pp. 252–256.

[3] Irina O. Rajewsky, "Intermediality, Intertextuality, and Remediation: A Literary Perspective on Intermediality," *Intermediality*, No. 6, 2005, pp. 43–64.

延斯·施洛特（Jens Schröter）[①]、周宪[②]等学者针对跨媒介的分类均有细致讨论。美国学者克劳斯·克罗瓦（Claus Clüver）总结了跨媒介的形式分类：①若干媒介之间的共通关系（general relations）；②若干媒介的混合（combination/fusion）；③此媒介向彼媒介的转化（transformations）。[③] 跨媒介研究的分析路径故而可以归纳为：提炼共通性、辨析混合性以及探究转化之道。"提炼共通性"即提取那些超越媒介的共性，如叙事性、感知经验等；"辨析混合性"即在媒介内部辨别、离析出多种混合的媒介；"探究转化之道"即探究艺术作品跨媒介转化的惯例及规律（见表4-1）。

表4-1 跨媒介的三种类型

		共通	混合		转化	
跨媒介分类	媒介内外	外部	内部		外部	
	研究路径	提炼共通性	辨析混合性		探究转化之道	
	子类型	叙事、感知等	质料嵌入	形式模拟	跨媒介转译	跨媒介再现
	图示					
以往研究的分类	沃尔夫	超媒介性	跨媒介引用、复数媒介		跨媒介转化	
	拉杰夫斯基	—	跨媒介引用、媒介结合		媒介转化	
	施洛特	形式的跨媒介性	综合的跨媒介性		转化的跨媒介性	
	周宪	—	单媒介参照、多媒介整合		单媒介转换	

---

① 施洛特认为跨媒介研究可分为"形式的跨媒介性""转化的跨媒介性""综合的跨媒介性""本体论的跨媒介性"。Cf. Jens Schröter, "Four Models of Intermediality," in Bernd Herzogenrath (ed.), *Travels in Intermedia [lity]: Reblurring the Boundaries*, Hanover, NH: Dartmouth College Press, 2012, pp. 15-36. 中译本参见［德］延斯·施洛特：《跨媒介性的四种话语》，詹悦兰译，《中国比较文学》，2021年第1期。

② 周宪：《艺术跨媒介性与艺术统一性——艺术理论学科知识建构的方法论》，《文艺研究》2019年第12期。

③ Claus Clüver, "Intermediality and Interarts Studies," in Jens Arvidson, et al. (eds.), *Changing Borders: Contemporary Positions in Intermediality*, Lund: Intermedia Studies Press, 2007, p. 32.

(一) 提炼共通性

"提炼共通性"即提取那些超越媒介的共性,如叙事性、感知经验等。跨媒介共通性研究通常被认为延续了"姊妹艺术"(Sister Arts)的传统。尽管不少研究者将"姊妹艺术"归入跨媒介研究[①],但二者有差异:姊妹艺术旨在寻找家族相似性,论证此媒介类似彼媒介,暗示二者相互补充、竞争的关系;跨媒介共通则旨在寻访不同媒介的共通性,提炼出若干媒介的共享特征。

叙事(narrative)是学界公认的跨媒介共通性之一。跨媒介共通性视域下的叙事研究,也可以理解为叙事学理论如何被应用于各类媒介,以及在应用过程中所发生的调适与变革[②]。美国叙事学家西摩·查特曼(Seymour Chatman)在《什么是小说能做而电影不能做的(反之亦然)》(1980)中指出,"叙事是独立于媒介的深层结构",即叙事是诸种媒介的共通形式。"换言之,叙事是一种基本的文本组织,而且该组织架构必须'被实现'(actualized):故事和小说以书面文字来表达,戏剧和电影则借助台词、演员及动作来表现……"[③] 查特曼指出:"故事的这种可转换性(transposability),为声称故事确实是独立于任何媒介的结构的主张,提供了最强有力的理由。"[④] 由此,研究者或许可以暂时搁置媒介之间的差异性分析,转而探讨不同媒介所共有的叙事结构。

除叙事之外,感知(sensations)也被认为属于跨媒介共通性。荷兰哲学家汉克·欧斯特林(Henk Oosterling)认为,区别于专注于文本的互文性,跨媒介性往往专注于感知(sensational)而非概念(conceptual),专注于反身(reflective)而非反射(reflexive)。[⑤] 欧斯特林以德勒兹(Gilles Deleuze)评弗朗西斯·培根(Francis Bacon)画作

[①] 李健认为,跨媒介研究包含以诗画关系为代表的"姊妹艺术"研究。参见李健:《跨媒介艺术研究的基本问题及其知识学建构》,《中国比较文学》,2021年第1期。

[②] 跨媒介共通性视域下的叙事研究有别于詹金斯意义上的"跨媒介叙事"。Cf. Lars Elleström, *Transmedial Narration: Narratives and Stories in Different Media*, Switzerland: Palgrave Macmillan, 2019, pp. 8—9.

[③] Seymour Chatman, "What Novels Can Do That Films Can't (and Vice Versa)," in W. J. T. Mitchell (ed.), *On Narrative*, Chicago, IL: University of Chicago Press, 1981, pp. 117—118.

[④] [美] 西摩·查特曼:《故事与话语:小说和电影的叙事结构》,徐强译,北京:中国人民大学出版社,2013年版,第7页。

[⑤] Henk Oosterling, "Sens(a)ble Intermediality and Interesse: Towards an Ontology of the In-Between," *Intermediality*, No. 1, 2003, pp. 29—46.

《尖叫的教皇》（1953）①为例，来说明"感知"如何实现跨媒介：培根笔下的教皇被封锁在一个类似于笼子的框架之中，仿佛在自己的王座上发出歇斯底里的尖叫。德勒兹坚称，这"并非画家的歇斯底里，而是绘画的歇斯底里"，"在绘画中，歇斯底里成为艺术"。②德勒兹总结道，艺术是"感知的聚块"，即感知物和感受的组合体。③"无论绘画、雕塑还是写作，都离不开感知，人们描绘、雕塑和书写感知。"④德勒兹暗示，艺术作品中特定感知的跨媒介共通不仅是可能的，而且是普遍的。

在艺术史的书写中，有学者尝试从跨媒介共通的角度来考察特定时代的特定感知。匈牙利艺术史家阿诺德·豪泽尔（Arnold Hauser）认为，19世纪晚期欧洲印象主义的兴起与现代性感官体验不无关联：在当时，人们大多会产生两种基本感觉，一方面是孑然一身和无人理睬的感觉，另一方面则是快速的交通、不断的运动变化给人的印象；这两种感觉构成了将最细腻的气氛和最快速的感觉变换结合起来的印象主义的生命体验。⑤豪泽尔指出，印象主义在当时是"主宰所有艺术的时代风格"⑥。"印象主义绘画则发现了一些感觉，后来文学和音乐不仅努力表达这些感觉，而且努力让自己的表达手段适应绘画形式。"⑦换言之，这种包含运动、速度、瞬时、人群、变化、新奇在内的现代性感官体验，在当时成为一种跨媒介共通的感知体验。

（二）辨析混合性

"辨析混合性"即在媒介内部辨别、离析出多种混合的媒介。周宪将跨媒介混合区分为"质料性"与"模拟性"两种形态：前者指在物质层面上实际发生的跨媒介交互关系，后者指此媒介对彼媒介的艺术形式的

---

① 画作全称为《根据委拉斯开兹的〈教皇英诺森十世肖像〉的习作》（1953）。
② [法]吉尔·德勒兹：《弗兰西斯·培根：感觉的逻辑》，董强译，桂林：广西师范大学出版社，2007年版，第63页。
③ [法]吉尔·德勒兹、菲力克斯·迦塔利：《什么是哲学?》，张祖建译，长沙：湖南文艺出版社，2007年版，第134页。
④ [法]吉尔·德勒兹、菲力克斯·迦塔利：《什么是哲学?》，张祖建译，长沙：湖南文艺出版社，2007年版，第437页。
⑤ [匈]阿诺尔德·豪泽尔：《艺术社会史》，黄燎宇译，北京：商务印书馆，2014年版，第512页。
⑥ [匈]阿诺尔德·豪泽尔：《艺术社会史》，黄燎宇译，北京：商务印书馆，2015年版，第511页。
⑦ [匈]阿诺尔德·豪泽尔：《艺术社会史》，黄燎宇译，北京：商务印书馆，2015年版，第511页。

模拟和参照。① 譬如电影与游戏的融合，电影包含游戏片段即为"质料性"，电影拍摄运用了游戏化的镜头语言即为"模拟性"。为方便讨论，笔者将"跨媒介混合"区分为"质料嵌入"与"形式模拟"两种类型。

其一，"质料嵌入"，指此媒介在彼媒介中的嵌入式再现（embedded representations）。以跨媒介电影为例，不少论者认为，电影之中另有媒介，不仅仅是影像对该媒介的视觉再现，而且二者还构成了更为复杂的关联。以"电影中的绘画"为例，派舍分析了希区柯克（Alfred Hitchcock）电影《蝴蝶梦》（*Rebecca*，1940）、《迷魂记》（*Vertigo*，1958）中出现的古典绘画。派舍认为，希区柯克的"影中画"是一种现代主义的跨媒介反身性技术，挑战了古典好莱坞电影的叙事透明性。② 希区柯克痴迷于将罪恶转移到一个混乱而抽象的图形空间之中，与表现主义风格效果相近，借此我们可以看到一个由绘画风格传递的、充斥着非理性恐惧和可怖行为的疯狂扭曲的世界。以"电影中的雕塑"为例，在《放映雕像：雕塑与电影》（2017）中，比利时艺术史学家史蒂文·雅各布斯（Steven Jacobs）发现，从早期电影的情色暗示到现代电影的神秘力量，雕塑在银幕上栩栩如生，而电影人物却犹如被困在雕像之内。③

其二，"形式模拟"，指此媒介对彼媒介的形式引用、参考及借鉴。研究者着眼于形式层面，追踪艺术媒介之间的影响及借鉴。就"小说对音乐的模拟"而言，沃尔夫"音乐化小说"（Musicalized Fiction）指的是小说对音乐的形式模仿，即通过在故事及话语层面杂糅音乐元素、模仿音乐结构来实现不同媒介之间的交叉和跨界。④ 就"电影对音乐的模拟"而言，谢尔盖·爱森斯坦（Sergei Eisenstein）在《垂直蒙太奇》（1939）中建议按照乐谱节奏来构思运动图像，如此一来，影像本身就构成了交响乐或协奏曲的一个声部，声音和画面的整体构成了一部管弦乐

---

① 周宪：《艺术跨媒介性与艺术统一性——艺术理论学科知识建构的方法论》，《文艺研究》2019 年第 12 期。
② Ágnes Pethö, *Cinema and Intermediality: The Passion for the In-Between*, Newcastle upon Tyne: Cambridge Scholars, 2011, pp. 213-214.
③ Steven Jacobs, et al., *Screening Statues: Sculpture and Cinema*, Edinburgh: Edinburgh University Press, 2017, pp. 1-26.
④ Werner Wolf, *The Musicalization of Fiction: A Study in the Theory and History of Intermediality*, Amsterdam: Rodopi, 1999, p. 51. 部分中译参见：［德］维尔纳·沃尔夫《音乐-文学媒介间性与文学/小说的音乐化》，李雪梅译，《杭州师范大学学报》（社会科学版），2014 年第 1 期。

总谱。①

（三）探究转化之道

"探究转化之道"即探究艺术作品跨媒介转化的惯例及规律。"转化"指的是在内容保持基本不变的情况下，艺术作品由源媒介（source media）转化为目标媒介（target media）。艾勒斯特罗姆将跨媒介转化区分为跨媒介转译（transmediation）与跨媒介再现（representation），前者即目标媒介对源媒介的感官再配置（sensory configurations），通常人力介入较少或者利用机械化手段，例如当书本里的诗歌被诵读出来（文本媒介转译为声音媒介），或者蒙娜丽莎油画的数字化；后者即目标媒介对源媒介的符号性再现，通常需要较多的人力介入，例如用文字来再现图像、用图像来再现舞蹈②。

就"跨媒介转译"而言，研究者通常将重点放在"跨媒介转译如何影响了我们的感知及理解方式"等议题上。典型如英国艺术史家约翰·伯格（John Berger）分析了影视媒介对绘画作品的"转译"如何改变人们对美术的观看方式。③ 巫鸿也指出，艺术学者的研究越来越仰赖图像复制品（如摄影、数码图像等）对艺术品原物的"转译"，这为安坐于书斋的学者提供了便利，允许他们细致入微地考辨图像的异同，但同时也令他们失去了对艺术原物（如建筑、雕塑、手卷画等）的时空感知，进而深刻影响了美术释读及美术史的基本思维方式。④ 例如，中国古代的手卷被巫鸿称作视觉艺术的"私人媒材"，因为观看者可以自行掌握观看的速度和节奏。然而这种观看经验在跨媒介转译之后几乎消失殆尽：博物馆展览时会将手卷整个平铺，印刷品出版时会把它裁成若干个部分，更不要说现代人更多是在各类电子屏幕上观看，自行放大缩小。⑤

就"跨媒介再现"而言，跨媒介的转化研究有着悠久而庞杂的传统，可追溯至德国美学中的"出位之思"（Anders-streben）。钱锺书借"出位

---

① ［苏联］爱森斯坦：《垂直蒙太奇》，余虹译，李恒基、杨远婴主编，《外国电影理论文选》，北京：生活·读书·新知三联书店，2006年版，第173—212页。

② Lars Elleström, *Media Transformation: The Transfer of Media Characteristics Among Media*, New York: Palgrave Macmillan, 2014, pp. 14—15.

③ ［英］约翰·伯格：《观看之道》，戴行钺译，桂林：广西师范大学出版社，2005年版，第20—27页。

④ 巫鸿：《美术史十议》，北京：生活·读书·新知三联书店，2008年版，第15—25页。

⑤ 巫鸿：《重屏：中国绘画中的媒材与再现》，文丹译，上海：上海人民出版社，2009年版，第49—50页。

之思"这个概念来形容人们企图令某一艺术媒介"跳出本位","强使材料去表现它性质所不容许表现的境界",比如以画来写意,以诗来描绘。① 龙迪勇认为"出位之思"是一种时间、空间艺术相互模仿的"跨媒介叙事"。② 通过重新熔铸"跨媒介叙事"这一概念(不同于詹金斯强调"指向共同的故事世界"③),龙迪勇强调跨媒介过程中的"转化技艺"。

基于跨媒介共通、混合、转化三种关系类型,我们提炼出了三种与之相对的分析进路。但我们也有必要反思这套分析框架存在的形式化、类型化的偏向——将描述性的形容词加诸"跨媒介性"一词之前,拼合成新的概念(诸如"共通的跨媒介性""混合的跨媒介性""转化的跨媒介性"等)。如此一来,研究者们将会把目标设定为努力分辨不同种类的跨媒介性,从而忽视隐藏在跨媒介背后的意图、权力及政治。

二、跨媒介潜能及其美学政治

"媒介潜能"(media potential)即媒介所拥有的某种有待实现的能力。尽管这一能力亦见诸其他媒介,但该媒介所能实现的效果显著超越其他媒介,也即"人有我优"。例如法国电影理论家安德烈·巴赞(André Bazin)指出,电影超越其他媒介之处在于它前所未有地接近、保存、再现现实,也即"无限趋近于现实"。④ 与"媒介潜能"类似,"跨媒介潜能"即跨媒介所蕴含的潜在能量。在马歇尔·麦克卢汉(Marshall McLuhan)看来,媒介的"杂交"(hybrid)或"相会"(meeting)往往蕴含巨大能量,可以将人们的感知从既定模式中解放出来,还有望重塑社会形态。"两种媒介杂交或交会的时刻,是发现真相和给人启示的时刻,由此而产生新的媒介形式……这使我们从自恋和麻木状态中惊醒过来。"⑤ "一切媒介都要重新塑造它们所触及的一切生活形态。"⑥

---

① 钱锺书:《中国诗与中国画》,吴晓明编著,《民国画论精选》,杭州:西泠印社出版社,2013年版,第245页。

② 参见龙迪勇:《"出位之思"与跨媒介叙事》,《文艺理论研究》,2019年第3期;龙迪勇:《空间叙事本质上是一种跨媒介叙事》,《河北学刊》,2016年第6期。

③ [美]亨利·詹金斯:《融合文化:新媒体和旧媒体的冲突地带》,杜永明译,北京:商务印书馆,2012年版,第157、181页。

④ [法]安德烈·巴赞:《电影是什么?》,李浚帆译,武汉:华中科技大学出版社,2019年版,第262页。

⑤ [加拿大]马歇尔·麦克卢汉:《理解媒介:论人的延伸》,何道宽译,南京:译林出版社,2011年版,第74—75页。

⑥ [加拿大]马歇尔·麦克卢汉:《理解媒介:论人的延伸》,何道宽译,南京:译林出版社,2011年版,第71页。

乐观主义者认为，跨媒介艺术实践往往指向一个更为理想的社会。19世纪德国浪漫主义作曲家理查德·瓦格纳（Richard Wagner）坚称"艺术的真正追求是包罗万象的"，唯有综合运用跨媒介手段（他称之为"总体艺术作品"［德文 Gesamtkunstwerk，英文 total work of art］），方能感染人、征服人、支配人，实现"对完善的人性的无条件、绝对的表现"①。考虑到瓦格纳对古希腊悲剧推崇备至，德国学者迪特·博希迈尔（Dieter Borchmeyer）将瓦格纳的跨媒介艺术理念与社会形态相勾连："艺术的分化和独立与现代社会的利己主义（egoism）一脉相承，正如艺术的合一（unity）与共产主义一样……这倒与希腊城邦所体现的社会理想别无二致，被视作指向未来的艺术形态。"② 在他看来，瓦格纳的"总体艺术作品"指向的是平等自由、分化消弭的理想社会形态。

二战之后跨媒介艺术的兴起被认为与社会变革脉络相连。美国激浪派（Fluxus）艺术家迪克·希金斯（Dick Higgins）提出"跨媒介"的艺术主张。③ 在他看来，与之相对的"媒介分离"（media separation）在文艺复兴时期兴起，这与当时社会阶层的分化密切相关——作为"纯媒介"的手工绘画价值昂贵，仅供富人装饰自家墙壁，穷人则无缘一观。而到了1965年，希金斯信心满满地宣告，强调区隔的"媒介分离"如今不再适用，因为原本激烈对立的阶级如今出现了缓和同化，人们似乎正在迎来"无阶级社会"（classless society，暗指共产主义社会）的曙光。④ 在他看来，如今的艺术品（如拼贴画）不必恪守纯粹媒介之信条，倒是有必要打破规则束缚，横跨造型艺术、音乐、文学等艺术门类乃至打破艺术与日常的界限，探索"介于媒介之间的未知地带"（uncharted land that lies between）⑤。希金斯坚信，媒介分离会随着社会阶级的消失而消失，随着社会阶级的趋向平等，跨媒介艺术乌托邦终将降临。

然而，按照反驳者的解释，跨媒介并未指向一个消除阶级分化的平等社会，而是委身于资本主义及其全球霸权。他们担心跨媒介沦为一种

---

① ［德］瓦格纳：《瓦格纳论音乐》，廖辅叔译，上海：上海音乐出版社，2002年版，第138、53页。译文有改动。
② Dieter Borchmeyer, *Richard Wagner: Theory and Theatre*, trans. Stewart Spencer, Oxford: Oxford University Press, 1991, p. 67.
③ 据希金斯考证，早在1812年，英国诗人柯勒律治（Samuel Taylor Coleridge）就曾使用"跨媒介"（intermedia），而希金斯则打算重新激活这个词。Cf. Dick Higgins, "Intermedia," *Leonardo*, Vol. 34, No. 1, 2001, p. 52.
④ Dick Higgins, "Intermedia," *Leonardo*, Vol. 34, No. 1, 1965/2001, pp. 49−54.
⑤ Dick Higgins, "Intermedia," *Leonardo*, Vol. 34, No. 1, 1965/2001, pp. 49−54.

缺乏反叛精神的空洞姿态，从而落入了资本的陷阱。正如克劳斯在《北海航行》的结尾向我们发出的警告："立足国际时尚的装置艺术与跨媒介艺术，与服务于资本的图像全球化扩张不谋而合。"① 克劳斯担心，跨媒介没有成为一种新型的充满活力的对抗性政治文化，而是心照不宣地与资本共舞，最终沦为景观超市中琳琅满目的商品之一。

基于上述两种论断，施洛特将"跨媒介的政治"（the politics of intermediality）概括为"反抗－屈从资本主义"的两极立场：一种观点以希金斯等人为代表，将跨媒介视作"对资本主义劳动分工的救赎"，旨在克服生活与艺术之间的鸿沟，打造新的社会秩序；另一种观点以格林伯格、克劳斯等人为代表，将跨媒介视作"对景观社会的屈从"，即跨媒介服务于资本主义景观社会。②

客观来看，以上两种评估都是不完整的。第一种观点更振奋人心，聚焦于被跨媒介煽起的激情和实现的抗争，但它忽略了权力秩序和社会控制的具体语境；第二种观点比较犀利，时常愤世嫉俗，却忽略了人们对理想未来的强劲渴望。倘或联系时代背景就不难发现：希金斯身处的20世纪60年代，正是全球左翼风起云涌的年代，大家对跨媒介所标榜的平等自由满怀热望；而到了70年代，颇具前瞻眼光的克劳斯则担忧跨媒介艺术为全球化所裹挟，自身的反叛意涵、革命精神消耗殆尽，彻底沦为资本的附属品与装饰物。

为了解决上述讨论的分歧，笔者认为有必要引入法国哲学家朗西埃（Jacques Rancière）的观点，将跨媒介理解为一种"感性再配置"，即跨媒介挑战了既有的可感性（the sensible）的分配体制，从而引发了美学意义上的"歧见政治"。在朗西埃看来，警察对公共场所的干预主要不是盘问示威者，而是驱散示威者。警察并非如路易·阿尔都塞（Louis Althusser）所言的"喂，叫你呢"那样将人传唤为主体，而是采取一种排斥、驱赶的态度——"走开，这里没什么好看的！"③ 前者是意识形态的压迫和控制，而后者则是对社会领域的象征性建构，即一种对可感物的分配。朗西埃由此引出了一个关键性概念——感性分配（le partage du

---

① Rosalind Krauss, *"A Voyage on the North Sea": Art in the Age of the Post-Medium Condition*, London: Thames & Hudson, 2000, p. 56.
② Jens Schröter, "The Politics of Intermediality," *Film and Media Studies*, Vol. 2, 2010, pp. 107-124.
③ Jacques Rancière, *Dissensus: On Politics and Aesthetics*, trans. Steven Corcoran, London: Continuum, 2010, pp. 36-37.

sensible)，即同一事物或成为分享（shared）之物，或沦为排斥（exclusive）之物。① 前者意味着共享、共通，后者意味着区隔、排斥。在朗西埃看来，这种感性分配体制指向了"美学的政治"，就是"划分时间与空间、可见的和不可见的、声音和噪音，这些同时也决定了作为经验形式的政治地位与政治利益"②。同时，朗西埃也注意到感性分配体制所面临的挑战，认为政治的本质正是对既有感性分配的挑战与颠覆。"政治的本质乃是歧见。歧见并非利益或意见的冲突，而是对可感事物本身内部存在的裂隙的展现。"③ 朗西埃将感性分配视作政治对抗的场域，这种对抗旨在挑战确立感性分配的共同秩序。约瑟夫·谈克（Joseph Tanke）将朗西埃的"美学歧见"进一步区分为三种潜能：①建构新的主体，边缘群体有望借此表达自身；②创造新的对象及感知形式；③提供与日常感知截然不同的体验，搅乱人们对可感物原先那种不言而喻的感知。④

以波普艺术为例，安迪·沃霍尔（Andy Warhol）的《金宝汤罐头》（1962）使用了半机械化的丝网印刷技术，复刻了货架上的罐头设计图案，可视作一种"跨媒介转化"（立体罐头图案贴纸转化为近乎复制的平面图形）；同时沃霍尔又将其做纵横两种方向的矩阵式排列，模拟货架上的陈列方式，这可视作一种"跨媒介混合"。通过跨媒介转化及混合，《金宝汤罐头》重置了我们的感官体验，同时它还让那些通常被认为难登大雅之堂的商业广告进入了艺术领域。"属于艺术的事物与属于日常生活的事物之间的区别变得模糊不清"⑤，构成对传统艺术的感知体制的挑战与破坏。

朗西埃对跨媒介研究的启示在于：媒介实践的政治性不在于实践主体或具体内容，而在于它改变了可感物的配置格局。由此，我们才能超越对跨媒介美学"激进－保守"政治坐标的二元化想象，并转向关注跨

---

① Jacques Rancière, *The Politics of Aesthetics: The Distribution of the Sensible*, trans. Gabriel Rockhill, London: Continuum, 2004, p. 12.

② Jacques Rancière, *The Politics of Aesthetics: The Distribution of the Sensible*, trans. Gabriel Rockhill, London: Continuum, 2004, p. 13.

③ Jacques Rancière, *Dissensus: On Politics and Aesthetics*, trans. Steven Corcoran, London: Continuum, 2010, p. 38.

④ Joseph Tanke, *Jacques Rancière: An Introduction*, London: Continuum, 2011, p. 103.

⑤ ［法］雅克·朗西埃：《美学中的不满》，蓝江、李三达译，南京：南京大学出版社，2019年版，第5页。

媒介所引发的感性再配置。值得进一步追问的是：跨媒介混合、转化如何带来了可感物的重新配置？人们又如何感知这种配置的变化？

三、关于跨媒介研究的三点建议

总之，跨媒介理论不是一个统摄性的宏大理论，而是一种强调描述、归纳的中层理论。"跨媒介理论不具备一个连贯的系统用以解释所有的跨媒介现象。"[①] 德国学者于尔根·米勒（Jürgen E. Müller）倾向于将跨媒介视作"研究主轴"（a research axis）——这根主轴贯穿多个学科领域，同时所有研究围绕这根主轴展开。[②] 在此，笔者尝试对跨媒介理论的研究方法做出一些概括，一方面以供批判和讨论，另一方面希望能够继续推进跨媒介研究。

第一，跨媒介即对媒介边界的跨越、扰乱甚至破坏，其分析重点在于"跨越边界"的形式、潜能及政治。这就要求研究者不可孤立地看待媒介，而是要秉持"关系"的视角，注重不同艺术媒介之间的实际接合（interfaces）及潜在关联（interrelationships）。[③] 就跨媒介形式而言，"跨越边界"可分为共通、混合、转化三种类型。"共通"强调媒介的外部勾连，"混合"强调媒介的内部混合，"转化"强调媒介的转化实践。这些既是对跨媒介的形式分类，也是跨媒介研究的主要分析进路，在方法论上超越了以往诉诸隐喻、浅尝辄止的"不纯媒介"研究。就跨媒介潜能而言，乐观者认定跨媒介实践指向一个迈向阶级分化终结的理想社会，悲观者则担心跨媒介实践为全球资本主义所利用，乃至其激进能量消耗殆尽。这两种评估均有失偏颇，笔者借用朗西埃"感性分配"的概念，认为跨媒介的美学潜能在于对感性的再分配，其美学政治在于它可能会挑战既有的感性体制。

同时，跨媒介研究需被纳入更为宏阔的社会文化视野之中。米勒强调，跨媒介研究接下来需要推进的关键议题是"社会性"（sociality），即跨媒介须被置于历史、学术、社会、制度的背景下考察。[④] 有论者建议，

[①] Jürgen Müller, "Intermediality and Media Historiography in the Digital Era," *Film and Media Studies*, Vol. 2, 2010, p. 16.

[②] Jürgen Müller, "Intermediality and Media Historiography in the Digital Era," *Film and Media Studies*, Vol. 2, 2010, pp. 15-17.

[③] Juha Herkman, et al. (eds.), *Intermediality and Media Change*, Tampere, FI: Tampere University Press, 2012, p. 19.

[④] Jürgen Müller, "Intermediality and Media Historiography in the Digital Era," *Film and Media Studies*, Vol. 2, 2010, p. 17.

跨媒介研究可以引入雷蒙德·威廉斯的"文化形式"（Cultural Form）[①]，这一概念强调媒介由运行它的社会机制所决定，其制度、形式及效果均与当时的社会文化和技术使用脉络相连，因此跨媒介研究应重点考察"社会文化语境中的变迁如何与媒介发生关联和再关联（articulation and re-articulation）"[②]。唐宏峰也倡导"通向跨媒介间性艺术史"，试图将艺术史理解为总体性时代条件之下的间性联系体，认为特定时代的艺术史是某些艺术门类在复杂的总体时代条件之下跨媒介共生、互动、通效的历史。[③] 例如，丁澜翔考察了20世纪60年代以来我国流行的"合影画"现象——以绘画的形式表现摄影/合影，同时将此种跨媒介实践置于革命家史编写的政治实践的语境之中，从而建立起个人、家庭（集体）与国家之间的文化想象。[④]

第二，以跨媒介本体论观之，所有媒介均生长于跨媒介网络之中。德国媒介理论一向以强调媒介的先验性（priori）而著称，拉杰夫斯基、施洛特等德国学者也强调跨媒介的先验性。在拉杰夫斯基看来，作为"基本条件/类别"的跨媒介属于"基础主义"（Foundationalism）[⑤]的分析路径，它预设跨媒介状态无须推论、不辩自明，通过感性知觉或理性直觉即可掌握。[⑥] 施洛特则将之称作"本体论（ontological）跨媒介性"，它表明媒介总与其他媒介发生关联，没有孤立的媒介。[⑦] 跨媒介性总是先于特定的纯粹媒介而存在，而这些媒介都必须从更具普遍意义的跨媒介性中提取出来。赫佐根拉特借用德勒兹的"茎块"（rhizome）概念，反对"先有媒介，再有跨媒介"以及"跨媒介是媒介之间的关系"等论调，坚称先有跨媒介奠定基础"平面"（plane，德勒兹语），后有特定媒

[①] Raymond Williams, *Television: Technology and Cultural Form*, London: Routledge, 1990, p. vi.

[②] Juha Herkman, et al. (eds.), *Intermediality and Media Change*, Tampere, FI: Tampere University Press, 2012, p. 12.

[③] 唐宏峰：《通向跨媒介间性艺术史》，《当代文坛》，2020年第5期。

[④] 丁澜翔：《共享的"目光"——20世纪60年代"合影画"的视觉经验与文化想象》，《文艺研究》，2021年第4期。

[⑤] 基础主义是一种认识论观点，认为有些信念可以正当地直接掌握（即在感性知觉或理性直觉的基础上），而无须经由其他信念推论而来。

[⑥] Irina O. Rajewsky, "Intermediality, Intertextuality, and Remediation: A Literary Perspective on Intermediality," *Intermediality*, No. 6, 2005, pp. 47–48.

[⑦] ［德］延斯·施洛特：《跨媒介性的四种话语》，詹悦兰译，《中国比较文学》2021年第1期。

介涌现生成。①

以跨媒介本体论观之，跨媒介并非一个偶发阶段，而应被视作持续不绝的历史进程，故而跨媒介理论为媒介史书写提供了新的可能性。"媒介须被定位在互文性和跨媒介网络之中，通过深植于历史的定位而非后见之明来获得意义和可能性。"② 米勒建议采取一种历史的、描述的、归纳的，不过也是更费力的方法，即对包括数字媒介在内的跨媒介"进程"（processes）做考古学、地理学研究。③ 他认为，跨媒介研究的方法不应仅仅基于对媒介的共时性分析（他所谓的"地理学"），更应着眼于阐明媒介的历史发展（"考古学"）。研究者应当考察跨媒介进程在特定社会历史情境下的具体展开，通过"寻觅踪迹"（search for traces）来为新媒介的历史书写铺平道路。④ 例如，美国电影学者米莲姆·汉森（Miriam Hansen）在《巴别塔与巴比伦：美国无声电影的观众观影》（1991）中借助跨媒介视野考察了美国早期电影的公共观影空间，她发现电影放映只是当时影院业务的一部分，且夹杂在各式各样的杂耍节目之中，观众去影院是"为了获得一种电影院的体验，而非纯粹为了获取观影经验"⑤。汉森将早期电影汇入异质性的跨媒介图谱之中，穿行在"巴比伦"（异质性、混杂）和"巴别塔"（统一性、整合）之间，在这种张力中描绘了复杂而流动的、各类话语交织的美国早期电影及其观众所组成的公共领域。

第三，立足数字时代，跨媒介研究需要结合"新媒体的语言"，注重数字媒体对传统媒介的变革与重塑。跨媒介的研究方法是否仍然适用于虚拟时代的数字媒介？有一种观点认为，伴随着数字化浪潮，"媒介遭遇

---

① Bernd Herzogenrath, "An Introduction," in Bernd Herzogenrath (ed.), *Travels in Intermedia [lity]: Reblurring the Boundaries*, Lebanon, NH: University Press of New England, 2012, pp. 2-3.

② William Uricchio, "Historicizing Media in Transition," in David Thorburn & Henry Jenkins (eds.), *Rethinking Media Change: The Aesthetics of Transition*, Cambridge, MA: The MIT Press, 2003, p. 29.

③ Jürgen Müller, "Intermediality and Media Historiography in the Digital Era," *Film and Media Studies*, Vol. 2, 2010, p. 16.

④ Jürgen Müller, "Intermediality and Media Historiography in the Digital Era," *Film and Media Studies*, Vol. 2, 2010, pp. 18-19.

⑤ Miriam Hansen, *Babel and Babylon: Spectatorship in American Silent Film*, Cambridge, MA: Harvard University Press, 1991, p. 99.

普遍的虚拟化",其物质性不复存在,故而针对跨媒介的讨论已经过时了。① 米勒对此表示反对。他认为,媒介不能也不应该简化为单一的物质层面,媒介的符号、内容、意义、流派、形式等依然发挥重要作用,持续性地参与社会意义的建构过程。②

更重要的是,数字时代的媒介浸淫于数字网络的环境之中,所有媒介都或多或少地融入了"新媒体的语言"。马诺维奇在《新媒体的语言》(2001)中指出,正如电影有电影语言,新媒体亦有一套属于自身的独特逻辑,即新媒体设计师用以组织数据、打造用户体验的一系列惯例(conventions)。③ 马诺维奇借助"后媒介美学"(Postmedia Aesthetics)这一概念来考察处于算法逻辑之下的数据结构、用户行为以及用户体验,具体包括:注重数据结构的通用策略(如"随机存取"),引入数字时代的新概念、新隐喻、新操作(如界面、带宽、流量、存储、压缩等),注重用户能力、用户行为与用户策略,等等。④ 马诺维奇并不建议将旧有的媒介理论体系推倒重来,而是试图让传统媒介浸入虚拟环境之中,进而实现跨媒介关联。

王一川指出"艺术跨门类交融研究"是艺术学学科建设的主要道路⑤,而跨媒介理论进一步拓展、深化了跨艺术/比较艺术的研究进路。它聚焦不同媒介之间"跨越边界"的现象,着眼于关系而非结构,并且吸收了互文性、符号学及比较艺术三大研究传统。它的问题意识在于对媒介特性论以及它所推崇的"纯粹媒介"的批判。就形式而言,跨媒介研究聚焦于共通、混合、转化等类型;就潜能而言,跨媒介研究聚焦于感性再配置所带来的美学政治。笔者提出,跨媒介理论未来至少还可以在两个方向上继续推进:基于跨媒介本体论的艺术史书写,以及基于数字媒介逻辑的跨媒介重塑。

---

① Jürgen Müller, "Intermediality and Media Historiography in the Digital Era," *Film and Media Studies*, Vol. 2, 2010, p. 27.
② Jürgen Müller, "Intermediality and Media Historiography in the Digital Era," *Film and Media Studies*, Vol. 2, 2010, p. 28.
③ [俄]列夫·马诺维奇:《新媒体的语言》,车琳译,贵阳:贵州人民出版社,2020年版,第5—6页。
④ Lev Manovich, "Postmedia Aesthetics," *Transmedia Frictions: The Digital, the Arts, and the Humanities*, in Marsha Kinder & Tara McPherson (eds.), Oakland, CA: University of California Press, 2014, pp. 37-38.
⑤ 王一川:《艺术学理论的学科进路》,《文艺研究》,2021年第8期。

第二节　跨越边界如何可能——以电影为例

在《电影的虚拟生命》（2007）中，美国电影学者戴维·诺曼·罗德维克（D. N. Rodowick）观察到，20世纪不断演进的关于电影的观念始终处于"身份危机"的状态，"'电影是什么'这个问题的答案永远没有达成普遍共识"[①]。这种对电影本体论的关切与追寻，在媒介层面集中体现为"电影究竟是媒介还是跨媒介"。电影通常被视作艺术媒介的一种，与雕塑、绘画、摄影等艺术并列。而罗马尼亚学者艾格尼丝·派舍却向我们发来一连串质问："电影是一种媒介，还是结合了多种媒介的媒介？电影作为媒介，是跨媒介（intermedium）媒介、复合（composite）媒介、混合（mixed）媒介，还是杂交（hybrid）媒介？或者应该将其视作跨媒介关联（relationships）、转换（transformations）的地方或场域？"[②] 研究者们逐渐意识到，似乎有必要将电影视作"跨媒介"的媒介，即以"跨媒介本体论"的视角去重新审视电影。德国媒介研究者于尔根·米勒指出，电影的跨媒介历程并非始于当下，早在它诞生之初，各种媒介先行者（medial forerunners）就已经渗透进电影之中[③]。派舍认为，影像可以吸纳（incorporate）诸种媒介形式，进而引发不同媒介之间的融合与对话[④]。换言之，电影自诞生以来就已经处于跨媒介状态，且这一状态持续至今，未曾中断。

"跨媒介性"（intermediality），也作"媒介间性"（译法参考"主体间性"）、"互媒性"（译法参考"互文性"），意指不同媒介之间发生的共通、转化、混合等关系，是审视不同媒介彼此关联、互动的重要视角。近年来"跨媒介性"在欧洲成为艺术学领域一个颇具热度的关键词，也在中文学术界掀起了一股方兴未艾的研究浪潮。不少研究者意识到，引入该视角有望激活日益偏狭的电影研究。派舍尖锐批评了电影学界对

[①] ［美］D. N. 罗德维克：《电影的虚拟生命》，华明、华伦译，南京：南京大学出版社，2019年版，第12页。

[②] Ágnes Pethö, *Cinema and Intermediality: The Passion for the In-Between*, Newcastle upon Tyne: Cambridge Scholars, 2011, p. 28.

[③] Jürgen E. Müller, *Intermedialität: Formen moderner kultureller Kommunikation*, Münster: Nodus, 1996, p. 47.

[④] Ágnes Pethö, *Cinema and Intermediality: The Passion for the In-Between*, Newcastle upon Tyne: Cambridge Scholars, 2011, p. 1.

跨媒介性的忽视与缄默，并坚称它有望成为当代电影研究中的重要理论议题。[1] 跨媒介电影的相关著作包括但不限于：派舍的著作《电影与跨媒介：居间性的激情》（2011）[2]，英国学者露西亚·纳吉布（Lúcia Nagib）的著作《不纯的电影：电影研究的跨媒介和跨文化取径》（2014）[3]，荷兰学者詹那·侯文（Janna Houwen）的著作《电影与视频的跨媒介》（2017）[4]，瑞典学者乔根·布鲁恩（Jørgen Bruhn）及挪威学者安妮·耶尔斯维克（Anne Gjelsvik）的著作《媒介之间的电影：一种跨媒介取径》（2018）[5]，耶鲁大学学者布里吉特·皮克（Brigitte Peucker）的著作《审美空间：电影中的艺术位置》（2019）[6]，英国学者金·诺尔斯（Kim Knowles）等人合编的《电影跨媒介：理论与实践》（2021）[7]，等等。

笔者沿着以下思路展开论述：跨媒介研究在"作为媒介的电影"的观念变迁中处于何种位置，并意味着何种转变？"后理论"及"后媒介"情境之下，它与主张"消弭边界"的延展电影研究有何异同？如何借此展开对具体电影的分析？该研究方法如何立足数字时代与中国场景，为电影研究提供新的学术增长点？

一、合与分：电影媒介观的两条脉络

电影媒介观，即从媒介角度思考电影，是特定语境下关于"作为媒介的电影"的论断（claim）或话语[8]。基于此种视角，电影学者安德

---

[1] Ágnes Pethö, *Cinema and Intermediality: The Passion for the In-Between*, Newcastle upon Tyne: Cambridge Scholars, 2011, pp. 1, 19.

[2] Ágnes Pethö, *Cinema and Intermediality: The Passion for the In-Between*, Newcastle upon Tyne: Cambridge Scholars, 2011.

[3] Lúcia Nagib & Anne Jerslev (eds.), *Impure Cinema: Intermedial and Intercultural Approaches to Film*, London: I. B. Tauris, 2014.

[4] Janna Houwen, *Film and Video Intermediality: The Question of Medium Specificity in Contemporary Moving Images*, New York: Bloomsbury, 2017.

[5] Jørgen Bruhn & Anne Gjelsvik, *Cinema Between Media: An Intermediality Approach*, Edinburgh: Edinburgh University Press, 2018.

[6] Brigitte Peucker, *Aesthetic Spaces: The Place of Art in Film*, Evanston, IL: Northwestern University Press, 2019.

[7] Kim Knowles & Marion Schmid (eds.), *Cinematic Intermediality: Theory and Practice*, Edinburgh, Scotland: Edinburgh University Press, 2021.

[8] 英国美学家贝伊斯·高特（Berys Gaut）将媒介特性论视作某种论断（claim），并将其区分为"评价性"（evaluative）、"解释性"（explanatory）、"艺术形式"（art form）三类，即以媒介特殊性为依据，评估其价值，解释其原因，聚焦其形式。Cf. Berys Gaut, *A Philosophy of Cinematic Art*, Cambridge: Cambridge University Press, 2010, pp. 286-287.

烈·戈德罗（André Gaudreault）和菲利普·马里恩（Philippe Marion）在著作《电影的终结？——数字时代的媒介危机》（2013）中认为电影自诞生以来经历了"三次出生"，并据此将电影媒介史分为三个阶段。[①]"第一次出生"为媒介综合性（integrative），即电影技术刚被发明出来的时候，研究者热衷于讨论作为新媒介的电影与既有媒介之间的关联性，因为唯有与传统艺术脉络相连方能获得跻身艺术殿堂的资格。"第二次出生"为媒介特殊性（differential），是电影开始介入社会文化体制、寻求自身的差异化定位的时候，研究者通过论证电影媒介的独特性来确立其艺术合法性地位。如今我们面临电影的"第三次出生"即跨媒介性，指的是 20 世纪 60 年代以来，随着视频媒介的崛起，电影不复往昔之纯粹，各式各样的跨媒介实践拓展了电影的边界，为视听艺术创造了更多可能性。

戈德罗和马里恩的观点尽管不乏创见，但其"三个阶段的划分"缺乏史论支撑——毕竟媒介综合性与媒介特殊性皆诞生于 20 世纪早期，难辨孰先孰后。笔者对此稍加修正，将综合性与特殊性视作电影媒介观的"两条脉络"，借此引出"跨媒介性"这一电影媒介观在历史上的独特价值。

（一）媒介综合性

"媒介综合性"（integration）认为电影一直在模仿、借鉴传统艺术，是对传统艺术形式的综合。它将电影置于传统艺术媒介的脉络中予以审视，通常将电影与某一或若干艺术媒介作类比，强调电影在功能、形式上与传统艺术脉络相连。早期电影就大量借鉴了传统艺术，如小说、戏剧、建筑、摄影、绘画等。1911 年，意大利诗人和电影先驱乔托·卡努杜（Ricciotto Canudo）以"第七艺术"命名初生的电影，将其与建筑、音乐、绘画、雕塑、诗歌和舞蹈相提并论。在他看来，作为艺术形态，电影集空间艺术（造型艺术）和时间艺术（诗歌和音乐）于一身。[②] 卡努杜的这一宣言是将电影引入艺术殿堂的最早理论论述。因为倘若不把

[①] André Gaudreault & Philippe Marion, *The End of Cinema? A Medium in Crisis in the Digital Age*, trans. Timothy Bernard, New York: Columbia University Press, 2015, pp. 104—126.

[②] Ricciotto Canudo, "The Birth of the Sixth Art," in Philip Simpson, et al. (eds.), *Film Theory: Critical Concepts in Media and Cultural Studies*, Volume 1, London: Routledge, 2004, pp. 25—33.

电影标榜为艺术,并与其他艺术作类比,它的地位就没办法提高,只能是大众的娱乐消遣,无法登堂入室成为高雅艺术。这种观点在电影诞生之初就颇为流行,并在此后回响不绝。美国当代电影学者罗伯特·斯塔姆(Robert Stam)同样将电影视作综合的艺术,"电影之互文性是多轨的(multitrack),图像轨道'继承'绘画和视觉艺术的历史,声音轨道'继承'音乐、对白、声音实验的历史"①。因此电影也被表述为一种"不纯的媒介":"实际上,从诞生之初起,电影就从未停止过被定义为'混杂'(hybrid),因为电影拥有模仿现有艺术形式的能力。"②

在秉持媒介综合性观点的学者看来,电影唯有"像另一种艺术",或类似已被承认的传统艺术,或汲取若干传统艺术的精华,方能获得合法性,从而名正言顺地登入艺术的殿堂。学者们往往习惯性地借用传统艺术的词汇来表述电影,例如"以光作画"(painting with light,奥尔顿语)③、"雕刻时光"(sculpting in time,塔可夫斯基语)、"书写运动"(writing with movement,布莱恩·布朗语)④ 等,如此一来,电影便被模拟为一种特殊的绘画、雕塑,以及书写语言。例如安德烈·塔可夫斯基(Andrei Tarkovsky)的"雕刻时光","好比雕塑家面对一块大理石,成品的样子了然于心,然后一点点剔除所有多余部分,电影人同样从包含海量生活事实的时间巨块中剔除所有不需要的部分",相当于"艺术的选拔"。⑤ 他通过将电影类比为雕塑,指出其去芜存菁的创作方法,以此强调电影作为一门艺术的合法性。

不过,有关媒介综合性的话语在电影研究学术史上通常难据主流地位,因为电影理论家和评论家们更热衷于讨论电影本身的独特性,以及电影与其他艺术媒介的区别。⑥ 事实上,有关媒介特殊性的话语主导了电影研究的整个进程。

---

① Robert Stam, *Literature Through Film: Realism, Magic, and the Art of Adaptation*, Malden, MA: Blackwell, 2005, p. 7.
② Lúcia Nagib & Anne Jerslev (eds.), *Impure Cinema: Intermedial and Intercultural Approaches to Film*, London: I. B. Tauris, 2014, p. xix.
③ John Alton, *Painting With Light*, Berkeley, CA: University of California Press, 1995.
④ Blain Brown, *Cinematography: Theory and Practice*, Waltham, MA: Elsevier, 2012, p. 2.
⑤ [苏联]安德烈·塔可夫斯基:《雕刻时光》,张晓东译,海口:南海出版公司,2016年版,第64页。
⑥ Jørgen Bruhn & Anne Gjelsvik, *Cinema Between Media: An Intermediality Approach*, Edinburgh: Edinburgh University Press, 2018, p. 1.

（二）媒介特殊性

媒介特殊性（medium specificity）的基本观点是各种媒介拥有其独特的品质，媒介之间边界鲜明。诺埃尔·卡罗尔（Noël Carroll）将其称为"媒介本质主义"（Media Essentialism）[①]，这种论证假定艺术媒介具有某种本质性特征，而这种特征决定了运用这种媒介时应该强调什么或不强调什么，一部作品的价值往往取决于在多大程度上凸显了或实现了这种本性或本质[②]。20世纪初期，当电影还是一种新生媒介时，电影理论家们在论证电影作为一种艺术形式时就极力强调电影之媒介特殊性。在达德利·安德鲁（J. Dudley Andrew）等学者看来，经典电影理论家的一个重要目标就是找到这一新兴艺术形式的本质[③]。他们盛赞电影捕捉现实的能力（巴赞、克拉考尔）、通过蒙太奇创造新的意义（爱森斯坦），从而强调电影与绘画、戏剧、文学的不同。媒介特殊性理论认为，电影具备其他艺术媒介不曾具备的形式，或者能够实现其他艺术媒介无法实现之事。这体现了两种论证思路：一为特殊形式论，二为特殊潜能论。

"特殊形式论"注重媒介在形式（form）上的独异性，通常采取解析、剥离的分析进路，即"人无我有"。倘或这一形式特征为其他媒介所共享，那么就需要排除；反之则属于该媒介的特殊性。20世纪20年代，美国诗人维切尔·林赛（Vachel Lindsay）认为电影不同于传统艺术（雕塑、绘画、建筑）的特性在于其"运动不息的人类灵魂"（the human soul in action），这是一种令皮格马利翁的女性雕像复活的动人力量。[④] 鲁道夫·阿恩海姆（Rudolf Arnheim）在《电影作为艺术》（1932）中从形式的角度区分了电影与其他艺术。在他看来，电影（当时特指黑白默片）完全偏离了自然感知，又拒绝了声音、对话和色彩（分别对应音乐、戏剧和绘画的特征），犹如"视觉以外的其他感觉失去了作用"。同时他强调电影是"立体在平面上的投影"，换言之，它消除了深度，从而令电

[①] Noël Carroll, *Theorizing the Moving Image*, Cambridge: Cambridge University Press, 1996, pp. 5-6.

[②] 唐宏峰：《影像媒介的本性——论影像艺术价值的一种标准》，《民族艺术研究》，2020年第2期。

[③] [美]达德利·安德鲁：《经典电影理论导论》，李伟峰译，北京：世界图书出版公司，2012年版，第2—4页。

[④] Vachel Lindsay, *The Art of the Moving Picture*, New York: Modern Library, 1922/2000, p. 21.

影与现实、雕塑相去甚远。① 阿恩海姆通过对电影之媒介特殊性的论证来捍卫其艺术价值，进而为电影艺术"正名"。

"特殊潜能论"注重媒介在潜能（potential）上的独异性，通常采取功能主义的分析进路，即"人有我优"。其他媒介或许也拥有某种类似的能力，但电影所能实现的效果显著超越其他媒介。20世纪20年代，苏联先锋理论家从蒙太奇的角度探索电影的独特潜力。五六十年代，安德烈·巴赞（André Bazin）和齐格弗里德·克拉考尔（Siegfried Kracauer）寻求电影的独特品质，从媒介潜能的角度论述媒介特殊性。巴赞强调电影拥有让人不再介入的特权②，是"现实的渐近线"③，能前所未有地接近、保存、再现现实。克拉考尔则将"电影的本性"定义为"物质现实的复原"，电影与我们周围世界有一种显而易见的近亲性，它"热衷于描绘易于消逝的具体生活"，而不是摆拍与造型。④

总之，电影媒介观可分为"媒介综合性"和"媒介特殊性"两条脉络。两条脉络均将电影置于与其他媒介比较的视野之中，"媒介综合性"重关联而轻区分，"媒介特殊性"重区分而轻关联。而如今方兴未艾的"跨媒介性"既承认媒介边界（区分），也关注跨越边界的现象（关联）（见表4－2）。一方面，跨媒介性不同于媒介综合性。媒介综合性通过论证电影与传统艺术千丝万缕的联系来论证电影艺术的合法性，但却忽视了媒介之间存在的差异，而跨媒介性则承认媒介之间确有其边界。另一方面，跨媒介性也不同于媒介特殊性。准确地说，它恰恰是对媒介特殊性神话的批判，强调电影实践难以恪守其边界，常常模糊、搅乱边界。

表4－2 三种电影媒介观

媒介观	重关联	重区分
媒介综合性	√	—
媒介特殊性	—	√
跨媒介性	√	√

---

① ［德］鲁道夫·爱因汉姆：《电影作为艺术》，邵牧君译，北京：中国电影出版社，2003年版，第7—27页。
② ［法］安德烈·巴赞：《电影是什么？》，崔君衍译，南京：江苏教育出版社，2005年版，第6页。
③ ［法］安德烈·巴赞：《电影是什么？》，崔君衍译，南京：江苏教育出版社，2005年版，第341页。
④ ［德］齐格弗里德·克拉考尔：《电影的本性》，邵牧君译，南京：江苏教育出版社，2006年版，自序，第3页。

二、消弭，抑或跨越：后理论时代的电影边界

追溯电影研究的脉络不难发现，自巴赞以来的强调媒介特殊性的传统，为20世纪六七十年代兴起的结构主义思潮所中断，此后电影研究为两股强劲的研究模式所裹挟，即主体－位置理论（Subject-Position Theory，包括拉康式精神分析、阿尔都塞式马克思主义以及罗兰·巴特式符号学等）和文化主义（Culturalism，包括法兰克福学派、后现代主义以及文化研究等）。这两股潮流虽相互对立，却共享着令人惊讶的前提与趋向，皆不乏批判性且汇入宏大理论的洪流之中。[1]

针对宏大理论对电影研究的统摄性影响力，电影学界的领军人物波德维尔（David Bordwell）和卡罗尔在20世纪90年代高擎"后理论"大旗[2]，拒斥宏大理论的同时，提倡"零敲碎打（piecemeal）、问题导向式的（problem-driven）反思"[3]。在卡罗尔看来，以精神分析为代表的宏大理论家们既无经验材料，也无数据支撑，只是在"神秘化"（mystifying）电影，令我们对电影的理解愈发迷惑。[4] 与之相对，"后理论"研究旨在探索中层理论（Middle-Range Theory）[5]，要求电影研究展示出"累积性的、可验证的结果"，倡导以"平直语言"代替"形而上学黑话"。[6]

除了对宏大理论的批判之外，"后理论"还受"后媒介"思潮影响颇深，体现为对媒介特殊性观念/神话的深刻批判。自20世纪60年代便携式录像机的普及开始，直至21世纪的数字化浪潮，电影作为混合媒介的形态更为凸显。美国当代艺术批评家罗莎琳德·克劳斯（Rosalind E.

---

[1] David Bordwell, "Contemporary Film Studies and the Vicissitudes of Grand Theory," in David Bordwell & Noël Carroll (eds.), *Post-Theory: Reconstructing Film Studies*, Madison, WI: University of Wisconsin Press, 1996, pp. 3–4.

[2] "后理论"或"后电影"相关研究可参见：姜宇辉《后电影状态：一份哲学的报告》，《文艺研究》，2017年第5期；陈林侠：《重审"大理论"与"后理论"之争——以齐泽克电影批评为核心》，《学术研究》，2020年第1期；陈瑜：《"后电影"的理论建构及其视域局限》，《电影艺术》，2020年第5期。

[3] David Bordwell & Noel Carroll (eds.), *Post-Theory: Reconstructing Film Studies*, Madison, WI: University of Wisconsin Press, 1996, p. xiii.

[4] Noël Carroll, *Mystifying Movies: Fads and Fallacies in Contemporary Film Theory*, New York: Columbia University Press, 1988, p. 2.

[5] 例如，波德维尔建议采用"认知主义"（Cognitivism）的电影研究路径。

[6] Robert Sinnerbrink, *New Philosophies of Film: Thinking Images*, London: Continuum, 2011, pp. 17, 4, 15.

Krauss)在《北海航行：后媒介时代的艺术》(1999)中指出，当代艺术媒介不复纯粹、独立与单一，而是与其他媒介相互渗透，通过异质性(heterogeneity)更好地挖掘自身潜力，进入所谓的后媒介状况(post-medium condition)。① 就电影而言，录像艺术的诞生促进了以结构主义电影为代表的现代主义媒介特殊性观念的瓦解。录像视频散乱无章、充满异质性，以至于无法被理论化，更谈不上一种拥有本质属性或统一内核的媒介，因此视频的兴起预示着媒介特殊性的终结。② 在她看来，媒介特殊性的理念已经变得不合时宜，纯粹媒介不过是形而上学的虚构而已。

鉴于后媒介思潮之下媒介特性论的节节败退，"后理论"代表人物卡罗尔呼吁电影研究应"忘掉媒介"(forget the medium)③。卡罗尔建议用"动态影像"(moving image)的概念取代"电影"(film)，由此一来便将录像、电视、计算机生成图像等视听媒介统统纳入考察范围，从而勾连出更具历史纵深感与未来拓展性的动态影像史——所谓的"电影"时代，不过是其中的一个阶段而已。④ 卡罗尔反对将艺术与单一媒介相绑定，认为媒介只是工具，不可越俎代庖地限制艺术。

如果说卡罗尔鼓吹的是"忘掉"电影的边界，那么延展电影理论则与之一脉相承，意在"消弭"电影的边界。谢尔顿·雷南(Sheldon Renan)是最早讨论延展电影的评论家之一，他给出了相对开放的界定："延展电影并不是某种特定的电影制作风格，而是一种导向许多不同方向的探索(inquiry)品质。"⑤ 美国媒体艺术理论家吉恩·杨布拉德(Gene Youngblood)则对"延展电影"(expanded cinema)作形而上学思考，将其视作"人类持续的历史冲动，要将自身意识呈现于自身头脑之外，双眼之前"⑥。"从'延展电影'的角度看，电影是一种根本上缺乏本质(essentially essence-less)的艺术形式，所有艺术都与之相交，而先锋电

---

① Rosalind Krauss, "A Voyage on the North Sea": Art in the Age of the Post-Medium Condition, London: Thames & Hudson, 2000, pp. 5—20.

② Rosalind Krauss, "A Voyage on the North Sea": Art in the Age of the Post-Medium Condition, London: Thames & Hudson, 2000, pp. 31—32.

③ Noël Carroll, Engaging the Moving Image, New Haven, NY: Yale University Press, 2003, pp. 1—9.

④ Noël Carroll, Theorizing the Moving Image, Cambridge: Cambridge University Press, 1996, p. xiii.

⑤ Sheldon Renan, An Introduction to the American Underground Film, New York: E. P Dutton, 1967, p. 227.

⑥ Gene Youngblood, Expanded Cinema, New York: E. P. Dutton, 1970, p. 41.

影是一种固有的混合传统。"① 有论者指出，以延展电影为代表的数字时代先锋电影（avant-garde film）的显著标志就是"界限的抹除"，这意味着媒介这个原先用于表述差异性的概念将彻底失效。②

不过，"后理论"消弭电影边界的做法也激起了不少研究者的反对。延展电影鼓励电影从标准化中解放出来，赋予电影更多的可能性，但同时它激起了电影制片人和评论家对电影身份的焦虑。美国电影评论家安内特·米歇尔森（Annette Michelson）指出，"后理论"通过对电影"形式自治"（formal autonomy）的质疑，试图抹除媒介的边界。③ 她难以接受的是，电影要将自己好不容易争取到的独特地位轻易抛弃，多年奋斗付诸东流。派舍认为，"关于电影媒介问题的讨论是通过对古典电影理论的批评而进入的，而'媒介'概念本身似乎在对'大理论'的反复攻击中成为受害者"④。电影学者或许可以承认媒介特殊性的溃散，但还是无法接受电影边界的消弭，因为一旦媒介边界消弭殆尽，作为艺术形式的电影也就岌岌可危了。

针对这种相持不下的理论争鸣，罗德维克为我们提供了一套相对调和的方案。他反对"后理论"忘掉/消弭电影边界的做法，并以不失温和的态度重新带回了媒介。罗德维克认为，尽管卡罗尔的批评颇具说服力，但他抛弃"电影"，代之以"动态影像"的做法难免有些得不偿失，因为后者对媒介的差异及其潜在特质的把握不够敏感⑤。在他看来，复数的媒介（media）具有相当的灵活性，借此可以理解不同媒介是如何保持差异化特质，又保留着共同特性；倘或不去辨析各个媒介的特质，那也就无力把握混合媒介的特点。⑥ 罗德维克倾向于将电影界定为"混合媒介"，这一定程度上体现了他对媒介综合性理念的返归。⑦ 罗德维克强调

---

① Jonathan Walley, *Cinema Expanded: Avant-Garde Film in the Age of Intermedia*, New York: Oxford University Press, 2020, p. 63.
② 王昕：《数字时代的先锋电影：困境与可能》，《当代电影》，2020年第2期。
③ Annette Michelson, "Film and the Radical Aspiration," in Adams Sitney (ed.), *Film Culture Reader*, New York: Cooper Square Press, 2000, p. 420.
④ Ágnes Pethö: *Cinema and Intermediality: The Passion for the In-Between*, Newcastle upon Tyne: Cambridge Scholars, 2011, p. 26.
⑤ ［美］D. N. 罗德维克：《电影的虚拟生命》，华明、华伦译，南京：南京大学出版社，2019年版，第43—44页。
⑥ ［美］D. N. 罗德维克：《电影的虚拟生命》，华明、华伦译，南京：南京大学出版社，2019年版，第44页。
⑦ ［美］D. N. 罗德维克：《电影的虚拟生命》，华明、华伦译，南京：南京大学出版社，2019年版，第14页。

我们应当重视电影中的跨媒介混合，而不是一味抹除媒介边界而无视这种混合性。

综上所述，跨媒介研究晚近以来的勃然兴起，与呼声渐长的"后理论"思潮正可谓脉络相连，但同时也表现出与之相异的研究取向。

与"后理论"一样，跨媒介研究并非追求"自上而下"的、长于统摄性解释的宏大理论，而是一种强调"自下而上"的，致力于描述、归纳的中层理论。如前文所述，于尔根·米勒将跨媒介研究视作一根"研究主轴"（a research axis），即这些研究均围绕跨媒介性展开，同时贯穿多个学科领域。[1]"跨媒介理论不具备一个连贯的系统，用以解释所有的跨媒介现象。"[2] 派舍亦承认，跨媒介研究与"后理论"不乏相通之处。[3] 二者均强调描述、归纳，既有中观的研究进路，也有聚焦的研究议题。[4] 可以说，跨媒介方法正是"后理论"时代电影研究的取径之一。

不过，二者的分歧亦相当明显，集中体现在它们面对混合媒介的不同态度——"后理论"学说主张消弭电影的媒介边界，而跨媒介研究则坚称媒介边界的存在。跨媒介与延展电影在预设前提、方法论上均存在显著差异。就预设前提而言，延展电影强调电影与其他媒介的边界消弭，通过边界的持续扩张来尽可能囊括视听媒介变体，而跨媒介电影则认为边界依然存在，且被愈发频繁地跨越，因此聚焦电影与其他媒介的跨界关系。就方法论而言，延展电影是一种面向未来的实践论，跨媒介电影则是一种视野广阔的分析进路。延展电影通常聚焦于实验电影，不拘于形态，破除一切束缚，探索视听艺术新的可能性。它是一种艺术实践的理念和宣言，而非严格意义上的研究方法。而跨媒介则更多体现为一种研究意识或研究进路，其研究对象较之延展电影更为广泛，既注重电影与传统艺术媒介的跨界关联，也注重电影与数字媒介的跨界关联，可谓既着眼过去，也瞩目未来。

---

[1] Jürgen Müller, "Intermediality and Media Historiography in the Digital Era," *Film and Media Studies*, Vol. 2, 2010, pp. 15–17.

[2] Jürgen Müller, "Intermediality and Media Historiography in the Digital Era," *Film and Media Studies*, Vol. 2, 2010, p. 16.

[3] Ágnes Pethö, *Cinema and Intermediality: The Passion for the In-Between*, Newcastle upon Tyne: Cambridge Scholars, 2011, p. 2.

[4] Ágnes Pethö, *Cinema and Intermediality: The Passion for the In-Between*, Newcastle upon Tyne: Cambridge Scholars, 2011, p. 25.

三、研究示例：如何分析电影中的跨媒介混合

跨媒介研究旨在考察不同媒介之间的关系，包括：①若干媒介之间的共通关系（general relations）；②此媒介向彼媒介的转化（transformations）；③若干媒介的混合（combination / fusion）。[①] 笔者接下来将以电影内部的"跨媒介混合"为示例，展示跨媒介研究的具体分析进路。

以往学者对跨媒介混合的分析，多局限于对电影"不纯性"（impurity）的讨论。"不纯性"研究可追溯至巴赞。他认为，"在任何情况下，艺术之间的相互融合或杂糅都有可能发生，比如体裁的杂糅，但结果并不一定都是好的。杂交有可能产生硕果，从而提升基因的品质；但也有可能产生外形美丽却无法繁衍的后代，还有可能产生如狮头羊身蛇尾的喷火女妖那般丑陋可怕的怪物"[②]。如果说巴赞的"不纯性"更多指的是剧本内容层面，那么巴赞的追随者、曾任法国《电影手册》主编的电影批评家让-米歇尔·弗罗东（Jean-Michel Frodon）则更进一步，将巴赞的遗产扩展至媒介层面，讨论电影与游戏的"不纯性"[③]。《不纯的电影》（2014）一书的作者建议将"不纯电影"（impure cinema）视作"方法"而非"对象"，提醒我们不要辜负巴赞的初衷，相反，要突出他对批评自由的强烈呼吁，即超越媒介特殊性的束缚来理解电影。[④] 不过，尽管电影的"不纯性"被频繁讨论，但所触及的层面往往较为表浅，鲜见深入分析。更需要注意的是，"不纯性"隐含某种价值判断：纯粹/纯净/纯洁的电影无疑是好的，与之相对的是被掺了杂质、被污染、被玷污的电影，它们的处境即便不是劣势的，至少也是尴尬的，其合法性需要有人为之辩护。

跨媒介研究较之"不纯性"研究更为精细，也更具可操作性。布鲁恩与耶尔斯维克在其著作《媒介之间的电影：一种跨媒介取径》（2018）

---

① Claus Clüver, "Intermediality and Interarts Studies," in Jens Arvidson, et al. (eds.), *Changing Borders: Contemporary Positions in Intermediality*, Lund: Intermedia Studies Press, 2007, p. 32.

② ［法］安德烈·巴赞：《电影是什么？》，李浚帆译，武汉：华中科技大学出版社，2020年版，第68—69页。

③ ［法］让-米歇尔·弗罗东：《电影的不纯性——电影和电子游戏》，杨添天译，《世界电影》2005年第6期。

④ Lúcia Nagib & Anne Jerslev (eds.), *Impure Cinema: Intermedial and Intercultural Approaches to Film*, London: I. B. Tauris, 2014, p. xxi.

中提出了跨媒介研究的"三板斧"——编目（cataloguing）、结构化（structuring）及语境化（contextualising）。[①] 具体而言：第一步是找出影像中出现的媒介并予以编目；第二步是关注这些媒介是如何被建构出来的，譬如考察媒介如何被展示、被生产，进而揭示媒介幕后的真相；第三步是将媒介语境化，即结合社会情境分析媒介所代表的话语，如"人们可以掌控媒介""媒介终将失控"等。作者以《公民凯恩》（*Citizen Kane*，1941）为案例介绍了"三板斧"是如何运用的。[②] 第一步，作为一部"混合媒介的杰作"[③]，乃至"过度饱和的媒介存在"[④]，《公民凯恩》特别适合采取跨媒介研究的分析路径。影像中充斥着电话、报纸、书写等大量媒介技术，以及新闻短片、歌舞剧、雕塑等艺术媒介。这些媒介犹如难以完全拼合的大量"拼图"。第二步，电影带领观众了解媒介的幕后生产过程。例如，当凯恩初涉报业之际，观众们耳闻目睹了不少媒体生产、招聘、盈利方面的考量与实践。第三步，两种话语的角力贯穿电影始终：一种是恐惧媒介的立场——我们深受媒体制约，并迷失在媒介之中；另一种是更为自信的立场——媒体被视作可以掌控的社会权力机构，我们可以令媒体为己所用。

接下来笔者以跨媒介为研究路径，对电影中的跨媒介混合进行分析（见表4-3）。笔者一方面借鉴了瑞典学者拉尔斯·艾勒斯特罗姆的"媒介三分法"（①基础媒介［basic media］，即模态特性，如文本、视觉、听觉等；②资质媒介［qualified media］，即艺术形式，如绘画、雕塑、摄影等，通常创作者需要具备一定的资质；③技术媒介［technical media］，即媒介技术，用以实现、表现媒介内容的物质性装置，如电视机、手机等[⑤]，另一方面吸收了周宪对"跨媒介混合"的区分——质料性与模拟性[⑥]。"质料嵌入"指此媒介对彼媒介的嵌入式再现，"形式模

[①] Jørgen Bruhn & Anne Gjelsvik, *Cinema Between Media：An Intermediality Approach*, Edinburgh：Edinburgh University Press，2018，p.136.

[②] Jørgen Bruhn & Anne Gjelsvik, *Cinema Between Media：An Intermediality Approach*, Edinburgh：Edinburgh University Press，2018，pp.24-37.

[③] Jørgen Bruhn & Anne Gjelsvik, *Cinema Between Media：An Intermediality Approach*, Edinburgh：Edinburgh University Press，2018，p.21.

[④] Jørgen Bruhn & Anne Gjelsvik, *Cinema Between Media：An Intermediality Approach*, Edinburgh：Edinburgh University Press，2018，p.30.

[⑤] Lars Elleström, "Introduction," in Lars Elleström (ed.), *Media Borders，Multimodality and Intermediality*, Hampshire：Palgrave Macmillan，2010，pp.5，12-13.

[⑥] 周宪：《艺术跨媒介性与艺术统一性——艺术理论学科知识建构的方法论》，《文艺研究》，2019年第12期。

拟"指此媒介对彼媒介的形式引用、参考及借鉴。

表 4-3 电影中的跨媒介混合

跨……	媒介	质料嵌入	形式模拟
跨模态	基础媒介	电影中出现触摸的镜头	电影模拟触摸的感觉（触感视觉）
跨艺术	资质媒介	电影中出现绘画、雕塑等	电影模拟绘画、雕塑的表现形式
跨技术	技术媒介	电影中出现游戏片段 电影中出现电子屏幕	电影模拟游戏的形式 电影模拟电子屏幕的形式

（一）模态混合

在模态（即艾勒斯特罗姆所谓的"基础媒介"）层面，质料嵌入是指特定模态在影像中的嵌入与呈现，形式模拟是指影像对特定模态的模拟。模态（modes）指的是社会文化所规定、形塑的符号资源，用于生产和传播意义，包括但不限于言语、图像、手势、书写等。① 模态是理解任何媒介都不可或缺的基础，各种模态一起构成媒介复合体。模态分析是将跨媒介异质性（heteromediality）理解为所有媒介的多模态特征，进而将媒介分解为不同层次的模态。艾勒斯特罗姆将模态分为四个层面：①物质（material）模态，即有形或潜在的媒介界面，包括身体、界限分明的物质性媒介（如平面及三维物体），以及界限不甚分明的物质显现（如声波、激光）；②感官（sensorial）模态，即使用媒介界面所需要调用的身体感知，包括看、听、触、尝、闻；③时空（spatiotemporal）模态，即将物质界面的感官感知结构化为时空经验，包括宽度、高度、深度、时间等维度，其模式包括物质界面中显示的空间、认知空间及虚拟空间；④符号（semiotic）模态，即通过不同的思维方式和符号解释在时空构想的媒介中创造意义，其主要模式包括规约（象征符号）、相似（像似符号）以及邻近（指示符号）。②

"模态混合"包括质料嵌入与形式模拟。"模态的质料嵌入"即不同模态在影像中的嵌入，或者说影像对不同模态的呈现。以"身体模态"为例，耶鲁大学学者布里吉特·皮克（Brigitte Peucker）在她的著作

---

① Gunther Kress, *Multimodality: A Social Semiotic Approach to Contemporary Communication*, London: Routledge, 2010, pp. 84-88.
② Lars Elleström, "The Modalities of Media: A Model for Understanding Intermedial Relations," in Lars Elleström (ed.), *Media Borders, Multimodality and Intermediality*, Hampshire: Palgrave Macmillan, 2010, pp. 17-24.

《融入影像：电影和它的对手艺术》（1995）中认为电影与文学、绘画等姊妹艺术处于一种紧张对抗的动态关系之中，因为电影会挪用、修正、颠覆文学及绘画中的隐喻来争取自身的合法性，而身体模态正是各种媒介相互关联的交叉地带。① 皮克建议研究者关注身体模态对影像的嵌入，这正是电影与其姊妹艺术发生动态关联的关键所在。"模态的形式模拟"即不同媒介对模态的形式模拟。譬如，影像如何模拟那些非视听的感官模态（如触觉）呢？劳拉·马克斯（Laura Marks）在其著作《电影的皮肤：跨文化电影、具身性和感觉机制》（2000）中正式提出"触感视觉"（haptic visuality）的概念，用以描述视觉影像对触觉的模拟。② "触感视觉"将视力看作一种触摸的感觉，镜头更倾向于移动而非专注，更倾向于掠视而非凝视。③ "触感视觉"正体现了电影中不同感官模态的混合。可见，借助模态分析的思维框架，我们可以激活更多跨媒介电影的研究想象，譬如，身体如何嵌入影像以及影像如何模拟身体，空间如何嵌入影像以及影像如何模拟空间，等等。

（二）艺术混合

在艺术（即艾勒斯特罗姆所谓的"资质媒介"）层面，质料嵌入是指其他艺术媒介在影像中的嵌入与呈现，形式模拟是指影像对其他艺术媒介的模拟。就质料嵌入而言，电影之中另有艺术媒介，不仅仅是影像对该艺术媒介的视觉再现，而且二者也构成了更为复杂的关联。以"电影中的绘画"为例，苏珊·费尔曼（Susan Felleman）在她的著作《电影想象中的艺术》（2006）中将20世纪40年代以来好莱坞电影中频繁出现的肖像画命名为"电影画廊"（moving picture gallery）现象，并运用精神分析、女性主义等理论来揭示绘画融入电影的意义。④ 以"电影中的建筑"为例，比利时艺术史学家史蒂文·雅各布斯（Steven Jacobs）在《不对劲的房子：阿尔弗雷德·希区柯克的建筑》（2007）中指出，希区柯克曾做过布景设计师，因此他的电影布景类型多样且设计考究，包括

---

① Brigitte Peucker, *Incorporating Images: Film and the Rival Arts*, Princeton, NJ: Princeton University Press, 1995, p. 3.

② Laura Marks, *The Skin of the Film: Intercultural Cinema, Embodiment, and the Senses*, Durham: Duke University Press, 2000, p. xi.

③ 严芳芳：《"触感视觉"：一种重新认识电影的理论路径》，《文艺理论与批评》2020年第3期。

④ Susan Felleman, *Art in the Cinematic Imagination*, Austin, TX: University of Texas Press, 2006, pp. 2, 14.

维多利亚庄园、郊区住宅、现代别墅、都市豪宅和豪华阁楼等。希区柯克频繁使用楼梯、窗户等建筑图案,将房屋变成了混乱不堪且令人焦虑的地方,如《蝴蝶梦》、《深闺疑云》(*Suspicion*,1941)、《辣手摧花》(*Shadow of a Doubt*,1943)等影片中的建筑多呈现为神秘迷宫或致命陷阱。[1]

媒介质料在影像中的嵌入式再现,遏阻了镜头、情节的流畅感,从而凸显出媒介实践的反身性。法国导演戈达尔(Jean-Luc Godard)在部分电影画面中直接或间接地嵌入了绘画、雕塑作品,例如《受难记》(*Passion*,1982)就大量援引了伦勃朗(Rembrandt)、戈雅(Goya)、德拉克洛瓦(Delacroix)及格列柯(Greco)等人的美术作品。有论者指出,这类静态图像瓦解了环环相扣的紧张叙事节奏,使故事表达呈现松弛状态,戈达尔借此对抗传统观念中情节事件发展的逻辑律。[2] 派舍指出,戈达尔影像中的跨媒介嵌入(如在影像中嵌入黑板)可视作对流畅无碍的影像表达的有意拒绝,与既有影像惯例保持着紧张、冲突乃至颠覆的关系,构成了一种"自我指涉的隐喻"(self-reflexive metaphor)。[3] 戈达尔的影像中频繁出现各种媒介,毫不回避地并置这些媒介,由此实现媒介之间的彼此激发,使影像持续处于紧张状态。

就形式模拟而言,研究者着重考察电影对其他艺术媒介的形式借鉴。就"电影对绘画的模拟"而言,不少研究者已经意识到西方绘画与电影具有媒介亲缘性。有法国学者曾集中讨论"电影与绘画"的关系:"如果电影不是绘画,如何理解它对以绘画传统为主的组成要素(取景、表面、颜色、构图、光线)的运用,以及在此基础上频繁展现在电影素材中、受到绘画影响或与之同源,与之共鸣的方面?"[4] 例如,电影《卡里加里博士的小屋》(*Das Cabinet des Dr. Caligari*,1920)吸收、借鉴了表现主义绘画艺术。电影《厨师、大盗、他的太太与她的情人》(*The Cook,the Thief,His Wife & Her Lover*,1989)模拟了宗教绘画中三联画(triptych)的构图。该电影中,摄像机被置于远处,仅有的运动就

---

[1] Steven Jacobs, *The Wrong House:The Architecture of Alfred Hitchcock*, Rotterdam:010 Publishers,2007,pp.10-15.

[2] 陈奇佳、钟美婷:《论戈达尔电影中的静态画面》,《北京电影学院学报》,2018年第2期。

[3] Ágnes Pethö, *Cinema and Intermediality:The Passion for the In-Between*, Newcastle upon Tyne:Cambridge Scholars,2011,p.271.

[4] [法]阿兰·马松等:《电影与绘画》,曹轶译,《世界电影》,2011年第2期。

是跟随角色的横向移动而移动。如此一来，观众就像观赏一幅美术馆墙上的巨大画作。

(三) 技术混合

在技术（即艾勒斯特罗姆所谓的"技术媒介"）层面，质料嵌入是指某种媒介技术在影像中的嵌入与呈现，形式模拟是指影像对某种媒介技术的模拟。质料嵌入层面的技术混合，即考察影像中所呈现的诸种媒介技术，尤其是新媒体技术。我们以"电影中的屏幕"为例，说明跨媒介研究如何分析质料意义上的技术混合。鉴于影像中电视、电脑、手机、监控等屏幕设备的激增态势，匈牙利学者安德里亚·维尔吉纳斯（Andrea Virginás）在《电影叙事中的电子屏幕：后数字时代的媒介模态和增强构型的限定方面》（2021）一文中利用模态理论分析作为物质、感官、时空、符号的屏幕。[1] 她将"影像中的屏幕"分为三类：装饰（decor）屏幕、剧情（diegetic）屏幕，以及元叙事（metadiegetic）屏幕。"装饰屏幕"指的是将屏幕作为背景，用以装饰环境、烘托气氛；"剧情屏幕"指的是供剧情之内的人物观看、使用的屏幕；"元叙事屏幕"指的是供剧情之外的观众观看、使用的屏幕。维尔吉纳斯指出，正如《银翼杀手》（*Blade Runner*，1982）、《录像带谋杀案》（*Videodrome*，1983）所呈现的那样，剧情内电子屏幕令物质模态不再凝固并活跃起来，为其原本平坦的时空模态增加深度，为其感官模态增加声音和触觉。[2] 电子屏幕嵌入影像可以持续生成托马斯·埃尔塞瑟（Thomas Elsaesser）所谓的"多重剧情世界"[3]。埃尔塞瑟为后数字时代的影像构想了一种"不将自己投射为世界的窗口（window），也不需要像框架（frame）那样固定空间的边界"，而是作为一种环境形式（an ambient form）来发挥作用，奇观与事件、内部与外部之间没有明确的空间划分，犹如占卜师

---

[1] Andrea Virginás, "Electronic Screens in Film Diegesis: Modality Modes and Qualifying Aspects of a Formation Enhanced by the Post-digital Era," in Lars Elleström (ed.), *Beyond Media Borders*, Volume 1: *Intermedial Relations among Multimodal Media*, Basingstoke: Palgrave Macmillan, 2021, pp. 141–174.

[2] Andrea Virginás, "Electronic Screens in Film Diegesis: Modality Modes and Qualifying Aspects of a Formation Enhanced by the Post-digital Era," in Lars Elleström (ed.), *Beyond Media Borders*, Volume 1: *Intermedial Relations among Multimodal Media*, Basingstoke: Palgrave Macmillan, 2021, p. 165.

[3] Thomas Elsaesser, *Film History as Media Archaeology: Tracking Digital Cinema*, Amsterdam: Amsterdam University Press, 2016, p. 96.

一般去触碰、抵达时间的过去与未来。①

形式模拟层面的技术混合，即有意让影像按照新式媒介的语言来表达，凸显出新媒介的特性、语言及风格。新技术、新媒介与电影的混合，逐渐成为近年来学界讨论的焦点。杨鹏鑫提出了"新媒介电影"的概念，借此指涉以电子屏幕、电子游戏、数据库、录像等数字新媒介为表现对象，并依靠其进行叙事和影像建构的电影，由此生发出屏幕电影、数据库电影、电子游戏媒介电影、录像媒介电影等研究议题。他以"屏幕电影"为例，考察电影对电子屏幕的媒介挪用与混合，考察其影像语言、形态惯例与观影体验。② 笔者则强调"新媒介电影"应扩展其内涵，不仅包括对"材质"的挪用与混合，也包括对"形式"的迁移与借鉴。以"游戏化电影"为例，笔者分析了在形式上深受数字游戏影响的当代电影，并将其区分为时空设定游戏化、情节结构游戏化、视觉呈现游戏化三种形态。③

总之，随着数字时代的来临，世界电影尤其中国电影的研究范式正在发生重大转换，其中之一便是电影研究的"媒介转向"④。而"跨媒介"正是其中一个关键性议题。借助跨媒介本体论的视角，研究者重新审视电影，尤其是关注媒介之间共通、转化、混合的关系。笔者梳理了电影媒介观与"后理论"思潮两大学术脉络之下的跨媒介研究。就电影媒介观而言，跨媒介研究结合了媒介综合性与媒介特殊性，既注重媒介之间的关联，又注重媒介之间的区分。就"后理论"思潮而言，跨媒介研究以"跨媒介"为主轴尝试构建中层理论，在"拒绝宏大理论"这一立场上与"后理论"一脉相承。不过跨媒介研究没有像"后理论"那样取消媒介的概念、抹除媒介的边界，而是在承认媒介边界的同时关注跨越边界的现象。

笔者以"影像中的跨媒介混合"为例展示了跨媒介研究的具体分析策略。不过需要承认的是，跨媒介并非放诸四海皆准的研究方法，其立意取向固然标新立异，但部分研究结论仍难掩平庸。正如不少研究者所

---

① Thomas Elsaesser, *Film History as Media Archaeology: Tracking Digital Cinema*, Amsterdam: Amsterdam University Press, 2016, p.133.
② 杨鹏鑫：《屏幕电影：媒体挪用与新电影形态的生成》，《文艺研究》，2020年第2期。
③ 施畅：《游戏化电影：数字游戏如何重塑当代电影》，《北京电影学院学报》，2021年第9期。
④ 李道新：《数字时代中国电影研究的主要趋势与拓展路径》，《电影艺术》，2020年第1期。

质疑的那样:"以跨媒介为取径的研究发现,在电影评论者眼中难称创见。"①《媒介之间的电影:一种跨媒介取径》(2018)的作者提醒我们:之所以引入跨媒介研究,不是用它来超越或取代传统的电影理论,而是呼吁研究者对电影媒介固有的混合性予以足够的重视,借此有助于澄清电影研究中的某些问题。② 该书作者强调跨媒介研究的"适用性"问题,认为该方法较为适合分析那些充斥着各类媒介乃至于"媒介饱和"的影像,譬如有关媒介诞生和发展的传记片或纪录片③,新式媒介设备随处可见的科幻片,吸收、借鉴了新媒体语言的实验电影,等等。

结合晚近以来国内外跨媒介研究的新进展,笔者认为,电影跨媒介研究的继续推进,至少需要关切以下三个方面。第一,以媒介考古为观照,跨媒介研究或可为"重写电影史"提供助益,探索电影演进的跨媒介逻辑。传统电影史学的书写注重历史社会语境,对媒介层面的讨论较少,而李道新等学者主张从民国报纸中寻访中国早期电影的历史脉络,显示了媒介研究的研究潜力与价值。④ 但将跨媒介方法运用于电影史书写的研究目前尚不多见。新近出版的《跨媒介对话:法国新浪潮电影与其他艺术》(2019)一书聚焦法国新浪潮电影"不纯"的跨媒介美学,深入分析了电影与文学、戏剧、绘画、建筑、摄影等其他艺术之间的混合关系。⑤ 派舍主编《左右为难:当代东欧和俄罗斯电影的跨媒介性》(2020)一书以跨媒介为方法,分析后冷战时代东欧及俄罗斯电影,强调电影与其他艺术的复杂关联,以及影像中混杂的诸种媒介如音乐、摄影、戏剧等。⑥ 需要强调的是,该书所倡导的跨媒介进路是置于社会语境之下的、极具历史意识的研究。例如,有论者指出,当代东欧电影在处理历史及政权更迭事件时往往会刻意强化档案媒介的"噪音",或者人为制造视觉上的不稳定,这体现了一种尚未固化的历史意识,旨在拒绝视听

---

① Jørgen Bruhn & Anne Gjelsvik, *Cinema Between Media: An Intermediality Approach*, Edinburgh: Edinburgh University Press, 2018, p. 136.

② Jørgen Bruhn & Anne Gjelsvik, *Cinema Between Media: An Intermediality Approach*, Edinburgh: Edinburgh University Press, 2018, p. 136.

③ 例如瑞典史上首位女性摄影师玛丽亚·拉森(Maria Larssons)的传记片《永恒时刻》(2008)。Cf. Jørgen Bruhn & Anne Gjelsvik, *Cinema Between Media: An Intermediality Approach*, Edinburgh: Edinburgh University Press, 2018, pp. 70-85.

④ 李道新:《民国报纸与中国早期电影的历史叙述》,《当代电影》,2005年第6期。

⑤ Marion Schmid, *Intermedial Dialogues: The French New Wave and the Other Arts*, Edinburgh: Edinburgh University Press, 2019, pp. 1-11.

⑥ Ágnes Pethö (ed.), *Caught In-Between: Intermediality in Contemporary Eastern European and Russian Cinema*, Edinburgh: Edinburgh University Press, 2020, p. 1.

层面的舒适感，以促使观众追寻隐藏的意义和记忆①。

第二，跨媒介研究需要立足当代数字场景，尤其是聚焦新式媒介与电影发生的跨越边界的混合与融合。传统电影研究也关注跨艺术的电影现象（如电影与戏剧、电影与绘画等），但跨媒介研究除了强调艺术形态上的混合，也强调技术形态上的混合（如电影与屏幕、电影与游戏、电影与VR等）。研究者既要关注电影对新媒介的质料嵌入与形式模拟，也要关注新媒介对电影的质料嵌入与形式模拟。日益涌现的新媒介技术不断地搅动电影原本稳固的定义，冲击着传统影像语言、形态及风格。

第三，跨媒介研究需要立足中国场景，关注具有中国特色、中国风格、中国气派的电影，尤其是考察这些电影如何借鉴了中国风格的艺术传统与艺术媒介。其中最引人瞩目的研究成果当属中国电影的"影戏"理论，钟大丰、陈犀禾等学者通过对早期中国电影的历史考察，创造了与众不同的中国"影戏"理论。② 晚近以来的跨媒介电影研究，例如吴明考察了中国电影对中国画在媒介属性、观看经验、认知机制等方面的借鉴与模拟，认为此类电影镜头借鉴了中国画的反仪器观看传统，并模拟了"观游"的观看经验。③ 丁澜翔考察了20世纪60年代以来我国流行的"合影画"现象——以绘画的形式表现摄影，同时将此种跨媒介实践置于革命家史编写的政治实践的语境之中，从而建立起个人、家庭（集体）与国家之间的文化想象。④ 所有这些都为我们进一步探索电影跨媒介现象提供了极为有益的视角。作为方法的跨媒介研究，或将成为数字时代中国电影研究的持续关注的焦点。

第三节 个案研究：对电影化游戏的跨媒介分析

电影化游戏，顾名思义就是游戏变得跟影视一样，大量应用了视听语言与技巧。电影化游戏是一种典型的"互动叙事"，也即以视听内容为

---

① Melinda Blos-Jáni, "Sensing History. On the Uses of Medium-Specific Noise in Eastern European Found Footage Films," *Acta Universitatis Sapientiae*, *Film and Media Studies*, Vol. 15, 2018, pp. 137—162.
② 参见钟大丰、陈犀禾20世纪80年代以来关于"影戏"的系列论述。
③ 吴明：《艺术史方法下的电影与中国画》，《文艺研究》，2017年第8期。
④ 丁澜翔：《共享的"目光"——20世纪60年代"合影画"的视觉经验与文化想象》，《文艺研究》，2021年第4期。

主的互动游戏。随着数字媒体艺术的日益发展,"互动"(interactivity)逐渐成为传媒艺术领域的一个核心议题。[①] 近年来针对特定互动媒介(interactive media)的研究日益增多,其中不少研究聚焦互动电影的本体特征[②]、媒介脉络[③]、影游融合[④]等议题。然而,对更广泛意义上的互动叙事(interactive storytelling)[⑤] 的研究却难言充分,譬如互动叙事的题材偏好、叙事策略及其流行背后的社会心态等问题仍有待解决。尽管"互动叙事"这一概念在相关论述中被频繁使用,但它更像是一个很多人路过、但很少有人逗留的十字路口。在这一节,笔者重访挪威学者艾斯本·亚瑟斯(Espen Aarseth)的遍历理论,挖掘该理论中被忽视的"迷宫"脉络,并借此框架展开对互动叙事的分岔情节、创作者及用户的分析,最后结合当代社会的文化语境,尝试对互动叙事的兴起予以解释。

一、电影化游戏与互动叙事

互动叙事(interactive storytelling)意指一种新兴的数字叙事形态,即通过"输入—反馈"实现用户与系统程序的交互,从而令故事情节产生相应的变化,主要表现为通过对主角说话、行事的决策来影响后续情节的走向,由此引发的分岔情节会导向或好或坏的多重结局。互动叙事允许用户参与故事内容的构建,具有开放性、不确定性及可逆性,由此赋予用户控制感和能动性。近年来随着国内外优秀互动叙事作品的相继问世,互动叙事的理念逐渐深入人心。研究者们往往对互动叙事期待甚高,认为它将带来数字叙事的重大变革,并形容它为"新媒介的圣杯"和"有待捕获的天马行空的独角兽"[⑥]。

互动叙事之"互动"通常指用户在系统给定的选项中进行"选择"

---

① 刘俊:《融合时代的传媒艺术》,北京:中国传媒大学出版社,2017年版,第52页。
② 黄心渊、久子:《试论互动电影的本体特征——电影与游戏的融合、碰撞与新生》,《当代电影》,2020年第1期,第168—170页。
③ 施畅:《互动电影崛起:媒介脉络与游戏基因》,《当代电影》,2020年第9期,第113—116页。
④ 陈旭光、张明浩:《论电影"想象力消费"的意义、功能及其实现》,《现代传播》,2020年第5期,第93—95页。
⑤ interactive storytelling 也被译作"交互性叙事",可分为交互性小说、交互性戏剧及交互性影视三类媒介形态,通常包含人物、情节及能动性(agency)三大要素。参见黄鸣奋:《新媒体与西方数码艺术理论》,上海:学林出版社,2009年版,第202—219页。
⑥ [美]玛丽—劳尔·瑞安:《故事的变身》,张新军译,南京:译林出版社,2014年版,第9页。

(choosing），决定主角将如何说话或行事，以此影响后续的情节走向[1]。"选择"（choice）可视作"行为—结果"的基本单元，亦可分解为五个层面：在用户选择之前发生了什么？选项如何传达给用户？用户如何做出选择？选择的结果是什么，以及它将如何影响未来的选择？选择的结果如何传达给用户？[2] 具体而言，系统程序提示用户当前所处的状态，对此用户必须输入一定的行动内容（通常在多个选项中选择其中之一），系统再根据此行动向用户提示结果，而用户必须根据新的状况做出相应的行动。正是系统与用户之间如此这般不断重复的"对话"，才使得故事情节不断推进[3]。考虑到席德·迈耶（Sid Meier）的说法深入人心——"游戏是一系列有趣的选择"[4]，故而以用户选择为主要特征的互动叙事天然具有游戏性。

如果按照互动性（interactivity）来对互动叙事进行分类，可以参考亨利·詹金斯（Henry Jenkins）对游戏叙事的分类：一是嵌入叙事（embedded narratives），即不可变动的叙事序列，所有看似随机的事件事实上都已经被预先设置好了；二是模块化叙事（procedural branching），即用户基于既有叙事模块的有限选择；三是涌现叙事（emergent narrative），即不依赖预设情节，而是基于角色与故事世界的持续互动而涌现生成的故事。[5] 笔者所讨论的互动叙事相当于詹金斯所谓的模块化叙事（就是一种编程语言，基于 if else 流程图式的判定）。

---

[1] 游戏设计师埃里克·齐默尔曼（Eric Zimmerman）将"互动"（interactivity）一词的涵义区分为四个层次：第一，意义认知互动（cognitive interactivity），即用户对媒介文本的理解与阐释；第二，材质功能互动（functional interactivity），即用户对媒介载体的功能性操作；第三，显性互动（explicit interactivity），即用户与精心设计的程序及选项的互动；第四，元互动（meta-interactivity），即用户在广义上的文化参与。互动叙事之"互动"属于第三类。Cf. Eric Zimmerman, "Narrative, Interactivity, Play, and Games: Four Naughty Concepts in Need of Discipline," in Noah Wardrip-Fruin & Pat Harrigan (eds.), *First Person: New Media as Story, Performance, and Game*, Cambridge, MA: The MIT Press, 2004, pp. 154-163.

[2] Katie Salen & Eric Zimmerman, *Rules of Play: Game Design Fundamentals*, Cambridge, MA: The MIT Press, 2004, pp. 63-64.

[3] 克劳福德认为，互动犹如对话（communication）："交互性的整体质量依赖于倾听、思考和发言三个环节的有机结合，而不是单独依赖于某一环节的质量。要实现良好的交互，必须同时实现良好的倾听、良好的思考和良好的发言。"参见［美］克里斯·克劳福德：《游戏大师 Chris Crawford 谈互动叙事》，方舟译，北京：人民邮电出版社，2015 年版，第 24 页。

[4] Andrew Rollings & David Morris, *Game Architecture and Design: A New Edition*, Boston: New Riders, 2004, p. 61.

[5] Henry Jenkins, "Game Design as Narrative Architecture," in Noah Wardrip-Fruin & Pat Harrigan (eds.), *First Person: New Media as Story, Performance, and Game*, Cambridge, MA: The MIT Press, 2004, pp. 118-130.

另有研究者以互动性为维度，列出了互动叙事的渐变光谱（spectrum）：一是传统型（fully traditional），无论观看、阅读或播放多少次，故事情节都保持完全相同；二是传统互动型（interactive traditional），用户可以与故事互动，但无法显著地改变主要情节；三是多结局型（multiple-ending），允许用户在多个结局之间进行选择，这可以是用户的自主决定，也可以是系统基于用户操作历史的自动判定；四是分岔路径型（branching path），在整个故事中插入多个决策点，尽管大部分决策对主干情节不会产生显著影响，但某些关键决策会导致情节的重大分岔从而激发分支情节；五是开放结局型（open-ended），即开放程度更高同时也更为复杂的分岔路径型；六是用户驱动型（fully player-driven），允许用户几乎完全控制角色的行动以推动故事的发生。① 该分类实际上就是对詹金斯分类的细化，而其中的多结局型（仅在结局分岔）、分岔路径型（分岔情节与若干结局）及开放结局型（高度分岔的情节及更多数量的结局）则属于笔者的讨论范围。

在以往针对互动叙事的研究中，挪威学者艾斯本·亚瑟斯的遍历（ergodic）理论被反复引述。所谓"遍历"，即"在网络语言过程中，用户将自行完成符号序列，并且这种选择性运动是物理构造的工作，难以再用'阅读'等概念予以解释"②。亚瑟斯的研究对象包括超文本、文字或图形冒险游戏等，其共同特点在于：作品是未预先设定的、非线性的；用户必须不断选择才能获得意义；用户每次只能选择其中一个序列予以理解。③ 遍历美学的核心特点在于用户的反复尝试、持续探索。读者像玩冒险游戏一样不断巡历和试错，试图穷尽赛博文本的所有链接和碎片并弄清整个文本的意义。

然而，以遍历理论作为研究取径，其关注点往往限于非线性、交互性、媒介性等宏观特质④，对具体作品难以做更为细致的分析。作为接

---

① Josiah Lebowitz & Chris Klug, *Interactive Storytelling for Video Games: A Player-Centered Approach to Creating Memorable Characters and Stories*, Amsterdam: Focal Press, 2011, pp. 119—122.

② Espen Aarseth, *Cybertext: Perspectives on Ergodic Literature*, Baltimore, MD: Johns Hopkins University Press, 1997. p. 1.

③ Espen Aarseth, *Cybertext: Perspectives on Ergodic Literature*, Baltimore, MD: Johns Hopkins University Press, 1997. p. 2.

④ 聂春华：《艾斯本·亚瑟斯超文本美学思想探析》，《文艺理论研究》，2016年第5期；聂春华：《从文本语义学到文本媒介学——论艾斯本·亚瑟斯的遍历文学理论》，《文学评论》，2019年第2期。

受美学的遍历理论一味高举巡历、试错的奇妙之处，坚称此过程潜藏着丰富的快感，但显然不是每一部互动叙事作品都能确保用户乐此不疲地反复探索。诸多案例表明，遍历快感的实现需要具备一定的前提条件，但是这个前提条件究竟是什么，遍历理论未能回答。况且，遍历理论诞生于赛博文本崭露头角的 20 世纪晚期，所针对的仅是早期数字文学作品，而在解释晚近以来基于视觉影像的互动叙事创作时显得力不从心。笔者立足冒险题材的互动叙事作品，梳理互动叙事的跨媒介发展轨迹，同时挖掘互动叙事研究中被忽视的"迷宫"传统，将"迷宫视图者－迷宫探行者"作为互动叙事的基本分析框架，以期弥补遍历理论的不足之处。

二、冒险故事与互动媒介

冒险打断了时间的常规流逝，暗示我们倘或选择走一条不寻常的道路，人生会变得更加有趣。冒险故事意味着主角庸常人生之外的一个个纷至沓来的事件，通常伴随着刺激和危险，同时也意味着快速而频繁的肢体动作。[①] 冒险故事通常讲的是一个普通人被甩到了日常经验的边缘，主动或被迫接手某个亟待解决的棘手任务（如完成潜伏任务、寻找失踪的孩子、逃出禁闭空间等），并由此建立一个可识别的事件链，鼓励主角寻找解决该问题的潜在方案。

冒险故事赋予互动叙事之"选择"以意义，因为唯有将故事人物置于危险境地，才能激发主角的紧迫感和能动性，其决策才会变得富有意义而不是无关痛痒。互动叙事用户犹如在冒险故事的危险地形上航行，当面临无数岔道时必须选择正确的航道。此类冒险故事不鼓励主角像电影《第一滴血》中兰博那般横冲直撞硬碰硬，而是需要谋定而后动，讲究策略，巧妙化解危局。面对令人迷惑的危险岔路，故事主角没有超能力可以依靠，唯有依靠智慧和勇气方能克服险境。倘或一着不慎，其惩罚将是糟糕的结局（主角死亡或故事中止），由此逼迫用户整理思路，盘点细节，思考解决困境的最佳办法。加之，越是紧急关头，越是被逼入绝境，选择就往往越是有限，有时甚至很残酷，这让用户的内心备受煎熬，由此激发其情感体验。例如互动电影《地堡》（*The Bunker*，2016）讲述了被困在核辐射避难地堡中的最后一个幸存者的故事。某日系统出

[①] Don D'Ammassa, *Encyclopedia of Adventure Fiction*, New York: Facts On File, 2009, p. vii.

现故障,他必须到地堡深处进行修复,同时他将找回那些被压抑的记忆,以及关于地堡的黑暗真相。

偏好冒险题材的互动叙事具有天然的跨媒介属性。正如克里斯·克劳福德（Chris Crawford）所言,互动叙事并不专指某一特定的媒介,而是指称一种动态的叙事过程①。因而"互动叙事"这个概念可以灵活地将诸多媒介形态归入麾下,大致可分为:基于文本的互动小说（interactive fiction）、基于静态图片的视觉小说（visual novel）、基于动态影像的互动电影（interactive movies）,以及基于游戏性的互动式电影游戏（interactive movie video games）。

（一）基于文本的互动小说

最早实践互动叙事理念的成熟媒介形态当属游戏书（gamebook）。美国班塔姆书社（Bantam Books）1979年发行的"选择你自己的冒险"丛书（*Choose Your Own Adventure*,也译作"惊险岔路口"）是20世纪80年代广受欢迎的儿童游戏书之一②。尽管不是最早的游戏书,但"选择你自己的冒险"丛书无疑大大推广了互动叙事的理念。读者将扮演故事中的少年主人公,在狼人之夜、印第安宝藏、死亡之岛、黑色古堡等惊险情境下展开冒险。小说以第二人称（"你"）来指称读者,在阅读过程中时不时地要求读者做决策,并根据其选择指示读者翻到对应的页码继续阅读。不同的选择将导向不同的情节线与结局,比如《狼人之夜》就包括"你"战胜了狼人、在慌乱中幸存、成了狼人的盘中餐、自己变身为狼人等多个或好或坏的结局③。正如该丛书封底的"警告与提示"所言:

> 你,也只有你能掌控这本书的故事走向。除你之外,没有别人。你会遭遇各种各样的危险,面临难以取舍的抉择和不可思议的境遇,以及随之带来的结果。在阅读的过程中,你必须竭尽所能地发挥你的聪明才智,不然错误的选择会导致灾难——甚至死亡！还好不必绝望,因为任何时候你都可以掉转头去重新选择,更改故事的发展

---

① ［美］克里斯·克劳福德:《游戏大师 Chris Crawford 谈互动叙事》,方舟译,北京:人民邮电出版社,2015年版,第38页。
② 该丛书于1997年引入国内,参见［美］爱德华·帕卡德等:《矮脚鸡书系:少年魔幻惊险小说系列》,逸帆等译,长春:吉林人民出版社,1997年版。
③ ［美］爱德华·帕卡德:《狼人之夜》,逸凡译,长春:吉林人民出版社,1997年版。

轨迹，从而改变自己命运的结局。①

互动小说是基于文本的互动叙事作品，通常为纯文本界面，用户可通过文本输入来控制角色、影响环境，其题材一般为冒险故事和角色扮演。20世纪70年代，美国程序员威廉·克洛泽（William Crowther）制作了第一款文字冒险游戏《巨洞冒险》（*Colossal Cave Adventure*）。由于当时电脑性能的限制，该游戏没有图像、音乐及音效，只有纯粹的文字。玩家需要阅读电脑界面出现的文字，并输入关键字与系统进行交互。玩家一开始位于密林之中的红砖建筑旁，后进入一处神秘的洞穴展开探险，在途中还会与敌人进行战斗，并试图获取隐秘的宝藏。游戏初始界面提示道："你正站在通向小砖楼道路的尽头。你周围是森林。一股水流从楼中流出，往下流向溪谷。"② 若输入"看"（look）的指令，电脑会叙述玩家所处位置的周围环境。若输入"拿取"（take），则可拿取物品。若输入"往西走"（go west），主角就会在虚拟世界中朝西方前进。

20世纪八九十年代兴起的超文本文学的创作实践，拓展了互动小说的创作题材与叙事形态。数字文学批评家兼创作者迈克尔·乔伊斯（Michael Joyce）编写的《下午，一个故事》（*Afternoon, A Story*，1987）是第一部超文本小说（hypertext fiction）。主人公是一个不久前刚离婚的中年男子，在目睹了一场车祸之后，他怀疑失事的汽车上有他的前妻和儿子。小说中部分词语自带超链接可供跳转，有时界面还会出现"是/否"两个选项，读者可由此跳转至特定情节。由于其叙事路径交错繁杂，阅读跳转也因人而异，因此不免给人以支离破碎、迷惑不解的阅读印象。③ 不过这一新鲜的文学形态还是令文艺批评家们大为振奋。美国小说家罗伯特·库佛（Robert Coover）在《纽约时报书评》发表文章称之为"书籍的终结"④。库佛指出，超文本写作将对传统写作造成前所未有的冲击：超文本往往具有流动性、偶然性、不确定性、多元性、不

---

① 见［美］雷蒙德·蒙哥马利等：《惊险岔路口》丛书，陶雪蕾等译，武汉：湖北美术出版社，2012年版。

② Simon Egenfeldt-Nielsen, Jonas Smith & Susana Tosca, *Understanding Video Games: The Essential Introduction*, New York: Routledge, 2016, p. 73.

③ Silvio Gaggi, *From Text to Hypertext: Decentering the Subject in Fiction, Film, the Visual Arts, and Electronic Media*, Philadelphia, PA: University of Pennsylvania Press, 1997, p. 123.

④ Robert Coover, "The End of Books," *New York Times Book Review*, Issue 21, No. 6, 1992, pp. 23-25.

连续性等特质,尤其是它"解锁"了传统印刷文本中原本"锁定"的线性叙事。超文本研究者珍·道格拉斯(J. Yellowlees Douglas)在《书籍的终结？或没有终结？》(2000)中进一步指出：基于计算机技术的互动小说实现了传统小说力所不及之事：没有单一、确定的开头和结尾；情节推进由读者自行决定；叙事碎片存在于虚拟网络空间中；文本具有可连贯理解的多种阅读顺序；多使用确定性偏弱的语词。[①]

(二) 基于静态图片的视觉小说

视觉小说是基于静态图片的互动叙事作品,通常使用动漫图片或真人剧照,有时还包含少量的视频片段[②]。一般通过单击来实现文本、图形和声音的跳转或播放。被代入故事主角的用户将遭遇多个决策点(decision point),自主选择以影响分岔情节的走向。

视觉小说起源于日本,其受众多集中于东亚地区。第一部漫画风格的视觉小说《洛丽塔》(*Lolita：Yakyūken*)于1982年在日本发行。这是一款剪刀石头布的美少女游戏,用户每赢一次,画面中的漫画少女就会褪去一件衣服。其续作《凉子的恐慌》(*Joshi Ryou Panic*)很快就表现出分岔叙事和多重结局的特质。视觉小说的题材范围很快就不再拘于单薄的情色故事,而是开始涉及悬疑、侦探、冒险、科幻等题材。真人演绎的视觉小说较为知名的作品如2008年发行的《428：被封锁的涩谷》[③],故事围绕着涩谷地区一起绑架案展开,通过五个主要人物的视点平行推进故事线,每条故事线均设置多个"路障",往往在关键时刻戛然而止,要"跳转"到另一个人物的故事线触发相关事件后方能解锁后续剧情。而用户一旦触发了错误的选项,等待用户的将是各式各样的糟糕结局。

2012年创建的橙光(www.66rpg.com)是国内视觉小说的先行者。凭借简便好用的制作工具、开放式的作品发布模式,橙光吸纳了海量的女性向UGC(用户生产内容)作品,其中代表类型为恋爱养成与文字冒

---

① J. Yellowlees Douglas, *The End of Books—Or Books Without End? Reading Interactive Narratives*, Ann Arbor, MI: The University of Michigan Press, 2000, pp. 39—55.

② 在日本文化中,视觉小说与文字冒险游戏(adventure game,也称AVG或ADV游戏)区别较大：前者注重故事,互动叙事元素不多；而后者则需要解决特定的问题,也有较多的决策点和分岔情节。在这里,笔者将二者统称为视觉小说。

③ 《428》也被归入音响小说(sound novel)。比起视觉小说,音响小说更加注重音响效果,常被应用于惊悚恐怖类题材,如《弟切草》(1992)。

险。橙光游戏的一个重要分类是"乙女向",即以女性为主人公、男性为可攻略角色的异性恋爱养成游戏,多以著名的声优、华丽优美的场景和感人至深的情节博得女性用户的青睐。以橙光游戏《不良PUA调查实录》(2019)为例,你是一名胸怀新闻理想的调查记者庄舟,接到任务要调查目前国内不良PUA(搭讪艺术家)的常见套路和现状。为了获取一手资料,你决定铤而走险,亲身体验这场危险的恋爱游戏:是为了获取资料坚持到底,还是放弃调查尽早脱身?或是深陷恋爱陷阱,就此沉沦……为了迎合女性向的用户体验,冒险不再是橙光视觉小说单一而纯粹的类型,但仍是其重要元素之一,可融入恋爱、古风、职场等流行类型。

(三)基于动态影像的互动电影

互动电影是基于动态影像的互动叙事作品。用户通常会成为故事主角,在观影过程中不断地对主角言行的倾向性做出选择,进而改变叙事进程,影响情节走向。新媒体研究者格罗丽娜·达文波特(Glorianna Davenport)指出,互动电影是一种将电影语言及美学与可提供反馈、控制的传播系统整合起来的电影类型。它鼓励观众参与电影体验的构建、个性化、消费及分享等活动。无论播放的场地是公共场所还是私人空间,它都将讲故事的权力交付于观众,允许观众自主推动情节发展。由此,互动电影挑战了传统意义上的电影,因为后者的线性叙事稳固不变,并被永久地嵌入胶片或录像带之中。[1] 倘或将传统意义上的观影活动想象为翻阅一本已经排好次序的相簿,那么互动电影则意味着用户将在一本相簿中择取部分照片打造属于自己的故事。需要指出的是,互动电影并不等同于分岔路径叙事电影(forking paths films),因为后者并未赋予观众选择的权力,即不存在互动性[2]。

媒介艺术研究者雷沙德·克莱钦斯基(Ryszard Kluszczyński)按照

---

[1] Glorianna Davenport, "Interactive Cinema," in Marie-Laure Ryan, Lori Emerson & Benjamin Robertson (eds.), *The Johns Hopkins Guide to Digital Media*, Baltimore, MD: Johns Hopkins University Press, 2014, p. 278.

[2] 大卫·波德维尔(David Bordwell)借用博尔赫斯"小径分岔的花园"之隐喻,将分岔路径叙事电影定义为"倾向于遵循以下路径,即从一个固定的点——分岔——然后假设性地展现为各个互相排斥的行为路线,从而导向不同的多重未来"。其经典之作包括《土拨鼠之日》(*Groundhog Day*, 1993)、《罗拉快跑》(*Run Lola Run*, 1998)、《滑动门》(*Sliding Doors*, 1998)等电影。Cf. David Bordwell, "Film Futures," *SubStance*, Vol. 31, No. 1, 2002, pp. 88-104.

媒介技术区分了互动电影的六个发展阶段/类型[①]：剧院互动电影、以光盘为存储介质的互动影像、互动影像装置、互动式电影游戏、网络互动电影，以及互动式定位媒体影像。考虑到互动电影与互动式电影游戏存在明显差异，笔者对克莱钦斯基的分法稍做修正，将后者拎出来单独分类，由此将互动电影分为五个阶段：

第一阶段，剧院互动电影（interactive film-performance）。互动电影的鼻祖是捷克导演拉杜兹·辛西拉（Radúz Činčera）1967年在加拿大蒙特利尔世博会捷克馆公映的《电影自动机》（Kino-Automat，又名《一个男人和他的房子》）。这部电影每到关键时刻就会暂停播放，一名演员走上舞台，询问观众希望主角诺瓦克先生接下来做什么，观众可以通过座椅上的按钮投票决定后续剧情的播放，通常是二选一，譬如"眼看妻子就要回家了，诺瓦克先生是否要让被锁在门外、只用浴巾裹身的陌生女子进屋""有房客挡路，诺瓦克先生是否要冲进着火的公寓"等。观众很快发现，无论他们做出何种抉择，最终的结果都是公寓陷入一片火海。既然无论如何选择都无法改变结局，故而有评论者指出，这部黑色幽默的喜剧充斥着一种"互动的幻觉"，无异于对民主的讽刺[②]。

第二阶段，以光盘为存储介质的互动影像（interactive film on laser disc）。这种互动影像伴随1977年激光视盘及其播放机的发明而诞生。区别于录像带技术，激光视盘播放机是最早的随机存取的非线性影音播放设备，可以跳转并播放视盘内任何一段章节。代表案例是麻省理工学院建筑机器小组（Architecture Machine Group）开发的城市漫游系统《阿斯彭互动电影地图》（Aspen: An Interactive Movie Map，1978—1980）。该系统收集了科罗拉多州阿斯彭市的街景影像，用户犹如驾车浏览这座城市的街景风光，同时可以控制移动的方向和速度。

第三阶段，互动影像装置（interactive film installation）。20世纪80年代，麻省理工学院媒体实验室在格罗丽娜·达文波特的指导下成立了互动电影小组（Interactive Cinema Group）。该实验小组的具体做法是将线性媒体剪成片段，打上标签后组建成数据库，然后在交互时调用播放

[①] Ryszard Kluszczyński, "The Museum, Public Space and the Internet: Environments for Presenting Interactive Film," in Oliver Grau (ed.), *Museum and Archive on the Move: Changing Cultural Institutions in the Digital Era*, Berlin: De Gruyter, 2017, pp. 83-98.

[②] Michael Naimark, "Interactive Art—Maybe It's A Bad Idea," in Hannes Leopoldseder and Christine Schšpf (eds.), *CyberArts 98 International Compendium Prix ARS Electronica*, Berlin: Springer, 1998, pp. 28-33.

相应的视频片段。90年代前后，互动影像装置逐渐成为一种跨越媒体形态的混合型媒介，涉及运动图像、装置艺术、数字媒体、建筑艺术、表演艺术等。

第四阶段，网络互动电影（interactive Internet cinema）。近年来大火的网络互动电影包括Steam发行的《晚班》（*Late Shift*，2016）、Netflix发行的《黑镜：潘达斯奈基》（*Black Mirror：Bandersnatch*，2018，以下简称《潘》）等。犯罪悬疑类真人互动电影《晚班》的情节为一个数学专业的大学生马特在停车场值晚班期间莫名被卷入一场拍卖行文物盗窃大案，而后在警方、黑帮等多方势力的压力之下努力寻找一只不知其踪的名贵瓷碗。《潘》的情节则是一位年轻的游戏程序设计师将一部黑暗奇幻小说改编成电子游戏，也由此开始质疑现实。《潘》还借剧中人物之口表达了观众自主选择剧情的理念："一条路线如何终结并不重要，重要的是我们在这条路线上的决定对整体造成的影响。"①

国产互动电影《隐形守护者》（以下简称《隐形》）改编自视觉小说《潜伏之赤途》，讲述了一名留学日本归来的爱国青年，在战乱年代的上海潜伏敌后，周旋于各方势力之间，最终为我党革命事业做出巨大贡献的正能量故事。《隐形》以视频作为剧情模块，对大量精修的静态图片做了影像化剪辑，增强了作品的动态感。每到关键剧情，用户就需要对主角肖途的对话或行动做出选择，而这些举手投足间的选择将会对相关人物的未来产生一连串的蝴蝶效应。考虑到潜伏任务的危险性，开发团队在影片中设置了大量的失败结局，用户仿佛闯入了一个布满机关陷阱的迷宫：当你陷入失败结局时，可以尝试改变过去的选择；获取活下去的关键条件（某句话或某个举动）后，故事线将更新，你将开启截然不同的剧情走向。用户的不断抉择将决定主角的最终命运：是作为一名意志坚定的中共地下党人克服一切困难完成潜伏使命（"红色芳华"线），还是在威逼利诱之下成为一名蝇营狗苟的国民党官员（"美丽世界"线），还是为求自保而流落日本（"扶桑镇魂曲"线）。

第五阶段，互动式定位媒体影像（interactive locative cinema）。近年来，互动式定位媒体影像在构筑影像、生产空间、讲述故事等方面表现出不俗潜力。借助移动设备、无线网络与GPS等技术的定位叙事，除了定位性（对空间的定位与说明）外，还获得了移动性、交互性与表演

---

① 互动电影《黑镜：潘达斯奈基》（2018）人物台词。

性，其叙事功能、参与人群较传统影像而言均有显著突破。[1]

（四）基于游戏性的互动式电影游戏

由于互动式电影游戏实现了影片级画面、运镜、配乐与叙事，因此在概念使用上常与互动电影混淆。二者的区别在于：以"角色动作的实现方式"作为判定标准，互动电影的角色动作实现主要通过播放预先录制的视频，而互动式电影游戏则更为复杂，除了播放视频，玩家还可以利用手柄、键盘等输入设备来进行空间漫游、物品使用等操作，一般还穿插有QTE（quick time event，快速反应事件），即玩家需要在正确的时机按下指定的按钮来完成对应动作[2]。换言之，提供分岔情节与多重结局的互动叙事只是互动式电影游戏的诸多游戏性之一。

第一款商业化的互动式电影游戏是1983年面世的街机游戏《龙穴历险记》（*Dragon's Lair*，以下简称《龙穴》）。尽管游戏情节是一名无畏骑士深入邪恶城堡从反派手中救出公主的俗套故事，但与同时期的其他街机游戏相比，《龙穴》的图形质量表现出色，这让它在当时广受欢迎。《龙穴》由多部预先录制的动画短片构成，玩家必须通过操作摇杆和按钮来做出骑士遭遇危险时所要采取的动作，操作正确则播放骑士克敌制胜以及进入下一环节的动画，否则就会播放他丢掉性命的动画（如被碎石砸死、被毒蛇缠住、掉入悬崖等）。《龙穴》是单线游戏作品，这意味着用户唯一能做的就是猜测设计者预先规定的默认动作，唯有丝毫不差地正确操作才能取得最终的胜利。

晚近以来，互动式电影游戏在技术上愈发成熟：游戏内容多为冒险题材，穿插惊悚、犯罪等元素；重视叙事，擅长吸引玩家浸入故事；制作精良，大多采用真人动作捕捉与CGI技术（computer-generated imagery）生成的即时演算动画。其优秀作品包括《华氏》（*Fahrenheit*，2005）、《暴雨》（*Heavy Rain*，2010）、《超凡双生》（*Beyond：Two Souls*，2013）[3]、《奇异人生》（*Life Is Strange*，2015）、《底特律：成为

---

[1] 黎杨全：《移动媒体、定位叙事与空间生产》，《文艺研究》，2015年第12期。

[2] FMV游戏（full-motion video games，全动态视频游戏）亦属于互动式电影游戏，即作品中人物动作的实现主要依靠播放预先录制的视频文件，而非手绘、矢量图形、3D建模等，但FMV游戏比互动电影在玩法上更丰富，例如悬疑推理类FMV游戏《她的故事》（*Her Story*，2015），玩家需要在档案库中检索警方审讯的数百条录像视频来破解一起凶杀案。

[3] 针对Quantic Dream工作室开发的《暴雨》《超凡双生》等互动式电影游戏的分析，可参见洪韵：《暴雨将至》，张立宪主编，《读库1505》，北京：新星出版社，2015年版。

人类》(*Detroit：Become Human*，2018，以下简称《底特律》)等。《底特律》是一部人工智能题材的互动式电影游戏，故事围绕着三个仿生人的命运展开，分别是逃离残暴雇主的卡菈，追捕异常仿生人的康纳，以及致力解救被奴役的仿生人的马库斯。游戏可以分为"播片"与"游玩"两大穿插进行的环节：在"播片"环节，镜头画面由程序预先设定好，玩家只能选择不同的对话或行动选项，而不能改变镜头；在"游玩"环节，玩家可以在一个限定的空间内进行自由探索，例如翻找物品以寻找蛛丝马迹。

三、分岔情节与多重未来

(一) 作为迷宫的分岔情节

相较于遍历理论而言，"迷宫"(labyrinth，或 maze)传统在互动叙事研究中未能受到足够重视。遍历与迷宫的区别在于：就移动性而言，遍历意味着自由巡历，迷宫意味着行动受限；就方向性而言，遍历意味着方向的任意性或均质性，迷宫意味着方向的指向性及出口的稀缺性；就情感性而言，遍历意味着一往无前的乐观精神，迷宫则意味着在疑难(aporia)与顿悟(epiphany)之间反复摇摆，其遭遇的困境"与其说是迷失，倒不如说是被困在不断重复、无尽循环的道路及其自身的无效选择之中"[①]。

亚瑟斯也曾将赛博文本的非线性叙事称为"迷宫"，读者可以在其中随意探索，四处游走，时而迷失其中，时而发现隐秘小径。[②] 例如乔伊斯《下午，一个故事》的超文本叙事就令读者迷惑难解，仿佛一座令人深陷其中的迷宫。[③] 尽管他对包括佩内洛普·里德·杜布(Penelope Reed Doob)、安伯托·艾柯等学者的迷宫研究多有引述[④]，但对亚瑟斯而言，迷宫只是形容非线性文本理解难度的隐喻，而非互动叙事研究的切入口，这使得他并未就迷宫问题深究下去。

---

① Espen Aarseth, *Cybertext：Perspectives on Ergodic Literature*, Baltimore, MD：Johns Hopkins University Press, 1997. p. 91.
② Espen Aarseth, *Cybertext：Perspectives on Ergodic Literature*, Baltimore, MD：Johns Hopkins University Press, 1997. p. 3.
③ Espen Aarseth, *Cybertext：Perspectives on Ergodic Literature*, Baltimore, MD：Johns Hopkins University Press, 1997. p. 91.
④ Espen Aarseth, *Cybertext：Perspectives on Ergodic Literature*, Baltimore, MD：Johns Hopkins University Press, 1997. pp. 6—9.

美国数字媒体学者珍妮特·穆瑞（Janet H. Murray）区分了互动文本中"空间导航"（spatial navigation）的两种数字环境模式——危险却可破解的"迷宫"（maze）与自由却纠缠不清的"块茎"（rhizome）。迷宫是以解决问题为导向的递进结构，常伴随着严峻的任务与单一的出口（例如奥德赛如何逃出独眼巨人的山洞），而块茎则没有那么强的规定性，允许用户自主探索、四处漫游。穆瑞指出，能够为导航提供愉悦的数字环境模式应该兼具"迷宫困境"与"块茎自由"双重特性，即鼓励用户在可供自主探索的环境中解决特定的问题，同时有多样化的解决方式可供选择。[①] 块茎是开放性的，自由乐观，遍历游荡，没有指定的方向，拥有无限的道路；而迷宫是封闭性的，人们陷入密闭空间，变得焦虑、惊恐、发狂，亟须找到出路、走出迷宫。在穆瑞看来，二者的交替融合，方能令用户的虚拟空间导航更有意义，也更具快感。

法国学者雅克·阿达利（Jacques Attali）对迷宫文化颇有研究，在《智慧之路——论迷宫》（1999）一书中他指出，身处迷宫最关键的就是把握方向，因为迷宫通常意味着只有为数不多的决定性转折甚至是唯一的路径可以使人走出迷途。在阿达利看来，自忒修斯勇闯牛头怪迷宫以降，迷宫故事就一直是兼有危险与拯救的故事，象征着历经迷惑和死亡的威胁走向新生的过程。迷宫包含着世俗的欲望、诱惑、堕落、歧路与迷途，同时也潜藏了战胜邪恶力量、寻找正确道路，以及走向唯一中心和绝对价值等意义。[②]

阿达利将主体参与迷宫的方式概述为迷宫视图者（maze viewers）和迷宫探行者（maze traders）。迷宫对于前者意味着可以俯视的迷宫结构解析图，对于后者则意味着亲身经历的接二连三的黑暗洞穴。[③] 迷宫视图者一开始便对迷宫的复杂性一目了然，而迷宫探行者对前方的情况是茫然无知的，既无图示结构，亦不知其复杂性，唯有在前行中逐渐领悟。受阿达利的启发，笔者将以迷宫为分析框架来考察互动叙事的创作者和用户，进而分析其创作策略与互动机制。

---

① Janet Murray, *Hamlet on the Holodeck: The Future of Narrative in Cyberspace*, New York: Free Press, 1997, pp. 125—133.
② 陈晓兰：《迷宫与城市：19世纪欧洲文学都市想象的神话与宗教之维》，《中国比较文学》，2010年第3期。
③ ［法］雅克·阿达利：《智慧之路——论迷宫》，邱海婴译，北京：商务印书馆，1999年版，第18页。

1. 迷宫视图者的流程图

就创作过程而言，互动叙事是穆瑞意义上的"程序性写作"（procedural authorship），它体现了数字媒体环境下叙事者与程序员合二为一的趋势：随着编程平台的不断升级，程序员除了编写底层代码，还可以使用媒介元素来创作故事①；叙事者在编排故事情节的同时，还需要制定其出现的条件，即那些响应用户特定行为的反馈条件②。就创作形态而言，互动叙事是列夫·马诺维奇意义上"数据库叙事"（database narrative）的典范实践。"数据库"与"叙事"二者看似无法兼容，因为作为项目列表的数据库没有稳定的秩序，而叙事则需要从看似无序的事件中构建出因果相连的故事。互动叙事从表面上看是"由行动者引起或经历的一系列相关的事件"，实际上是用户按照特定的顺序从数据库中选择相关记录档案。③ 换言之，创作互动叙事作品，就是打造一个拥有多重叙事轨迹、可供用户选择的数据库。然而，无论是"程序性写作"还是"数据库叙事"，都只是对互动叙事创作过程及作品结构的一种粗略的描述，未能深入讨论互动叙事的创作策略。

从迷宫视图者（创作者）的角度来看，互动叙事在结构上采用了分岔情节（branching storylines）的模式，即在故事中设置许多决策点和分支情节，让用户自行决定主角下一步的言行举动进而影响剧情发展。互动叙事的最小叙事单位不再是事件（event），而是会引发多个后续（continuations）的事态（situation）。④ 同一事态的多种后续必须是互斥的，即只可能发生其中一种，例如要么左拐要么右拐，要么赶上火车要么错过火车。

分岔情节的基本架构是流程图（flow chart），包含图文、视频等剧情模块。剧情模块由决策点链接，依次推进且不能随意折返。⑤ 例如《隐形》用户可点击"故事线"功能模块随时查看情节推进轨迹的流程

---

① Janet Murray, *Hamlet on the Holodeck: The Future of Narrative in Cyberspace*, New York: Free Press, 1997, p. 195.

② Janet Murray, *Hamlet on the Holodeck: The Future of Narrative in Cyberspace*, New York: Free Press, 1997, pp. 142-143.

③ Lev Manovich, *The Language of New Media*, Cambridge, MA: The MIT Press, 2001, p. 201.

④ Christoph Bode & Rainer Dietrich, *Future Narratives: Theory, Poetics, and Media-Historical Moment*, Berlin: De Gruyter, 2013, p. 1.

⑤ Marie-Laure Ryan, *Narrative as Virtual Reality*, Baltimore, MD: Johns Hopkins University Press, 2001, p. 252.

图,而《底特律》则在每章结束后切换为流程图视野,提醒玩家尚待探索的隐藏分支及结局。分岔情节的功能在于:为用户提供自由度,揭示并完善剧情信息,以及对用户的决策进行奖惩(以成功或有趣的情节作为奖励,以失败或无趣的结局作为惩罚)。尽管大多数分岔情节无关大局,仅是在短时间内偏离或改变剧情主线,但少数关键决策点所带来的分岔情节将对剧情造成深远影响,甚至会推动故事朝截然不同的方向发展。[1] 例如《底特律》中,玩家在马库斯的故事线中所做出的抉择会决定另一条故事线卡菈的命运:如果仿生人起义领袖马库斯选择和平抗议,卡菈就会得到边检人员的同情,从而成功逃离且不牺牲任何人;但如果马库斯选择革命,那么边检工作人员则会出于对仿生人的恐惧而拒绝卡菈入境,牺牲也就在所难免。

  分岔情节一般可分为即时分岔与延时分岔。即时分岔指的是该选项会对故事的后续发展即刻产生影响,而延时分岔则意味着该选项不会立即产生影响,但是可能会在后续的某个阶段影响剧情走向。《隐形》中有一个延时分岔的例子。当主人公面对为什么要做汉奸的质询时,有两个选项:一是为了建立强盛的"大东亚共荣圈",二是只求在乱世中自保。同时系统提醒:"这是一个影响深远的选项,请谨慎选择!"倘或选择前者,尽管对后续情节暂时不会产生影响,但在后面的章节中,当主人公试图策动汪伪行动队队长通过绑架商贸团成员来进行敲诈时,由于缺少"自保的感慨"这一关键剧情,队长会认为绑架这种龌龊的想法与建立"大东亚共荣圈"的奋斗目标太过矛盾,进而对主角产生怀疑,最终导致任务的失败。

  延时分岔更为常见的做法是数值分岔,即使用某参数值累积用户在较长时间跨度内一系列操作所表现出的倾向性(如提升或拉低某人的好感度),最终根据该参数的不同累积值触发不同的故事情节[2]。毕竟,没有人时时刻刻在做改变人生命运的重大决策,现实人生的轨迹变化也往往不是某几个瞬间的选择就能决定的。通过数值分岔,用户的多个"轻小选择"不断累积,聚少成多,量变到质变,最终导致了后续剧情的戏

---

[1] Josiah Lebowitz & Chris Klug, *Interactive Storytelling for Video Games: A Player-Centered Approach to Creating Memorable Characters and Stories*, Amsterdam: Focal Press, 2011, pp. 181-204.

[2] 视频网站对数值分岔的命名各有不同,如"X因子"(爱奇艺互动视频标准)、"V数值"(腾讯互动视频创作指南)等。

剧性转折，进而改变了人物的命运①。例如《底特律》中仿生人康纳故事线的情节发展，就受到"软体不稳定程度"和人类警察汉克"好感度"两个参数的影响。玩家操作下的康纳出言不逊或做事欠妥，会不断拉低汉克对主角的好感度，在后续章节中康纳就会被汉克杀死，从而导致任务失败。

表4-4 分支选项与情节分岔

	情节分岔			
	情节是否分岔	是否即刻分岔	满足何种条件	案例及其来源
分支选项	不分岔	—	—	吃哪种口味的麦片《黑镜：潘达斯奈基》
	分岔	即时分岔	基于即时判定	是否选择开枪《底特律》
		延时分岔	基于延时判定	此前环节是否达成关键剧情《隐形》
			基于数值累积	特定变量（属性值、好感值等）《底特律》

不过，情节的不断分岔势必造成故事内容的指数级增长。互动叙事的创作者所面临的首要挑战是如何在设计情节分岔的同时，防止情节过度分岔所导致的叙事内容过载。目前互动叙事作品的通常做法是：流程图在总体上以线性方式推进，但中后段的关键决策会导致情节的显著分岔，从而导向多种结局。互动叙事的整体结构往往呈现为"叙事带"而非"叙事线"，即在总体上仍具有线性特征，但在局部呈现树状结构或网状结构。②也就是说，创作者可以先确立互动叙事的主体架构即少数主干情节及其结局，而后依据主干情节对分岔情节做适量设计，由此可以避免情节的盲目分岔。同时，为确保主干情节不至于过度分岔，创作者还可使用"折叠"与"折返"两大工具。"折叠"即把多条分支折叠到同

---

① 正如克劳福德所言，互动叙事除了提供屈指可数的几个关键抉择之外，还应该提供许许多多的轻小选择（smaller and less impactful choices），而对话正是实现这种轻小选择的最佳载体。参见［美］克里斯·克劳福德：《游戏大师Chris Crawford谈互动叙事》，方舟译，北京：人民邮电出版社，2015年版，第45—47页。
② 陆文婕：《互动叙事中的叙事支点研究：结构、权重与语境》，《出版科学》，2019年第5期。

一条故事线上，从而实现分支的合并。① 例如，在互动式电影游戏《行尸走肉》(The Walking Dead, 2012) 第一季中，农场突然遭遇丧尸袭击，主角需要在危急关头决定是先救小男孩还是先救农场主的儿子。但无论主角如何选择，最终都是以农场主儿子的死亡告终，由此实现剧情的合并。"折返"指的是用户做出错误的决策后，系统会强制主角死亡或故事因其他原因而无法继续。例如《隐形》序章部分，主角如果未能通过潜伏初期的考验，会被认定"不适合潜伏工作"而被直接安排踏上去边区的列车，导致潜伏之路戛然而止。简言之，"折叠"好比是殊途同归，而"折返"就好比是因此路不通而被赶回到原来的岔路口重新选择。

2. 迷宫探行者的岔路口

从迷宫探行者（用户）的角度来看，进入互动叙事作品，如同进入一个危险重重的迷宫展开探险。通常，系统会使用第二人称"你"来指称用户/主角，便于用户更好地代入角色、产生情感共鸣。有时互动叙事作品会交替使用第二人称与第一人称，以《隐形》序章的开篇为例：

> 我叫肖途，两年前，我还在上海的街头奔走疾呼抗日救亡，由于过度活跃，被抓进了监狱。多亏了老师积极打点，才把我救了出来……他还出钱供我去日本读书，目的只有一个：让我褪去过往的痕迹，变成一个灰色人物。老师常说，要演一出好戏，不仅要有人唱红脸，还要有人唱白脸。所以，两年过去了，我将回国潜伏，成为一名地下工作者。（笔者注：第一人称）
>
> 抵达上海，你做的第一件事就是拜访恩师方汉洲先生。（第二人称）

迷宫探行者通常只被赋予"限知视角"，相当于热拉尔·热奈特所谓的"内聚焦"，即叙述者基于主角自身的意识来叙述其正在体验的世界，与之相对的是全知全能的"零聚焦"以及冷静旁观的"外聚焦"。② 互动叙事中的限知视角可以始终采用单个人物的视角（如《隐形》），也可以在叙事中轮流采用几个人物的角度来表现事件的不同发展阶段（如《底

---

① ［美］克里斯·克劳福德：《游戏大师 Chris Crawford 谈互动叙事》，方舟译，北京：人民邮电出版社，2015年版，第97页。
② ［法］热拉尔·热奈特：《叙事话语 新叙事话语》，王文融译，北京：中国社会科学出版社，1990年版，第129—133页。

特律》），还可以采用多重视角即通过各种人物的视角来反复表现同一个事件（如《428》）。不过，限知视角的局限在于无法超越个体的感知去洞悉社会、掌握局势。可供借鉴的案例是《底特律》，创作者在游戏环境中散落了不少可供阅读的杂志。通过翻看杂志玩家可以及时跟进仿生人崛起的最新进展，掌握当前的政治局势与社会舆情，由此一定程度上弥补了限知视角的局限性。

惊险岔路口的关键抉择，通常不会是孰优孰劣一目了然的选项，而往往是令人纠结的两难之择。可以是"低风险－低回报"与"高风险－高回报"之间的选择，也可以是"两善取其一"或"两恶取其轻"的选择。这让用户感受到理智与情感上的焦虑，取舍之间足够纠结，有时甚至令人心碎。《隐形》中有这样一个危机场景：你作为汉奸跟着日本领事武藤志雄来到一个地下党根据地，而根据地的负责人就是一直栽培你、照顾你的恩师方汉洲，此时方老师的地下党人身份已经暴露。现在，日本人递过来一把枪，让你做出选择：A. 捡起枪，对准方老师；B. 捡起枪，对准武藤志雄；C. 吓呆了，继续坐在地上。如果选 B 捡枪挟持武藤志雄，你就会被日军乱枪打死，其余人也难以幸免，潜伏任务失败；如果选 C，那么一干人等都会被捕，而你的潜伏身份也会暴露。只有选 A 才能通关，因为唯有牺牲方老师（这同样也是方老师本人的意愿）才能让他免于酷刑的折磨，同时也保护地下党组织不受破坏。艰难的抉择往往带来情感上的强烈冲击。《隐形》的豆瓣评分高达 9.6 分，标记"有用"最多的两条留言分别为："这个电影游戏让大家接受的爱国主义教育比横店打一年鬼子都多！"（豆瓣网友 onlytest）"我还有无数次重新选择的机会，可以回避所有死亡结局，可那个年代真正生活着的人们却是再也没有机会了。"（豆瓣网友怀赢）《隐形》中类似的艰难抉择还有很多，这提醒我们潜伏所要付出的牺牲和代价，让我们强烈感受到革命成功的来之不易。

在互动电影游戏《奇异人生》中，主角麦克斯利用意外获得的时间回溯能力让好友克洛伊一次次幸免于难，但这些违背宿命的行为引发了更大的灾难——一场百年未遇的龙卷风即将摧毁整座小镇。换言之，主角作为拯救者必须要在知心好友与小镇居民之间二选一。互动叙事通常利用"自主选择"和"承担后果"的方式来传递某种道德要求，即主角拥有选择机会的同时也将不可避免地承担随之而来的或好或坏的结果——凭借自己的选择赢得宝贵机会，或者为自己的选择付出惨痛代价。

（二）多重未来，抑或控制的幻象？

不同于传统叙事，互动叙事的独特之处在于提供了"假如……那么……"（what if...）的多重未来。德国学者克里斯多夫·博德（Christoph Bode）将其称为"未来叙事"（future narratives）：不同于以事件（event）为基本单位且单线发展的传统叙事，多线发展的未来叙事其基本单位是富含多种可能性的节点事态（nodal situation）[1]。互动叙事并置了一个故事的多种版本，其理论基础包括平行宇宙理论（parallel universes theory）、可能世界理论（possible worlds theory）、分岔理论（bifurcation theory）、混沌理论（chaos theory）、蝴蝶效应（butterfly effect）等学说，展示了某个微小的改变会导致多种可能的结果。

互动叙事鼓励用户反复闯关以逆转未来，为我们提供了一种对过去不再抱憾的解决方案。互动叙事的用户被赋予时间旅行的能力，任意穿越平行宇宙，在多重未来中选择自己心仪的那个版本。用户不是沿着线性的轨迹去忍受不幸或克服困境，而是渴望重新来过，返回过去的某个时间节点去改变未来。例如《底特律》仿生人卡菈故事线"暴风雨之夜"一章的情节如下：晚餐时陶德情绪失控，他一边抱怨仿生人让他丢掉了工作，一边数落着爱丽丝的母亲抛下他们父女，最后他将怒气全都发泄在了女儿爱丽丝身上。爱丽丝哭着上楼躲回了自己的房间。卡菈想要上楼安抚爱丽丝时，陶德命令其站在原地不准动。如果选择听从指令一直站着不动，陶德就会拿着皮带上楼将爱丽丝殴打致死。切断程式成为异常仿生人后，主角卡菈就能自由行动，她面临多种选择：是保护爱丽丝，还是跟陶德讲理？选择保护爱丽丝的话，是拿上手枪以备不测，还是带着爱丽丝逃离？卡菈的系列选择将决定自己及他人的命运，可能导向爱丽丝死亡或陶德被枪杀的后果，也可以实现无人受伤的胜利大逃亡。互动叙事鼓励站在惊险岔路口的人们去"把握那些孕育着开放性的时刻"[2]。

然而，互动叙事的内生性矛盾在于："互动"所提供的控制感与"叙事"所要求的连贯性，二者往往是冲突的。正如游戏设计师欧内斯特·亚当斯（Ernest Adams）所言："互动几乎与叙事势成水火。叙事意味着

---

[1] Christoph Bode & Rainer Dietrich, *Future Narratives: Theory, Poetics, and Media-Historical Moment*, Berlin: De Gruyter, 2013, p.1.

[2] Christoph Bode & Rainer Dietrich, *Future Narratives: Theory, Poetics, and Media-Historical Moment*, Berlin: De Gruyter, 2013, p.16.

故事在作者的引导下徐徐展开，而互动则取决于用户的动机与行动。"①克劳福德也承认，互动设计与情节编排二者之间确实存在显而易见的冲突：故事情节就好比决定论，它是讲述者预先安排好的，故事从开头到结尾都是设计出来的；而互动就好比自由意志，用户要与故事实现互动，必然需要行使自由意志。② 在他看来，决定论与自由意志注定难以兼容，倘或给予用户过多的控制，势必会大大减损故事情节的连贯性与完整性。

因此，互动叙事的理想状态是：在不严重影响主要情节的前提下为用户提供大量的自由度和控制感，从而赋予用户一种"控制的幻象"（illusion of agency）。互动叙事的每一个环节的走向其实仍掌控在创作者手中，用户不过是在设置好的固定选项中做选择题。穆瑞就曾指出，数字叙事的程序作者相当于"舞台指导"，而用户（包括主人公、导航者、探索者、建筑者等）都只是"演员"而已。③ 在这个意义上，互动叙事所提供的只是"自由意志的神话"，用户不过是作为全能上帝的创作者操控下的提线木偶罢了。

更值得追问的是，"控制的幻象"或者说"虚假的自由意志"究竟是如何实现的呢？在互动叙事的开篇，系统就有必要让用户为故事主角选定人设（persona）。选定人设就是赋予角色一定的性格和动机，以此确保情节的连贯性。正如克劳福德所提醒的那样：如果罗密欧在这个故事里表现得像个玩世不恭的花花公子，在那个故事里是个贪心鬼，在第三个故事里又变成了懦夫，这样前后矛盾的故事又能有什么实质性意义呢？④ 人设之确立既可以让用户自行决定，如《晚班》开篇让用户选择主角应该是"无私"还是"自私"，也可以通过更为隐蔽的方式，如《底特律》开头的一处细节：仿生人康纳刚一出场，就看到一条掉落在地上的金鱼。玩家可以选择"不管它"径直走过，也可以选择"拯救它"顺手把它放回鱼缸。这里的选项设置既是确立人设，也是心理暗示。玩家可以将康纳打造为一个专心执行任务、必要时冷酷无情的工作机器，也可以让他成为富有人情味、内心柔软的谈判专家。

---

① Ernest Adams, "Three Problems for Interactive Storytellers," *Gamasutra*, Dec., 1999.
② ［美］克里斯·克劳福德：《游戏大师 Chris Crawford 谈互动叙事》，方舟译，北京：人民邮电出版社，2015年版，第42—44页。
③ Janet Murray, *Hamlet on the Holodeck：The Future of Narrative in Cyberspace*, New York：Free Press, 1997, pp. 142-143.
④ ［美］克里斯·克劳福德：《游戏大师 Chris Crawford 谈互动叙事》，方舟译，北京：人民邮电出版社，2015年版，第48页。

为了实现"控制的幻象",互动叙事作品需要更多地展现"自致（achieved）的命运"。冒险故事大抵由三类命运交叉而成：必然的命运、偶然的命运，以及自致的命运。"必然的命运"意味着主角受制于宿命的笼罩，无论如何反抗仍然逃不出命运的摆弄；"偶然的命运"意味着系统设计掺杂了一些不可预测的元素，机缘巧合，误打误撞，成功或失败都是侥幸；"自致的命运"意味着主角可以依靠努力而成功，也会因为犯错而失败，其结局无论好坏都是自我导致的。互动叙事通常以"自致的命运"居多，只要用户见机行事，防止错漏，迷宫总有出口，事情总有转机。《晚班》有七个结局，包括冲动行事被黑帮杀害、失败回家被警方逮捕、寻回瓷碗顺利抽身等。用户需要引导主角仔细推敲、谨慎行事，调查案件真相及其幕后真凶，并施巧计寻回失踪的文物。

而《潘》之所以观众评价不高，正是因为观众在剧情走向面临分岔时无论做出何种选择，主角斯蒂芬最终都难逃悲剧性的命运。这就好像你一直以来明明都脚踏实地、勤勤恳恳地找寻迷宫的出口，而今天却有人突然告诉你，其实打从一开始这个迷宫就没有设置出口，一切努力均为徒然。"无论如何努力都不能改变命运"的挫折感会在观众内心中诱发出一种近乎"习得性无助"（learned helplessness）的状态，这会引发用户不愉快的负面情绪体验。

晚近以来，随着全球变迁与技术变革，唯一确定的是不确定性。我们看似拥有了更多的选择，但同时也陷入了更大的困扰。要么不满足于现状，渴望一个别样的现状或未来，要么对不甚确定的未来深感恐慌。互动叙事的兴起，反映了个体在面对不确定未来时的惶惑不安，同时也洋溢着冒险家、奋斗者的乐观情绪。以冒险为主要题材的互动叙事作品宛如危机四伏的迷宫，创作者是掌控情节流程图的"迷宫视图者"，其核心任务是尽可能多地设置引发情节分岔的决策点，但又要防止情节过度分岔而导致的叙事过载；用户是站在岔路口不断做选择的"迷宫探行者"，限于主观视角但仍努力做出正确的决策，而惊险岔路口的两难之择常常会激发用户的情感与思考。迷宫探行者们坚信总有一个方案、总有一条道路能够通向令人满意的美好未来，哪怕这条道路坎坷崎岖、代价不菲。

面对飞奔向前的时代，我们有时也会感到力不从心、追赶不及。我们偶尔也会想起，如果过去某一件事情改变的话，我们的生活将会变得如何。社会心理学相关研究指出，当人们不知道某件事情为何发生、对事态也无法控制时，他们倾向于为事件虚构因果关系，以获得一种控制感的满足，消除由未知或不确定带来的紧张与恐惧。① 互动叙事体现的正是这样一种环环相扣的因果关系：事件总是被理解为基于主角的决策而渐次发生，因而重返历史的岔路口再次选择就有望改变此时的命运。在这个意义上，因果相续的互动叙事何尝不是我们对现实困境的一种理解方式。

人的生命充满了必然与偶然的组合。如果说宗教的本质就是把偶然转化为命运②，那么互动叙事的本质就是把命运转化为偶然。不过，当命运变得可以选择、可以改变，难免会造成意义的滑落。文学批评家加里·莫森（Gary Morson）注意到博尔赫斯寓言中令人不安的地方：选择的意义就在于选择的单次性（singularity）及其未曾实现的可能性，否则，选择就失去了意义；可以反复经历的多重选择以及由此导致的多重未来，将会对个体认同和伦理道德产生威胁。③ 分岔路径叙事电影《无姓之人》（*Mr. Nobody*，2009）的主角可以自由无碍地反复穿越平行宇宙，如此一来，记忆变得混乱不堪，人生的意义也就此滑落，因为原本视作命中注定的那些东西被发现只是偶然而已。

诚然，"命运之不可回旋"是中外文学的经典议题，由此虚构故事才获得了感人至深的力量。正如《伊利亚特》中的预言揭示了阿喀琉斯的两种命运：唯有杀死赫克托耳，方可得到万世荣光；不过杀死他之后也便不再是不死之躯。④ 命运之不可回旋，往往正是故事中的高度情感时刻，这一刻某一抉择产生了无可挽回的后果。而在互动叙事中，如果你可以简单地回过头来避免悲剧的发生，那么悲剧的动人力量将大打折扣。正是出于这种考虑，《奇异人生》尽管以时光倒流为主要玩法，但还是将某些关键决策点设置为不可逆转⑤。在互动叙事中增加适量不可逆转的情节和片段，将有助于克服意义的滑落。

---

① Jennifer Whitson & Galinsky Adam, "Lacking Control Increases Illusory Pattern Perception," *Science*, Vol. 322, No. 5898, 2008, pp. 115—117.

② [美]本尼迪克特·安德森：《想象的共同体：民族主义的起源与散布（增订版）》，吴叡人译，上海：上海人民出版社，2016年版。

③ Gary Morson, *Narrative and Freedom: The Shadows of Time*, New Haven: Yale University Press, 1994, p. 233.

④ 罗念生：《罗念生全集（第五卷）：伊利亚特》，上海：上海人民出版社，2004年版，第221页。

⑤ 例如，在主角麦克斯劝说凯特打消跳楼自杀的念头之时，玩家必须同时做对六个选择，包括"谁是最关心她的人""《圣经》中她最爱的章节"等。如果做错，凯特就会认为世上再无人关心她，进而毫不犹豫地从楼顶跳下。凯特之死将令麦克斯陷入巨大的悲伤与自责之中。《奇异人生》将此处决策点设置为不可逆转，由此强化玩家的情感共鸣。

不过，把命运转化为可选的选项，互动叙事的魅力正在于此。世俗意义上，时间的流逝就是将一种可能性变成现实的同时也抹除了所有其他可能性的过程。而互动叙事的兴起意味着一个不确定的全新世界，一个充满无限可能和无尽结局的世界。无数的选择决定了我们的命运，每个选择都会激起时光长河里的涟漪，有足够多的涟漪就能改变时光的流向。互动叙事一定程度上实现了博尔赫斯的梦想：时间永远分岔，通往不可计数的未来。

四、互动电影游戏的本体特征

互动电影是基于动态影像的互动叙事作品。用户会被代入一位或多位故事角色，在观影过程中对角色的言行举止不断地做决策，进而影响故事情节的走向。既有研究对互动电影的媒介融合、本体特征有所涉及[1]，但对其发展脉络仍关注不足，同时对游戏业改造互动电影的历史过程缺乏梳理。

（一）互动电影的游戏基因

作为一种重要的游戏类型，互动电影游戏的诞生与发展可视作动态影像不断融入互动游戏的过程。这个命名之所以要凸显"电影"，是因为影像语言在其中占据重要地位：传统游戏通常在关卡与关卡之间插入过场动画，而互动电影游戏则更像是在影像片段之间插入交互选项，基于选择跳转至特定的影像片段。换言之，传统游戏注重玩法，画面影像屈居次要位置，而互动电影游戏则更注重影像语言、情节故事和人物情感。

预先录制的动态影像是游戏中常见的一种叙事手段，通常以过场动画（cut-scene）的形式在关卡与关卡之间播放，发挥叙事、间歇、奖惩等功能。全动态影像游戏（full motion video，简称 FMV）指的是由预先录制的视频构成的游戏。20 世纪 80 年代，卡带、软盘是存储的主流介质，有限的存储空间导致当时的游戏画面粗糙，画面中的角色和物品往往只由少量像素点拼凑出大致的形状。1983 年面世的街机游戏《龙穴历险记》（*Dragon's Lair*）由多部预先录制的迪士尼风格动画短片构成。玩家化身骑士深入龙穴，在遇险之际需要流畅操作，让角色做出一系列

---

[1] 孙静：《互动电影：电影与电子游戏的跨媒介融合》，《教育传媒研究》，2016 年第 5 期；黄心渊、久子：《试论互动电影的本体特征——电影与游戏的融合、碰撞与新生》，《当代电影》，2020 年第 1 期。

避险、攻击的动作。1992年面世的全动态影像游戏《午夜陷阱》(*Night Trap*)由真人扮演的动态视频构成。故事情节为一群妙龄少女在一栋奇怪的房子内聚会,她们对即将到来的危险毫不知情——数量可观的吸血鬼正通过各种渠道进入这栋房子。玩家扮演特警小分队中的一员,需要盯牢这栋房屋的八个实时监控录像,在适当的时机触发陷阱以捕捉那些危险分子。游戏玩法基本与《龙穴历险记》无异,玩家需要不断切换监控录像机位,在合适的时机按下特定的按钮,以播放预先设置好的后续剧情视频。

直到1997年法国量子梦工作室(Quantic Dream,以下简称量子梦)的创立以及之后一系列游戏作品的孵化,电影与游戏合流的浪潮才真正开启。预先录制的视频不再是以过场动画的形式在关卡与关卡之间播放,也不像全动态影像游戏那样只有单调的交互性操作,而是探索影像与互动的深度融合。冒险游戏《恶灵都市》(*The Nomad Soul*,1999)是量子梦的起步之作。玩家可以在三维的开放世界中自由探索,通过与非玩家角色(non-player character,简称NPC)的交流推进故事,进而揭开这座城市背后的超自然真相。为了迎合广大玩家的口味,游戏加入了解谜、动作、格斗、第一人称射击等多种元素,这令游戏的风格颇为混乱。不过这款游戏也让量子梦的创始人大卫·凯奇(David Cage)意识到,自己真正感兴趣的是剧情设计。开放世界尽管允许玩家任意漫游、自由探索,但玩家也因为剧情触发点之间的漫长寻路过程,而忽略了故事本身。此后,大卫·凯奇做了一个重要的决定,他打算把游戏的重点放在故事的讲述上,而非盲目沿袭当时流行的开放世界的玩法。

2005年,量子梦推出第二款游戏《幻象杀手》(*Fahrenheit*),美国版被命名为《靛蓝预言》(*Indigo Prophecy*)。工作室突出叙事的同时精简了游戏玩法,将前作的动作、格斗、射击等玩法全部舍弃。除了主角少量的空间移动与环境交互,剧情的推动主要基于玩家在多个选项中做出的选择,而危急时刻的动作则靠QTE达成。游戏采用全动作捕捉和全实时渲染,除了人物移动时采用追随镜头(following shot),其余部分均采用电影式运镜与剪辑,这令游戏充满了电影感。游戏一经发布就有玩家惊呼自己从未玩过这种游戏,"简直是将美剧搬进了游戏"。

随之而来的问题是,这种游戏到底应该叫什么呢?量子梦决定采用一个新的名称——互动电影游戏(interactive film game)。它既包含全动态影像游戏的预先录制、分岔剧情及多重结局,又包含互动游戏的空间漫游和环境交互。在这个意义上,互动电影游戏既是电影,也是游戏,它通过电影的制作方式，将制作的核心放在剧本的塑造和角色的演出上，再用游戏的制作方式，通过玩家的控制让主角做出不同的选择以达成相应的结局。它极端注重剧本、角色、画面和内涵，而将可操作性极度弱化，这样的强叙事、强画面、强镜头和弱操作，便于玩家沉浸在电影风格的剧情之中。

2010年发布的《暴雨》（*Heavy Rain*）可谓互动电影游戏的集大成者。这款游戏对每个演员都采用了面部扫描建模和表情捕捉，采用真人动作捕捉与CGI技术生成的即时演算动画，辅之以PS3游戏机的实时渲染效果，这使得其作品风格犹如一部好莱坞大片。故事发生在美国东海岸的一座小镇，每当暴雨倾盆的时候，警方都会发现一具男孩的尸体。玩家可以控制四名角色，包括寻找失踪儿子的伊森、私家侦探谢尔比、探员杰登和女记者贝基，通过多种叙述角度来体验整个故事。《暴雨》展现给玩家一个真实自然的电影化世界，同时比传统电影更具代入感。玩家可以与场景中的人物对话，也可以与场景中的细节交互，例如私家侦探尝试与家属沟通，努力让他们开口说话，而探员则致力于勘察事发现场，还原罪案发生的过程。玩家不断地做出选择，指引角色的言行举止，引导着剧情的发展，一点一点揭开谜团，从而理解游戏发售时那句宣传语的真正含义："你能为你的挚爱做出多大牺牲？"大卫·凯奇曾如此评价这款互动电影游戏："《暴雨》是一款面向成年观众的原创作品，如果《暴雨》失败了，对于我本人而言可能就再也不知道该如何做游戏了，我也不想再做游戏了。如果市场表示'我们不需要这个'，我会对自己说，这终究是个玩具市场，而我并不想制作玩具。"

后来的《超凡双生》以及《底特律》在设计理念上并未突破《暴雨》，但得益于PS4主机的强大机能，游戏在制作上愈发精良。《底特律》故事发生在未来的底特律，仿生人被大量制造充当社会劳动力，而它的精神内核则关乎种族与阶层，以及"到底什么才能被称作人"的哲学思考。为了制作游戏，量子梦对底特律这座城市进行了实地调研，参观被废弃的建筑物，并与当地市民进行广泛交流。他们还找到了二百多名临时演员，通过3D扫描技术将他们制作成游戏里的模型，扮演了游戏中五百多名角色。历经四年精心打磨的《底特律》拥有出色的人物演出、复杂的游戏剧情，以及富有电影感的镜头表现，由此赢得了广大用户的口碑与赞誉。

互动电影代表了电影与游戏融合的趋势。互动电影中的用户不仅仅是故事的演员，更是故事的合著者。与传统电影相较，互动电影提供了丰富的可能性选项，赋予用户能动性，鼓励用户探索分岔情节与多重结局。与数字游戏相较，当游戏产业越来越倾向于把游戏做得开放和沙盒化，而互动电影却保持了相对线性的流程图架构，提供分岔的同时又不至于叙事过载。互动电影的精髓在于保持"互动选项"与"电影故事"之间的微妙平衡，即提供可能性选项的同时确保叙事的容量适中、连贯流畅。

诚如大卫·凯奇所言："当前市面上的大多数游戏都是基于机制与重复，玩家不断地重复暴力或肢体动作。这些游戏制作精良却循规蹈矩，强加给玩家压力、恐惧和紧张，实际上无比空虚、意义匮乏。而这也正是《暴雨》一类互动电影游戏所试图挑战的：基于情感而非暴力，关乎旅程而非挑战，关乎情景中的行动而非模式化的闯关，关乎现实生活中的真实人物而非拯救世界的超级英雄。"[①] 互动电影体现了电影与游戏的融合趋势：电影从游戏中吸收互动元素以拥抱丰富的可能性，而游戏则从电影中汲取情感力量以探索人性的复杂性。我们有理由相信，电影与游戏的融合征程才刚刚开始。

（二）分支选项的设置策略

互动电影的可能性（possibility）具体表现为用户在剧情推进过程中将遭遇数量可观的决策点（decision pointing），每个决策点都拥有两个及以上的分支选项。正如大卫·凯奇在2018年TED演讲《电子游戏如何把玩家变成讲故事的人》中所指出的，传统线性电影的编剧只需考虑时间与空间，而互动电影的创作者除此之外还要考虑同一时空中的各种可能性。剧情走向会基于不同用户的不同选择而产生差异，最终导向截然不同的结局。这种讲故事的方式也被称作"选择导向"（choices matter）。

克劳福德将选择分为轻小选择（smaller and less impactful choices）与关键抉择（key decisions）两类。顾名思义，轻小选择对情节走向的影响不大或者不影响，而关键抉择则会深刻影响情节的走向。关键抉择在互动电影中至关重要，不仅能够增加作品的挑战难度，而且可以激发用户的情感体验。克劳福德的建议是，互动叙事除了提供屈指可数的几个关键抉择之外，还应该提供许许多多的轻小选择，对话正是实现这种轻

[①] Keith Stuart. "Heavy Rain Creator: Publishers Should Dare to Take More Risks," *The Guardian*, Mar. 23, 2010.

小选择的最佳载体。① 受克劳福德的启发，笔者按照"决策的内容"（行为与交流）与"影响情节的程度"（轻小选择与关键抉择）两个维度将分支选项大致分作四类：角色行为的轻小选择、角色行为的关键抉择、角色交流的轻小选择，以及角色交流的关键抉择。

表 4-5 分支选项的类别

决策的内容	影响情节的程度	
	轻小选择	关键抉择
行为	角色行为的轻小选择	角色行为的关键抉择
交流	角色交流的轻小选择	角色交流的关键抉择

角色行为的轻小选择，指的是用户可以影响角色的日常举止。在互动电影《潘》中，用户可以决定主角吃哪种口味的麦片粥当早餐、公交车上听哪支乐队的歌。此类选择尽管对剧情影响较小，有时甚至没有影响，但这些细节可以增强用户的代入感。

角色行为的关键抉择，指的是用户可以影响角色在关键时刻所采取的行动。《底特律》第一章"人质"中，主角康纳在与劫持了小女孩的异常仿生人谈判对峙的最后关头，用户选择拔枪之后会出现"朝头部开枪"和"不开枪"两个选项。若选择开枪，异常仿生人就会中枪坠楼，人质得救；若选择不开枪，康纳就会被异常仿生人一枪毙命，而后异常仿生人挟人质一同坠楼。此类选择对剧情走向的影响往往较大。

角色交流的轻小选择，指的是用户可以影响角色在日常沟通中的态度和交流。此类选项让用户可以主动地了解到其他角色相关信息、故事背景等内容，常见的例如角色在聊天过程中试图开启新话题。《暴雨》开篇，主角伊森尝试与情绪低落的儿子沟通，用户可以选择"一起玩吧""讨论""学校""功课"等话题选项。不过在这个案例中，不断抛出来的话题换来的是儿子的冷漠回应，对话难以继续下去，这体现了创伤过后难以弥合的父子关系。

角色交流的关键抉择，指的是用户可以影响角色在关键时刻的态度和交流。譬如《隐形》序章部分，面对恩师的强烈质疑"当年是不是你出卖了学联干部"，用户唯有选择保持沉默才能顺利过关；倘或用户选择了反驳，"老师不是我！一定另有隐情！"那么主角将会被认定为"不适

---

① ［美］克里斯·克劳福德：《游戏大师 Chris Crawford 谈互动叙事》，方舟译，北京：人民邮电出版社，2015 年版，第 45—47 页。

合潜伏工作"而被直接安排踏上去边区的列车，导致潜伏之路戛然而止。

就题材类型而言，冒险故事尤其适合在剧情中设置一连串的关键抉择，其常见标签为"自选历险体验"（choose your own adventure），也被翻译为"惊险岔路口"。冒险故事赋予互动叙事之"选择"以意义，因为唯有将故事人物置于危险境地，才能激发主角的紧迫感和能动性，其决策才会变得富有意义而不是无关痛痒。互动叙事用户犹如在冒险故事的危险地形上徒步，当面临无数岔道时必须选择正确的路线。互动电影不鼓励主角横冲直撞硬碰硬，而是需要谋定而后动，讲究策略，巧妙化解危局。更重要的是，关键抉择往往是令人纠结的两难之择，类似于"两善取其一"或"两恶取其轻"的选择，让用户感受到理智与情感上的焦虑，从而激发用户的同理心与情感体验。因此我们也就不难理解为何当前互动电影的成功之作大多包含了冒险、悬疑、惊悚等类型元素。

第四节　个案研究：对游戏化电影的跨媒介分析

数字媒体知名研究者列夫·马诺维奇在《新媒体的语言》中坚称，新媒体拥有一套属于自身的独特逻辑，正如电影有电影语言，新媒体亦有新媒体语言，即新媒体设计师用以组织数据、打造用户体验的一系列惯例。[1] 新媒体语言有时也会反过来改造甚至重塑传统媒体的语言。该书最后一章，马诺维奇从交互界面、操作、幻觉、形式等维度，考察了计算机化进程如何反过来改造了电影的视听语法。[2]

诚然，电影艺术早已不复纯粹，正与愈来愈多的媒介形态复合、混杂。美国艺术理论学者罗莎琳德·克劳斯（Rosalind Krauss）坚称，传统媒介及其一系列早期理论假设已然过时，她援引美国当代哲学家斯坦利·卡维尔（Stanley Cavell）的"复合媒介"（composite medium）概念，认为当代艺术早已不再坚守纯粹性、独立性与单一性，而是与其他媒介相互渗透，通过异质性（heterogeneity）更好地挖掘自身潜力。抛弃媒介特异性（medium specificity）意味着由物质性实体所支撑的现代

---

[1] ［俄］列夫·马诺维奇：《新媒体的语言》，车琳译，贵阳：贵州人民出版社，2020年版，第5—6页。
[2] ［俄］列夫·马诺维奇：《新媒体的语言》，车琳译，贵阳：贵州人民出版社，2020年版，第313—336页。

主义式媒介概念的消弭，从而进入所谓的"后媒介情境"（post-medium condition）。①

随着数字游戏（video game，也称电子游戏或视频游戏）的日益流行，人们开始对它施加于其他媒介之上的影响产生兴趣。亨利·詹金斯在《数字时代的艺术形式》（2000）一文中大声疾呼：数字游戏塑造了当代文化，是时候认真对待它们了——游戏或许是塑造新世纪美学意识的最为重要的流行艺术。② 在数字游戏的影响之下，晚近以来的电影艺术也产生了新变化，越来越多的学者试图探索数字游戏如何影响当代电影的讲述方式和美学原则。我们可以沿着马诺维奇所提供的方向继续追问：游戏转向如何重新定义影像的本质？游戏化如何影响当代文化中的视觉语言？有哪些全新的美学可能性会浮现？③

一、何谓游戏化电影

20世纪80年代的《电子世界争霸战》（Tron，1982）被视作游戏融入电影的开先河之作。此类早期实践大多基于电影制作者对流行文化的有意征引，以及对特许经营权（franchise）的流量收割与盈利诉求，并未有意识地吸收游戏形式与惯例④。世纪之交的《黑客帝国》通常被视作"电玩一代"的正式登场，对家用电脑及电脑游戏得心应手的一代人开始进入影坛，携带着独特的媒介基因，给新世纪电影史带来了一个全新的开端。

"电影越来越像游戏，游戏越来越像电影"正逐渐成为业界与学界的共同感受。⑤ 英国电影学者威尔·布鲁克（Will Brooker）在2009年提出了一组对举的概念——游戏化电影（the "videogame" film）与电影化游戏（the "cinematic" game），用来指涉吸收了游戏惯例的电影和吸收了电

---

① Rosalind Krauss, "A Voyage on the North Sea": Art in the Age of the Post-Medium Condition, London: Thames & Hudson, 2000, pp. 5—20.
② Henry Jenkins, "Art Form for the Digital Age," MIT Technology Review, Sept. 1, 2000, retrieved from https://www.technologyreview.com.
③ 马诺维奇研究的是计算机革命对于整个视觉文化的影响：我们转向基于计算机的媒体，这如何重新定义了静态影像与运动影像的本质？计算机化如何影响了我们文化中的视觉语言？有哪些全新的美学可能性会出现？参见［俄］列夫·马诺维奇：《新媒体的语言》，车琳译，贵阳：贵州人民出版社，2020年版，第7页。
④ Samantha Cobden, Gamic Cinema and Narrative Space in Run Lola Run and Gamer, MA Thesis, University of Central Lancashire, Nov. 2018, p. 27.
⑤ 孙绍谊：《被"看"的影像与被"玩"的影像：走向成熟的游戏研究》，《文艺研究》，2016年第12期。

影惯例的游戏。① 不过他本人对这两种媒介之间的"联姻"并不看好，"与电子游戏这样一种级别较低的媒介结合，结果就是将电影降低到一个更加没有价值、更加边缘化的境地。它舍弃了任何对于严肃艺术的追求，却赢得了一种新潮时髦的姿态"②。

尽管"游戏化电影"的实践浪潮有目共睹，但针对该现象的研究却迟迟未能展开，反倒是"电影化游戏"获得了不少学者的关注③。例如，《编剧：电影/游戏/界面》（2002）的作者就明确声称自己关注后者甚于前者，作者解释道：首先，相对于电影而言，游戏被视作格调不高的媒介，其美学价值与电影不可相提并论；其次，改编自游戏的电影大多在市场上表现不佳，这愈发加深了人们对游戏影视化改编的不信任；最后，尝试游戏化结构与表达的电影实例寥寥无几。④ 晚近以来，针对"游戏化电影"的学术兴趣才逐渐升温。

需要注意的是，"游戏化电影"区别于"改编自游戏的电影"。前者指的是形式层面的借鉴与融合，后者指的是内容层面的移植与改编，用更为流行的表述来说就是"对游戏IP的影视化改编"。法国《电影手册》主编、电影评论家让－米歇尔·弗罗东（Jean-Michel Frodon）就将"游戏化电影"与"改编"明确区分开来。他将游戏与电影的关系形容为"不纯性"，并将这种复杂关系归纳为评述、改编、引用、结合四种形态⑤：①"评述"指电影再现游戏过程中所传递出的电影创作者的观点和态度；②"改编"指游戏被改编为电影，或者创作者同时推出电影、

---

① Will Brooker, "Camera-Eye, CG-Eye: Videogames and the 'Cinematic'," *Cinema Journal*, Vol. 48, No. 3 (Spring, 2009), pp. 122－128. 中译版参见《聚焦：平台之间的游移——电影、电视、游戏与媒介融合》，于帆译，《世界电影》，2011年第1期。

② 同上。

③ 参见《好莱坞玩家：电影与游戏产业的数字融合》（2010）、《开始游戏，好莱坞：游戏与电影的交叉地带》（2013）、《电影化游戏：游戏对电影美学的影响》（2015）等论著。Cf. Robert Brookey, *Hollywood Gamers: Digital Convergence in the Film and Video Game Industries*, Bloomington, IN: Indiana University Press, 2010. Gretchen Papazian & Joseph Michael (eds.), *Game On, Hollywood: Essays on the Intersection of Video Games and Cinema*, Jefferson, NC: McFarland, 2013. Ivan Girina, *Cinematic Games: The Aesthetic Influence of Cinema on Video Games*, PhD Thesis, University of Warwick, 2015.

④ Geoff King & Tanya Krzywinska (eds.), *ScreenPlay: Cinema/Videogames/Interfaces*, London: Wallflower, 2002, pp. 1－32.

⑤ [法] 让－米歇尔·弗罗东：《电影的不纯性——电影和电子游戏》，杨添天译，《世界电影》，2005年第6期。

游戏两个版本；③"引用"指电影对游戏片段的截取和插入[①]；④"结合"指游戏与电影的再媒介化（remediation）[②]，一种媒介如何挪用了另一媒介的形式，或者说此媒介如何在形式上融入了彼媒介之中。弗罗东坚称，"结合"（接近笔者意义上的"游戏化电影"）才是剖析电影与游戏二者复杂关系的关键所在。

对"游戏化电影"的早期讨论，可追溯到埃尔塞瑟（Thomas Elsaesser）与巴克兰（Warren Buckland）在2002年提出的电影对数字游戏叙事结构的借鉴，包括：①程式化的重复动作（积累点数与掌握规则）；②多重关卡的历险；③时空传送；④神奇的化身或伪装；⑤即时反馈的奖惩；⑥速度；⑦互动。[③] 该分析思路颇有新意，不过失之琐碎，且研究者未能展开充分讨论，因此其分析的有效性有待检验。也有学者指出游戏化电影可以从"游戏主题"与"游戏形式"两个方面入手展开讨论。前者指的是以游戏为主题（trope）的电影，如《黑客帝国》《感官游戏》等，后者指的是在结构或美学上深受游戏影响的电影，如《罗拉快跑》、《大象》（*Elephant*，2003）等。[④] 不过这种"主题—形式"的分类方式并不能令人信服，因为主题与形式往往相辅相成、难以分割，电影在表现游戏主题的同时亦可以采用游戏化的形式。

纽约大学媒体研究者亚历山大·盖洛威（Alexander Galloway）在他的著作《游戏化：论算法文化》（2006）中指出，新一代的电影摄制者已经开始探索将游戏的创新形式纳入电影制作之中，因此研究者不能再重复"电影正变得越来越像电子游戏"这一类的陈词滥调，毕竟这种粗略的描述过度简化了二者日益复杂的关系。[⑤] 为此，盖洛威正式创设"游戏化电影"（gamic cinema）这一术语，用以描述那些借鉴了游戏的

[①] 例如剧情片《本X》（*Ben X*，2007）通过引用游戏片段来展现患有自闭症的主角本的内心世界，譬如现实中主角被两个男孩拦道欺负，那么电影随后就会切入一段游戏画面——他所操控的英雄角色被两个巨魔拦道羞辱。

[②] 再媒介化的核心议题是"新媒介如何重塑了旧媒介的形式逻辑"。Cf. Jay David Bolter & Richard Grusin, *Remediation: Understanding New Media*, Cambridge, MA: The MIT Press, 1999, p. 273.

[③] Thomas Elsaesser & Warren Buckland, *Studying Contemporary American Film*, London: Arnold, 2002, pp. 162-163.

[④] Riccardo Fassone, Federico Giordano & Ivan Girina, "Re-framing Video Games in the Light of Cinema," *Game*, Issue 4, 2015, pp. 5-13.

[⑤] Alexander Galloway, *Gaming: Essays on Algorithmic Culture*, Minneapolis, MN: University of Minnesota Press, 2006, p. 39.

创新形式，并将其转化为电影制作的形式语法的电影。[①] 这种创新实践既提供了崭新的电影体验，又探索了电影自身的边界。克罗地亚学者嘉斯米娜·卡洛伊（Jasmina Kallay）使用类似的表述"gaming film"，用以指涉游戏文化正在重塑电影的叙事、结构、视觉、哲学等层面。[②] 不过，此类讨论大多局限于粗略描述，未能提供一套行之有效的分析框架，故而我们难以快速把握所谓"游戏化电影"的惯例与风格。

沿着盖洛威的分析思路，丹麦游戏研究者拉斯·拉森（Lasse Larsen）在2017年的《论当代电影的游戏化》一文中讨论了可玩的、富有游戏感的新型电影形态，列举游戏化（ludification）对电影产生的五大影响，包括游戏世界、游戏化任务、游戏控制器与界面、游戏经验，以及基于玩法的游戏结构。[③] 拉森试图为我们提供一套相对完备的分析框架，但限于篇幅，他未能引述更多的案例来充分检验这一套框架。尤其是"游戏化任务"与"控制器与界面"两部分，在论述上稍显牵强。

"游戏化电影"近年来也引发了部分国内学者的关注，不过他们通常使用的表述是"影游融合"[④]。游戏化电影也被称作"影游融合类电影"，用以探讨电影视觉机制的游戏化改造。基于"再媒介化"（remediation）理论的"直感性"（immediacy）与"超媒介性"（hypermediacy）的分析框架[⑤]，李雨谏、周涌指出，影游融合类电影提供了两种不同的视觉经验：一方面，视角拟态以及具有空间导航功能的镜头调度，试图给观众带来一种"在游戏中"的感知体验；另一方面，界面化的画面构成又有意让观众意识到游戏元素的存在，形成一种"在玩游戏"的感知体验[⑥]。不过，这一论述只涉及游戏化电影的视觉机制层面，而未能触及游戏化电影的时空设定与情节结构。

简言之，所谓"游戏化电影"，即游戏元素对当代电影的渗透和影

---

① Alexander Galloway, *Gaming: Essays on Algorithmic Culture*, Minneapolis, MN: University of Minnesota Press, 2006, p.62.

② Jasmina Kallay, *Gaming Film: How Games Are Reshaping Contemporary Cinema*, Basingstoke, UK: Macmillan, 2013, p.1.

③ Lasse Larsen, "Play and Gameful Movies: The Ludification of Modern Cinema," *Games and Culture*, Vol.14, Issue 5, 2019, pp.455-477.

④ 陈旭光、张明浩：《影游融合、想象力消费与美学的变革——论媒介融合视域下的互动剧美学》，《中原文化研究》，2020年第5期；刘梦霏：《叙事VS互动：影游融合的叙事问题》，《当代电影》，2020年第10期。

⑤ Jay David Bolter & Richard Grusin, *Remediation: Understanding New Media*, Cambridge, MA: The MIT Press, 1999, pp.20-50.

⑥ 李雨谏、周涌：《当下影游融合类电影的影像美学研究》，《当代电影》，2020年第6期。

响，重塑包括时空设定、情节结构、视觉呈现等方面在内的电影形态。基于这三个方面，笔者将"游戏化电影"区分为三种基本形态：时空设定游戏化、情节结构游戏化与视觉呈现游戏化（见表4-6），并在下文中逐一展开论述。

表4-6 游戏化电影的三种基本形态

分类	时空设定游戏化	情节结构游戏化	视觉呈现游戏化
特点	空间穿梭 时间操控（包括重启）	情节即关卡 闯关即战斗 通关即奖励	准交互式镜头（包括主观镜头、跟随镜头）
代表电影	《罗拉快跑》（1998） 《黑客帝国》（1999） 《盗梦空间》（2010） 《源代码》（2011） 《明日边缘》（2014）	《杀死比尔》（2003） 《歪小子斯科特对抗全世界》（2010） 《美少女特工队》（2011） 《凡人修仙传》（2020）	《大象》（2003） 《毁灭战士》（2005） 《硬核亨利》（2015） 《末日重启》（2017） 《1917》（2019）

二、时空设定游戏化

约翰·赫伊津哈（Johan Huizinga）在《游戏的人》（1938）中提出了"魔环"（magic circle）的概念，认为游戏与典礼仪式相似，可以构建起一个将参与者与外部世界暂时隔离开的环境，参与者在游戏期间服从于一个暂时性的社会系统。[①] 游戏"魔环"不仅营造了隔离性的空间，更关键的是它提供了某种假定性的时空设定。游戏化电影的第一种形态是"时空设定游戏化"，包含两个层面：一是游戏化空间，角色来回穿梭于虚拟与现实之间；二是游戏化时间，主角可以改变时间速率，乃至加载进度、重启时间。

（一）游戏化空间

游戏化空间的基本设定在于，人物可以通过虚拟化身进入幻境。这一幻想传统可以追溯至1982年的美国科幻动作片《电子世界争霸战》。该片为史上首部赛博空间题材电影。主角弗林无意间被吸进程序空间，变成了系统掌控之下的小程序。在关卡重重的虚拟世界中，主角艰难求存，更要找到破解之道重返现实世界。从现实场景进入游戏场景，电影

---

① [荷] 约翰·赫伊津哈：《游戏的人：文化中游戏成分的研究》，何道宽译，广州：花城出版社，2017年版，第14页。

观众首次被带入一个以计算机硬件电路板为想象原型的程序世界。此后电影中同类设定层出不穷，如《黑客帝国》的母体，《盗梦空间》的梦境、《源代码》（Source Code，2011）的源代码世界、《勇敢者游戏：决战丛林》（Jumanji: Welcome to the Jungle，2017）的尤曼吉热带丛林等。游戏虚拟空间相当于暂时与外界隔绝的"魔环"，可供角色随时进入，开始游戏。

故事中的人物往往反复穿梭于虚实之间，且"撤出/离线"比"接入/上线"难度更大。如果将坎贝尔（Joseph Campbell）的"英雄之旅"（hero's journey）理解为单次穿行的话——从平常之地穿行到冒险之地再穿行回来，如荒岛求生的鲁滨孙、漫游奇境的爱丽丝、《绿野仙踪》中的桃乐丝等。而游戏化空间的穿行是频繁的，且数量往往不止一次，如《黑客帝国》《源代码》，这与随时加载的游戏体验相似。穿梭于虚实之间，好似玩游戏一般，通过登录、加载，玩家可以瞬时置身于某一个截然不同的时空。不过，穿梭于虚实之间通常有限定条件，不可随意穿行，且撤出比接入更为复杂。例如《黑客帝国》，接入母体时脑后插管即可，但撤出母体时则需要人物接听某处响铃的电话，而反派特工有意抢先一步摧毁之，从而将人物困在母体之中。《盗梦空间》的撤出条件是上层梦境或现实中的跌落或溺水，而倘或过度深入梦境则有可能受困在"迷失域"之中无法返归。"撤出比接入更难"的设定与公众对游戏沉迷的忧虑如出一辙。

不过，频繁的穿梭容易造成人物真实感的断裂。人物不停地穿越虚实之间，或者说在虚实之间来回跳跃，久而久之往往深陷迷惘，不知自己身在何处、今夕何夕。正如《盗梦空间》里借主角柯布之口道出的真相：我们从来不记得梦的开头，总是突如其来地置身其中。电影中的人物愈发丧失了真切把握周遭环境的能力，原先稳定的地方感犹如手中砂砾一般迅速消散。由此，频繁穿梭于虚实之间的人们更需要区分何为现实、何为虚拟。

然而，即便拥有了判别虚实的能力，人们也未必会毫不迟疑地重新拥抱现实，有时人们只愿意相信自己所认定的现实。《黑客帝国》向我们抛来了一个哲学式的提问：倘或现实已沦为一片没有阳光的大荒漠，人们是否更乐于选择阳光明媚的虚拟幻境？是忍受贫瘠现实中的物资短缺，还是享用鲜嫩多汁的虚拟牛排？我们是否更愿意待在虚拟幻境之中，哪怕肉身囚禁在数字培养皿之内？长久沉溺梦境，梦境已然成为沉溺者的现实。

（二）游戏化时间

游戏化空间中，时间流逝的速率也会改变。虚拟空间的较长时间段，通常对应于现实世界的较短时间段。譬如《盗梦空间》中，现实五分钟，相当于梦境里一个多小时，梦中梦又会让时间长度呈指数级增长。这与游戏经验如出一辙——现实中玩家只玩了十来分钟的游戏，但他在游戏中所经营的文明已经从蒙昧时代跨入了封建时代。

在游戏中，玩家可以根据自己的偏好，自行调整游戏进程的速度，或加快时间，或减慢时间。减慢时间，即让时间的流逝变慢，意味着玩家拥有了更多的反应时间，如此一来，玩家化身的行动速度就可以比对头更快，因此可以克敌制胜，以弱胜强。这种"时间操控"的设定也影响到了电影时间。例如《黑客帝国》的"子弹时间"（bullet time）就是典型的游戏化时间。尼克与特工史密斯的关系就相当于游戏玩家与非玩家角色（NPC）的关系，二者的反应速度是不一样的：玩家所控制的化身反应速度更快，敌人的攻击速度相应减慢，由此主角不仅可以轻松躲避敌人的攻势，还可以更好地命中、击败敌人。

科幻片《黑客帝国》"子弹时间"场景

对于玩家而言，不仅时间流逝的速度是可控的，时间还是可逆的。这里的"时间可逆"特指时间可以循环重启，犹如游戏中的"存储/加载"（save/load）机制，重复地将角色带入相同的情景[①]。同时，玩家的

[①] 游戏化时间的"加载重启"不同于时空旅行，前者意味着重返原来的时空再次开始，相当于游戏进度的覆盖重写，而后者则意味着角色穿越至另一个平行宇宙，会遭遇另一个自己，造成同一时空出现两个"自己"的情况。时空旅行题材电影包括《恐怖游轮》（*Triangle*，2009）、《环形使者》（*Looper*，2012）、《彗星来的那一夜》（*Coherence*，2013）等。

重复体验也是不断累积经验的过程。即便是一局难度很大的游戏，只要玩家不断尝试，不断累积经验，最终总能找到破解之道。代表电影包括《土拨鼠之日》《罗拉快跑》《源代码》及《明日边缘》（Edge of Tomorrow, 2014）等。以德国电影《罗拉快跑》为例，年轻女子罗拉急于帮助她濒临绝望的男友。在影片进行到二十多分钟时，罗拉死于意外射杀，但她并没有接受这个结果，只是睁开眼睛说"不"，然后又重新回到了影片开头的场景，犹如重新开始游戏一般。在逐次闯关过程中，罗拉逐渐摸透关卡的门道，段位逐渐提升，最终达成了自己较为满意的游戏结局。[①]《头号玩家》影片中段，主角韦德在道具商城购买了一块"泽米基斯魔方"，并在危急时刻使用它让时间倒流一分钟，从而躲过一劫；在影片最后，韦德使用了之前虚拟档案馆馆长赠予的"加命币"，得以在大爆炸之后原地复活。这就相当于游戏被重新加载，角色被"重置"回原先的剧情点，由此满血复活，再来一回。

然而，时间可逆的代价是意义的溃散。反正一切都可以重新来过，人生的意义就此滑落，因为原本视作命中注定的那些东西被发现只是偶然而已。《土拨鼠之日》中，主角菲尔发现自己陷入了时间的无限循环之中。他无论如何选择度过这一天，都无法再前进一步。惊讶、不信、刺激、狂喜、烦闷、焦虑、不安、绝望、倦怠等各种情绪轮流侵占着菲尔，再也没有稳固的、终极的意义，人生的意义付之阙如。诚然，"命运之不可回旋"往往是故事中的高度情感性时刻，由此故事情节才获得了感人至深的力量。而在游戏化时间中，如果主角可以简单地回过头来避免悲剧的发生，那么悲剧的动人力量将大打折扣。

不过，游戏化电影中的时间并非永远可逆。电影通常会设置时间可逆的条件，倘或条件有变，时间将不再可逆，也就是说"读档重启"的游戏化机制将会失效。例如《明日边缘》主角只要受伤流血致死或被输血，就会丧失重启时间的能力。如此一来，战斗便不再是无关痛痒的，而是性命攸关的背水一战。《源代码》最后主角主动要求中止现实肉身的存续，随后步入打击暴恐、守护平安的终极一战。在游戏化电影中适当增加不可逆转的剧情片段，可以有效克服由于时间循环重启而造成的意义滑落。

[①] 刘宏球：《罗拉为什么不"打的"——论〈罗拉快跑〉的游戏性》，《浙江师范大学学报（社会科学版）》，2006 年第 3 期。

三、情节结构游戏化

游戏化电影的第二种形态是"情节结构游戏化"。在此类电影中，故事情节等同于游戏流程，事情发生的顺序由一系列关卡（levels）串联组成，角色依靠武力与智慧逐一闯关，每次通关都意味着收获奖励、提升等级。代表电影包括《杀死比尔》（*Kill Bill：Vol. 1*，2003）、《歪小子斯科特对抗全世界》（*Scott Pilgrim vs. the World*，2010）（以下简称《歪小子》）、《美少女特攻队》（*Sucker Punch*，2011）、《头号玩家》等。情节结构的游戏化表现为三大特点：情节即关卡，闯关即战斗，通关即奖励。

（一）关卡即情节

故事情节由若干个关卡/挑战组成，不同关卡之间的区分度相对明显，通常意味着新的空间、新的敌手、新的战术，这也意味着玩家需要寻求新的通关之道。例如电影《美少女特攻队》，每当主角"洋娃娃"跳舞之际，现实场景就会被置换为超现实的游戏场景。主角需要击败东瀛武士、屠戮奇幻魔龙、勇闯德军司令部、大破未来城市，通关之后可分别获得地图、打火机、刀和钥匙，由此逃出邪恶的禁闭空间。《盗梦空间》的层层梦境，也可以被理解为游戏中的层层关卡。伴随着梦境的深入，闯关难度也在不断增加。

动作片《美少女特工队》关卡之东瀛武士

电影叙事通常意味着因果关联的事件，而关卡式情节则未必具备逻辑上的连续性，只是体现为空间或时间意义上的先后关系。如此一来，主角的欲望被分解为一连串任务，由易到难，由小到大，每一次任务的完成都是离最终欲望的实现更进一步。不过，关卡式情节有时难免会为了设置任务而设置任务，剧中的主角们常常会因为一件小事而脱离主线甚至来到一个全新的环境，做着与主线情节关系不大的事情，造成剧情的跳脱感。正如玛丽·富勒和亨利·詹金斯所指出的，游戏情节往往让位于灵活自主的空间探索（spatial exploration），那些被嵌入英雄旅程的框架故事（frame story）[①] 在游戏体验中实际作用不大。[②] 换言之，英雄一路游历，所接触到的那些被嵌入旅途的小故事实际上无关宏旨，主要目的在于设置关卡以锻炼英雄，促使其获得宝物、提升段位。

（二）闯关即战斗

闯关在游戏中往往意味着频繁的战斗，而游戏化电影区别于冒险动作电影的地方在于它更倾向于按照游戏化风格来处理战斗场景。例如《歪小子》就采用了经典格斗游戏的表现方式与视觉风格，主角斯科特为了赢得梦中情人的芳心，必须接受女孩的七位邪恶前男友的挑战。每一次战斗都依据街机游戏《街头霸王》（*Street Fighter*）的对战模式来设定，银幕上会出现生命值、绝招、道具、围观者等"街霸式"元素。电影使用了一系列特技、特效（光束、冲击波等）来展示回合制的打斗过程，显示角色的速度与力量。决战结束后，会有声音喊出"KO"，失败者变成一堆金币，成功者则获得奖励、顺利晋级。该片尝试将格斗游戏的视觉模式搬上银幕，这种对格斗场景的图形化呈现，接近于大卫·波德维尔所谓的"装饰性风格"（decorative style），其功能在于让游戏媒介的特征在感知上突显出来，它不再发挥指示性、主题性、表现性等功能，而是作为材质和策略，凭其媒介本性引人注目。[③]

[①] 框架故事，也称"戏中戏"，即每个故事都嵌入在同一个故事之内的叙事技巧，例如薄伽丘的《十日谈》。

[②] Mary Fuller & Henry Jenkins, "Nintendo and New World Travel Writing: A Dialogue," in Steven Jones (ed.), *CyberSociety: Computer-Mediated Communication and Community*, London: Sage, 1995, pp. 57—72.

[③] [美] 大卫·波德维尔：《电影诗学》，张锦译，桂林：广西师范大学出版社，2010年版，第421—422页。

动作片《歪小子》游戏化战斗

  不过，单枪匹马并不能解决一切战斗，伙伴的支持与团队的力量也相当重要。团队协作的闯关模式在《魔兽世界》(World of Warcraft)、《仙剑奇侠传》等角色扮演类游戏（RPG）中颇为常见，团队成员各有所长，在战斗中发挥各自的优势，通力协作，共同闯关。《盗梦空间》《头号玩家》等电影都有寻找助手/队友/盟友共同闯关的桥段。例如，《头号玩家》主角韦德进入游戏时空"绿洲"，化身为玩家Z，与好友一行五人，一路披荆斩棘，通关"绿洲"创始人设下的三个关卡。影片的高潮部分可谓激动人心，韦德向整个游戏世界喊话，动员成千上万的玩家共同对抗资本强敌。不过尽管是团队作战，关卡式情节的关键仍然在于主角本人，这也使得部分游戏化电影忽视了对助手/队友/盟友的个性塑造——他们仅扮演类似于游戏中的非玩家角色，沦为辅助主角闯关的"工具人"，如《杀死比尔》《歪小子》等电影就表现得尤其明显。

  "闯关即战斗"将电影场景变成了一场场令人眼花缭乱的打斗游戏，更准确地说，战斗基本上成了解决矛盾纷争的唯一途径。通常，电影中的角色是作为因果关系的行动者（agent），角色有需求有欲望有目标，叙事的发展即是目标达成的过程。而在以关卡式情节为特征的游戏化电影中，关卡成为冲突（conflict）的单一来源，关卡的克服意味着期待的满足，主角所要思考的仅仅只是如何克敌制胜。除了数值意义上的经验提升和技能增长，频繁的战斗并不会给角色带来过多的改变，因此角色缺乏性格意义上的成长性。关卡式情节软化了情节的因果关系，也牺牲了角色的心理描述。

  （三）通关即奖励

  情节结构游戏化意味着频繁的闯关战斗与通关升级。游戏总会给予通关的胜利者一定的奖励，包括得分、成就、宝藏、战利品、强化道具、纪念品、奖励材料、荣耀、惊喜等。奖励会带来武器装备的改良或角色段位的提升。例如《头号玩家》中，通关意味着金币奖励，主角也就可以购买强化道具用以提升自身的属性或获得额外的技能。唯有不断地升级，方能应对接下来难度更高的关卡。不断提升，遇强则强，这实质上构成了游戏设计理念中所谓的"心流"体验[①]。

顺利通关的唯一保障就是不断地增强属性、提升等级。"唯有升级方能克敌制胜"，这一逻辑无疑强化了等级秩序，并将"升级"升格为虚拟世界的统摄性法则，成为颠扑不破的强力信条。对于故事主角而言，唯有不断地提升自己的等级，才能更好地闯关，也才能延续故事。这一逻辑在以《凡人修仙传》（2020）为代表的修仙题材类影视剧中尤其突出。《凡人修仙传》情节的驱动力就是主角关于"不断升级"的信念，其终极目标就是通过不断修仙成为人上人的强者。"升级"被天然地设定为主角的根本动机，而实现这一目标的唯一道路就是不停地闯关战斗。

此外，充斥战斗桥段的游戏化电影，其预设的世界观往往是二元对立的，必然指向一个善恶分明、正邪势不两立的世界：善和恶、好和坏、真实和虚拟、自由和奴役……如此一来，主角根本无须迟疑，只管无脑攻击丧尸、恶兽、妖怪、恐怖分子和批量复制的数据人，而不用担心这种杀戮是否正义。故而此类电影也容易滑向一种相对简化的阴谋论思维。例如，动作片《刺客信条》（*Assassin's Creed*，2016）的故事背景是刺客和圣殿骑士两大组织为了争夺上古文明留下的神秘遗产而纷争上千年。圣殿骑士团被指认为人类自由天性的凶险敌人，他们从古至今致力于泯灭人们的自由精神与反抗意志。上至古代宗教，下至现代的消费主义，均出自圣殿骑士团之手。正是基于这种信念，主角所在的刺客阵营可以毫不迟疑地开战，而无须犹疑自身暴力行为是否符合正义。

四、视觉呈现游戏化

游戏化电影的第三种形态是"视觉呈现游戏化"。游戏的核心特质在于"交互"（interaction），然而实际观影中并不存在操作交互，因此笔者使用"准交互式镜头"来概括电影视觉机制的游戏化风格。准交互式镜头，并不是真正的操作交互，而是可以提供某种交互的感觉。"准交互式镜头"也被研究者称为"游戏拟态视角"，即电影中的摄像机对游戏视角

---

① 心理学家米哈里·齐克森米哈里（Mihaly Csikszentmihalyi）提出的"心流"（flow），即随着玩家技巧的提升，游戏关卡的挑战性也要适度提高，这样可避免无聊和焦虑，让玩家沉浸其中，感受不到时间的流逝。

（第一人称视角、第三人称视角）的模拟。①

准交互式镜头意味着将观影者变成了"持续观看、不断移动的局内人"，为观影者提供一种"正在玩游戏"的感觉。准交互式镜头将游戏视觉的独特机制移植到了电影视觉之中。盖洛威解释了电影视觉与游戏视觉的本质区别：前者在制作中只构筑取景框中的部分布景，而后者则需要完全渲染的可操作空间；前者的镜头位置是已知的，拍摄完成之后不会改变，而后者的镜头位置不受限制，玩家可相对自由地控制摄像机镜头。②

首先，准交互式镜头模拟局内人的视角。观影者/玩家不再是冷眼旁观的局外人，倒是成了置身其中的局内人。当代游戏由两种主要摄影机位主导，即第一人称射击视角（first-person shooter，FPS）和第三人称射击视角（third-person shooter，TPS）③，分别对应准交互式镜头中的主观镜头与跟随镜头。前者即第一人称视角，后者介乎第一人称与第三人称之间，二者均基于局内人的主观视觉经验，或可称之为知觉主观（perceptual subjectivity），借此更好地令观看者代入身份、增强共情。其次，使用长镜头。准交互式镜头拍摄时间相对较久，中途不轻易切换，因为频繁切换容易破坏观影者/玩家的主体性与交互感。"电子游戏的现实观是巴赞式的，而非爱森斯坦式的。它的虚拟摄影机一旦开始记录就不可逆转，直至结束才会切断。"④ 最后，保持移动状态。准交互式镜头模拟了玩家探索游戏空间的过程，镜头越是追随局内人的移动而移动，其交互式体验就越是强烈。反之，倘或镜头一直保持静止状态，则容易令人深陷无力感。

（一）主观镜头

主观镜头（point-of-view shot，POV）即第一人称视角镜头，意味着观影者代入了角色的眼睛，所见所闻与该角色的所见所闻保持一致，镜头里通常只能看到本人的手或手持之物（如武器）。主观镜头限定了观

---

① 李雨谦、周涌：《当下影游融合类电影的影像美学研究》，《当代电影》，2020 年第 6 期。
② Alexander Galloway，*Gaming：Essays on Algorithmic Culture*，Minneapolis，MN：University of Minnesota Press，2006，pp.63—64.
③ ［英］威尔·布鲁克尔：《数字眼，CG 眼：电子游戏与"电影化"》，于帆译，《世界电影》，2011 年第 1 期。
④ ［英］威尔·布鲁克尔：《数字眼，CG 眼：电子游戏与"电影化"》，于帆译，《世界电影》，2011 年第 1 期。

看者的观察视野，这就使观看者无法了解所处环境的整体情况，敌人可能从任何角落冒出，甚至正在从后方缓步逼近，由此营造了紧张、惊险、刺激的氛围。游戏化的主观镜头通常应用于科幻、动作等类型电影，例如《毁灭战士》（*Doom*，2005）、《硬核亨利》（*Hardcore Henry*，2015）、《病毒入侵》（*Pandemic*，2016）、《末日重启》（*Kill Switch*，2017）等。科幻动作片《毁灭战士》中，执行救援任务的特种兵约翰在濒死之际被注射了用于基因改良的试剂。影片用五分钟的视点长镜头来展现醒来后的约翰与怪兽战斗的火爆场景。主角的反应速度与敏捷度大幅提升，一改之前被怪物完全压制的被动状态，而代入了主观视角的观众则体会到如第一人称射击游戏一般近距离射杀怪物的快感。科幻动作片《硬核亨利》的尝试则更为激进，影片从头到尾采用主角亨利的主观镜头，身为赛博格的亨利在追查线索的同时不断被对头追杀，因此影片充斥着大量的慌不择路、激情跑酷、近战肉搏、火爆枪战等场面。激烈的动作导致镜头的抖动，观影好似一场过山车之旅，短暂的视觉惊奇之后留给观众的多为犯晕、疲惫及恶心，故而容易造成影片口碑的两极分化。

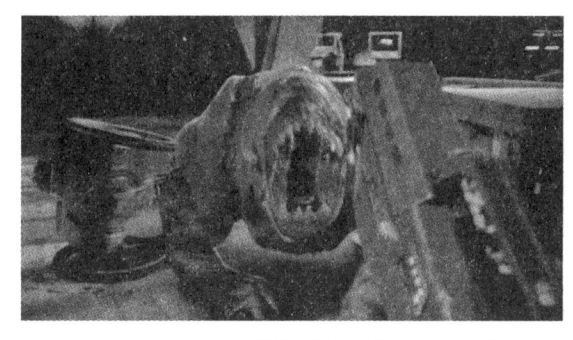

动作片《毁灭战士》与《硬核亨利》

主观镜头还可以与游戏界面融合，表现视野与界面融合的"视界"。电影中的这种呈现方式与游戏的 HUD（heads-up display，现代飞机上配备的平视显示器）界面颇为类似。游戏 HUD 界面将重要的仪表信息以字符或图形的方式予以显示，投射在观看者的视野之内，例如血槽/生命值、瞄准镜、弹药量、道具、分数/经验、雷达/地图、情境提示等。例如，《终结者2：审判日》（*Terminator 2：Judgment Day*，1991）中由施瓦辛格扮演的机器人 T-800 对马厩酒吧人员的扫描与分析。科幻片《末日重启》中，主角所植入的视界系统可以记录任务日志、调出地图路线、查看历史影像、评估物品损坏、识别人员身份，还可以在用户受伤时提示医疗警告。作为"视界"的主观镜头将被观看对象转化为一连串关于属性、数值的分析（如游戏里玩家可以看到对头的血槽/生命值），也提供关于情境的一系列提示（如游戏中用红色血雾或血迹来提示玩家的受伤程度），这是游戏化设计的惯例。

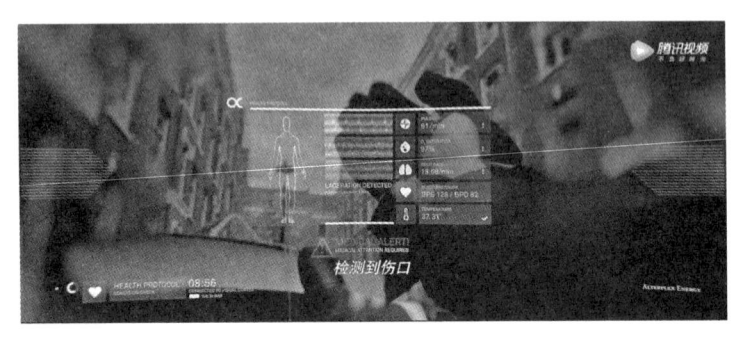

科幻片《末日重启》中作为视觉界面的主观镜头

（二）跟随镜头

跟随镜头（follow shot）通常指在角色身后伴随角色行走、不断前进的镜头，与角色的关系犹如绑定一般，伴随角色行走直至角色停下。跟随镜头既非第一人称也非第三人称，而是介乎二者之间。[①] 跟随镜头被广泛应用于动作冒险类游戏，便于观察人物周围的环境，以及控制角色的行动。例如《古墓丽影》（*Tomb Raider*）游戏系列就主要由跟随镜头构成。游戏中的摄像机视点，通常在游戏化身后方偏上的位置轻微俯视，玩家可以看到局内人的全身或半身。

灵感源于美国科罗拉多州"哥伦拜恩校园枪击事件"的影片《大象》充斥着在纵横交错的走廊中无休止漫步的跟随镜头，这无疑复制了游戏的视觉模式。导演采用大量长镜头和手提跟拍的方式，毫不刻意地记录了枪击事件发生的一天中的零碎生活，不厌其烦地跟随着不同的人物到处行走，过道、餐厅、活动室、图书室，不停地从此到彼，移动游走。但《大象》的跟随镜头与游戏又有所不同。影片的机位整体而言是平视的，角色要么是半身，要么是全身，总是填满屏幕，让人备感压抑。

如果说《大象》中的跟随镜头模拟了游戏的"漫游"状态，那么战争片中的跟随镜头则模拟了战争游戏中紧张刺激的"突围"情境。战场

---

① Matt Zoller Seitz, "On the Creepy Alluring Art of the Follow Shot," *The L Magazine*, June 3, 2009, retrieved from http://www.thelmagazine.com/2009/06/following.

行为不外乎攻击与躲避攻击,意味着人物既要寻觅进击的时机,又要寻找掩体以躲避攻势。跟随镜头可以跟随行动主体的运动而运动,对其颤抖、慌乱、恐惧等情绪感同身受。科幻灾难片《人类之子》(*Children of Men*, 2006)采用手持跟随镜头追随主角西奥跌跌撞撞地穿梭于炮火连天的战场。战争片《1917》(2019)则更是将作为长镜头的跟随镜头发挥到极致,以"伪一镜到底"营造持续的沉浸感,摄像机追随角色持续穿越战壕、农场、废墟、河流、树林等多个场景。不过摄像机并未全程跟在主角身后,而是一直在调整位置,有时在主角前面引领他前进,有时在后面跟随他向前,有时又在侧面伴随他移动。当角色跑动,摄影机也跑动起来;当角色蹲下,摄影机也随之俯身。此类电影充分模仿了当代以动作为导向的数字游戏的第三人称视角,玩家不是一味地以特定的角度机械地跟随,而是以角色为中心适度调整角度,灵活地观察战场的局势。

跟随镜头的一大特点是,它令我们无法观察到角色的面部表情,故而无法了解他的内心世界。随着摄像机的前进,视野被牢固地束缚在特定的角色身上,且该角色只是一个毫无心理特征的行动者,其面部表情、心理状态、内在动机我们无从获知,这从根本上抑制了摄像机对角色内心的洞察式呈现。在阿兰·克拉克(Allan Clarke)、格斯·范·桑特(Gus van Sant)分别执导的两部同名电影《大象》中,跟随镜头都被用来再现人类的暴行。美国电影学者乔丹·舒尼格(Jordan Schonig)借鉴维利里奥(Paul Virilio)的术语"矢动"(trajectivity)[1],将此类作品中跟随镜头的内在美学称作"矢动美学"(trajective aesthetic)。在"矢动美学"中,不停向前的运动始终占据主导位置。角色只是毫无思想的行动者,意志、动机、情感均被隐藏消除,叙事性要素被压缩至最低限度,只是引导观众同角色一道走向致命的冲突。诚如法国新浪潮导演让-吕克·戈达尔(Jean-Luc Godard)所言,"跟随镜头是一个道德问题"[2]。

---

[1] 维利里奥在《开放的天空》(1997)中创造了术语"矢动"(trajectivity),来描述从某处到某处的运动方向和轨迹。"在主观和客观之间,似乎没有为'矢动'留下空间,'矢动'意味着从这里运动到那里,从此到达彼。"Cf. Paul Virilio, *Open Sky*, trans. Julie Rose, London: Verso, 1997, p. 24.

[2] Jean-Luc Godard, "Hiroshima, Notre Amour," in Jim Hillier (ed.), *Cahiers Du Cinéma, the 1950s: Neo-Realism, Hollywood, New Wave*, Cambridge, MA: Harvard University Press, 1985, pp. 59–70.

《大象》的跟随镜头与游戏《古墓丽影》的跟随镜头

准交互式镜头似乎更容易导向潜在的暴力，或者说暴力与之相伴而生。英国电影评论家大卫·汤普森（David Thomson）在研究中发现，游戏化视野（gamic vision）并不必然意味着积极向上的媒体融合，也可能会导向过度的、毫无意义的暴力行为。[①] 究其原因，首先，准交互式镜头的观看者总是心痒难耐，总要做点什么，哪怕搞点破坏。倘或主观镜头长时间静止不动，其枯燥乏味会叫人难以忍受。跟随镜头亦是如此，我们不得不承认，《大象》中漫长的跟随镜头确实令人感到乏味，直到最后它将观众引向致命的冲突，影片才具有了冲击力和震撼力。其次，准交互式镜头是令人不安的镜头。主观镜头的观看者始终看不到身后，因此难以把握局面形势，容易陷入一种不安、警惕、防备的情绪状态。基于生存游戏（survival game）的惯性思维，没有人愿意身无长物、两手空空，总是巴不得主角赶紧搜寻武器装备，以应对随时可能逼近的威胁。跟随镜头的视野也同样有限，观察范围受制于角色的移动，缺乏对局势的全面掌控。最后，准交互式镜头是匿名的。角色通过主观镜头是无法看到自己的，而通过跟随镜头也只能看到自己的背影而已，如此一来观影者/行动者便拥有了匿名的身份，无须为自己的暴力行为负责。

如今电影正遭受着新式媒介的侵蚀，正如早年间传统精英艺术遭受

[①] David Thomson, "Zap Happy: World War II Revisited," *Sight & Sound*, Vol. 11, No. 7 (July, 2001), pp. 34-37.

着电影的侵蚀一样。① 与其说是电影遭受游戏的侵蚀，倒不如说是新媒体语言开始施展威力，重塑传统的影视语言。诚如杨鹏鑫所言，我们不能仅仅热衷于讨论媒介之间的整合、协作，更应该看到媒介内部发生的融合。他将那些吸纳了新式媒介美学原则、惯例、风格的电影形态称作"新媒介电影"，即以电子屏幕、电子游戏、数据库、录像等数字新媒介为表现对象，并依靠其进行叙事和影像建构的电影，包含屏幕电影、数据库电影、电子游戏媒介电影、录像媒介电影等。②

新媒介电影不仅包括对"材质"的挪用与混合，而且也包括对"形式"的迁移与借鉴。正如游戏化电影，它未必直接引用游戏画面和游戏片段，却能够征引游戏元素融入电影形态之中。由此笔者认为，"新媒介电影"可以适当拓宽其内涵——"新媒介电影"有时未必是对新媒介材质的挪用、混合（例如利用电脑桌面、手机界面、设备自带摄像头等影像素材组合、叠加而成的"桌面电影"），有时也意味着对新媒介元素、风格、惯例的移植，以及由此而来的电影形态及其美学原则的变迁（例如游戏化电影）。

电影的游戏化进程，本质上是游戏经验向电影或隐或显地投射、迁移、内化。游戏化电影，既打破了电影的常规形态与惯例，不乏创新之处，但同时也有窄化的危险：就空间而言，频繁穿梭造成了真实感的断裂；就时间而言，时间的可逆性导致了意义的溃散；就结构而言，打怪升级主导了情节的推进，角色的欲望被置换为单一的升级与胜利；就视角而言，准交互式镜头难免导向暴力行为。关卡式情节、准交互式镜头毫不节制的大量应用，能够解释为何当代电影中越来越多的暴力打斗与射击杀戮场面。因此，研究者们为游戏化电影欢欣鼓舞之余，更需要多一份审慎的乐观与严肃的批判。

本章小结

跨媒介理论聚焦不同媒介之间"跨越边界"的现象，是针对关系而非结构的研究。该理论近年来的兴起，既是对当代日趋混合的媒介实践

---

① Jay David Bolter, *The Digital Plenitude: The Decline of Elite Culture and the Rise of Digital Media*, Cambridge, MA: The MIT Press, 2019, p.100.
② 杨鹏鑫：《屏幕电影：媒体挪用与新电影形态的生成》，《文艺研究》，2020年第2期。

的某种回应，也是对媒介特性论所推崇的"纯粹媒介"的不满。跨媒介可分为共通、混合、转化三种类型，与之相对的是提炼共通性、辨析混合性、探究转化之道三条分析进路。跨媒介的潜能在于"感性再配置"，其美学政治在于它可能会挑战既有的感性体制。跨媒介研究着眼于媒介边界的侵扰、模糊及破坏，既避免了媒介类型的无限增殖，也拒绝了媒介概念的无序扩展。跨媒介理论并非自上而下的体系化理论，而是一种强调描述、归纳的中层理论，其未来推进的方向在于：结合社会文化背景对跨媒介进程做历史书写，以及注重数字媒介对传统媒介的改造与重塑。

借助"跨媒介性"的研究视角，或可打开电影研究的新视野。电影媒介观由综合性、特殊性两条脉络交织而成，前者重关联而轻区分，后者重区分而轻关联，而跨媒介研究则既重关联又重区分。不同于"后理论"消弭电影边界的主张，跨媒介研究既承认电影边界的存在，也强调关注电影跨越边界的现象。就电影中的跨媒介混合而言，研究者可以从模态混合、艺术混合、技术混合三个层面展开分析。跨媒介研究可以为电影史研究、数字电影研究提供新思路，更需要立足中国场景，考察富有中国特色的跨媒介影像。

在针对电影化游戏的跨媒介分析中，电影化游戏也称互动电影，是电影与游戏两种媒介融合而成的独特品类。自20世纪60年代以来，互动电影随着存储介质的变迁而不断成熟，晚近以来又深受游戏产业影响，在互动性与叙事性的结合上取得较大突破。互动电影的创作者一方面通过流畅的影像语言克服游戏交互所造成的情节割裂，另一方面为传统电影注入"可能性"变量，赋予用户能动性，鼓励用户探索分岔情节与多重结局。互动电影的分岔情节结构通常表现为流程图，创作者面临的首要挑战是如何在设计情节分岔的同时，防止情节过度分岔导致叙事内容过载。互动电影体现了电影与游戏的融合趋势：电影从游戏中吸收互动元素以拥抱丰富的可能性，而游戏则从电影中汲取情感力量以探索人性的复杂。

在针对游戏化电影的跨媒介分析中，游戏化电影即游戏元素渗透和影响当代电影，乃至形成"时空设定游戏化""情节结构游戏化""视觉呈现游戏化"三类影游融合的新形态。就时空设定而言，电影角色频繁穿梭于虚拟与现实之间，操控时间流逝的速率，乃至于加载进度、重启时间；就情节结构而言，电影设计了一系列风格各异的关卡，主角需要经历大量战斗，打怪通关以获得奖励与升级；就视觉呈现而言，电影采用大量的准交互式镜头（主观镜头、跟随镜头等），具有局内人、长镜头、移动性等特点，令观众更好地代入角色，激发共情。然而，空间的频繁穿梭容易带来真实感的断裂，时间的循环可逆容易导致意义的溃散，情节的关卡化设计容易将角色的欲求窄化为胜利与升级，视觉的准交互式呈现容易触发角色的暴力行为。游戏化电影本质上是玩家游戏经验在电影创作中的投射、移植与内化，尽管在电影美学层面颇见创新，但研究者仍需对此抱有审慎的乐观。

第五章　复魅化：跨媒介叙事的文化批评

> 这个世界有悠久的过去，有无限的未来，有通往未知的分岔小径，如真实世界一样丰富而复杂。
>
> ——马克·沃尔夫（2013）

在《融合文化》（2006）一书中，亨利·詹金斯断言，"叙事日益成为一种构筑世界（world building）的艺术"[①]。构筑一个与现实世界截然不同的幻想世界，在当代流行文学及影视作品中愈发常见，包括星球大战宇宙、漫威电影宇宙、托尔金的中土世界、J. K. 罗琳的魔法世界、乔治·马丁的冰与火之歌世界、刘慈欣的三体世界、国漫的封神宇宙等。《纽约时报》一位评论员感叹道："如今有成千上万的粉丝，他们所掌握的关于某个完全虚构的地方的历史、政治及神话，足以令他们取得更高的学位。"[②]

[①] 詹金斯指出，艺术家们创造出引人入胜的故事环境，其中包括的内容不可能被彻底发掘出来，或者不可能在一部作品甚至一种单一媒介中被研究穷尽。故事世界比电影所展示的要宏大，甚至比整个特许产品系列都要宏大——因为粉丝们的思索和阐释也会多维度地拓展故事世界。参见［美］亨利·詹金斯：《融合文化：新媒体和旧媒体的冲突地带》，杜永明译，北京：商务印书馆，2012年版，第182页。

[②] Anthony Oliver Scott, "A Hunger for Fantasy, an Empire to Feed It," *New York Times*, June 16, 2002.

第一节　故事世界与复魅文化

近年来，故事世界与跨媒介叙事①、IP改编②等热门概念密切勾连，开始成为文学、影视、游戏等行业备受追捧的关键性概念。然而，针对故事世界的研究却难言充分。故事世界仿佛是一个很多人路过但很少有人逗留的十字路口，鲜有研究者对其本体特征及构筑方式展开系统性研究。人们太容易被英雄主角的独特品质与非凡历程吸引，而忽视了故事所发生的世界——它们通常只被视为故事人物活动的背景或容器。加之故事世界往往历史宏阔、体量庞杂，光是了解已是不易，遑论着手研究了。笔者首先梳理故事世界的本体论、认识论两大研究传统，而后讨论故事世界的探索方式，最后揭示"幻想重临"背后所浮现的"复魅"文化。

一、故事世界的研究传统

研究者们业已达成共识，故事世界是跨媒介叙事的前提条件，即唯有基于同一个故事世界，跨媒介叙事方能成立。马克·沃尔夫指出，故事世界的主要特征是跨故事（transnarrative）、跨媒介（transmedial）和跨作者（transauthorial）③，即多个故事发生在同一个故事世界、多种媒介展现同一个故事世界、多位创作者构筑同一个故事世界④。玛丽－劳尔·瑞安认为，跨媒介叙事相当于"同一世界的跨媒介故事系统"（a single-world transmedial story system），即不断增殖的文本与媒介，彼

---

① 从认知的角度，有研究者将"跨媒介的故事世界建构"理解为一种基于互文性的心理模型建构。参见李诗语：《从跨文本改编到跨媒介叙事：互文性视角下的故事世界建构》，《北京电影学院学报》，2016年第6期。

② 在广义上，有研究者将故事世界理解为IP文本的"各态历经"（ergodic）的关系，既包含空间性，也体现时间性，以非线性、互文性和潜在可能性为其特征。参见颜纯钧：《IP电影："各态历经"的建构——第五个反思的样本》，《文艺研究》，2018年第9期。

③ Mark J. P. Wolf, *Building Imaginary Worlds: The Theory and History of Subcreation*, New York: Routledge, 2012, p. 3.

④ 例如乔治·马丁的"冰火世界"，就包括原著小说（1996—）五部（预计出版八部），HBO剧集《权力的游戏》（2011—2019）共八季，Telltale互动电影游戏《权力的游戏》（2014）及其他游戏，还包括图像小说、地图集等。

此关联，互为补充，共同构筑同一个故事世界。① 詹金斯直言，跨媒介叙事是基于"世界构筑"而实现的：世界是由许多不断变化的部分（人物、社会环境和地方性要素）组成的系统；在每一部分中，借由基础结构彼此相连的不同主角都可以生成不同的故事；驱动跨媒介消费的一部分原因是消费者的欲望——他们想深入挖掘这些世界，追踪主人公们的背景故事并了解他们所处环境的基础系统。② 换言之，故事世界的构筑技艺为理性创建、不断扩充，同时它也召唤粉丝前来主动探索，鼓励粉丝在跨媒介迁移中逐步认识、感受这个世界。

故事世界通常被等同于西方意义上的奇幻（fantasy）或科幻（sci-fi）世界，如詹金斯在《融合文化》中就以《黑客帝国》（科幻）、《星球大战》（科幻）、《哈利·波特》（奇幻）作为主要案例。那么，故事世界必然是幻想世界吗？在这个问题上，詹金斯的回答相对审慎：未必，故事世界既可以是虚构的，也可以是纪实的③。笔者同意詹金斯的判断，毕竟我们可以轻松举出两个反例——"三国"与金庸武侠江湖。尽管二者都是本土意义上的经典故事世界，围绕它们的跨媒介叙事实践可谓不计其数，然而以《三国演义》为典范版本的"三国"既非科幻亦非奇幻，金庸武侠江湖也不属于西方意义上的奇幻。

故事世界确实多为幻想世界，但是"幻想"并不能作为故事世界成立的充分条件。笔者认为，从本质主义的角度来界定故事世界有其局限性，不妨从建构主义的角度来审视故事世界，着眼于它的生成性。由此，历史、地理、人物等维度的"可扩展性"（extensibility）可以作为判定故事世界的一个关键性指标。也就是说，时间跨度越大、地理疆域越广、出场人物越多，"可扩展性"就越强，故事世界就越是可成其为故事世界。

晚近以来，愈来愈多的研究者呼吁超越媒介中心（media-centered）的研究视角，标举故事世界的"世界"（worldness）属性。典型代表就是瑞安，她呼吁研究取径应从"故事讲述"（storytelling）转向"故事世界"（storyworlds）。瑞安指出，跨媒介叙事研究凸显的是"媒介意识"

---

① Marie-Laure Ryan, "Transmedial Storytelling and Transfictionality," *Poetics Today*, Vol. 34, No. 3, 2013, pp. 361–388.
② [美] 亨利·詹金斯：《跨媒体，到底是跨什么？》，赵斌等译，《北京电影学院学报》，2017年第5期。
③ [美] 亨利·詹金斯：《跨媒体，到底是跨什么？》，赵斌等译，《北京电影学院学报》，2017年第5期。

(media-conscious)，探究不同媒介的不同表现力①，而故事世界以世界为核心，研究的是构筑世界的技艺。瑞安基于认识论和本体论的分野，将此前的相关研究分为两大学术传统——可能世界（possible worlds）与叙事世界（narrative worlds）②。

就本体论的研究传统而言，故事世界可追溯至深受语言哲学、形式语义学影响的"可能世界"理论③。"可能世界"的概念由18世纪德国哲学家莱布尼茨（Gottfried Wilhelm Leibniz）最先提出，指的是上帝心目中所包含的无限数量的可能世界④。美国哲学家索尔·克里普克（Saul Kripke）等人对此加以改造，将"世界"置于模态逻辑之内，形成了一套可能世界语义学，这相当于取消了现实世界的本原性地位。⑤ 加拿大文学研究者卢伯米尔·多勒泽尔（Lubomír Doležel）将"可能世界"这一概念引入文学研究当中，认为虚构世界是可能事态的集合，包含了无限的和最大的种类变化的集合，同时也是可通达的，即作者和读者可以通过语义学通道跨界进入文学虚构世界。⑥ 瑞安则指出，除非我们得到另外的告知，我们倾向于以"最小偏离原则"（principle of minimal departure）来"再解读"（reconstrue）故事世界。"我们会将我们所知现实中的任何事物投射到这些世界中去，仅在文本说明的情况下才做出调整。"⑦ 换言之，人们对虚构世界的解读往往依赖于现实经验，例如在电影中看到一只冰原狼（《冰与火之歌》中的虚构生物，分布于维斯特洛大陆北部的极寒地区），我们就会假定它拥有一只普通狼的生理特征。

就认识论的研究传统而言，故事世界可追溯至"叙事世界"理论，该理论认为读者随着故事的推进会在脑海中形成一个类似于世界的想象

---

① Jan-Noël Thon，*Transmedial Narratology and Contemporary Media Culture*，Lincoln, NE：University of Nebraska Press，2016，p. 31.

② [美]玛丽—劳拉·瑞安：《文本、世界、故事：作为认知和本体概念的故事世界》，杨晓霖译，唐伟胜主编：《叙事理论与批评的纵深之路》，上海：上海外语教育出版社，2015年版，第32—42页。

③ "可能世界"理论的相关内容可参见张瑜：《言语行为理论、可能世界理论与文学虚构问题》，《文学评论》，2017年第1期。

④ [德]莱布尼茨：《神义论》，朱雁冰译，北京：生活·读书·新知三联书店，2007年版，第108页。

⑤ Thomas G. Pavel, "Possible Worlds in Literary Semantics," *The Journal of Aesthetics and Art Criticism*，Vol. 34，No. 2，1975，pp. 165—176.

⑥ Lubomír Doležel, "Mimesis and Possible Worlds," *Poetics Today*，Vol. 9，No. 3，1988，pp. 475—496.

⑦ Marie-Laure Ryan，*Possible Worlds，Artificial Intelligence，and Narrative Theory*，Bloomington，IN：Indiana University Press，1991，p. 51.

整体。"故事世界"源自美国心理学家理查德·格里格（Richard Gerrig）所谓的"叙事世界"，泛指读者阅读故事时在脑海中形成的情境模型（situation models）。[1] 这位认知心理学家希望借助"叙事世界"的概念探究两个问题：叙事在读者脑海中创造了一个怎样的世界？这一叙事世界又如何改变了我们对现实世界的实际体验？美国叙事学家戴维·赫尔曼（David Herman）将其引入文学领域，并将其替换为"故事世界"，用以定义理解文本话语的心理模型。在《故事逻辑：叙事的问题与可能性》（2002）中，赫尔曼将"故事世界"定义为文本接受者在理解叙事的过程中关于谁、与谁、何时、何地、何种方式的心理模型。[2] 在《故事世界：叙事研究学刊》2009年的发刊词中，担任主编的赫尔曼进一步指出：故事世界是"由叙事引发的世界"，叙事是"用以创造世界的蓝图"。[3] 此时的赫尔曼意识到故事世界研究不能再局限于文学文本，而是应该纳入跨媒介感知，因此他明确指出：故事世界是由叙事唤起的脑海中的世界再现，这里的叙事既包括印刷文本，也包括电影、图画小说（graphic novels）、手语、日常会话等。[4] 美国电影学者大卫·波德维尔（David Bordwell）则将"叙事世界"的讨论引入电影研究，强调影像对故事世界的"唤起"作用。他指出，不同于文学文本，电影呈现的是图像与声音的丰富阵列，影音阵列打造了一个密密匝匝的具象世界。因此，观影者容易屈从于所谓的"指示性幻觉"（referential illusion），即感觉一个可以触摸的世界就存在于银幕之后，而叙事镜头仅是在这个世界的展开过程中对某一时刻的强调和聚焦。[5]

然而，对故事世界的实践研究来说，无论是本体论传统抑或是认识论传统，均未能提供一套行之有效的理论工具箱：可能世界理论以哲学为根基，难以进入故事世界的内部展开具体分析；叙事世界理论固然没有错，但是它囿于受众接受的心理层面，缺乏对受众参与的分析与洞察。

---

[1] Richard Gerrig, *Experiencing Narrative Worlds: On the Psychological Activities of Reading*, New Haven, CT: Yale University Press, 1993, pp. 6—7.

[2] David Herman, *Story Logic: Problems and Possibilities of Narrative*, Lincoln, NE: University of Nebraska Press, 2002, p. 9.

[3] David Herman, "Editor's Column: The Scope and Aims of Storyworlds," *Storyworlds: A Journal of Narrative Studies*, Vol. 1, 2009, pp. vii-x.

[4] David Herman, *Basic Elements of Narrative*, Malden, MA: Wiley-Blackwell, 2009, p. 106.

[5] ［美］大卫·波德维尔：《电影诗学》，张锦译，桂林：广西师范大学出版社，2010年版，第129—130页。

考虑到既往研究传统在实际分析过程中的捉襟见肘，笔者不再囿于"本体论－认识论"的研究框架，而是强调故事世界的"可扩展性"，对故事世界做"动态化"处理。笔者将紧扣"构筑"（building）① 一词，聚焦故事世界的基本特征，探讨故事世界究竟如何构筑而成。

二、探索故事世界的方式

正是由于其持续扩展、不可穷尽的特质②，故事世界难以被完全掌握，永远有待进一步探索。如果说"扩展"是相对于创作者而言的，那么"探索"则是相对于消费者而言的，强调消费者在跨媒介叙事过程中的能动性与参与度，有研究者将其形容为一种类似于游戏的体验③。这里的"探索"应从认知意义上予以理解——毕竟没有人可以真正地在故事世界里面走上一遭。无论是读书、看电影还是玩游戏，消费者都是在认知层面对故事世界展开探索。

消费者探索故事世界的主要动力机制在于"未知驱动"，即叙事中的未知缝隙在消费者心中唤起不确定性与神秘感，从而激发消费者探索故事世界的欲望。詹氏门徒杰弗里·朗借用济慈有关"负性能力"（negative capability）的提法，认为跨媒介叙事将唤起受众的"负性能力"，即对象越是不确定、神秘、可疑，受众便越是感到妙不可言。④ 这种能力一方面鼓励受众去填补叙事的缝隙，一方面又让他们迫不及待地去找出更多的缝隙。常见的未知驱动包括未知疆域、未知命运及未解之谜。第一，"未知命运"即悬而未决的人物命运，类似于"接下来会发生什么"的问题驱动消费者前往故事世界见证人物即将遭遇的命运。消费者通常对人物有着较强的代入感，他们分享人物的困扰与悲欢，关心人物接下来所即将遭受的命运，尤其是在动荡不安的局势之下，人物是会克服危机、化险为夷，还是被命运击败、轰然倒地？第二，"未知疆域"

---

① 有研究者强调商业媒体是"世界搭建"的主体，但笔者认为"世界搭建"亦离不开广大粉丝创作者的不懈努力。参见潘智欣：《跨媒体叙事：世界搭建与游戏体验》，《北京电影学院学报》，2021年第2期。

② 詹金斯指出，艺术家们创造出引人入胜的故事环境，其中包括的内容不可能被彻底发掘出来，或者不可能在一部作品甚至一种单一媒介中被研究穷尽。参见［美］亨利·詹金斯：《融合文化：新媒体和旧媒体的冲突地带》，杜永明译，北京：商务印书馆，2012年版，第182页。

③ 潘智欣：《跨媒体叙事：世界搭建与游戏体验》，《北京电影学院学报》，2021年第2期。

④ Geoffrey Long, *Transmedia Storytelling*：*Business*, *Aesthetics and Production at the Jim Henson Company*, Master's Thesis at MIT, 2007, p.53.

即等待探索的未知空间，类似"那个地方有什么"的问题驱动消费者前往故事世界涉足更多未知空间。以幻想文学中的地图为例，幻想地图不只是测绘与图解，不只是增进我们对文本的理解，而是指向一个未知的世界，指向一个危险和机遇兼有的远方。幻想地图召唤英雄前来游历、冒险的奥秘在于——缺省待填充，错漏待勘验，隐藏待破解。第三，"未解之谜"即等待解答的疑难秘辛，类似于"谜团的答案是什么"的问题驱动消费者前往故事世界收集线索、寻找答案。粉丝被吸引深入到故事世界之中，被鼓励花费时间精力去探索未知、发现惊喜。尤其是对于那些处于未完成状态的作品（如以系列形式发布的电影或剧集），其中还有许多尚未得到解答的疑难问题，粉丝们兴致盎然地对此展开讨论与分析，从已知的信息中拼凑出可能的真相，并期待后续作品能够验证自己的猜想。

"世界探索"与德·塞尔托、詹金斯所谓的"盗猎式消费"不同。詹金斯借用德·塞尔托有关"盗猎"（poaching）的提法，指出读者并非固定在特定文本里，他们是自由的游牧者，在不同文本间游荡，搜集、攫取文本碎片，加入新的原材料，构建新的意义，创造新的故事[①]。"盗猎式消费"强调粉丝的据为己用与意义制造，而笔者所谓的"世界探索"则类似于故事世界某种"召唤术"——粉丝们被吸引到故事世界之中，或四处迁移、热心收集，或寻找缝隙、一心钻研。他们尊重故事世界的设定法则与运行机制，而不是像文本盗猎者一样肆意盗猎、据为己用。

瑞安将消费者针对故事世界的探索实践概括为"收集"（collecting）。在她看来，跨媒介叙事与其说是拼图游戏，倒不如说是一场心仪的旅行。旅行中的收集者不断地收集纪念品，而不是像侦探一样从弥散的信息中拼凑事实、重建故事。[②] 瑞安的观点不乏洞见，但略显武断，稍做改动或许更加准确——故事世界的粉丝探索可以归为"收集体验"与"研究问题"两种类型："收集者"通常怀揣多多益善的求知热情，甚至有编撰百科全书的壮志雄心；"研究者"尽管未必拼凑事实、重建故事，但确实如侦探一般留意线索、勤于提问并试图解答。

[①] [美]亨利·詹金斯：《文本盗猎者：电视粉丝与参与式文化》，郑熙青译，北京：北京大学出版社，2016年版，第23—26页。

[②] Marie-Laure Ryan, "Transmedia Storytelling: Industry Buzzword or New Narrative Experience?," *Storyworlds: A Journal of Narrative Studies*, Vol. 7, No. 2, 2015, pp. 1—19.

（一）收集体验

理想状态的故事世界，总有层出不穷的新事物召唤粉丝前来探寻、收集。正如詹金斯所言："我们被吸引去掌握一个可以为人所知的世界，而这个世界总是超出我们的掌控范围。"[1] 收集行为既发生在故事之内，也发生在故事之外。"收集者"不仅热衷于通过跨媒介迁移来收集故事，而且乐于在现实世界中收集与故事世界相关的物品，如服饰、道具、手办等，更有甚者会动身前往故事世界的影视取景地去收集独特体验。

粉丝的跨媒介收集，不是为了获取重复冗余的东西，而是要探访新事物。这里的新事物，既指叙事的差异化体验[2]，即所述故事不尽相同，相互勾连，互为补充，也指媒介体验的独特性[3]，如小说擅长细述情节、描摹人物心理，影视擅长营造视听效果，游戏则为玩家带来交互体验与独特历程。重复冗余的信息会消耗粉丝的兴趣，而差异化的故事情节与媒介体验确保了粉丝乐此不疲的跨媒介收集。

"迁移线索"为跨媒介收集提供了可能性路径。"迁移线索"（migratory cues）是通往其他媒介的暗示或者标记，创作者故意留下标记，促使消费者循着标记探访更多的故事。[4] 换言之，谜面在此媒介，要想揭开谜底则必须动身前往另一处媒介。最典型的"迁移线索"当属彩蛋（stinger）。彩蛋即电影中指涉其他媒介文本的元素，通常出现在片尾，亦可理解为基于共世性的多个媒介文本的勾连之处。有研究者认为彩蛋激发了观众的"认知癖"，观看电影的过程不亚于参与了一场智力游戏——电影制作者调动种种资源制成"谜面"，观看者挖空心思寻找"谜底"[5]。这让文本更具有开放性和对话性，鼓励粉丝观众最大限度地参与进来。

---

[1] Henry Jenkins, "Transmedia Storytelling 101," March 21, 2007, retrieved from http://www.henryjenkins.org/2007/03/transmedia_storytelling_101.html.

[2] [美] 亨利·詹金斯：《融合文化：新媒体和旧媒体的冲突地带》，杜永明译，北京：商务印书馆，2012年版，第204页。

[3] 跨媒体故事横跨多种媒体平台展现出来，其中每一个新文本都对整个故事做出了独特而有价值的贡献。跨媒体叙事最理想的形式，就是每一种媒体出色地各司其职，各尽其责。参见 [美] 亨利·詹金斯：《融合文化：新媒体和旧媒体的冲突地带》，杜永明译，北京：商务印书馆，2012年版，第157页。

[4] Geoffrey Long, *Transmedia Storytelling: Business, Aesthetics and Production at the Jim Henson Company*, Master's Thesis, MIT, 2007, pp.53—61.

[5] 张隽隽：《调适性创新："漫威电影宇宙"的文本策略初探》，《天府新论》，2019年第4期。

（二）研究问题

粉丝的志趣不止于收集，而是更进一步，对故事世界展开质疑问难。这相当于詹金斯所谓的"可钻性"（drillability），即吸引粉丝深入钻研故事世界，鼓励他们花费时间精力去探索未知、发现惊喜。[①] 例如，《冰与火之歌》中文维基[②]上的"理论推测"栏目就致力于解释"预言和梦境""身世之谜""尚未解释的谋杀"等费解之谜。以"预言和梦境"为例，《冰与火之歌》中的预言、幻象与梦境往往意义晦涩、令人费解，但可助人回观历史、看清当下或窥探未来。在《冰与火之歌》出版未竟、《权力的游戏》剧集待出之时，"研究者"往往会充分整合既有信息并给出尝试性的解答，以满足粉丝们对故事世界的好奇心。剪辑版《银翼杀手》的结尾也是"可钻性"的一个例子：银翼杀手戴克带着瑞秋走出房门，在楼道上发现了一个被踩扁的银翼独角兽折纸。戴克猛然想起他的"猎人"同事通常都会在复制人的家门口留下银翼折纸。而此时此刻，他的手上正拿着一只。戴克终于恍然大悟——自己也是复制人。先前的任命追捕，实际上是复制人之间的互相残杀，而戴克亦成为下一个被追捕的目标。詹金斯认为，导演剪辑版结尾的独角兽折纸，为我们提供了一个"附加性理解"[③]。

富有野心的"研究者"还会尝试为故事世界出书立传，追求严谨的体系和自洽的逻辑。例如，新垣平将金庸武侠小说视作指向同一个故事世界（武术家的江湖世界）的前后相续的历史考据文献，记录着那些湮灭无闻的武术家事迹[④]。作者自称在查良镛和其他学者研究成果的基础之上，梳理武术在中国的起源、发展和衰亡，并对其中的若干关键事件加以深入探究，旨在建立起一个基本的武侠史学框架。[⑤] 作者引述正史、

[①] Henry Jenkins, "The Revenge of the Origami Unicorn: Seven Principles of Transmedia Storytelling," December 12, 2009, retrieved from http://henryjenkins. org/2009/12/the_revenge_of_the_origami_uni. html.

[②] https://asoiaf. fandom. com/zh/wiki/冰与火之歌中文维基。

[③] ［美］亨利·詹金斯：《融合文化：新媒体和旧媒体的冲突地带》，杜永明译，北京：商务印书馆，2012年版，第194页。

[④] 金庸武侠世界可以视作低度幻想世界。有研究者将"高度幻想"定义为"幻想设定在'第二世界'……与之相对的是'低度幻想'，即超自然力量入侵了'真实'世界"。换言之，"低度幻想"发生的背景还是真实世界，不过有幻想之物混杂其间，而"高度幻想"则是将现实世界推倒重来、重新设定。Cf. Gary K. Wolfe, *Critical Terms for Science Fiction and Fantasy: A Glossary and Guide to Scholarship*, Westport, CT: Greenwood, 1986, p.52.

[⑤] 新垣平：《剑桥简明金庸武侠史》，武汉：长江文艺出版社，2013年版，第32页。

野史以及民间口述史，努力向人们证实"江湖世界"确为实有。其大胆假设、小心求证的治学风范，堪称金庸武侠故事世界的精湛"研究者"。

故事世界的"研究者"可以用塞勒的"双重意识"（double consciousness）予以理解。在塞勒看来，人们明知幻想世界的虚构性，但总愿意将幻想之物信以为真——这与其说是悬置其怀疑，不如说是有意激活之；与此同时，幻想与现实在幻想世界中充分结合，疯狂的想象和清醒的逻辑携手并进。① 换言之，"双重意识"意味着人们既乐享其中、信以为实，却也不失理性、知其虚妄。② 这就好比在看魔术表演，明知是假的，却也陶醉在技巧与幻境之中。

"收集者"与"研究者"的不同之处在于：前者止步于收集，而后者则更进一步，在扎实材料的基础之上希望能够给出有信服力的解释，帮助我们理解故事世界中那些令人费解的或悬而未决的问题。需要指出的是，"收集者"与"研究者"并非两种互斥的类型，而是时间精力的投入程度不同。但凡是"研究者"，必然首先是"收集者"，而高级的"收集者"，只要久久为功，亦能跻身"研究者"的行列。

三、幻想重临与复魅文化

《权力的游戏》中，鲁温师傅对布兰说："也许魔法曾强势主导世界，但都已过去。龙已经绝迹，巨人族也灭亡了，森林之子也已被世人遗忘。"③ 这一点，维斯特洛大陆倒是和我们的世界一样，魔法和超自然的东西没有太多的存在空间。不过在维斯特洛大陆，魔法、魔龙后来又重新出现了。《万古》杂志的专栏作家达米安·沃尔特（Damien Walter）在一篇名为《大逃亡》的文章中写道："今天的我们可能面临人类有史以来最大规模的一次集体逃亡——从令人失望的现实世界撤退，穿越到恶龙、女巫、吸血鬼、丧尸、超级英雄的幻想世界。这些幻想世界的诸种元素正在从小众粉丝的罪恶小乐趣变成流行文化的宠儿。这一现象的反讽之处在于，科技驱动之下的现代社会崇尚科技、背离神明，但技术并没有消灭我们对魔法、神秘之物、可怖之物的强烈兴趣。我们清空教堂，

---

① Michael Saler, *As if : Modern Enchantment and the Literary Prehistory of Virtual Reality*, New York: Oxford University Press, 2012, p. 28.

② Michael Saler, *As if : Modern Enchantment and the Literary Prehistory of Virtual Reality*, New York: Oxford University Press, 2012, p. 182.

③ 《权力的游戏》第 2 季第 3 集。

紧接着就把它们改造成了电影院，企盼幻想之物重新降临。"①

关于"幻想重临"的一个学术性的解释是"复魅"文化的兴起。要想理解"复魅"，就不得不回到"祛魅"的概念。"祛魅"是马克斯·韦伯对现代社会的根本判断。他认为，现代社会是一个冷冰冰的世界，富有效率，精于计算，充满控制，身处其中的人们难免为官僚体制所奴役。学者们担心祛魅的"合理化"大潮将吞没这个世界的神奇、意义和寄托，故而怀念曾经那个充满人性、富有意义的神奇世界。

然而，祛魅世界的空隙中总能找到复魅的碎片，犹如从坚硬公路的裂缝处生长出来的青青野草。塞勒坚称，20世纪以来蔚为大观的幻想文学即为复魅文化兴起的重要信号——幻想的兴盛正是因为已经祛魅的世界又被复魅了。② 塞勒坦言，沉浸在幻想世界中的体验是令人愉悦的，而承认这一点似乎叫人尴尬，也让人内疚，因为这种沉浸通常被指责为危险之举，被视为逃避现实的享乐主义。③ 我们貌似应该老老实实地待在"就这样吧"（just so）的世界，而不该妄想跨入"幻想成真"（as if）的世界。在塞勒看来，人们之所以对幻想世界满怀热望，是因为幻想世界的逃避与反思功能。就前者而言，幻想世界是独立于现实世界的自足存在，该虚构空间提供了逃离祛魅的现代社会、逃向独立自足的幻想大陆的通道；就后者而言，幻想世界摆脱了枯燥乏味的日常生活，为我们提供安全又有趣的场所，寓居其中的人们借此有机会反思此前的现实处境，展望个人及社会的变革愿景。④ 譬如《哈利·波特》系列电影就有一个核心主题：保持对陌生事物的好奇心，对有悖于主流的事情宽容对待，否则这个世界会变得更加黑暗冰冷。故事世界的爱好者们乐于接受那些与众不同的新奇事物，他们勇于改变，悦纳多元，通常不会是一帮冥顽不灵的本质主义者。

那么，我们该如何理解故事世界幻想与现实之间的关系呢？或者说，故事世界的复魅究竟是何种意义上的幻想重临？

首先，幻想世界的复魅要素，总是不难找到原型所在。幻想世界上

---

① Damien Walter, "The Great Escape," *Aeon*, July 12, 2013.
② Michael Saler, *As if: Modern Enchantment and the Literary Prehistory of Virtual Reality*, New York: Oxford University Press, 2012, pp. 3—6.
③ Michael Saler, *As if: Modern Enchantment and the Literary Prehistory of Virtual Reality*, New York: Oxford University Press, 2012, pp. 20—23.
④ Michael Saler, *As if: Modern Enchantment and the Literary Prehistory of Virtual Reality*, New York: Oxford University Press, 2012, p. 7.

至历史地理，下至飞禽走兽，经验丰富的创建者并非凭空捏造，而是有其历史依据。研究者们通常热衷于考察故事世界的原型所在，探寻创建者的灵感来源。牛津大学卡洛琳·拉灵顿在《凛冬将至：揭秘"权力的游戏"》（2015）中直言，冰火世界的构造由中世纪史学玄幻穿凿而得：中世纪北国，满是冰原蛮荒、猛兽恶狼；中世纪西境，骑士精神、王权制度、继承传统和男权主义等社会机制特点显著；中世纪地中海地区，贸易港、海盗、奴隶和远古文明交汇相融；中世纪异域东方的奇幻传说、蒙古铁骑侵袭传说中的富庶城市。面对来自已知世界边缘地区甚至更远处的陌生部族的冲击，怪异之俗风雨飘摇。① 再譬如《哈利·波特》系列，罗琳在创作中融入了英国民间关于魔法的传说，而不是像迪士尼童话那样直接架空创造了一个魔法世界。

其次，复魅意味着超现实元素，但并不意味着幻想世界会违背现实世界的逻辑。幻想重临的世界处处可见现实的痕迹。幻想是一种外壳，内在依旧是现实。譬如，《权力的游戏》瑟曦所言"在权力的游戏之中，成王败寇，别无他选"②，就像极了新自由主义所信奉的竞争法则。同样，魔法学校霍格沃茨也不是一个乌托邦：

> 这里充满了势利眼、阶层意识和特权，老师们会随意扣除你的分数，并没有严格的章程，扣多少分完全看心情；你的血统，父母的身份，会被暗暗比较。如果你能参加魁地奇比赛，那你就享有特权。如果你能给球队买来新型的扫帚，你就能入选球队。如果你得到老师的偏爱，你就能无视学校的纪律。如果你是个"哑炮"，你就会极度压抑。使用二手课本，学院袍过于破旧，穿着不够体面，都会招来非议。麻瓜世界的坏毛病这里也都有，资本主义和消费主义在这里盛行。J. K. 罗琳的确创造了一个奇幻的世界，但是，这里的学校还是麻瓜世界中学校的样子。③

由此观之，霍格沃茨并没有违背现实。在这里，日常生活中的灾难和死亡仍然无可避免，每个人都要直面自己的欲望与恐惧，那些你以为

---

① ［英］卡洛琳·拉灵顿：《凛冬将至：揭秘"权力的游戏"》，罗钦芳译，哈尔滨：黑龙江教育出版社，2017年版，序，第2页。
② 《权力的游戏》第1季第7集。
③ 苗炜：《邓布利多的小灶儿》，《三联生活周刊》，2020年第30期，第57—58页。

已经留在现实世界的困扰并没有消失不见，而只是换了一副面孔。

最后，现实世界与幻想世界是一种"复魅同构"的关系。现实世界中的我们渴望复魅，同样地，故事世界也在经历一场相似的复魅。以往研究多将关注点落在主角身上，考察"英雄之旅"如何展开，但我们也因此忽略了故事世界其实也是一个复魅的世界。故事世界开始复魅的时刻，不是哈利·波特在伦敦国王十字车站的"九又四分之三站台"登上开往魔法学校的列车，而是他收到信被告知自己被霍格沃兹录取的那一刻。在这个意义上，当哈利·波特收到霍格沃兹的来信（《哈利·波特》）、尼奥对现实世界开始产生怀疑（《黑客帝国》），以及全真道士丘处机偶然路过牛家村（《射雕英雄传》），故事世界就开始启动复魅机制：魔法世界的神奇、矩阵世界的控制，以及武侠江湖的恩怨，诸种幻想，渐次降临。故事里的主角惶惑不安地意识到，自己所面对的这个世界再也无法回到原初那个简单纯粹又难免乏味的状态了。

复魅的故事世界，往往意味着一个"日益动荡的世界"，陷入持久的动荡或面临整体性危机①。前者如三国演义中的群雄割据、冰火世界中的五王之战，后者如生化危机之下的丧尸围城、冰火世界中南侵的异鬼大军。"日益动荡的世界"意味着没有人可以置身事外，人人休戚与共，故事世界中的每一个个体都面临相似的困扰与困境。例如《复仇者联盟4：终局之战》（*Avengers：Endgame*，2019）影片开头展现的是鹰眼巴顿一家在草坪上玩耍的镜头，然而镜头一晃，鹰眼的妻子儿女突然消失。尽管鹰眼在此前电影中并未露面，但他也同样遭受了灭霸所造成的宇宙间半数生命灰飞烟灭的可怕后果。由此，故事世界暂时置换了我们现实的目标，给予我们一个意义重大且正在迫近的事件。诚如塞勒所言，现代人艰难地寻求稳定的基础与不变的本质，但事与愿违仍时有发生，我们为此烦恼不已，焦虑难当；我们的生活太过于复杂，难以化约为集中统一的故事，也没有一个决定性的框架可以化解生命中的困惑不安；由此，故事世界的思维方式，即一种临时性的、召唤式的、赋予身份认同的思维方式，确实令人着迷。②

针对故事世界的讨论，对中国当代网络文学以及由此改编而来的电

---

① 与此相对，"个人的困扰"无力构筑起宏大故事世界，因为个体困扰的解决意味着故事的终结。

② Michael Saler，*As if：Modern Enchantment and the Literary Prehistory of Virtual Reality*，New York：Oxford University Press，2012，p.200.

影、剧集、动漫等衍生作品不无启示。有研究者指出，网络小说的叙事结构高度同质化，可概括为主角一步步变强的"升级模式"：主角往往是神一般的存在，即便初始是废柴，最终也会成为至高强者；配角或是听凭差遣的小弟，或是可供随意杀戮的 Boss（怪物或反派）。[1] 此类迷恋逆袭、赢家通吃的"爽文"将苦闷以最快的速度化解，导致了荧幕的淫欲感，也限制了故事的生命力。而故事世界的跨媒介实践提醒我们，唯有构筑一个巨细无遗的故事世界，才是幻想题材作品保持生命力的前提条件。故事世界留下了太多可探索、可收集、可钻研的东西，有悠久的过去，有无限的未来。唯有勤于创建、不断扩充，方能使幻想世界永葆生机。

第二节　幻想文学疆域的地图构想

"幻想世界"（fantasy worlds），指的是不同于日常世界的异质性世界，也可称为"第二世界"（secondary worlds）、"想象世界"（imaginary worlds）、"虚构世界"（fictional worlds），以及"可能或不可能世界"（possible or impossible worlds），常与奇幻、冒险、科幻、恐怖、战争等类型相关。地图在幻想类型中尤其重要，因为旅行是故事的核心，而地图能够提供一种区域的感觉，提供故事的语境。里卡多·帕德龙（Ricardo Padrón）指出，自 J. R. R. 托尔金和 C. S. 刘易斯之后，地图几乎成了幻想世界的"标准配置"[2]。如今，倘或一个幻想世界没有自己的地图，倒是一件稀罕事。

一、幻想文学与地图

在《幻想地图集》（*An Atlas of Fantasy*, 1973）一书中，耶利米·波斯特（Jeremiah Post）将幻想世界的地图分为两类："地理猜想"（geographical speculation）与"文学制成"（literary fabrication）。[3] "地

---

[1] 黎杨全：《中国网络文学与游戏经验》，《文艺研究》，2018 年第 4 期。
[2] Ricardo Padrón, "Mapping Imaginary Worlds," in James R. Akerman and Jr. Robert W. Karrow, (eds.), *Finding Our Place in the World*, Chicago: The University of Chicago Press, 2007, p. 272.
[3] Jeremiah Benjamin Post, (ed.), *An Atlas of Fantasy*, New York: Ballantine Books, 1979, p. ix.

理猜想"之地图，尽管不同程度地存在想象、虚构的成分，但毕竟基于对真实世界的了解，并试图接近真实——尽管这个真实只是脑海中的真实。"文学制成"则意味着地图尽是浪漫想象的发生之地。笔者接下来讨论的幻想世界之地图，按照波斯特的分类法，更偏向于"文学制成"。不过，幻想地图并不等同于文学地图。因为有些与文学相关的地图，并非展现幻想世界，而只是基于真实地图，旨在为虚构故事的人物活动提供相应的坐标与路线。

对读者而言，幻想地图既是导引，也是补充。幻想世界是匪夷所思的陌生世界，总会有文字力不从心的地方，而地图则是一种图解（iconographic），可以帮助读者理解复杂的空间关系。"它们不仅允许我们知道地方和空间长什么样，而且告诉我们发生于其上的故事，也形塑了与之相关的角色，地图给予这些地方以生命和意义。"[1] 地图最直接的好处，就在于它能让头脑中模模糊糊的描述迅速清晰起来。

以往针对文学地图的讨论，往往将地图定位为文学的副文本。热拉尔·热奈特在《隐迹稿本》（*Palimpsestes*，1982）中首次提及"副文本"（paratext，法语词为paratexte），并在《门槛》（*Seuils*，1987）中予以进一步阐述。在热奈特看来，副文本是那些除文本以外的、能够传递信息的部分，修饰文本、加强文本、伴随文本，如作者的名字、标题、序言、致谢、题词、插图、装帧、访谈、注释等。[2] 副文本给予文本以"外部呈现"（the external presentation）[3]，毕竟文本"绝不会不加修饰地呈现自身"[4]。简言之，热奈特对副文本的定位是"阐释的门槛"，理解副文本有助于我们进一步理解文本。

不过，仅仅以副文本的角度去看待地图，是不够的。梅新林提醒我们，地图与文学的关系不是静止的，而是相互激引、共同生长的。站在文学史的高度，梅新林将文学地图的"时空逻辑"概括为四种方式：时间-空间化，即从以"时间"为主导转向以"空间"为轴心；空间-视

---

[1] Ricardo Padrón, "Mapping Imaginary Worlds," in James R. Akerman and Jr. Robert W. Karrow, (eds.), *Finding Our Place in the World*, Chicago: The University of Chicago Press, 2007, p. 258.

[2] Gérard Genette, *Paratexts: Thresholds of interpretation*, trans. Jane E. Lewin, New York: Cambridge University Press, 1997 (Original work published 1987), p. 1.

[3] Gérard Genette, *Paratexts: Thresholds of interpretation*, trans. Jane E. Lewin, New York: Cambridge University Press, 1997 (Original work published 1987), p. 3.

[4] Gérard Genette, *Paratexts: Thresholds of interpretation*, trans. Jane E. Lewin, New York: Cambridge University Press, 1997 (Original work published 1987), p. 1.

觉化，即将空间流向转化为可视的空间图形；视觉-集成化，即具有连续性与延展性的地图册的整体集成；集成-互文化，即图-文之间的相互渗透，相互补充，相互阐发。① 这四种方式是一套循环往复、交叉渗透的运作机制，因而我们有必要以一种过程性的视角，去审视地图的生成性，而不是把地图当作一个既成的工具性配件。基于此，笔者并不打算将地图简单理解为"地图"（maps）本身，而是将其理解为一种运作机制，即"地图术"（mapping）。

接下来笔者将整理幻想地图的历史，自古埃及《亡灵书》，直至当下的数字游戏。我们会发现一个饶有意思的过程：传统意义上的幻想地图通过指引、佐证、召唤及世界架构，促使读者沉浸在幻想世界之中；而借助数字技术，地图又反过来改造了幻想世界，为跨媒介实践提供了基座，从而帮助我们从幻想世界向虚拟世界迁移。

（一）地图即指引

学者布赖恩·哈利（Brian Harley）和大卫·伍德沃德（David Woodward）在《制图史》（*History of Cartography*，1987）一书中对地图的定义广受征引："图像式的再现，这种再现使人们对事物、概念、状况、过程或人类世界的重大事件形成了一种空间上的理解。"② 根据这个定义，我们可以将幻想地图追溯到公元前一千多年的古埃及。

《歌者阿蒙·娜妮的墓葬莎草纸》（*The Singer of Amun Nany's Funerary Papyrus*，公元前约 1050 年），也称《亡灵书》，出土自古埃及的一间墓室。③《亡灵书》是一份保证逝者顺利进入来世乐土的详尽指南，内容涉及何处航船、何时念咒、如何献祭、如何通过审判测试等一系列关键步骤。

---

① 梅新林：《论文学地图》，《中国社会科学》，2015 年第 8 期。
② J. B. Harley and D. Woodward, eds., *The History of Cartography* (Vol.1), Chicago: University of Chicago Press, 1987, p. xvi.
③ "The Singer of Amun Nany's Funerary Papyrus," retrieved from http://www.metmuseum.org.

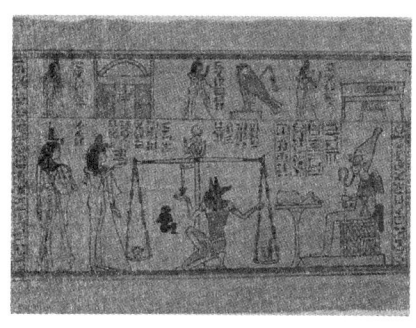

古埃及《亡灵书》①

　　或许《亡灵书》还算不上是一份严格意义上的地图，但到底是一份导航手册。以时间为轴线，《亡灵书》大致呈现了部分场合的空间特征，以及亡者所要遭遇的神灵或障碍。《亡灵书》过于简略，以至于看上去不大像是一份地图，但它提供的空间信息，足以让亡者辨认出自身所在的处境，进而采取合适的应对措施。

　　进入自己所知其少的地界，且关系到自己的最终归宿，一份类似地图的导航手册就尤为必要。它是权威的指示，也是必要的提醒。亡者借此预览了即将开始的旅程，从而不至于手足无措。亡者进退有据，从容不迫，最终顺利抵达彼岸乐土。在这个意义上，《亡灵书》也是一种美好的承诺，保证好的结果将如你所愿。

　　文艺复兴早期，意大利画家波提切利（Sandro Botticelli）在豪华手抄本《神曲》（成书于1304至1321年）中绘制了一幅手绘插图"地狱地图"（*Map of Hell*，1480—1495）。地狱以地理布局呈现道德景观：地狱形似一个上宽下窄的漏斗，共有九层，从上往下，越往下罪灵承受的刑罚越重。整幅地图尺寸仅为320mm×470 mm，忠实的波提切利居然力图将地狱每一层分布者及其遭受的惩罚一一画出。这样做的代价是，地

---

　　① 《歌者阿蒙·娜妮的墓葬莎草纸》（*The Singer of Amun Nany's Funerary Papyrus*）（局部），又称《亡灵书》（*Book of the Dead*），莎草纸材质，来自公元前约1050年的古埃及墓室，现藏于纽约大都会艺术博物馆。Cf. "The Singer of Amun Nany's Funerary Papyrus," retrieved from http://www.metmuseum.org. "娜妮是阿蒙神的仪式歌手，也是一位国王的女儿——她父亲要么是一位自封的底比斯大祭司，要么就是位于尼罗河三角洲的塔尼斯的国王——在娜妮的莎草纸《亡灵书》这个片段中，她站立在一杆大天平旁边，天平的一端放着她的心脏，另一端放着玛特像（真理和正义女神）。娜妮左边有伊西斯相伴。长有胡狼头的防腐之神阿努比斯正在调整天平刻度，冥界之神奥西里斯主持一切。这里亟待评断的是娜妮在世上的所作所为。结果是可喜的，阿努比斯宣布：'她的心是正义的。'奥西里斯也对此表示肯定。"参见［美］大都会博物馆：《大都会艺术博物馆指南》，北京：北京联合出版公司，2012年版，第53页。

图密密麻麻，细节难以辨认。

我们不妨将手绘地图视作对地狱的全景概览。细节越丰富，地狱越可信，效果越震撼，宗教的训诫意图越能得以实现。不过手绘插画制作起来相当费事，且价值不菲，因此难以流传开来，影响范围有限。如果指望传播得既广且久，那么势必要简化繁复的地图。

手绘插图"地狱地图"[①]

1506年的印刷版《神曲》，配有佛罗伦萨数学家兼建筑师安东尼奥·马内蒂（Antonio Manetti）绘制的七张示意图，其中包括"地狱概览"（*Overview of Hell*，1506）。如果说波提切利是一个足够认真的画师，不打算遗落任何细节，那么马内蒂就更像是一个制图师，对地狱图景做了大量的简化和抽象。马内蒂只是描出地狱的大致轮廓，并用文字标注其各个层次。传播介质的改变或许是地图简化得以发生的关键原因，该版《神曲》靠印刷传播而非人工抄绘，因而插图必须简洁疏落。

---

① 手绘插图"地狱地图"（*Map of Hell*，1480—1495），Sandro Botticelli 制，现藏于梵蒂冈宗座图书馆（Vatican Library）。

木刻插画"地狱概览"①

班扬的《天路历程》（*The Pilgrim's Progress*，1684）讲述了一个朝圣的故事：一名"堕落者"看到异象，决心逃离家乡"毁灭之城"，此后一路寻访"天城"。1778年版《天路历程》附带了一幅地图，展示了主人公所经历过的层层关卡。跟《亡灵书》相似，这并非地理意义上的空间布局，而只是依照主人公游历的经过，对各处地貌进行的依序排布，以便读者理清顺序。路途遥遥，障碍不少，地图让每一位读者意识到，通往"天城"的道路上充满了艰辛不易。

小说《天路历程》地图②

---

① 木刻插画"地狱概览"（*Overview of Hell*，1506），Antonio Manetti 制。
② "从毁灭城到天城的路途"（*A Plan of the Road from the City of Destruction to the Celestial City*，1778），出自《天路历程》，印制于伦敦。

233

就宗教信仰而言，幻想地图是一种指引，这种指引既是空间意义上的，也是道德意义上的。地图允许你从容应对从未经历过的来世处境。宗教幻想地图是某种美好的承诺，抑或是某种严厉的警告，起到指引蒙昧世人、劝诫现实行为的效果。

（二）地图即真实

幻想地图的暧昧之处在于，它对幻想与现实的混淆。幻想地图是煞有介事的记录，打算叫读者们信以为真。"地图混淆了再现与想象，暗示所绘制的地方确实是某处现实地方的再现。"[1] 可惜幻想地图的伎俩并不常常奏效，准确地说是几乎很少奏效，但它毕竟提供了某种真实的感觉。

1516年，英国托马斯·莫尔（Thomas More）写成《乌托邦》（*Utopia*，1516）一书。作者侧重于乌托邦的社会状况，书中只有几处提及乌托邦的地理情况。然而，首版《乌托邦》之卷首还是冠有一幅海岛地图，将乌托邦绘制成月牙形状。缺口处是港口，用以通航和贸易。

乌托邦岛轮廓图[2]

---

[1] Stefan Ekman, *Here be Dragons: Exploring Fantasy Maps and Settings*, Middletown, CT: Wesleyan University Press, 2013, p. 21.

[2] "乌托邦岛轮廓图"（*Utopiae Insulae Figura*，1516），Ambrosius Holbein 制，出自《乌托邦》1516年版（首版）卷头插画（frontispiece），现藏于大英图书馆。Cf. Malcolm Bishop, "Ambrosius Holbein's memento mori map for Sir Thomas More's Utopia. The meanings of a masterpiece of early sixteenth century graphic art," *British Dental Journal*, Vol. 199, No. 2, 2005, pp. 107-112.

第三版（1518年）的插画地图，除了比首版地图更加细致之外，还在地图下方置入了一个场景：虚构的航海家——拉斐尔·希斯拉德侃侃而谈，用手比画，向莫尔讲述游历乌托邦的非凡经历。航海家手指之处即现出乌托邦海岛的巨幅地图。插图的改动似乎是一种有意的强调：地图是在转述过程中被记录的，莫尔根据自己的理解和想象将其付诸草图。地图增强了假托的效果，指望叫人相信被转述的乌托邦实际上是存在的。

乌托邦地图[①]

英国笛福《鲁滨孙漂流记》（*Robinson Crusoe*，1719）1720年的续集，即配图"鲁滨孙漂流之岛"（*Robinson Crusoe's Island*，1720）。这张地图不仅呈现了整个荒岛的地貌，还绘有相关人物，从中不难分辨出鲁滨孙所遭遇的一系列事件。地图成了鲁滨孙对艰难时光的"严肃回顾"（serious reflections），成了一种对真实的记录或者说纪念。乔纳森·斯威夫特《格列佛游记》（*Gulliver's Travels*，1726）首版即配有"大人国和小人国地图"（*Map of Lilliput and Blefuscu*，1726）。这是一幅名副其实的区域地图。有趣的是，地图显示这两个岛屿就在印度洋，距离苏门答腊不远。地图别有用心，试图劝我们相信这两个岛屿并非无中生有。

[①] "乌托邦地图"（*Map of Utopia*，1518），Ambrosius Holbein 制，出自《乌托邦》1518年版（第3版），现藏于大英图书馆。Cf. Malcolm Bishop, "Ambrosius Holbein's memento mori map for Sir Thomas More's Utopia. The meanings of a masterpiece of early sixteenth century graphic art," *British Dental Journal*, Vol. 199, No. 2, 2005, pp. 107−112.

鲁滨孙漂流之岛地图[①]

大人国和小人国地图[②]

文学地图再现的对象，除了幻想的疆域之外，也包括真实的疆域，借此为"幻想故事"提供坐标与路线。这种地图并不归属"幻想世界"，却也指望为"幻想故事"提供某种真实的感觉。塞万提斯《堂吉诃德》

[①] 图解地图"鲁滨孙漂流之岛"（*Robinson Crusoe's Island* 1720），John Clark 和 John Pine 铜版画（engraving），出自 1720 年续集《鲁滨孙·克鲁索对人生和冒险的严肃回顾，以及他眼中的益格鲁世界》（*Serious Reflections During the Life & Surprising Adventures of Robinson Crusoe, with His Vision of the Angelic World*），现藏于伦敦布里奇曼艺术图书馆（Bridgeman Art Library）。

[②] "大人国和小人国地图"（*Map of Lilliput and Blefuscu*，1726），Herman Moll 制图，出自《格列佛游记》（*Lemuel Gulliver's travels into several remote nations of the world*，1726），来源于维基共享资源（Wikimedia Commons）。

(1615)1780年的豪华插图版配有地图。在西班牙地图的基础上，制图者以红色线段勾勒出堂吉诃德的游侠路线，告知我们旅程实有其事。堂吉诃德也似乎不再是一个虚构角色，而是一位脚踏实地的无畏骑士。更为典型的是凡尔纳的一系列科幻小说，包括《海底两万里》(1870)、《八十天环游地球》(1873)等。故事诚然是虚构的，但地图却如科学仪器般精准，故事里人物的旅程紧紧"锚定"在真实世界的地图之上。

堂吉诃德的西班牙路线图[1]

鹦鹉螺号潜艇的太平洋路线图[2]

康拉德《黑暗之心》(*Heart of Darkness*，1899)中，主角马洛曾

---

[1] "堂吉诃德的西班牙路线图"(*Map of Don Quixote's Route through Spain*，1780)，Miguel de Cervantes Saavedra 制图，出自1780年插图版《堂吉诃德》，现藏于芝加哥纽伯利图书馆(Newberry Library)。

[2] "鹦鹉螺号潜艇的太平洋路线图"(*Nautilus's Route Through the Pacific*，1871)，Alphonse-Marie-Adolphe de Neuville 与 Édouard Riou 制图，来自1871年由 Hetzel 出版的插图版《海底两万里》，另有"鹦鹉螺号潜艇的大西洋路线图"。

对地图满怀热望,地图上苍苍茫茫的空白之处对于少年马洛而言无疑是一种邀请。随着远洋经历的增长以及地图的更新,空白之处被逐渐填满,这名水手悲哀地意识到:地图不再像先前那样令他心驰神往了。[①] 不再好奇的水手不啻一个隐喻:大航海时代的激昂号角声业已远去,世界各处几乎被勘探完毕。现实中的地图神秘不再,于是我们开始诉诸想象、自创地图。幻想地图重新被赋予神秘的面纱,召唤世人前来冒险游历。

(三)地图即召唤

19世纪后期,原先读者手中的地图,落到了小说人物的手中,成了故事里的一件重要道具。再没有什么比一份允诺财富又暗藏玄机的藏宝图更大的诱惑了。这是另一个神秘世界的不可抗拒的召唤。

1881年某个雨天的度假小屋内,12岁的儿子画了一幅岛屿的图,父亲临时起意,在小岛上标出了藏宝的地点。于是儿子便央求父亲讲一个关于这座神秘岛屿的故事。这位父亲就是罗伯特·路易斯·史蒂文森(Robert Louis Stevenson)。《金银岛》(*Treasure Island*,1883)的故事由此诞生,并于两年后出版问世。[②]

> 大夫极其小心地把封口拆开,从套子里落出一张某岛的地图,上面标有经纬度、水深以及山丘、海湾和小港的名称。凡是船只要在那里安全靠岸和停泊需要了解的细节一应俱全。该岛大约长九英里,宽五英里,形状有点儿像一条竖立的肥龙,有两个被陆地环抱的避风良港,岛的中部一座小山标着的名称是"望远镜"……图中有一些补充是后来注上的,但特别醒目的是三个用红墨水画着的叉叉:两个在岛的北部,一个在西南部。在西南部的那个叉叉旁边用同样的红墨水写着:"大部藏金在此。"[③]

"金银岛地图"暗藏玄机。地图是一份慷慨的许诺,金银岛的宝藏实在诱人。然而,地图又可能会叫人付出难以承受的代价,因为地图引起

[①] [波兰] 约瑟夫·康拉德:《吉姆爷》,熊蕾译,北京:人民文学出版社,1998年版,第524页。

[②] Anita Silvey, (ed.), *Children's Books and Their Creators*, Boston: Houghton Mifflin, 1995, p. 631.

[③] [英] 斯蒂文森:《金银岛·化身博士》,荣如德译,上海:上海译文出版社,2012年版,第43页。

争夺，这种争夺很有可能是致命的。受《金银岛》启发，包括亨利·哈格德（Henry Haggard）《所罗门王的宝藏》（*King Solomon's Mines*，1885）在内的许多冒险小说相继而起。在冒险类小说中，地图犹如一架引擎，启动了整个传奇。

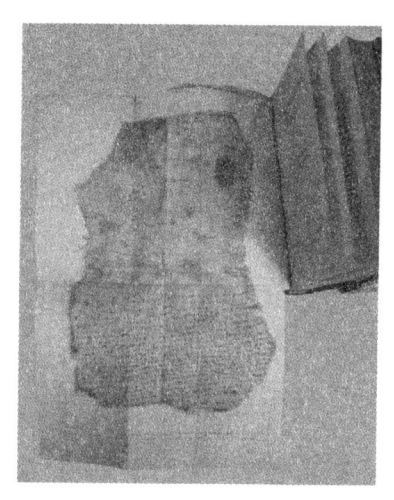

小说《金银岛》地图①　　　　小说《所罗门王的宝藏》地图②

至此，幻想地图不再是规规矩矩的测绘，不再是老老实实的图解，不再只是增进我们对文本的理解，而是指向一个未知的世界，指向一个危险和机遇兼有的远方。"去看一个不属于我们的世界。就像诱惑一般，既是愉悦，也是危险。"③ 地图是约瑟夫·坎贝尔（Joseph Campbell）在《千面英雄》（*The Hero with a Thousand Faces*，1972）中所谓的"历险的召唤"（Call to Adventure）。地图引导英雄注目远方，注目那些宝藏与危机并存的致命地带："遥远的地方、森林、冥府、海里、天上、秘密岛屿、巍峨山顶或深沉的梦境。"④ 在你害怕的幽深洞穴之中，方有你苦苦追寻的宝藏。地图是从"这里"到"那里"的路径，允许我们即刻启程，

---

① "金银岛地图"（*Treasure Island*），出自《金银岛》，卡塞尔出版社1885年版，藏于耶鲁大学拜内克古籍善本图书馆（Beinecke Rare Book and Manuscript Library）。

② "达·西尔维斯特的地图"（*Da Silvestra's map*），来自《所罗门王的宝藏》（*King Solomon's Mines*），美国文物书店（Heritage Shop）1885年版（首版），来源：http://www.heritagebookshop.com。

③ Ricardo Padrón, "Mapping Imaginary Worlds," in James R. Akerman and Jr. Robert W. Karrow, eds., *Finding Our Place in the World*, Chicago: The University of Chicago Press, 2007, p.260.

④ ［美］约瑟夫·坎贝尔：《千面英雄》，朱侃如译，北京：金城出版社，2012年版，第9页。

令我们的冒险旅程即刻发生。地图激发了远征，地图催生了传奇。

不过，地图给出的提示毕竟有限，因而显出几分暧昧。地图有意无意地留出一些空隙，唯有实地考察方可得以验证。"幻想世界的地图既令人愉悦，也叫人分心。它们既揭示真相，也窃窃私语。它们既游移不定，又得以验证。"① 地图不再助益我们理解的锚定，相反，地图是期望和想象的发生之地。

"金银岛地图"的意义，还在于它反转了地图与叙事之间的关系。此前的幻想地图，故事/文本是第一位的，地图只是一种事后的图解，只需示意故事发生的空间，或示意故事的进程。由此，地点得以锚定，地图得以铺开。而《金银岛》的创作却是"地图在先"——先有地图草稿再有小说演绎。至少相对于制图而言，一个先在的、既定的故事已经不再像之前那样重要了。

二、作为世界架构的地图

幻想地图与世界的关系可以从《绿野仙踪》讲起。20世纪初，美国作家李曼·法兰克·鲍姆（L. Frank Baum）的童话《奥兹国的魔法师》（*The Wonderful Wizard of Oz*，1900，也称《绿野仙踪》），在芝加哥出版。故事是一个名叫桃乐斯的小女孩在奥兹国，和狮子、机器人、稻草人一起追寻勇气、善心和智慧的历险故事。鲍姆一生创作的奥兹系列有 14 本，在第 8 本《奥兹国的嘀嗒机器人》（*Tik Tok of Oz*，1914）中首次出现了官方地图：奥兹国境，四周为沙漠，东南西北有东南西北四国，中央为翡翠国。幻想地图不再限于某个局部区域，而是指向一个完整的世界——尽管这个世界的东西方向是颠倒的。与之类似，英国作家 C. S. 路易斯的《纳尼亚传奇》（*The Chronicles of Narnia*，1950—1956）也在 1972 年有了自己的地图。

---

① Ricardo Padrón, "Mapping Imaginary Worlds," in James R. Akerman and Jr. Robert W. Karrow, eds., *Finding Our Place in the World*, Chicago: The University of Chicago Press, 2007, p. 256.

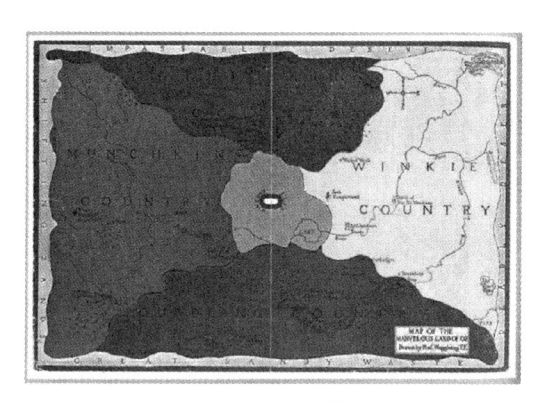

第五章 复魅化：跨媒介叙事的文化批评

奥兹国地图① 　　　　　　纳尼亚地图②

幻想地图提供了一套基本的框架，既方便相关故事的系列出版，也方便后人的不断重述或续写③。当然，幻想童话的制图与其读者定位也有关系。既然读者多为儿童，那么配置一份彩绘的地图也就在情理之中了。童话地图尽是天马行空的想象，但托尔金显然不满意这种状况，他试图将幻想拉入理性的轨道。

（一）托尔金的"第二世界"

在托尔金的创作中，地图往往先在于故事。托尔金曾明确表示："如果你打算讲一个复杂的故事，那么务必要先画一张地图。一旦顺序搞错，你将再也画不出这张地图。"④ 《托尔金传》（*J. R. R. Tolkien：A Biography*，1977）的作者汉弗莱·卡彭特（Humphrey Carpenter）记录道："光有地图还是不够，托尔金不停地估计时间和距离，给故事事件列出详尽的表格，填入日期、天数和小时，有时甚至考虑到风向和月相……托尔金曾说：'我希望人们进入到故事之中去，（至少在感觉上）

---

① "奥兹国地图"（*Map of Oz within the Surrounding Deserts*，1914），伪托小说人物 Wogglebug 博士绘制，来自《奥兹国的嘀嗒机器人》（*Tik Tok of Oz*，1914），来源：https://en.wikipedia.org/wiki/Land_of_Oz。
② "纳尼亚地图"（*A Map of Narnia*，1972），Pauline Baynes 制图，《纳尼亚传奇》Puffin 版，来源：http://www.paulinebaynes.com。
③ 如露丝·普拉姆利·汤普森（Ruth Plumly Thompson）在鲍姆逝世后对奥兹国的续写。
④ Humphrey Carpenter, *J. R. R. Tolkien：A Biography*, London：Allen & Unwin, 1977, p.195.

241

把它当作是真实的历史。'"① 地图原先是对文本的再现和抽象,托尔金反转了这种先后关系——地图是对事件力求精准的呈现,而小说不过是随后的记录罢了。

"孤山地图"(Lonely Mountain Map,1937)是托尔金本人为《霍比特人》手绘的地图,1937年的首版精装本便已收录。这张地图是故事人物所使用的道具。地图假托由矮人国王索尔绘制,霍比特人比尔博复制并翻译,最终辗转流传至托尔金手中。托尔金特意使用矮人符文,让它看上去更像是一件主人公的道具。地图提供孤山的地理信息,却又掩藏了孤山入口之所在。能否进入孤山,取决于能否读懂地图上以空心月亮文字书写的密语——"画眉鸟敲击之处,站在灰石旁,都灵之日的落日余晖将照到钥匙孔上。"②

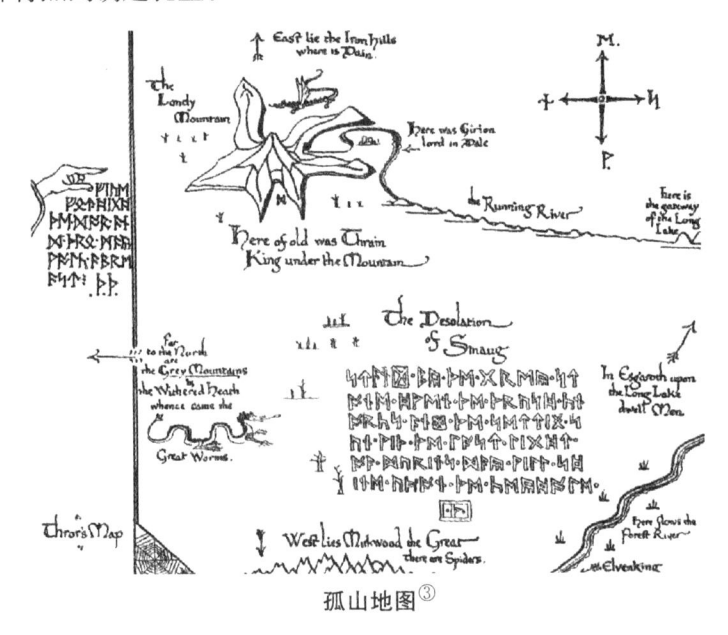

孤山地图③

托尔金试图为幻想世界树立规则。在1938年的一次演讲中,托尔金提出了"第二世界"(Secondary World)或者叫"次创造"(Subcreation)的概念。不同于为神所创的"第一世界",为人所创的"第二世界"固然

---

① Humphrey Carpenter, *J. R. R. Tolkien: A Biography*, London: Allen & Unwin, 1977, p. 195.
② [英]J. R. R. 托尔金:《哈比人》,朱学恒等译,道格拉斯·安德森注释,南京:译林出版社,2011年版,导言,第13页。
③ "孤山地图"(Lonely Mountain Map,1937),托尔金制图,《霍比特人》1937年版(首版)收录,来源:http://www.hobbit.ca。

242

第五章　复魅化：跨媒介叙事的文化批评

以幻想为主，却也以理性为基石。[①] 在他看来幻想不再是理性的悬置，而是理性的编织，用托尔金自己的话来说是"内在的现实一致性"（inner consistency of reality）[②]。

托尔金的野心在于试图凭借一己之力以理性架构一个全新的世界。兹事体大，世界架构涉及语言、文字、风俗、历史等方面。显然，地图是最重要的世界架构。

旧地图不断地被"后出转精"的新地图覆盖，由此可见幻想地图之重要。第一幅中土世界的官方地图，即出自托尔金之子克里斯多夫（Christopher Tolkien）之手。之后还有插画师波琳·拜恩斯（Pauline Baynes）绘制的中土地图。不过最详尽的当属制图师凯伦·方斯坦（Karen W. Fonstad）的中土地图。1973年首版的《中土世界地图集（修订版）》封面文字："真实可靠，最新版本。本书是托尔金《魔戒》《霍比特人》《精灵宝钻》爱好者的阅读必备，廓清中土世界自创世至第三纪元的复杂地理，紧紧追随比尔博、佛罗多等人的旅程。"封面就是一幅精密的手绘地图，包括方向、图例、比例尺，可谓应有尽有。

方斯坦所制的中土世界地图，按纪元断代分、按区域分、按作品分，甚至按照专题（地貌、气候、植被、人口、语言）来划分，涵盖广阔，精密绝伦。此外还有故事人物的路线图，例如佛罗多和山姆二人进入魔多之后的旅程，包括路线、里程、宿营点、事发地点在内的信息均一一标注。[③] 托尔金所构架的中土世界幅员辽阔，细节丰富，加之纪元更替，足以让后人不断夯实、反复制图。

[①] J. R. R. Tolkien, *Poems and Stories*, Boston: Houghton Mifflin, 1994, p. 162.
[②] Karen Wynn Fonstad, *The Atlas of Middle-Earth*, Boston: Houghton Mifflin, 1991, p. ix.
[③] Karen Wynn Fonstad, *The Atlas of Middle-Earth*, Boston: Houghton Mifflin, 1991, p. 111.

243

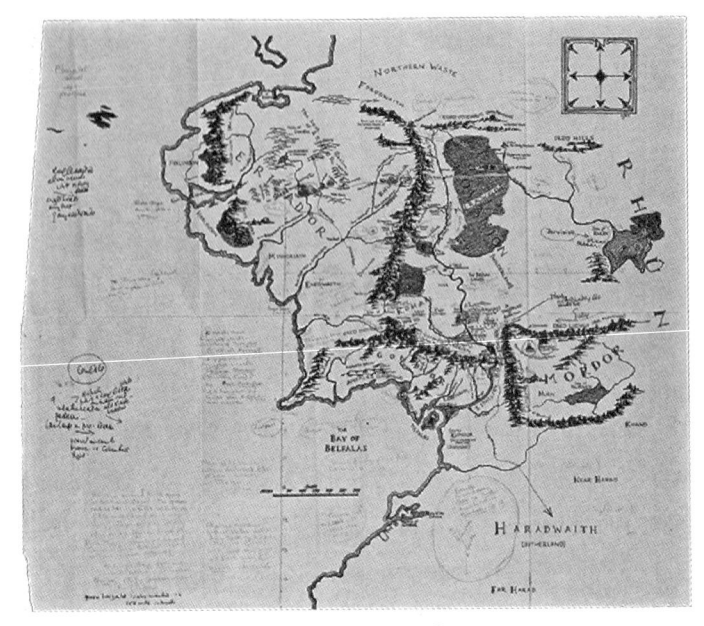

中土世界地图①

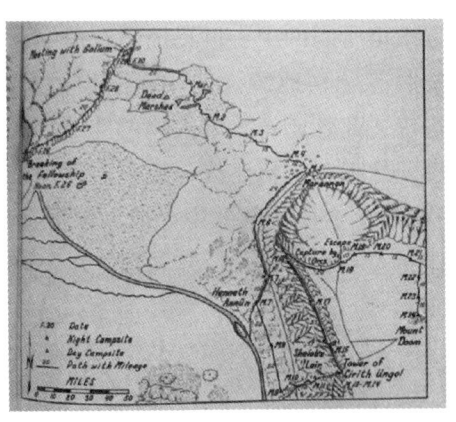

《中土世界地图集》②

(二) 从高阶幻想到世界架构

斯蒂芬·埃克曼 (Stefan Ekman) 认为, 幻想地图不同于传统意义

---

① "中土世界地图" (General Map of Middle-Earth, 1953), 托尔金之子克里斯多夫绘制, 出自《魔戒》1954年首版, 现藏于牛津大学博德利图书馆 (Bodleian Library)。
② 左图为封面, 参见 Karen Wynn Fonstad, The Atlas of Middle-Earth. Boston: Houghton Mifflin, 1991 (Original work published 1973)。右图为 "佛罗多和山姆的旅程" (The Journal of Frodo and Sam, 1973) 第171页, 摄于纽约公共图书馆 (New York Public Library)。

上的地图，因为它们并非"再现"某处真实的地方。相反，"幻想地图是一种'创建'，很大程度上'创建'出了地图世界"[①]。如果说"幻想"（fantasy）是"对众所周知的现实的背离"[②] 的话，那么"高阶幻想"对现实的背离堪称剧烈。"高阶幻想"（High Fantasy）最早出自劳埃德·亚历山大（Lloyd Alexander）1971 年的一篇论文《高阶幻想与英雄浪漫》（"High Fantasy and Heroic Romance"）。亚历山大认为，高阶幻想与"奇幻史诗"（Epic Fantasy）或"英雄之旅"（Hero's Quest）密切联系[③]。盖里·乌尔夫（Gary K. Wolfe）将"高阶幻想"定义为"幻想设定在'第二世界'……与之相对的是'初阶幻想'（Low Fantasy），即超自然力量的入侵了'真实'世界"[④]。换言之，"初阶幻想"发生的背景还是真实世界，不过有幻想之物混杂其间，而"高阶幻想"则是将世界推倒重来、重新设定。

但迈克尔·塞勒认为，幻想世界的关键，不在于幻想程度如何剧烈，而在于幻想世界是否有某种内在的一致性。塞勒对现代"幻想世界"（Imaginary Worlds）与传统"想象世界"（Imagined Worlds）进行区分。现代"幻想世界"出现于 19 世纪晚期的欧美，经验性材料丰富，讲究逻辑和细节，而且常常辅以可供考证的配件，如脚注、地图、照片、词典、附录、编年史、插图等[⑤]。简言之，现代"幻想世界"比先前的"想象世界"多了一个"幻想现实主义"（Fantastic Realism）[⑥]。

《打造幻想世界：次创造的理论与历史》（*Building Imaginary Worlds*：*The Theory and History of Subcreation*，2014）一书的作者马克·沃尔夫在访谈中曾引用一段话：

（幻想世界）只有在世界中故事才得以展开，而不是相反。这个

[①] Stefan Ekman, *Here be Dragons*：*Exploring Fantasy Maps and Settings*, Middletown, CT：Wesleyan University Press, 2013, p. 20.
[②] Kathryn Hume, *Fantasy and Mimesis*：*Responses to Reality in Western Literature*, New York：Routledge, 2014, p. 21.
[③] Brian Stableford, *The A to Z of Fantasy Literature*, Plymouth, MA：Scarecrow Press, 2005, p. 198.
[④] Gary K. Wolfe, *Critical Terms for Science Fiction and Fantasy*：*A Glossary and Guide to Scholarship*, Westport, CT：Greenwood, 1986, p. 52.
[⑤] Michael Saler, *As if*：*Modern Enchantment and the Literary Prehistory of Virtual Reality*, New York：Oxford University Press, 2012, p. 25.
[⑥] Michael Saler, *As if*：*Modern Enchantment and the Literary Prehistory of Virtual Reality*, New York：Oxford University Press, 2012, p. 69.

世界无边无垠，没遮没拦，野生野长，控制无望。这个世界有典籍报章，有朝生暮死的流言，有口口相传的学问，有俗世俚语，有黑道切口，有磨灭不清的绵密注脚，有湮灭无闻的古老文献。这个世界有悠久的过去，有无限的未来，有通往未知的分叉小径，如真实世界一样丰富而复杂。①

换言之，如今幻想世界的关键，不在于幻想元素多大规模上"背离"或"替换"了现实的模样，而在于幻想的外观多大程度上"遵从"了现实的逻辑。"世界构筑"（world-building）这个概念也因此受到学界、业界的重视和追捧。顾名思义，幻想世界必须被认真"搭建"起来，如建筑工程一般精准无误，而不是兴之所至地随意涂抹。

沃尔夫强调，打造幻想世界与其说靠想象倒不如说是靠技艺——"世界构筑"，即幻想世界永远处于动态之中，保持开放，不会终止。"世界构筑"的三大要素为创建、完整和连续。"创建"（invention）指的是幻想世界中的地图、历史、语言、生物、生态、文化、习俗等"要素"，均有其依据而非天马行空。彻底"完整"（completeness）自然是不可能的，但至少得保证有足够的细节来解释人物的背景、经历和动机。"连续"（consistency）指的是幻想世界前后贯通不矛盾。当然，顾得周全并不容易——愈多创建，愈发完整，前后相续也就愈难。②

三、虚拟世界之地图术

在迈克尔·塞勒的论述中，虚拟世界就是幻想世界文本的技术化与媒介化，换言之，虚拟世界即幻想世界的"虚拟显现"（virtual manifestations）。塞勒将围绕文本展开的一系列跨媒介实践看作虚拟世界兴起的滥觞。塞勒认为，粉丝热衷于探索与制作幻想世界，从而获得沉浸、参与等体验，这样一系列跨媒介实践将"幻想世界"转化为"虚拟世界"。③

---

① Henry Jenkins, "Building Imaginary Worlds: An Interview with Mark J. P. Wolf," September 2, 2013, retrieved from http://henryjenkins.org. 翻译见于施畅：《跨媒体叙事：盗猎计与召唤术》，《北京电影学院学报》，2015 年第 3—4 期。

② Mark J. P. Wolf, *Building Imaginary Worlds: The Theory and History of Subcreation*, New York: Routledge, 2014, pp. 33—47.

③ Henry Jenkins, "From Imaginary to Virtual Worlds: An Interview with Historian Michael Saler," December 11, 2013, retrieved from http://henryjenkins.org.

第五章 复魅化：跨媒介叙事的文化批评

最重要的跨媒介实践或许就是制作地图。地图将幻想世界转化为虚拟世界，借此人们可以"居寓"其中。这也就是塞勒所谓的——"想象的地理"（geography of the imagination）适合于"想象的居寓"（imaginative habitation）。①

地图不仅为多条故事线提供基座，而且为跨媒介叙事提供基座。作为世界构架的地图，不是服务于单个故事，而是服务于成千上万个故事。跨媒介内容可以映射到同一张地图中去，在空间上保持了内在的统一性，使跨媒介实践者们不至于迷失于广袤的故事世界中。正如哈斯勒-福雷斯特（Hassler-Forest）所言，世界构筑发生于媒介之间，而非媒介之内。②

地图是讲故事者的必备工具，也是现成的材料。这意味着叙事不再为原作者所垄断。地图把叙事的权柄交付于粉丝手中，同人文本随之登场，对权威文本进行补充、改写，抑或干脆重新讲述。这也意味着普通人有了自行叙述的权利。换言之，他们可以在幻想中开始自己的旅程了，而不只是老老实实地追随作者权威文本的轨迹。空间的可能性激发了叙事的丰富性，如同花园里的分岔小径，分岔路口的每一次抉择都将延伸出新的故事。

詹姆斯·康纳（James Corner）在《地图术的力量》一文中试图讨论地图的解放性力量。康纳将地图术拆分为四种运作机制：一是"游荡"（drift），即开放的、无指定方向的移动与探索；二是"累层/叠层"（layering），即一层层地添加、插入要素和经历；三是"游戏平台"（game-board），即提供竞争、博弈、对抗的平台；四是"块茎"（rhizome），借用德勒兹术语，即与树型的等级系统相反的、无中心、不断增生的有机空间。③ 我们可以将康纳的"地图术"概括为两类：人们在地图上的移动以及地图自身的变动。前者指人物在疆域/地图上的游荡，以及由此而来的冲突和竞争；后者指的是地图自身的累层、变动与扩张。

---

① Michael Saler, *As if: Modern Enchantment and the Literary Prehistory of Virtual Reality*, New York: Oxford University Press, 2012, p. 28.

② Dan Hassler-Forest, *Science Fiction, Fantasy and Politics: Transmedia World-Building Beyond Capitalism*, London: Rowman & Littlefield, 2016, pp. 1—22.

③ James Corner, "The Agency of Mapping: Speculation, Critique and Invention," in Denis Cosgrove (ed.), *Mappings*, London: Reaktion, 1999, pp. 213—252.

（一）英雄的征途

电子/数字游戏或许是最好的例子。电子游戏主要分为 2D 与 3D 游戏。按视角来划分，2D 游戏包括"空中视角"（Top-down perspective），如《帝国时代》（*Age of Empires*，1999），"卷轴式"（Side-scrolling game），如《超级马里奥兄弟》（*Super Mario Bros.*，1985）；3D 游戏包括"第一人称视角"（First-person perspective），如《反恐精英》（*Counter-Strike*，2000），"第三人称视角"（Third-person perspective），如《古墓丽影》（*Tomb Raider*，1996）、《魔兽世界》（*World of Warcraft*，2004）。

笔者将其区分为"地图视角"（map views）与"人物视角"（character views），分别对应 2D 游戏与 3D 游戏。地图视角是玩家如上帝般俯瞰的视角。人物视角是玩家化身（avatar）直面世界（或以第三人称视角），地图是我们在虚拟世界中的重要导航。这种划分未必准确，但有助于我们的理解。

在 2D 游戏中，地图即疆域，或者说，疆域即地图。我们以游戏《塞尔达传说》（*The Legend of Zelda*，1986）的地图为例。主角林克临危受命，要从恶人手中拯救塞尔达公主，让海拉尔大陆重回和平。林克必须击败阻挡他前进的怪物，找出九个地下迷宫的入口。每个迷宫都由一系列独特的、迷宫式的房间构成，房间以门或密道连接，且会由不同于地上世界的怪物守卫。[1]受限于当时的技术条件，游戏界面还很粗糙，但毕竟提供了一种世界的感觉[2]。这个世界是扁平的二维世界。如果我们愿意承认，这个世界就是一张地图。

---

[1] Nintendo，*The Legend of Zelda*：*Instruction Booklet*，Redmond，WA：Nintendo of America，1987，pp. 27—39.

[2] 《塞尔达传说》是"世界"，不是"场景"（如街机游戏《太空侵略者》[*Space Invaders*，1978] 或《吃豆人》[*Pac-Man*，1980]），也不是"卷轴"（如《超级马里奥兄弟》，一路向右的超级马里奥，只是跳跃在既定的、不可更改的、不能返回的路线上）。

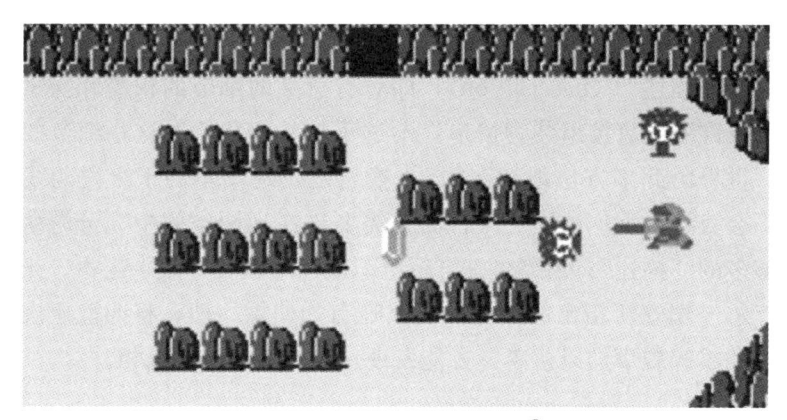

游戏《塞尔达传说》界面①

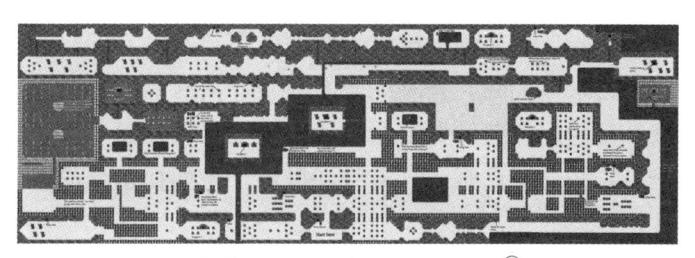

游戏《塞尔达传说》地图设计②

在 3D 游戏中，人物面对/遭遇的是 3D 虚拟空间，地图不再是游戏的疆域，而是一件重要的导航工具。地图既是一种指引，也提供了更多的可能性。地图允许玩家尝试不同的路线，也因此带来不同的故事。如果我们失败了，不要紧，那就换一条线路试试。

如今，人物不再受限于既定的轨迹，而是在地图上自由移动。虚拟地图似乎印证了德勒兹和瓜塔里（Felix Gauttari）的判断——"要制作地图（map），而不是踪迹（tracing)！"③"踪迹"即既有的踪迹，是规定的、有序的、重复的，只供陈列，不会变更。"地图"是尚未发现的事物，是开放的、扩展的、生成的，潜藏关联，有待展开。游戏玩家在虚拟世界中开始自己的征途，就是将"踪迹"还原为"地图"的过程。

亨利·詹金斯认为，作为世界架构的地图，是一种不同于传统叙事的新的叙事方式。叙事的生成，依靠英雄的不断游历。传统叙事倚赖

---

① 游戏界面截图，来自游戏《塞尔达传说》（*The Legend of Zelda*，1986），宫本茂和手冢卓志监督设计，任天堂家用游戏机（NES，俗称"红白机"），任天堂发行。
② 《塞尔达传说》地图设计，来源：http://www.videogamemaps.net.
③ Gilles Deleuze and Félix Guattari, *A Thousand Plateaus*: *Capitalism and Schizophrenia*, trans. Brain Massumi, Minneapolis, MN: University of Minnesota Press, 1987 (Original work published 1980), p. 12.

"解释/阐明"（exposition），即将背景信息告知或透露给读者，而世界构筑则诉诸"描述"（description），即对有意义的细节的积攒和探索。这些细节或许不能直接组装为情节，不过正是基于我们对这些细节的不断探索，世界由此多方位地被架构。① 换言之，地图不同于小说的线性叙事，不会直接告诉你前因后果，而是需要你在地图空间中充分游荡，收集足够多的"描述"，最终将其自行组织成一个或几个故事逻辑。正如玛丽-劳尔·瑞安所指出的那样：玩家唯有如侦探一般，将四散于虚拟世界各处的零碎叙事加以拼凑，方能发现这个世界的完整真相。②

（二）变动的地图

地图不断扩张，却又留下缝隙。新的版图意味着新的故事，地图周边笼罩着迷雾的未知地带，是对英雄的召唤。同时，地图又保持不完整性，地图处处是缝隙，期待着填充。地图确实提供信息，但从来不是事无巨细地全盘告知，而只愿意给出些许提示，正如托尔金的孤山地图上的月亮密文。

虚拟地图的意义还在于它是开放的平台，凝聚了集体的智慧。流行的做法是建立协作式写作社区（collaborative writing communities）或者打造交互式地图（interactive maps）。官方提供的地图总是不够的，或者过于简略，或者过于单调，或者太过静态。地图总是有待细化的，地图总是可以重新绘制的，地图后出转精。詹金斯强调"集体智慧"（Collective Intelligence），即"我们无人能知天下事，我们人人可知某些事"③。笔者曾指出，成为"学士"是粉丝跨媒介叙事的一个特征，旨在汇聚知识、破解谜题，"以学士自命的粉丝编排历史，修订家谱，制作地图，创建百科词条，撰述有关故事世界的百科全书"④。地图提供了集合"集体智慧"的理想平台，将各种信息空间化地组织起来，方便检索与使用。

---

① Henry Jenkins, "All Over the Map: Building (and Rebuilding) Oz," *Sapientiae*, *Film and Media Studies*, Vol. 9, 2014, p. 13.

② Marie-Laure Ryan, *Narrative as Virtual Reality: Immersion and Interactivity in literature and Electronic Media*, Baltimore: Johns Hopkins University Press, 2001, pp. 175–199.

③ Henry Jenkins, *Convergence Culture: Where Old and New Media Collide*, New York: New York University Press, 2006, p. 4.

④ 施畅：《跨媒体叙事：盗猎计与召唤术》，《北京电影学院学报》，2015 年第 3—4 期。

第五章 复魅化：跨媒介叙事的文化批评

魔戒地图项目[①]

《权力的游戏》交互式地图[②]

在虚拟地图时代，制图的权力下放了。以游戏地图编辑器为例，地图编辑器（map editor）可以辅助设计和输出地图数据，包括创建、编辑、存储、管理游戏地图数据。地图编辑器往往通过直观的简易操作来简化地图的制作流程，使得地图资源可以反复使用。玩家只需要更改几个数值，一张特定的地图就自动生成了。这大大减少了地图创建所耗费的时间，从而提升了游戏开发效率。

---

① "魔戒地图项目"（LOTR Project，2012），Emil Johansson 设计，交互式地图（Interactive Map），来源：http://lotrproject.com/map.
② "权力的游戏交互式地图，附剧透控制板"（Interactive Game of Thrones Map with Spoiler Control），交互式地图，基于 Tear 冰火地图，来源：http://quartermaester.info.

251

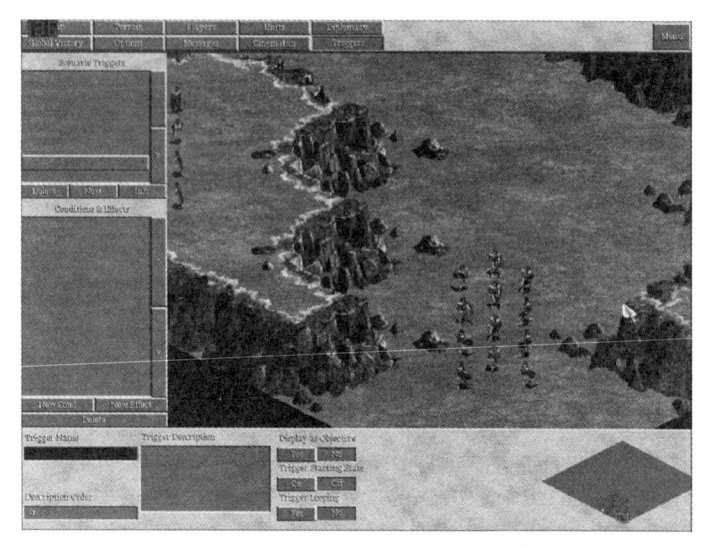

游戏《帝国时代》地图编辑器[1]

地图的无限生成，使得游戏始终保持其可玩性。无尽的地图，意味着无尽的探索，也意味着无尽的任务，从而鼓励玩家继续游戏，甚至永远游戏。层出不穷的区域地图，看似移交了制图的权力，实际上增加了游戏用户的黏性。

王尔德（Oscar Wilde）在1891年曾说过："一幅不包括乌托邦在内的世界地图根本就不值得一瞧，因为它遗漏了一个国度，而人类总在那里登陆。当人类在那里登陆后，四处眺望，又看到一个更好的国度，于是再次起航。"[2] 王尔德将历史长河中的幻想地图理解为人们内心深处的乌托邦诉求。

幻想地图不仅是一个辅助性的配件，更是一套运作机制。就宗教信仰而言，幻想地图既是一种指引，也是一种承诺或警告。就乌托邦以及科幻故事而言，幻想地图提供了真实的感觉。就冒险小说而言，幻想地图是一份远方的诱惑，召唤并指引人们奔赴危机与欢愉并存之地。对于托尔金而言，幻想地图是一系列精细的世界构筑，将现实主义的内在逻辑注入幻想世界之中。

地图也为幻想世界的虚拟化提供了可能：虚拟地图是跨媒介叙事的空间基座，便于跨媒介叙事以及集体参与。虚拟地图渐次展开，人物不

---

[1] "帝国时代"（Age of Empires II，1999）地图编辑器（map editor）。

[2] ［英］奥斯卡·王尔德：《谎言的衰落：王尔德艺术批评文选》，萧易译，南京：江苏教育出版社，2004年版，第240页。

再受限于既定的轨迹，而是在地图上自由移动，在探索中将各种细节结构化为叙事。不断扩张又留有缝隙的虚拟地图意味着叙事的增殖，不断复写、重塑的地图又意味着无限的叙事。这意味着，如今的我们更愿意手持地图，在日渐虚拟的幻想世界中自寻方向[①]。

第三节　科幻影像城市的未来想象

美国当代技术哲学家兰登·温纳在《技术物有政治吗?》一文中举过一个例子：位于纽约长岛的跨越景观大道的桥梁。这些桥梁被有意设计成较为低矮的，以至于十二英尺高的大巴车无法通过。于是平常使用公共交通的贫民和黑人就被拦在外面，而拥有汽车的白人却能够利用景观大道自由地消遣和通勤。桥梁建筑看似中立，事实上在通过技术配置对社会秩序施加影响，反映出设计者的阶级偏见和种族歧视。[②] 温纳提醒我们，包括人造空间在内的技术物本身"固有"其政治性：空间对人们施加的影响很少是中性的，它往往与不平等的权力结构相联系。

有关于空间政治的讨论，亨利·列斐伏尔（Henri Lefebvre）的观点最具有代表性。列斐伏尔认为，空间是生产性的，既为权力关系所生产，又生产了新的权力关系。"空间并不是某种与意识形态和政治保持着遥远距离的科学对象。相反地，它永远是政治性的和策略性的……空间一向是被各种历史的、自然的元素模塑铸造，但这个过程是一个政治过程。"[③] 空间景观之所以看似是中立的、非利益性的，是因为占有已然完成，昔日激烈斗争的种种痕迹已被抹去。空间既是政治经济的产物，同时又有着强烈而主动的生产性，列斐伏尔更关心"空间的生产"而非"空间中的生产"[④]。换言之，空间不仅仅是生产的场所，也同样支撑并

[①] 埃里克·比尔松（Eric Bulson）在《小说，地图及现代性》（*Novels, Maps, Modernity: The Spatial Imagination, 1850—2000*, New York: Routledge, 2007）一书中考察了自狄更斯、左拉、巴尔扎克以来的现实主义文学，一直到梅尔维尔、乔伊斯、品钦的现代主义文学，认为地图的使用发生了变迁，从"有方向感"转为"迷失方向"。方向的迷失，导致焦虑、恐慌、灾祸，以及道德的失落。比尔松的观察或许只对了一半。

[②] Langdon Winner, "Do Artifacts Have Politics?" *Daedalus*, Vol. 109, No. 1, 1980, pp. 121—136.

[③] ［法］列斐伏尔：《空间政治学的反思》，包亚明主编：《现代性与空间的生产》，上海：上海教育出版社，2003年版，第62页。

[④] Henri Lefebvre, "Space: Social Product and Use Value," in J. W. Freiburg (ed.), *Critical Sociology: European Perspectives*, New York: Irvington Publishers, 1979, p. 285.

维系了某种特定的权力关系。

那么,未来城市的想象空间是否也具有其政治性呢?

未来城市看似虚无缥缈,实则有其现实依据。未来城市通常被视为愉悦视觉的惊异之物,而维维安·索布切克强调,未来城市的描绘看似抽离历史、超然现实,实则是我们熟悉的生活经验的想象之物①。詹姆逊坚称,表面上科幻是对未来的特殊设定,但其实科幻提供了一个窗口,"使我们对于自己当下的体验陌生化,并将其重新架构"②。于是我们也可以理解为何科幻电影的时间通常设定为未来三四十年。约翰·戈尔德(John Gold)认为设定成"近未来"的好处在于不短不长:变革的发生似乎可信,又不至于完全无法辨认。③

值得注意的是,未来城市空间并非只是静默无言的背景,而是试图介入叙事。未来城市是一个行动主体,与人物一样可以展开行动,甚至决定故事的最终走向。索布切克指出,科幻电影中的未来城市是一种介入性的力量,绝非袖手旁观,而是施加影响。④ 在盖里·乌尔夫看来,未来城市所施加的影响固有其倾向性:未来城市是人类探索未知的障碍物,扼杀好奇,缺乏趣味,尽是已知之物,罕有未知之物。⑤ 简尼特·斯泰格(Janet Staiger)则将当代幻想城市的再现风格称之为"黑色未来",其特征包括:后现代风格、间接打光、错综复杂的空间,以及趋于混乱的文明。⑥

笔者将主要考察以电影为主的科幻作品中的未来城市,关心其空间构型以及政治面向。未来城市的空间设计通常被认作奇思妙想,但笔者并不会急于将其宣称为不可思议,而是将它们纳入历史的语境予以辨认,并试图建立未来城市演进的历史脉络。列斐伏尔的提醒是有益的:如果仅仅停留在描述层面,如果纯粹从符号学角度去理解空间,空间就会被

---

① Vivian Sobchack, "Cities on the Edge of Time: The Urban Science Fiction Film," *East-West Film Journal*, Vol. 3, No. 1, 1988, p. 4.

② [美] 弗里德里克·詹姆逊:《未来考古学:乌托邦欲望和其他科幻小说》,吴静译,南京:译林出版社,2014年版,第377页。

③ John R. Gold, "Under Darkened Skies: The City in Science-Fiction Film," *Geography*, Vol. 86, No. 4, 2001, pp. 337–345.

④ Vivian Sobchack, "Cities on the Edge of Time: The Urban Science Fiction Film," *East-West Film Journal*, Vol. 3, No. 1, 1988, p. 4.

⑤ Gary K. Wolfe, *The Known and the Unknown: The Iconography of Science Fiction*, Kent, OH: Kent State University Press, 1979, pp. 86–105.

⑥ Janet Staiger, "Future Noir: Contemporary Representations of Visionary Cities," *East-West Film Journal*, Vol. 3, No. 1, 1988, pp. 20–44.

降为一种仅供阅读的信息或文本，这实际上是一种逃避历史和现状的方法。[1] 需要注意的是，未来城市的空间变迁并不总以断裂的方式出现，而是一种较为松散的、来而复往的演进方式，因而分期并非绝对，或有重叠之处。这也意味着旧的城市形态在新的阶段仍有可能继续存在。我们将看到，未来城市面临重重危机，隔离空间应运而生，试图对整座城市施加影响。不过隔离并非无往不利，混杂之地是隔离鞭长莫及的地方。在那里，混杂势力不受驯服，随时准备进犯，企图挑战未来城市的隔离秩序。

一、未来城市演化史

首先，我们有必要追溯乌托邦的历史。严格意义上来说，乌托邦并非未来世界，而是藏匿于世界某一角落、有待发现的异域空间。乌托邦的作者大多对自己所在的社会不甚满意，因而乌托邦往往带有强烈的批判色彩，旨在探索人类社会形态的另一种可能性。我们不妨将乌托邦视为乌托邦作者理想中的未来城市。

有关乌托邦的叙述最早可以追溯到托马斯·莫尔（Thomas Moore）的《乌托邦》（*Utopia*，1516）。小说中一位航海家向我们透露了这座孤悬海外的城市的种种信息：城市建筑无不巨大壮丽，布局相仿，外观无甚差别，人人自由进出。"每家前门通街，后门通花园。此外，装的是折门，便于用手推开，然后自动关上，任何人可随意进入。因而，任何地方都没有一样东西是私产。事实上，他们每隔十年用抽签方式调换房屋。"[2] "乌托邦"的最大特点是消灭私有、财产公有，因而城市中的任何空间归公共所有而非私人独享。

《乌托邦》的创作动机通常被认为与英国的圈地运动有关。面对沉重的现实，莫尔试图一举消灭圈地运动所制造的隔离。在莫尔以及马克思的叙述中，圈地运动暴虐异常。马克思将其称为资本主义的"原始积累"：成千上万的农民被暴力赶出自己的家园，许多人沦为了一无所有的无产者。莫尔同样看到了圈地运动的黑暗一面，因而他在《乌托邦》中激愤地痛斥："绵羊，一向是那么驯服，那么容易喂饱，据说现在变得很

---

[1] Henri Lefebvre, *The Production of Space*, trans. Donald Nicholson-Smith, Oxford: Blackwell, 1991 (Original work published 1974), p.7.
[2] [英]托马斯·莫尔：《乌托邦》，戴镏龄译，北京：商务印书馆，1982年版，第53页。

贪婪、很凶蛮，以至于吃人，并把你们的田地、家园和城市蹂躏成废墟。"① 据历史学家的考证，尽管圈地运动并不都是暴力的，但土地的集中的确意味着原本持有土地的农民将不得不离开乡村，另谋出路。

旨在消灭私有产权所带来的隔离的乌托邦，同时也是在制造新的隔离——清一色的公共空间也许并非幸事。大卫·哈维对乌托邦的批判是：莫尔为了和谐稳定，不惜将任何具有潜在破坏性的社会力量排除在外，乌托邦是一个孤立封闭的系统，乌托邦的空间服务于一个稳定不变的社会过程，"真正的历史"被排除在外了。②

乌托邦的城市空间，布局异常有序，建筑高度同质，出入毫无限制，以此实现绝对的平等。看似自由的乌托邦，实则已经埋下了隔离的祸根——将个人与私人空间彻底隔离。私有制被消灭，私人空间绝迹，乌托邦并不打算为异质性的力量提供容身之所。张德明对《乌托邦》《新大西岛》《大洋国》三个典型的乌托邦城市空间做了概括："乌托邦外部空间的特征是与世隔绝性和不可接近性，而其内部空间结构则表现为自我复制性和普遍类同性。"③ 乌托邦的最大悖论在于：意在消灭隔离的美好愿望，蜕变为制造隔离的禁闭力量。

（一）垂直城市：大机器和摩天楼

19世纪末至20世纪30年代的未来城市，其空间形态可以概括为"垂直城市"，大机器和摩天楼是垂直城市的显著特征。两次工业革命深刻地改变了城市环境，其典型就是狄更斯《艰难时世》（*Hard Times*，1854）中的"焦炭城"：工厂蜂起，烟囱林立，机器轰鸣，烟尘滚滚。在当时不少人看来，蒸汽机的噪音是动力和效率的标志，烟囱的烟尘是繁荣的象征。④ 城市当然在进步，但代价高昂，机器正逐渐显示出暴虐的一面。1908年，英国诗人威廉·布莱克（William Blake）面对日益被工厂侵占的英格兰土地，不由感慨道："满目皆是无情工作的机器，车轮飞

---

① ［英］托马斯·莫尔：《乌托邦》，戴镏龄译，北京：商务印书馆，1982年版，第21页。
② ［美］大卫·哈维：《希望的空间》，胡大平译，南京：南京大学出版社，2006年版，第155—156页。
③ 张德明：《从岛国到帝国：近现代英国旅行文学研究》，北京：北京大学出版社，2014年版，第34页。
④ ［美］刘易斯·芒福德：《技术与文明》，陈允明等译，北京：中国建筑工业出版社，2009年版，第156页。

转，齿轮暴虐相迫，此非伊甸美景。"[1]

第二次工业革命以电力与内燃机作为标志，由此带来的集中化和巨型化趋势让一座座巨型城市拔地而起。据约翰·戈尔德的观察，20世纪二三十年代的未来城市多为垂直而起的巨型城市，充斥着邪恶与压迫的力量。[2] 基于当时英国欣欣向荣的采矿、冶金产业，威尔斯（H. G. Wells）认为未来工业将从地上往地下迁移。在未来，地上将是富人的享乐之地，而地下则是劳工的受难之所。在其小说《时间机器》（*The Time Machine*，1895）中，未来人类将进化为两类：艾洛伊和莫洛克。前者生活在地面，体质柔弱，好吃懒做，智力、体能都严重退化。后者生活在地下，粗暴蛮狠，长得活像猴子。莫洛克负责供养艾洛伊，而艾洛伊一旦成年则将沦为莫洛克的盘中餐。两个种族分别影射了资本家与无产者，其冲突很容易被解读为阶级暴力。电影《阿高尔：权力的悲剧》（*Algol：Tragedy of Power*，1920）中，主人公意外获得了一台可以源源不断提供电力的机器，进而从贫苦劳工一跃成为大资本家。尽管新机器让矿工们从繁重的劳作之中解放了出来，但是他们的命运并没有得到太多改善，人们发现自己又被重新置于电力垄断的剥削之下。

崛起在望的垂直城市，不仅基于对工业城市的初步判断，也合乎城市规划者的设计蓝图——对传统城市加以现代化改造在20世纪初是大势所向。意大利建筑学家圣伊里亚（Antonio Sant'Elia）认为，现代城市应该从机械世界而非自然或传统中找寻灵感，他宣称"钢骨水泥所创造的新的美，被徒有其表的骗人的装饰玷污"[3]。法国建筑学家勒·柯布西耶（Le Corbusier）给出的方案是高层建筑和立体交叉，希望增加人口密度的同时减少市中心的拥堵。[4]

两年之后，柯布西耶"明日之城市"的理念在电影《大都会》（*Metropolis*，1927）中得以落实。1924年，德国导演弗里茨·朗（Fritz Lang）出访美国。当他乘着蒸汽船抵达纽约港之际，曼哈顿的天际线让

---

[1] William Blake, *Jerusalem: The Emanation of the Giant Albion*, Princeton, NJ: Princeton University Press, 1991, p. 153.

[2] John R. Gold, "From 'Metropolis' to 'The City': Film Visions of the Future City, 1919-39," in Jacquelin Burgess and John R Gold (eds.), *Geography, the Media and Popular Culture*, London: Croom Helm, 1985, pp. 123-143.

[3] [意] 圣伊里亚：《1914年宣言》，汪坦、陈志华主编：《现代西方建筑美学文选》，北京：清华大学出版社，2013年版，第28—33页。

[4] [法] 勒·柯布西耶：《明日之城市》，李浩译，北京：中国建筑工业出版社，2009年版，第155—169页。

他大感震惊。次年弗里茨·朗便开始着手拍摄《大都会》。"大都会"堪称未来城市的经典模板：摩天大楼令人眩晕，立体交通复杂而有序。只有少数精英有幸生活在华丽的高层建筑之上，享受优渥的生活。对于广大劳工阶层而言，大都会是一座恐怖的现代工业城市。为了维系城市的日常运作，机器日夜轰鸣，如同咆哮的怪兽，工人们挥汗如雨，濒临枯竭。不同的阶级之间被一道道坚硬的闸门隔离开来，不允许有任何的接触，以此保证每个阶级都能够各居其位、各安其命。宏伟建筑往往掩盖了阴暗角落的污泥浊水，这座城市的中产阶级对身处幽暗地下的同胞们的悲惨命运一无所知。不过，严酷的隔离并不能阻止混乱的降临。最终，混杂的力量肆意冲撞，引发了洪水泛滥，"大都会"岌岌可危。

垂直城市更加深刻的隔离在于刘易斯·芒福德（Lewis Mumford）所谓的"机械文明"，即机器体系给人们施加的某种机制或者说秩序——统一性、标准化与可替换性。工厂是禁闭的，倒不是说工厂不允许工人离开，而是工人无法离开工厂，因为劳动力和劳动技能分离了——离开了机器，工人已经不会干活了。[1] 倘或不甘心沦落为一个"齿轮"，劳工仅剩的反抗或许就是《摩登时代》（*Modern Times*，1936）中卓别林式的胡搅蛮缠、制造混乱了。破坏秩序的混杂力量往往很难见容于城市，爬上帝国大厦之巅的金刚（1933）不啻一个"混杂势力冒犯隔离城市"的隐喻：胆敢挣脱锁链的野蛮生物，必将在战斗机的扫射下轰然坠地。

垂直城市不一定就建在地表，也可以建在地下。改编自威尔斯1933年同名小说的电影《笃定发生》（*Things to Come*，1936）讲的是人类社会在世界大战之后堕入莽荒，瘟疫蔓延，军阀混战。最后靠着先进技术，人类文明才得以在地下重建。普罗大众倾向于保守策略，认为探索太空是不计后果的冒险行为。而少数人则意识到抱残守缺并非长久之计，最后他们冲出重围，毅然向广袤无垠的宇宙进军。

（二）极权城市：电幕和管道

20世纪40年代至70年代的未来城市，其空间形态可以概括为"极权城市"，从中不难看出冷战、核威胁的诸多痕迹。极权城市的隔离空间是一股不断进取的排斥性力量：隔离肆意扩张，试图清除一切混杂因素，消灭一切反抗势力，从而保证空间的绝对纯净。电幕和管道是极权城市

---

[1] ［德］刘易斯·芒福德：《技术与文明》，陈允明等译，北京：中国建筑工业出版社，2009年版，第160页。

的两个重要的空间装置。电幕的无处不在意味着监控无处不在，管道的无尽延伸意味着官僚制度的无尽渗透。

乔治·奥威尔（George Orwell）小说《一九八四》（*1984*，1949）中的未来城市到处是电幕，城市空间被置于监视之下，人们的一举一动尽在掌控之中。时刻运转的国家机器，用宣传把人们和糟糕的现实隔离，用修订把人们和断裂的历史隔离，用禁欲把人们和情爱隔离……极权政治永远宣称集体已经得到了极大的改善，借此掩盖个体忍受贫瘠的现实。你无法奢望更多的东西，只有无尽的墙和无数的铁幕。饶幸的是，私人日记、郊外树林是溢出隔离之外的秘密小道。然而，监控和隔离最终还是侵蚀了混杂空间，主人公的命运急转直下。

电幕只是监视装置的一种，极权城市当然可以另换一套装置，但其实质不会改变：视觉霸凌空间，逃逸毫无指望。让－吕克·戈达尔编剧并执导的电影《阿尔法城》（*Alphaville*，1965）描绘了一座死寂冰冷的未来都市：城市被置于一台名为"阿尔法 60"超级计算机的统治之下，一切都必须遵循其绝对理性的逻辑，违反者即被枪决。在特吕弗（François Truffaut）的电影《华氏 451 度》（*Fahrenheit 451*，1966）中，未来城市禁止读书，所有书籍都要收缴并焚毁（华氏 451 度正是纸的燃点）。消防员的任务不是灭火救人，而是焚书和抓捕读书人。爱书者只好遁入茫茫荒野，把书背熟以便日后流传。卢卡斯（George Lucas）的电影《500 年后》（*THX 1138*，1971）将未来城市设定为地下，白色的建筑，白色的制服，别无他物，唯有荒凉。冰冷的监视器时刻运行，人们被迫服用药物，从事繁重的集体劳动。

管道是官僚系统的绝妙隐喻，一方面保证了权力意图的高效落实，另一方面又因不可变通而导致各行其是的后果。小说《一九八四》中体制的运行严重依赖管道：上级指令即刻传达，下级则被要求立即回应和迅速落实，不容半点拖沓。电影《妙想天开》（*Brazil*，1985）则呈现了"管道空间"另一个极端：凡事需填表，照章才办事，不可变通，各行其是。在电影中，管道已经实现了对未来城市的全方位包裹。倘或某条管道出错，其后果不啻一场灾难——烦琐拖沓的审批程序并不解决问题，反倒雪上加霜。一个对官僚体制深恶痛绝的管道工，在夜晚身着紧身黑衣穿行于这座城市，撇开烦琐的手续，单干解决问题。其中一幕饶有趣味：他利用管道，将粪便导入了官方维修人员的防护服，把官僚体系的恶意执行者着实捉弄了一番。来去无踪的混杂势力以"粪便叙事"戏谑了官僚制度，实现了对隔离的反抗。

与管道形成鲜明对比的是街道。街道是自由自在的，难以监控的。马歇尔·伯曼（Marshall Berman）曾谈到彼得堡的涅夫斯基大道，认为街道是政治事件的发生之地，政治力量由此展开，政府难以监控。[①] 阿兰·雅各布斯（Allan Jacobs）在《伟大的街道》（*Great Streets*，1993）中也强调，公共街道是一个特别的政治空间，是个人生活与政治生活的交汇之处，能表达出人们最珍贵的理想，也最难以掌控。[②] 尽管街道也难免会受到监视，不过管道受到的监控更甚。走在街道上，你可以回头确认有无跟踪的便衣，抬头确认有无监控的摄像头。然而在管道中却无从确认监控的有无，或许管道永远处于监控之中。在极权城市，街道不可避免地衰落，而管道则无穷地延伸进人们生活的每一个角落。

（三）堡垒城市：隔离带和街垒战

20世纪80年代至90年代的未来城市，其空间形态可以称为"堡垒城市"，以隔离带和街垒战为特征。和极权城市一样，堡垒城市也害怕混杂势力，但他们的做法并非不断进取，而是划地为限、关门大吉。堡垒城市的隔离空间，旨在防止混杂溢入堡垒城市，具有退守防御的性质。大卫·哈维认为，20世纪七八十年代，新自由主义崛起了，开始重建特权精英阶级的力量，同时也加速了城市的分裂：这头是富人的伊甸园，另一头是穷人的贫民窟，城市分解为一个个或穷或富的微型国家。[③] 在此背景下，以安全为目的、以防御为手段的隔离空间受到青睐，堡垒城市应运而生。

20世纪80年代前后的纽约市令人望而生畏，暴力犹如病菌一般进入城市的血管并周流全身。想要不受侵扰、稳稳当当地穿过中央公园或是沿河行走，竟已成了奢望。芒福德无比沮丧地承认，秩序与法律都拿当时的纽约没有办法。[④] 威廉·吉布森回想起当年的曼哈顿："满目疮

---

① ［美］马歇尔·伯曼：《一切坚固的东西都烟消云散了——现代性体验》，徐大建、张辑译，北京：商务印书馆，2003年版，第300—304页。
② ［美］阿兰·B. 雅各布斯：《伟大的街道》，王又佳、金秋野译，北京：中国建筑工业出版社，2009年版，第4页。
③ David Harvey, "Neoliberalism and the City," *Studies in Social Justice*, Vol. 1, No. 1, 2007, pp. 2—13.
④ Lewis Mumford, *Sketches from Life*: *The Autobiography of Lewis Mumford*: *The Early Years*, Boston, MA: Beacon Press, 1982, p. 5.

痍，多数房屋人去楼空，夜晚人们为了安全而燃起的篝火能照亮夜空。"①

原来住在市中心的白人纷纷逃离内城，迁往郊区，而越来越多的非洲裔和拉丁裔则滞留在中心城区。人们如果无法征服城市，至少可以逃离城市。芒福德把迁往郊区看作是中产阶级对不可避免的命运的一种抗议。② 郊区化是中产阶级的大撤退，从市中心退入隐蔽地带，从空间和阶层上与其所认定的危险势力隔离开来。电影《纽约大逃亡》(*Escape from New York*，1981) 讲述了纽约城被废弃的命运：1988 年，为了应对不断增长的犯罪率，联邦政府决定将曼哈顿岛改建成一座庞大的监狱，囚犯们被扔到里面自生自灭。纽约城变成了犯罪之城，任由混杂势力盘踞独大。

内城的衰落，在电影《银翼杀手》中也有所体现。詹姆逊把它称作"肮脏的现实主义"，认为传统的共同体城市就此终结。③ 未来的洛杉矶并不是一个令人愉快的地方。整座城市深陷黑夜，似乎从来没见过阳光，到处燃烧着火球，烟雾弥漫不去。高楼林立密布，交通拥堵不堪，酸雨下个不停，垃圾遍地都是，霓虹闪烁，终日泥泞。随意挑一条幽僻的小道走走，便可通往某处藏污纳垢的地方。电影中的一群仿生人不满于命运的安排，从他们的服役之地逃到地球，希望可以找到延续生命期限的方法。仿生人选择藏身于都市的混杂空间，并闯入制造仿生人的公司总部寻找真相。他们所要面对的是银翼杀手的堵截与追杀——或许可以将其视作对隔离空间的破坏者的彻底清除。

面对混杂势力的入侵，隔离空间趁势崛起。公共空间被私有化逐渐蚕食，转而成为街垒式的隔离空间。莎朗·佐金（Sharon Zukin）描述了 20 世纪 80 年代的曼哈顿商业区如何通过对流浪者的驱逐来维护自身的权力景观，因为露宿街头的流浪者难免令光鲜亮丽的商业区难堪。这不啻反映出这样一个现实：公共空间不再无条件地向公众开放了。④ 迈克·戴维斯（Mike Davis）在《水晶之城》(*City of Quartz*: *Excavating the Future in Los Angeles*，1990) 一书中对洛杉矶城的观察

---

① William Gibson, "Life in the Meta City," *Scientific American*, Vol. 305, No. 3, 2011, pp. 88-89.

② ［美］刘易斯·芒福德：《城市发展史——起源、演变和前景》，宋俊岭、倪文彦译，北京：中国建筑工业出版社，2005 年版，第 504-506 页。

③ Fredric Jameson, *The Seeds of Time*, New York: Columbia University Press, 1994, pp. 138-160.

④ Sharon Zukin, *Landscapes of Power*: *From Detroit to Disney World*, Berkeley, CA: University of California Press, 1991, pp. 179-216.

尤为深刻：八九十年代，洛杉矶的城市空间对待穷人极不友善，当权者故意制造一种不舒适、不便利、硬邦邦的空间效果以达到隔离的目的。城市空间的执法者针对流浪者定期扫荡、反复驱逐。而富人们则退入戒备森严的"堡垒"中严阵以待：雇佣武装安保，给大门上重锁，安装监控摄像头，等等。戴维斯将其称为"街头冷战"[1]。戴维斯的论断并非危言耸听，两年之后"街头冷战"转为"热战"。洛杉矶发生举世震惊的大暴动，种族之间爆发激烈冲突，造成严重的伤亡。

可见，堡垒城市所郑重承诺的安全，不过是岌岌可危的安全。电影《雪国列车》（*Snowpiercer*，2013）中，人类近乎灭绝，只有为数不多的幸存者登上了威尔福德工业开发的列车（城市的另一种形态），成为永不停歇的流浪者。没有人能够下车，因为滚滚向前的雪国列车之外是万劫不复的极寒深渊。下层阶级挤在肮脏犹如下水道的末端车厢，而上层阶级则在宽敞舒适的头等车厢寻欢作乐。《饥饿游戏》（*The Hunger Games*，2012—2015）的当权者同样把城市分成了三六九等，并由重兵严防死守，以确保隔离的秩序。命运的不公令人绝望，革命与暴乱终将降临。在电影《僵尸世界大战》（*World War Z*，2013）中，以色列筑起高高的城墙以防御丧尸的入侵，但自保的高墙随时有可能变成围困的牢笼。丧尸如山累积、越墙而来，城市猝然沦陷，人们突然发现要在自己亲手打造的隔离城市中突围逃生。

（四）虚拟城市：拟象和云端

20世纪90年代至今的未来城市，其突出的空间形态是"虚拟城市"，以拟象与云端为特征。虚拟城市是信息技术时代的一种新的隔离城市。虚拟城市意味着隔离权力可以不再诉诸空间赋形，未来城市本身即为一个隔离于现实的幻象。早在1975年，鲍德里亚就富有洞见地指出：拟象在先。鲍德里亚敏锐地发现了一个趋势：由于大规模的类型化，拟象和仿真取代了真实和原初的东西，世界因而变得拟象化了[2]。鲍德里亚认为我们生活在"超现实"之中，面对"真实的沙漠"我们望眼欲穿——绿洲已然绝迹，海市蜃楼却处处可见。"它是对某种基本真实的反

---

[1] ［美］迈克·戴维斯：《水晶之城——窥探洛杉矶的未来》，林鹤译，上海：上海人民出版社，2009年版，第268—306页。

[2] ［法］让-鲍德里亚，《仿真与拟象》，汪民安等主编：《后现代性的哲学话语——从福柯到萨义德》，杭州：浙江人民出版社，2000年版，第329页。

映。它掩盖和篡改某种基本真实。它掩盖某种基本真实的缺场。它与任何真实都没有联系，它纯粹是自身的拟象。"① 苏贾（Edward Soja）汲取了鲍德里亚的理论，提出了"拟象城市"的概念。苏贾认为，未来城市是一个超现实的梦工厂，只需付费即可进入，虚拟城市将成为我们日常生活的周遭环境。②

关于虚拟城市的电影情节往往设定如下：大多数人昧于隔离的真相，只有极少数人发现了城市的异常。主人公往往求助于混杂势力，设法突出重围，抵达虚拟城市的边界。最终，站在世界尽头的主人公幡然醒悟，告别或破坏隔离空间。在丹尼尔·伽洛耶（Daniel F. Galouye）的长篇小说《三重模拟》（Simulacron 3，1964）中，科学家为了研究市场营销，在计算机里通过虚拟现实建造了一座"虚拟城市"，里面的电子人却对此浑然不觉，只有主人公觉察到了真相。但小说的高明之处在于"三重模拟"，即主角原本以为自己发现了现实世界，但最终发现它仍然是另一个世界的"虚拟现实"。小说后来由法斯宾德改编为电影《世界旦夕之间》（Welt am Draht，1973），并由好莱坞翻拍成《异次元骇客》（The Thirteenth Floor，1999）。此后的《黑客帝国》《盗梦空间》等电影均受其启发。在《黑客帝国》中，人类惨败于机器人之后，肉身被囚禁，形同电池一般为"矩阵"提供日常所需的能源，反过来，"矩阵"则为人类营造出一个虚假的世界，并模拟出人类生活的一切感觉。

如果说"任意浪游"的虚拟城市还太过遥远的话，那么"云端"城市仿佛就在眼前。电影《她》（Her，2013）所描绘的未来城市，诚然是一个温暖的世界：街道干净安全，室内舒适温馨。设计总监坦言："我们指望电影是乌托邦的，如果不是，那至少也得是一个舒适的世界，主人公犯不着去跟整个邪恶世界开战。"③ 在未来城市，技术对人的裹挟是如此全方位，以至于已经没有人愿意跟周围的人聊天了，即便偶尔说上几句也尽是客套和敷衍。面对面的交流，不仅内容干瘪，而且欲望枯竭，大家只愿意和无比贴心的人工智能聊天。

人们处于虚拟城市的甜蜜拥抱之中，但同时也是处于虚拟城市的潜

---

① [法] 让－鲍德里亚：《仿真与拟象》，汪民安等主编：《后现代性的哲学话语——从福柯到萨义德》，杭州：浙江人民出版社，2000年版，第333页。
② [美] 爱德华·索亚：《关于后都市的六种话语》，汪民安等主编：《城市文化读本》，北京：北京大学出版社，2008年版，第39页。
③ Tierney Sneed, "Creating the brave new world of 'Her'," U. S. News, December 20, 2013, retrieved from http://www.usnews.com/.

在隔离之下。尽管身处其中的人们会感到有些异样、有些不快,甚至有些慌张,但人们无法拒绝虚拟城市的规定性与隔离性。威廉·吉布森把未来城市的虚拟化比作"迪士尼化",即派给城市一个特定的主题,主题是规定的、不变的,就好比主题公园一旦落成,其主题就无法重新设定。吉布森强调,自上而下的操控,最终导向的是禁锢而非自由,这是每个封闭式景观的诅咒[1]。吉见俊哉指出,迪士尼乐园最值得注意的空间特性在于它的封闭性和自我完结性:迪士尼乐园禁止任何俯瞰整个园区的视点存在,以确保"园区来回走动的游客,视线都闭锁在个别城堡与剧场的故事情境中,绝不会散逸到外面。甚至游客还会受邀进入某个情境成为剧中'人物',一起同乐展演特定的角色"[2]。在虚拟城市中,故事的剧本早已被写就,故事的场景也早已被设定,自行创设故事是被严令禁止的。

二、未来城市的隔离术

隔离以一种系统化的方式弥漫在未来城市的空间之中,阻隔视听,限制进入,拒绝分享空间。身处其中的人们各安其位,各行其是,有章可循,有迹可查。更重要的是,隔离主义被合法化、被自然化,或者在暗中悄然施行,未来城市被判定为亟待保护,以免受到异质性力量的侵害。

说到底,隔离的逻辑是现代性的逻辑。现代性扫荡了传统法则,即刻立起了新规矩——空间必须是有序的和理性的。海德格尔(Martin Heidegger)指出,"现代技术的显著特点在于:它不再仅仅是'手段',不再委身'服务'于部分人,而是展示了一个明确的统治秩序,一种明确的规训纪律和征服意识"[3]。这也正是韦伯所谓的"合理性的铁笼",即资本主义的经济秩序"正以不可抗拒的力量决定着一切降生于这一机制之中的每一个人的生活"[4]。芒福德也指出了现代都市的尖锐矛盾:城

---

[1] William Gibson, "Life in the Meta City," *Scientific American*, Vol. 305, No. 3, 2011, pp. 88-89.

[2] [日]町村敬志、西泽晃彦:《都市的社会学——社会显露表象的时刻》,苏硕斌译,新北:群学出版有限公司,2012年版,第206页。

[3] Michael E. Zimmerman, *Heidegger's Confrontation with Modernity: Technology, Politics, and Art Indiana Series in the Philosophy of Technology*, Bloomington, IN: Indiana University Press, 1990, p. 214.

[4] [德]马克斯·韦伯:《新教伦理与资本主义精神》,于晓、陈维纲等译,北京:生活·读书·新知三联书店,1987年版,第142页。

市提供稳定安全的同时，其控制的意图不可遏制，释放与奴役共存，自由与强制并至。① 未来城市不可避免地会被裹挟进入现代性的必然之中，现代性演化至极端便是隔离的执行和扩张。

隔离是必然的，也是必要的。科幻故事里的未来城市往往糟透了，而隔离主义的首要承诺便是安全。戈尔德考察了20世纪以来的科幻电影，发现未来城市往往不甚美妙，多为爆炸骚乱、环境恶化、暴力横行的警告和注脚。② 隔离主义的好处是简单清晰，讲理性，有效率——毕竟消除困扰的优先选择便是在空间上做简单的切割，譬如与核尘相隔离的地下城市、与丧尸相隔离的高墙城市。隔离主义的坏处是对复杂的、不清晰的但可能是丰富的事物的取消。简单隔离的处理方式体现了空间治理者的自负，尽管这种自负很可能是致命的。

隔离之所以得以实现，仰赖各式各样的空间隔离术。一方面，隔离术诉诸对流动的阻隔。需要指出的是，这与"种族隔离"不尽相同。种族隔离是一种社会排斥，是一种对特定种族的歧视，即通过某些方式，阻隔个体全面参与社会。而未来城市的空间隔离术是一种阻止流动的极端想象，是空间维度上的切割和隔绝。另一方面，隔离术也包括对视觉的隔离，至少是对那些不太令人愉快的风景的隔离。垂直城市遮蔽了劳工的苦难，极权城市遮蔽了历史的真相，堡垒城市遮蔽了穷人的挣扎，而虚拟城市则遮蔽了现实的粗粝。

隔离的手段或许合乎理性，也颇有效率，但很难说隔离是道德的，因为隔离意味着对自由的妨害。隔离为精英们提供了暂时的安全与便利，却也埋下了祸根——疏离感在被隔离者的心中逐渐滋生。倘或隔离毫无休止地扩张，自由力量将挺身抗暴。基于对20世纪好莱坞电影中洛杉矶城形象的考察，伊恩·斯科特（Ian Scott）感叹道，电影里的主人公们"太希望在这座将他们牢牢禁锢的城市的空间界限之外获得新生了"③。

三、混杂的进击与退守

一个幽灵，混杂的幽灵，在隔离城市游荡。

---

① ［美］刘易斯·芒福德：《城市发展史——起源、演变和前景》，宋俊岭、倪文彦译，北京：中国建筑工业出版社，2005年版，第570页。

② John R. Gold, "Under Darkened Skies: The City in Science-Fiction Film," *Geography*, Vol. 86, No. 4, 2001, pp. 337-345.

③ ［美］伊恩·斯科特：《电影中的洛杉矶：历史、好莱坞及对该城的灾难性想象》，珞珈译，《世界电影》，2011年第4期。

一方面，混杂是不受驯服的异域空间，藏身于未来城市的隐秘一隅。混杂空间是隔离空间的反面，是隔离秩序力所不逮、束手无策的地方。混杂之地并不十分美好，往往意味着污秽、粗粝、野蛮、狡猾、法外之徒、名誉败坏、遭人蔑视……以往用于控制这些混乱元素的原则和机制在混杂之地统统失效。另一方面，混杂是一股势力，是隔离秩序的潜在威胁。混杂拒绝一切的收编与改造，看准时机就大胆进犯，见势不对就仓皇退守。混杂之地是反抗势力酝酿进击和最终撤退的地方。苏贾认为，尽管后现代城市的某些中心已经瓦解了，但中心依然是中心，其向心力依旧发挥作用。可是，监控并不总是奏效，注定有监控鞭长莫及的地方，因此，城市各处始终留有抵抗、拒斥、重新调整方向的余地，由此滋生出一种积极的空间性政治。[1]

　　混杂是隔离的产物，也是隔离的掘墓人。隔离总是试图将混杂排除在外，进而一手塑造了混杂地带。隔离空间拒绝流动，至少让原本合法的流动看上去没什么指望了。纯洁性与统一性的铁幕落下来了，而混杂是遏制隔离扩张的最后希望。空间内为数众多的被排斥者、被压迫者、被剥削者无以应对隔离的坚硬壁垒，唯有祭出混杂大法。混杂势力热衷于破坏隔离空间，以此实现对权力的反叛。他们抹除其边界，猛攻其堡垒，破坏其稳定，嘲弄其刻板，打破其惯例，骚扰其执法者……总有人想在这权力的标记上乱涂乱画，推倒它，碾碎它，焚毁它，甚至用排泄物玷污它，从而创造出新的象征意义。

　　未来城市常常被封闭在一个巨大的人工穹顶之内，与城市之外的自由荒野形成鲜明对比。幽闭是压迫与恐惧的源头，而旷野则意味着舒适与自由。电影里的主人公为了争取自由而奋起抗争，试图从禁闭之中逃脱出来，于是一路砍砍杀杀，奔向隔离势力鞭长莫及的旷野。未来城市一般可以分为三类：受制的城市、禁闭的城市，以及废墟的城市。这也可以理解为一个连续的分类光谱（spectrum）："某种威胁自由的压迫性力量渐次滋长，最终禁锢全城；与此同时，维护自由的反抗性力量也在增长；最后，两股势力展开终极对决，而城市则要付出沦为废墟的代价。未来城市犹如坐在火药桶之上，随时可能会遭受致命一击。"[2] 而这种进击常常来自混杂的力量。

---

[1] ［美］苏贾：《后现代地理学——重申批判社会理论中的空间》，王文斌译，北京：商务印书馆，2004年版，第349—351页。

[2] 施畅：《未来上海的想象方式》，《北京电影学院学报》，2016年第2期。

混杂之地的最大价值就是保存了自由的火种。尽管这种自由往往显得过于另类，与主流价值格格不入，但混杂之地毕竟为另类的选择提供了庇护。身处隔离空间的觉醒者的头顶上是一片不断被吞噬的天空，反叛者至少可以像幽灵一样从隔离空间侧身逃走。尽管避入混杂有时只是权宜之计，但是混杂之地让我们有机会审视异己之物对自身命运的控制。混杂之地能够提供久违的真相，提供喘息的间歇，提供潜在的援军，提供逃逸的希望。

然而，混杂有时是可怖的。隔离被打破，意味着极端的冲突、秩序的颠覆，甚至全盘毁灭。尼采有言，"与恶龙缠斗过久，自身亦成为恶龙；凝视深渊过久，深渊将回以凝视"①。混杂以极端相反的逻辑与方式去反抗隔离：用肮脏来对抗纯净，用混乱来对抗齐整，用游击来对抗堡垒。尽管混杂最终胜利了，却埋下了矫枉过正甚至是失控的祸根。混杂势力破坏起来雷厉风行，围墙崩坏，防范溃败，新的秩序却无从建立，甚至无法提供最基本的安全。电影《大都会》警告我们：倘或劳工胆敢进犯，机器必将应声崩塌，最先遭殃的是底层劳工的子女，他们随时有可能被不断上涨的洪水淹死。不过，混杂无疑是一种潜在的威胁，它提醒空间统治者强制隔离所要付出的代价：所有的秩序可能在一夜之间猝然消失。

空间即政治，这同样适用于未来城市。空间是可供摆放的支架，权力借此施展开来；空间也是上下隔离的支架，服务于等级秩序。未来城市的空间治理术是制造隔离以免于冲突，其假设是：城市将不可避免地走向极化与混乱，而隔离是确保秩序得以维持的必要手段。为了应对特定的社会危机，隔离的城墙拔地而起，耸然矗立。

隔离意味着自由的受限，混杂意味着流动的可能。隔离之地将多样性驱逐殆尽，而混杂之地则是多样性的容身之所。混杂蕴含的反抗性对隔离空间构成了潜在的威胁，混杂势力是打破隔离、赢得自由的希望所系，不过隔离秩序的崩坏往往代价惨痛。

未来城市是一个关乎自由的故事，这缘于我们对丧失自由的恐慌。公平的议题往往为自由的议题所压倒，至少公平的诉求显得不那么紧迫。不公尽管会引发忿恨，但却是可以忍受的，而不自由则势必激起反抗。

---

① 出自尼采《善与恶的超越》（*Beyond Good and Evil*，1886），孙仲旭译。"He who fights with monsters should look to it that he himself does not become a monster. And if you gaze long into an abyss, the abyss also gazes into you."

身处未来城市的主人公的首要使命是逃离抑或打破隔离。唯有取道混杂之地、假手混杂势力,借此反抗隔离,方能彰显正义。不过混杂势力终究是个人英雄主义的,除了自由之外别无理念,亦没有提供一种新的规划或设计。况且,在历经大毁灭之后,只有少数人享受到了真正的自由。伊万·莫里森(Ewan Morrison)指出,近些年卷土重来的敌托邦电影与新自由主义关系暧昧,愈来愈倾向于攻击大政府、福利国家、进步观念、社会规划以及平等价值。[1] 未来城市试图让我们相信:隔离是危险的,设计是可耻的,或者说设计本身必然会导向某种罪恶;唯有拒绝规训、打破隔离,正义才能得以伸张。这透露出西方科幻电影自由主义政治传统的内在倾向,这也是未来城市的空间政治魅影的真正浮现。

第四节 个案研究:关于未来纽约的跨媒介想象

恐怕没有什么地方比纽约看上去更适合对城市毁灭的想象了。

两个世纪以来,美国大众对毁灭纽约的幻想一直念念不忘[2]。麦克斯·佩奇发现,流行文化中的纽约城以各种方式覆灭,花样百出,令人震惊:地震、火灾、洪水、流星、彗星、火星人、冰川、幽灵、原子弹、阶级斗争、恐怖主义、外敌入侵、太空飞船的激光束、飞艇的鱼雷、战舰的导弹、人猿、狼群、恐龙、环境恶化、核尘,等等。[3] 可怜的纽约城,在绘画、漫画、文学、摄影、明信片、动漫、电影、电子游戏等媒介中无一幸免,一次又一次被炸得七零八落、被海水吞没、被怪兽推倒。毁灭纽约城是如此令人着迷,以至于佩奇将其称为"灾难的情色"(disaster porn),即对死亡、混乱、毁灭的如同好色一般的迷狂。[4]

笔者所关心的问题在于:纽约"毁灭史"是如何演进的?毁灭女神

---

[1] Ewan Morrison, "YA Dystopias Teach Children to Submit to the Free Market, not Fight Authority," *The Guardian*, September 1, 2014.

[2] 本章部分案例受益于麦克斯·佩奇《城市的尽头:两个世纪以来关于纽约毁灭的幻想、恐惧及预感》(Max Page, *The City's End: Two Centuries of Fantasies, Fears, and Premonitions of New York's Destruction*, New Haven: Yale University Press, 2008)一书的指引。

[3] Max Page, *The City's End: Two Centuries of Fantasies, Fears, and Premonitions of New York's Destruction*, New Haven: Yale University Press, 2008, p.4.

[4] Max Page, *The City's End: Two Centuries of Fantasies, Fears, and Premonitions of New York's Destruction*, New Haven: Yale University Press, 2008, p.15.

何以偏好大都会，何以钟爱纽约城？人们何以对这类题材趋之若鹜？在晚近以来的流行文化中，为何更多的城市像纽约一样毁灭？正如佩奇所提醒的那样，虚构与非虚构"界限模模糊糊，区分毫无希望"[1]，因此，笔者试图将多种媒介同时纳入考察视野，如此方能更好地把握流行文化中"被毁灭的纽约城"这一经久不衰的题材。

一、纽约"毁灭史"

以幻像的形式毁灭纽约，一代有一代之理由。

19世纪后期，纽约成为世界城市，外来移民激增，社会问题丛生，城市精英们感受到前所未有的威胁，不少人甚至预感到惨烈的阶级斗争就在眼前。小说《哥谭市的毁灭》（*The Destruction of Gotham*，1888）中，曼哈顿陷入一片火海，理由很简单，因为曼哈顿遍地都是妓女。另一本小说《凯撒的石柱》（*Caesar's Column*，1891）流传甚广，封面上写着"20世纪的轰动故事"。该书对纽约城的命运做出惊人预言：激进的意大利移民将推翻城市精英的统治，穷人们横行街头，大肆屠杀富人。该书封面上画着一座高高耸立同时又熊熊燃烧的石柱，上面挂满了有钱人的尸体[2]。

小说《凯撒的石柱》封面

---

[1] Max Page，*The City's End：Two Centuries of Fantasies，Fears，and Premonitions of New York's Destruction*，New Haven：Yale University Press，2008，p.13.

[2] 出版于1891年的小说《凯撒的石柱》，显然受到了法国巴黎公社起义的影响。二者的相似之处在于反对势力都围绕着具有象征意义的石柱大做文章。1871年4月12日，巴黎公社委员会通过法令，决定拆除旺多姆圆柱（*Colonne Vendôme*）。旺多姆圆柱是拿破仑为了纪念胜利而建的铜柱，被反对者视作军国主义的象征。

20世纪30年代,怪兽片鼻祖《金刚》(*King Kong*,1933)横空出世。这只力大无穷的大猩猩从骷髅岛被载回纽约,在百老汇展览。展览的开场白是:"在他的世界他是君王,但在文明世界他只是一个囚犯,一场满足我们好奇心的盛大表演!"不过人们势必要为自己的贪婪和傲慢付出代价。挣脱牢笼的金刚,不仅掀翻地铁,还爬上了帝国大厦。时值大萧条,看着金刚把纽约砸得稀烂,人们暂时逃避了绝望的现实。1976年,《金刚》第一个翻拍版《金刚:传奇重生》(*King Kong*,1976)上映后,《纽约客》发表评论向这个"大个子"(the big one)致敬,认为最后一幕的金刚确实是个王者,"尽管离开自己称王的领地,他仍旧威慑力十足,遭遇威胁,也要在城市最高处发出反抗之怒吼,倒地之处溅起一片荣光"[①]。

第二次世界大战爆发在即,路易斯·古列尔米(Louis Guglielmi)的油画《心理地理学》(*Mental Geography*,1938)把布鲁克林大桥想象为一座毁弃的大桥:钢索松松散散,扭曲异常。桥身一掰两段,两座塔楼破碎不堪。一个女人跌坐在桥梁之上,一个炸弹戳进她的后背。天空云层重重,透着异乎寻常的紫色。画家似乎是在对法西斯潜在的侵略做出预警。[②]

油画《心理地理学》

---

① Pauline Kael, "Here's to the Big One," *The New Yorker*, Jan. 3, 1977, pp. 70—73.
② Richard Haw, *The Brooklyn Bridge: A Cultural History*, New Brunswick, NJ: Rutgers University Press, 2005, pp. 87—88.

同年，改编自赫伯特·威尔斯（Herbert G. Wells）同名小说的广播剧《世界大战》（*The War of the Worlds*，1938），模仿新闻播报，警告听众们美国正在遭受火星人的入侵。播音员不断跟进最新进展：外星人的目标正在从新泽西转向纽约，"我们的军队，陆军、空军，都被歼灭"，"纽约市正忙着疏散群众，码头的船载满了撤离的人正在驶离，而纽约的街头像新年前夜一样拥挤"。很多听众信以为真，随即引发了全国性的恐慌。

二战结束，冷战的铁幕随即拉下，刚刚领教了核弹威力的人们开始陷入核战的恐慌。广岛核爆之后，报纸杂志上关于纽约遭受核打击的猜想比比皆是。[①] 电影《世界、众生和恶魔》（*The World, the Flesh and the Devil*，1959）中，主人公是一个因矿井塌陷而被困数天的矿工。当他终于死里逃生，他才突然意识到所有人其实都已经在一场核战中遇难了。来到纽约城之后，主人公发现它异常死寂，犹如鬼城。他漫无目的地游荡在纽约街头：空荡荡的时代广场，破败不堪的华尔街，破报纸偶尔被风卷起，残余的路灯闪闪灭灭、刺啦作响。电影《奇幻核子战》（*Fail-Safe*，1964）则不乏黑色幽默：由于机械操作失误，美国轰炸机队出发轰炸莫斯科，美国总统在无法召回轰炸机的情况下，下令美军也将纽约摧毁。

"某个自史前时代以来就一直沉睡在地球某处的拥有超级破坏力的魔鬼偶然间被唤醒了"，在桑塔格看来这是原子弹的一个隐喻。[②] 电影《原子怪兽》（*The Beast from 20000 Fathoms*，1953）讲的是一次原子弹爆炸实验惊醒了冰层中沉睡的恐龙，随后这只恐龙跑到纽约市大肆捣乱，造成极大的恐慌。一年之后，日本拍出同一题材的电影《哥斯拉》（*Godzilla*，1954）。两年之后，《哥斯拉》登陆美国，在纽约连续上映47周，风靡一时。1998年，哥斯拉终于在纽约城一偿夙愿，这只大蜥蜴横扫曼哈顿，又是产卵又是护仔，赖在纽约就是不肯走。

纽约城的陷落，可以出自人猿之手，也可以出自罪犯之手。电影《人猿星球》（*Planet of the Apes*，1968）中主人公于公元3978年意外降落在一颗陌生星球上，发现在这里人猿是主宰，而人类只是人猿们猎

[①] Mick Broderick and Robert Jacobs, "Nuke York, New York: Nuclear Holocaust in the American Imagination from Hiroshima to 9/11," *The Asia-Pacific Journal*, Vol. 10, Issue 11, No 6, March 12, 2012.

[②] ［美］苏珊·桑塔格：《反对阐释》，程巍译，上海：上海译文出版社，2003年版，第254页。

杀的对象。结尾出人意料,四处逃命的主人公在沙滩上发现了被掩埋的自由女神像——原来此处就是未来的纽约,而这个星球就是地球。在电影《纽约大逃亡》(*Escape from New York*,1981)中,曼哈顿岛被改建成一座庞大的监狱,囚犯们被扔在里面自生自灭,纽约成了犯罪之城。

如今,我们似乎不再那么害怕核弹,但新的威胁接踵而至:陨石、病毒、怪兽、全球变暖……更为重要的是,劫数并不仅限于纽约一城,全球休戚与共,统统在劫难逃。在电影《世界末日》(*Armageddon*,1998)中,突如其来的陨石雨把纽约砸得够呛,克莱斯勒大厦的尖顶直坠地面,双子塔也塌掉了一截。这些都还只是小意思,一个更大的陨石将在十八日后撞毁地球。电影《天地大冲撞》(*Deep Impact*,1998)则让两颗彗星一大一小冲入大西洋,引发的海啸冲毁了整个美国东海岸,将纽约从地图上彻底抹去。

电影《我是传奇》(*I Am Legend*,2007)一开场,主人公正在杂草丛生的时代广场上猎鹿,鹿是从中央公园跑出来的。一场瘟疫席卷了纽约城,而主人公可能是这里唯一幸存的人类。电影《科洛弗档案》(*Cloverfield*,2008)中一只不知名的怪物攻击了曼哈顿,布鲁克林大桥被拦腰截断,曼哈顿一时成了人间地狱。怪物横扫街头,留下一地废墟。众人首先想到的不是逃难,而是纷纷掏出手机拍照,上传社交媒体炫耀。

晚近以来,报复心切的大自然对纽约城的攻势似乎变得更加凌厉。《纽约客》封面设计师艾利克·杜克(Eric Drooker)在版画《龟岛》(*Turtle Island*,1992)中如此描绘全城被淹的纽约:帝国大厦和克莱斯勒大厦只露出两个塔尖,暴雨如注,一艘小船缓缓划过。在以未来景观而闻名的艺术家亚历克西斯·罗克曼(Alexis Rockman)的笔下,华盛顿广场也难逃被淹没的厄运:远处的拱门破碎不堪,爬满藤蔓,近处一只蛤蟆正跃入水中,溅起水花一片,水下则长满了郁郁葱葱的水草。电影《后天》(*The Day after Tomorrow*,2004)则让整个北半球陷入酷寒,整个纽约城被冻在大西洋里,主人公被困在曼哈顿的图书馆里,靠烧书取暖。

第五章 复魅化：跨媒介叙事的文化批评

版画《龟岛》

油画《华盛顿广场》

当然，行将毁灭的纽约城有时未必毁灭，因为超级英雄会及时施以援手。这是一个虚拟的城市，这是一个袖珍的宇宙。超级英雄在其中躲闪腾跃，挽狂澜于既倒。蝙蝠侠、超人、蜘蛛侠、黑衣人等均有志于此。以蝙蝠侠为例，《蝙蝠侠与罗宾》（*Batman & Robin*，1997）中的急冻人打算冰冻整个城市，《侠影之谜》（*Batman Begins*，2005）中的影忍者联

273

盟试图摧毁这座腐败堕落的城市来拯救人类文明，《黑暗骑士》（*The Dark Knight*，2008）中的小丑则让哥谭市陷入疯狂与混乱，《黑暗骑士崛起》（*The Dark Knight Rises*，2012）中的恐怖分子干脆决定炸掉整座城市。蝙蝠侠所处的哥谭市，其最初的构想来自纽约市。众所周知，次次濒临毁灭的哥谭市最终获救，靠的正是蝙蝠侠的力挽狂澜。濒临毁灭的城市召唤了超级英雄，或者说，只有城市接二连三的毁灭方能成全超级英雄络绎不绝的登场。

"9·11"事件之后，摧毁纽约成了一个敏感的话题。几天后，安东尼·莱恩（Anthony Lane）在《纽约客》刊文《这不是电影》。这位资深影评人正色说道："灾难电影的的确确被真实的灾难羞辱了一番，我们最好记住灾难电影失败倒地的这个瞬间。"[1] 莱恩担心我们在观影中浸淫过久而对真切的灾难"脱敏"，不再能够认识现实灾难的严重性。为了避免激起公众不必要的情绪，也为了避免无意间对公众的冒犯，流行文化的生产者应声而动，展开非官方性质的自我审查，对其生产内容做合适的删改。[2] 例如，灾难发生三天后，《微软模拟飞行》（*Microsoft Flight Simulator*）游戏紧急下架，并宣布在新版游戏中将删除世贸中心。[3] E. B. 怀特（E. B. White）观察到，纽约发生了微妙的变化，"人人嘴上不讲，但人人心里明白"：

> 这座城市，在它漫长的历史上，第一次有了毁灭的可能。只需一小队形同人字雁群的飞机，立即就能终结曼哈顿岛的狂想，让它的塔楼燃起大火，摧毁桥梁，将地下通道变成毒气室，将几百万人化为灰烬。死灭的暗示是当下纽约生活的一部分：头顶喷气式飞机呼啸而过，报刊上的头条新闻时时传递噩耗。[4]

正是出于人们担忧与恐惧情绪的灌溉，关于纽约倾覆的不祥预感才会随风滋长。佩奇历数纽约历史上所面临的种种严峻考验：无法应付移民、种族的多样性而陷入困境，对技术所带来的后果的恐惧，以及美国

---

[1] Anthony Lane, "This Is Not a Movie," *The New Yorker*, September 24, 2001.
[2] Max Page, *The City's End: Two Centuries of Fantasies, Fears, and Premonitions of New York's Destruction*, New Haven: Yale University Press, 2008, pp. 199—232.
[3] "Microsoft Game Taken off Shelves," *The Guardian*, September 13, 2001.
[4] ［美］E·B·怀特：《这就是纽约》，贾辉丰译，上海：上海译文出版社，2007年版，第199—200页。

宗教生活中末日情结的压力。① 这也正是乌尔里希·贝克（Ulrich Beck）所谓的"风险社会"，即人类正日益面临威胁其生存的、由社会所制造的风险。这种现代风险是工业革命的产物，非常隐蔽，难以预测，一旦爆发，传播既快又广，且没有边界，即便是富人和权贵亦不能幸免。② 况且，作为美国的象征，纽约自然成了冷战争霸、恐怖袭击等敌对势力争相攻击的首选之地。敌对势力对纽约的打击或已经实施、或尚未发动，恐惧如鬼魅一般在纽约客身后如影随形。

未来种种，即在今日。弗里德里克·詹姆逊认为，灾难小说的毁灭图景"使我们对于自己当下的体验陌生化，并将其重新架构"。詹姆逊受卢卡奇的启发，认为科幻小说"记录了未来的某种萌芽的意义，而这一切是发生在曾经铭刻了过去的意义的空间中"③。换言之，未来的一切种种，深刻地反映了我们当下的恐惧与愿望。表面上设定的是未来，实际上是我们观察现在的一个窗口。

二、为何毁灭城市

一座城市遭遇突如其来的毁灭，作为一个叙事母题，可谓历史悠久。《圣经》里被毁灭的城市就有四座。譬如上帝将索多玛、蛾摩拉二城倾覆，焚烧成灰，供后世诸人鉴戒。叙事的模式大致相似：首先是城市生活的腐化堕落，引起上帝震怒；然后出现一个由神人乔装的落魄的老头或僧人，在城市中寻访善人；最后这座城市唯一得以幸存的便是那个善人及其家眷。索多玛城中选之人唯有罗德一家。天使告诉罗德去山上避难，逃难时切不可回头看。罗德的妻子不遵神谕回头看了一眼，便化作一根盐柱。而此刻的索多玛城，正毁于从天而降的滚滚天火。保罗·博耶（Paul Boyer）在《为时不多：现代美国文化中的预言信仰》（*When Time Shall Be No More：Prophecy Belief in Modern American Culture*，1992）一书中讨论了自《圣经》以降的末日预言如何渗透在当代流行文化之中。④ 或许伊拉·切尔努斯（Ira Chernus）是对的："我们

---

① Max Page, *The City's End：Two Centuries of Fantasies, Fears, and Premonitions of New York's Destruction*, New Haven：Yale University Press, 2008, p. 4.
② ［德］乌尔里希·贝克：《风险社会》，何博闻译，南京：译林出版社，2004年版，第20—22页。
③ ［美］弗里德里克·詹姆逊：《未来考古学：乌托邦欲望和其他科幻小说》，吴静译，南京：译林出版社，2014年版，第376—377页。
④ Paul Boyer, *When Time Shall Be No More：Prophecy Belief in Modern American Culture*, Cambridge, MA：Belknap Press of Harvard University Press, 1992, pp. 1—18.

之所以难以抵挡毁灭的诱惑，只因为这是一个暂时的状态，这是复兴和重生的必经之门。这或许是世界上所有宗教的神话和仪式中最普遍的主题了。"①

不过，"罪恶城市"的宗教叙事母题并不能够完全解释现代都市在流行文化中的频频毁灭。一种可能的解释是，现代人对都市生活的机械刻板感到不满。社会学家齐美尔在《大城市与精神生活》(*The Metropolis and Mental Life*, 1903) 一文中认为大城市实际上是缺乏个性的。"大城市生活的复杂性和广泛性迫使生活要遵守时间，要精打细算，要准确。"身处大都会的个人无须自我主张，生活千篇一律、毫无特点。齐美尔断言，性格独立之人势必会厌倦机械刻板的大城市，并对其怀有刻骨的仇恨。②

另一种解释是，城市生活不比乡村生活，容易令人际关系疏离冷漠。现代城市即斐迪南·滕尼斯 (Ferdinand Tonnies) 所谓的"社会"（法理社会）。"社会"与"共同体"（礼俗社会）相对，个体之间互不依赖，也没什么人情味。"在这里，人人为己，人人都处于同一切其他人的紧张状况之中。他们的活动和权力的领域相互之间有严格的界限，任何人都抗拒着他人的触动与进入，触动与进入立即被视为敌意。"③ 齐美尔认为，为了使自己免于陷入潜在的不稳定的或混乱的状况，居住在大都市里的人们比乡村居民更为理性地应对生活，其表现为工具主义、感觉麻木、沉默寡言，好比一层防护罩④。只有面对突如其来的灾难，我们才会卸下这层防护罩，捐弃前嫌，重拾温情，或携手突围，或并肩作战，为了保护心爱之人，人们将激发出前所未有的能量。据米克·布罗德里克 (Mick Broderick) 的观察，自 20 世纪 80 年代以来，科幻灾难片的主导话语从恐惧转向了生存，这意味着人们不再只是害怕，而是奋起求生。⑤ 同样，世界也不会被全盘毁灭。历经浩劫之后，总有一个和平幸福的世

---

① Ira Chernus, *Dr. Strangegod: On the Symbolic Meaning of Nuclear Weapons*, Columbia: University of South Carolina Press, 1986, p. 85.
② [德] 齐美尔：《大城市与精神生活》，《桥与门——齐美尔随笔集》，涯鸿等译，北京：生活·读书·新知三联书店，1991 年版，第 258—279 页。
③ [德] 斐迪南·滕尼斯：《共同体与社会——纯粹社会学的基本概念》，林荣远译，北京：商务印书馆，1999 年版，第 95 页。
④ [德] 齐美尔：《大城市与精神生活》，《桥与门——齐美尔随笔集》，涯鸿等译，北京：生活·读书·新知三联书店，1991 年版，第 258—279 页。
⑤ Mick Broderick, "Surviving Armageddon: Beyond the Imagination of Disaster," *Science Fiction Studies*, Vol. 20, No. 3, November, 1993, pp. 362-382.

界等在我们前方。

还有一种解释是，城市阶层日趋分化，将带来更多的冲突，以至于城市区隔日益明显。理查德·桑内特（Richard Sennett）所期待的陌生人可以不期而遇的公共领域不见了，流动不再，隔离甚深，相对无言，唯有沉默。① 通过对洛杉矶历史的细致观察，迈克·戴维斯（Mike Davis）惊悚地发现，城市成了密不透风的堡垒。"城市被粗暴地划分为富人社会'戒备森严的囚室'，以及警察和惯于违法犯罪的穷人激烈斗争的'恐怖地带'。"② 20世纪90年代以来加州南部的公共资源被狷獗地私有化，社区纷纷设置门禁。原本是公共财政应该投入、警察应该发挥作用的区域，如今却由受雇于私人的安保公司负责巡查和监控，且他们对公众安全概不负责。德波拉·史蒂文森（Deborah Stevenson）认为，由结构性权力所主导的、按照阶级族裔来划分的城市的区隔化趋势，在美国以及大多数西方国家尤为明显。城市的差异非但不被正视，反而被想方设法主动回避。城市不再是杂乱无序的，而是被有效控制的，这意味着我们遇见异质性的他者的机会越来越少③。而唯有城市倾覆，打破区隔方为可能。届时，无论贵贱，无论贫富，未知的命运将他们紧紧捆绑在一起。

对个性泯灭的不满，对人际关系疏离冷漠的遗憾，以及对城市区隔分裂的愤恨，或许并不足以毁灭城市。更为通行的解释是，我们选择在幻想世界中实现胜利大逃亡。唯有灾难降临、城市倾覆，燥热不安的我们才能躲进幻想的树荫下觅得凉爽。桑塔格在《对灾难的想象》一文中认为，现代人要应付"两个孪生鬼怪"，即"永无止境的平庸"与"不可思议的恐怖"，而科幻电影能让我们"从不可承受之单调乏味中摆脱出来，并转移我们对恐惧——无论是真实的还是预感的——的注意力"④。结合当今世界的全球化背景，佩奇认为，我们担心的不再是每日生活的庸庸碌碌，我们所逃避的其实是"不可避免而又难以理解的经济转型"。随着跨国资本在全球范围内流动，我们随时有可能丢了饭碗，就像是遇

---

① ［美］理查德·桑内特：《公共人的衰落》，李继宏译，上海：上海译文出版社，2014年版，第3—35页。
② Mike Davis, *City of Quartz: Excavating the Future in Los Angeles*, New York: Vintage, 1990, p. 224.
③ ［澳］德波拉·史蒂文森：《城市与城市文化》，李东航译，北京：北京大学出版社，2015年版，第55—60页。
④ ［美］苏珊·桑塔格：《反对阐释》，程巍译，上海：上海译文出版社，2003年版，第262页。

上"不可避免而又没法阻挡的坏天气"。因此,我们选择讲一个故事,故事里有即刻发生的危险,有恶棍也有英雄,有因有果,明明白白,比这个世界原来的样子更容易理解。①

灾难过境,废墟一地,而废墟似乎正是未来主义的一个面向。面对肮脏、陈腐、过时的艺术,未来主义艺术家们毁灭的意愿尤其激烈,对废墟更是热情拥抱②。意大利诗人马里内蒂(F. T. Marinetti)在《未来主义宣言》(1909)中大声呼喊:"那么,过来吧,手指焦黑的煽风点火的好汉们……他们来了!让我们放把火把图书馆的书架烧个精光!让我们引来运河的水灌满博物馆的仓库……呵,我们要看着这些辉煌灿烂的绘画怎样被激流冲走!拿起你的锄头和锤子……挖掉那神圣古老的城市的基础!"③

在齐美尔看来,废墟可以进入审美的范畴。齐美尔在《废墟》(1911)中发问:不同于一个破碎的雕像、毁弃的画作、半截失传的诗歌,为什么一座毁坏的建筑可以被理解为令人愉快的和有意义的,而不是悲伤的或者是负面的、可耻的?齐美尔认为,建筑意味着自然服从于人的意志,而废墟则意味着自然凌驾于人的意志之上。故而自然并不能被理解为肆意妄为的或毫无意识的,自然有一种固定的倾向性。自然的力量从未抽身离开,它只是重申了自己的正当权利④。废墟是自然的不甘屈服,亦是历史的层层积淀。本雅明在《德国悲剧的起源》(*The Origin of German Tragic Drama*,1928)中将废墟视作一种寓言,是过去与未来的交界点。"在废墟中,历史物质地融入了背景之中。在这种伪装之下,历史呈现的与其说是永久生命进程的形式,毋宁说是不可抗拒的衰落的形式。"⑤ 在《不合时宜的废墟》一书中,尼克·雅布伦(Nick

---

① Max Page, *The City's End: Two Centuries of Fantasies, Fears, and Premonitions of New York's Destruction*, New Haven: Yale University Press, 2008, p. 9.

② 未来主义建筑师们所仇恨的,与其说是城市和建筑,倒不如说是"程式"(convention),即传统的那些密如蛛网的虚饰线脚、卷涡纹和半柱,花里胡哨,难称实用。如此,我们就不难理解这些"好汉们"为何专挑博物馆和图书馆下手了。未来主义建筑,与其说是毁灭城市,不如说是再造城市。

③ 汪坦、陈志华:《现代西方建筑美学文选》,北京:清华大学出版社,2013年版,第22页。

④ Georg Simmel, "The Ruin," in Kurt H. Wolfe(ed.), *Georg Simmel*, *1858 – 1918*: *A Collection of Essays, with Translations and a Bibliography*, Columbus, OH: Ohio State University Press, 1959, pp. 259—266.

⑤ [德] 瓦尔特·本雅明:《德国悲剧的起源》,陈永国译,北京:文化艺术出版社,2001年版,第146页。

Yablon）认为，"现代城市的废墟景象并不一定是文化悲观主义或虚无主义的表现，甚至也不一定是对现代都市的反感所致"①。

诚然，望着废墟上空的升腾烟尘的灾难亲历者，和为瞻仰古迹而远道而来的游客相比，其感受是截然不同的。正如多拉·阿佩尔（Dora Apel）所言，正在衰退的底特律城的废墟景观，在底特律居民看来可并不浪漫，实在是沮丧和尴尬的来源②。不过，见证都市分崩离析的毁弃时刻与瞻仰古迹废墟的静默无言，二者有一点是相似的，即都为我们提供了反思万物无常的机会。我们开始重新思考人与自然及历史之间的关系。

三、为什么是纽约

在 1997 年《纽约客》的一幅漫画里，哥斯拉和金刚满不在乎地并肩在曼哈顿闲逛。大厦倾塌，火光冲天，人群四下逃窜。那只吓人的怪兽对他的长毛朋友说："来来来，让我们对付这座城市，纽约城命中注定是咱俩的！"③

"Let's face it—the city's in our blood."

漫画《哥斯拉与金刚在曼哈顿》

为什么偏偏是纽约呢？

纽约城之所以在幻像中被频繁毁灭，关键在于纽约城的三重身份：

---

① Nick Yablon, *Untimely Ruins: An Archaeology of American Urban Modernity, 1819-1919*, Chicago: The University of Chicago Press, 2009, p. 3.

② Dora Apel, "The Ruins of Capitalism," *Jacobin*, June 5, 2015.

③ 漫画《哥斯拉与金刚在曼哈顿》（1997），《纽约客》，作者 Danny Shanahan。

作为物理景观的纽约，作为资本大厦的纽约，以及作为文化符号的纽约。

首先，作为物理景观的纽约城，之所以适合在幻像中被毁灭，在于林立的摩天大楼。

这也能够解释为何曼哈顿往往首当其冲。摩天大楼堪称逆天的建筑，违抗重力，拔地而起，威风凛凛，对人的视觉加以冒犯，或许谈不上赏心悦目，但激起了有志者的跃跃欲试。相较之下，横向的、水平的建筑景观往往带来平稳和安全的感受，令人联想起舒适和休憩。摩天大楼是垂直的景观，更是权力的景观。和巴黎、伦敦等城市不一样，在纽约，商业塔楼的高度并没有受到种种限制，建造高楼大厦仿佛是房地产商不可剥夺的权利[1]。因此，摧毁摩天大楼，也就是摧毁人为设计的这种垂直性与复杂性，将其拦腰截断，令其低下高昂的头颅，以此暴露城市脆弱的一面。美国著名诗人怀特（E. B. White）在《纽约是一首诗》（1949）中写道：

> 按理，纽约本早该自我毁灭了，早该毁于恐慌、大火、骚乱，毁于循环系统中关键供应线的停运，或毁于地下复杂系统的短路。很久以前，这个城市就该在某个难以疏通的瓶颈处，毁于无法解决的交通混乱。它本早该在食物供应线停转数天后，就毁于饥饿。它本早该因源自贫民窟或由轮船带进的鼠疫而毁于瘟病。它本早该被城市四周拍岸的海水所淹没。而在蜂窝式房间里工作的人本早该神经崩溃，因为从泽西每隔数日飘来的白色烟雾令人感到害怕，它阻断了午间的阳光，使高耸的办公楼悬在空中，人们摸索前行，感到沉闷，感到世界末日来临。它本早该被炙热当头的八月骄阳烧烤得精神失常。[2]

人工景观不仅逆天，而且脆弱，全靠技术与人力的维系。正如电影《大都会》（*Metropolis*，1927）中，城市之所以能够正常运转，靠的是庞大的机器以及对工人的残酷剥削。马克思在1856年的伦敦演说中曾发出这样的警告：机器似乎具有某种神奇力量，但却引起了饥饿和过度的

---

[1] Robert A. M. Stern, Gregory F. Gilmartin and Thomas Mellins, *New York 1930: Architecture and Urbanism Between the Two World Wars*, New York: Rizzoli, 1987, p. 508.

[2] ［美］E. B. 怀特：《纽约是一首诗》（*The City is Like Poetry*），叶子南译，《中国翻译》，2009年第5期。

疲劳。技术的胜利，似乎是以道德的败坏为代价换来的。人类越控制自然，个人就越成为别人的奴隶或自身卑鄙行为的奴隶。马克思追问："我们生活在其中的大气把两万磅的压力加到了每一个人的身上，可是你们感觉到了吗？"伯曼认为，马克思最为迫切的目的之一是要让人民"感觉到它"；这就是为什么他的观念是用深渊、地震、火山喷发、巨大的地心引力等强烈意象表达出来，而这些形象将继续在现代主义艺术和思想中回荡①。

更重要的是，纽约城是纽约客们日常生活的周遭环境。唯有目睹自己所处的城市的崩坏，才能引起情绪的激荡。桑塔格强调，科幻电影关切的是毁灭的美学，其精髓正在于毁灭的意象之中。毕竟，"没有什么比目睹这些豪华的场景倾塌败落更令人震撼的了"②。

其次，作为资本大厦的纽约城，之所以必须在幻像中被毁灭，或许拜世人对纽约的仇恨所赐。

在纽约城绝无轻松的坦途。纽约只提供攀爬的阶梯，但这座狡猾的城市只会叫你向上，绝不会告诉你成功的机会堪称渺茫——登至高处的可能性远比一生碌碌的概率小得多。正如《纽约是一首诗》所写的那样：

> 曼哈顿被迫直冲云端，因为南北东西已无法扩展。这是它巍巍壮观的主要原因。曼哈顿之于美国，恰如白色教堂的塔尖之于村落，它是志向与信仰的显著象征，一缕白烟冉冉升起，告诉人们，向上才是正道。③

然而，从这座城市倾覆的那一刻起，一切都改变了。"这种大灾难幻象的诱惑力在于，它使人们从通常的义务中摆脱出来。"④ 人们从舒适甚至有些甜腻的家居中走出来，同时也是从刻板机械、充满监视的办公室里逃逸出来，被迫置身于一个混乱无序的空间之中。为了生存这第一要务，个个都成了鲁滨孙。孤立无援的个体开始一场告别"驯化"、投身

---

① [美] 马歇尔·伯曼：《一切坚固的东西都烟消云散了——现代性体验》，徐大建等译，北京：商务印书馆，2003年版，第20—21页。
② [美] 苏珊·桑塔格：《反对阐释》，程巍译，上海：上海译文出版社，2003年版，第250页。
③ [美] E. B. 怀特：《纽约是一首诗》（*The City is Like Poetry*），叶子南译，《中国翻译》，2009年第5期。
④ [美] 苏珊·桑塔格：《反对阐释》，程巍译，上海：上海译文出版社，2003年版，第251页。

"野化"的旅程，迈步走向茫茫黑暗和星星火光。信用卡刷不了，现金也派不上用场。手机不通，地铁难行。这是一场剥离了资本逻辑、剥离了技术控制的原始之旅。

此时的人们突然发现，自己对一切都丧失了控制感。诸多不便，艰辛异常，不过这是城市覆灭之后势必要付出的代价。城市覆灭，相当于推翻一切、重新来过，这其中蕴含了朴素的平等主义的愿景。本雅明认为，毁灭的破坏性过程剥离了商品或建筑物的神话伪装，照亮了原先被隐藏起来的"真理内容"，而乌托邦的"愿望图景"正在此中[1]。从这个意义上来说，纽约城的毁灭，是一场革命。

不过，幻想中的革命终归谈不上真正的革命。詹姆逊就笑话我们只敢革城市的命，不敢革资本主义的命。詹姆逊认为，晚近以来的资本主义文化面临两方面的冲突，冲突的一方假定西方政治的未来就是当下现状的永久持续，另一方则认定一场大浩劫在所难免[2]。如今我们便宜行事，想象一场灾难，彻底毁灭城市而不是摧毁晚近资本主义——或许这该怪我们软弱无力的想象力[3]。詹姆逊提出了一个问题："是世界末日更容易想象，还是资本主义的末日更容易想象？"詹姆逊认为，我们在通过想象世界末日来想象对资本主义的改良[4]。

最后，作为文化符号的纽约城，之所以需要在幻像中被毁灭，或许反证了纽约的重要意义。

作为世界城市的纽约不仅被视作美国的象征，也被视作世界历史的终结之处。德国历史学家斯宾格勒（Oswald Spengler）在《西方的没落》（*Der Untergang des Abendlandes*，1918—1922）一书中对世界城市推崇备至："世界城市最终崛起了，这是一艘巨型航船，也是一个巨大象征，在这里才智被完全发挥。世界城市的中心，亦是世界历史进程所要最终抵达的地方。"[5] 毁灭女神偏爱纽约，换个角度，也能说明纽约到底

---

[1] Walter Benjamin, *The Arcades Project*, trans. Howard Eiland, and Kevin McLaughlin, Cambridge, MA: Belknap Press of Harvard University Press, 2002, pp. 4-5.

[2] Fredric Jameson, *The Seeds of Time*, New York: Columbia University Press, 1994, p. 70.

[3] Fredric Jameson, *The Seeds of Time*, New York: Columbia University Press, 1994, p. xii.

[4] Fredric Jameson, "Future City," *New Left Review*, No. 21, May-June, 2003, pp. 65-79.

[5] Oswald Spengler, *The Decline of the West*, Vol.2, trans. Charles Francis Atkinson, New York: Alfred A. Knopf, 1928, p. 98.

第五章　复魅化：跨媒介叙事的文化批评

有多重要，这甚至可能是一种恭维。纽约不只是美国的，更是世界的。"纽约与巴黎十分不同，也和伦敦完全两样，它不是斯博坎市的60倍，也非底特律乘四。城邦无数，惟纽约是巅峰之都。"①

佩奇认为，关于纽约的灾难故事之所以寻常可见，是基于一个理念：纽约是人类梦想的永恒的舞台背景与承载之物②。不过，佩奇对纽约也不全是颂扬，他认为纽约确实光鲜亮丽，但也有阴暗的角落。纽约既是乌托邦，也是敌托邦。纽约既是进步主义，也是现代主义。

然而，纽约在想象中可能被连根拔起无数回，但这只不过是天真的幻想。人们尽可以在幻想中摧毁纽约城，然而当人们退出游戏、放下漫画、合上书本、走出电影院，依然需要面对这个貌似坚不可摧而又高傲无比的纽约城。阶级分明，壁垒森严，资本为王，不免叫人灰心丧气。流行文化不过是文化工业的千篇一律的产品，它们满足了人们的幻想，容许人们暂时性的逃离，以便让日常秩序更好地展开和继续。文化工业的制成品，尽可以许诺大众以幻想，却不会试图解决真正的灾难。在现实生活中，这座城市犹如不死的凤凰，总是设法抖落灰烬、扑灭火灾、平息水患，再次展翅，重新辉煌一回。

在幻像中被毁灭的纽约城既是恐惧的产物，也是欲望的产物。我们愿意长期沉浸于此类影像，并且毫无厌倦，这无比真切地反映了现代人类的精神困境：我们如此地害怕失去现有之物，却又如此地不甘于现状；我们但愿现世安稳，却又指望现状改变；我们随时准备逃离、找寻自由，却又总是瞻前顾后、恋恋不舍。在这个意义上，作为流行文化的"被毁灭的纽约城"，既是无端的侥幸，也是无尽的饕餮。城市的尽头叫人惶恐不安，每个人似乎都意识到了现代性的危机，然而，每个人都指望着自己能在废墟中幸免于难，而后自由驰骋在免于现代性弊病的广阔天地。

"9·11"事件之后的一段时间内，大张旗鼓地开拍纽约毁灭的电影并不多见，血腥场面、恐怖情境的影像供应随之大幅减少。如果制作暴力影像的盈利欲望不能平息，至少灾难发生的位置可以改变。好莱坞希望既可以有灾难影像投食观众又同时规避批评，其做法是将破坏转移到

---

① [美] E. B. 怀特：《纽约是一首诗》（The City is Like Poetry），叶子南译，《中国翻译》，2009年第5期。
② Max Page, The City's End: Two Centuries of Fantasies, Fears, and Premonitions of New York's Destruction, New Haven: Yale University Press, 2008, p. 12.

其他城市①。于是，21 世纪以来毁灭城市的幻想在美国及全球范围内大举扩张。洛杉矶、拉斯维加斯、西雅图、新奥尔良、旧金山已经被地震撕碎，被火山掩埋，被吸血鬼围困，被核武器炸毁。至于国际化大都市，伦敦、柏林、巴黎、东京、布拉格以及其他城市，则已经被疾病、炸弹、无政府主义者彻底葬送。

当然，从来不扭捏作态的好莱坞之所以转战其他城市，更实际的动机在于——钱。首先，炸掉纽约是很贵的，而且并不容易。如果预算不足的话自然只能作罢。其次，近年来，相对于北美市场，海外票房持续走高，亚太地区的票房增长尤为强劲，并于 2013 年首次超越北美票房②。逐利的资本因此将好莱坞电影的故事背景扩展至更多的亚洲国家或地区。此外，选择不炸掉一个城市可能也是出于商业上的保守考虑，一些作为地标的传统建筑并不在"可以毁灭"的清单之列。据维基解密公布的档案，在电影《像素大战》（*Pixels*，2015）中，索尼影业特地修改剧本，将长城被损毁的情节删去，以确保该片可以在中国上映。

不过，灾难幻想并没有抛弃纽约这位老朋友，只是纽约不再唯一。当我们的极致恐慌不再以纽约为背景，这将意味着纽约不再是我们唯一的许诺之地，这也意味着这座城市不再主宰美国乃至世界的想象力，更为重要的是，这意味着这座城市对流行文化长达百余年来的霸权的终结。

第五节　个案研究：关于未来上海的跨媒介想象

上海，有时比洛杉矶或者纽约更加未来。

作为未来城市的上海，在 21 世纪英美科幻电影中频频露脸。电影《代码 46》（*Code 46*，2003）的背景设定是：上海是一座封闭的城市，除非通过严格的审核，否则将被拒绝入城。城市之外的区域是一片荒漠，无法进入城市的人们过着简陋又困顿的生活。电影《环形使者》中，"环形杀手"组织利用时空旅行技术暗杀来自未来的人。在结束自己的杀手身份之后，主人公来到新的世界中心上海，肆意狂欢，也希望能借此躲

---

① Max Page，*The City's End：Two Centuries of Fantasies，Fears，and Premonitions of New York's Destruction*，New Haven：Yale University Press，2008，pp. 199－232.

② MPAA（The Motion Picture Association of America），*Theatrical Market Statistics 2014*，March，2015.

过终将到来的清算。电影《她》讲的是在不远的将来人类与人工智能相爱的故事。片中，男主人公西奥多与人工智能"萨曼莎"随时保持联系，时而经过五角场广场的巨型彩蛋，时而路过陆家嘴的环形天桥。电影讲的是发生在未来洛杉矶的故事，外景拍摄却集中在上海。

笔者将考察以科幻电影为主的流行文化中的未来上海。笔者所关注的问题在于：上海的未来感是如何生成的？在科幻电影有关未来城市的序列中，未来上海的位置在哪里？

一、故事容器与叙事动力

美国著名科幻电影研究者维维安·索布切克（Vivian Sobchack）认为，科幻电影中有关未来城市的想象空间不仅仅是背景而已，其与当代城市的变迁经验密切相关。索布切克认为，城市是一种介入性的力量，对叙事施加影响，而非袖手旁观。"科幻电影中的城市，并非全由水泥填注而成，它们向我们证明科幻文学的预言在未来世界实有其事，同时也为我们展示了种种叙事轨迹——包括对一个靠严密推理或大胆预测而成的城市世界的铭刻、描述和限制，借此给幻想世界打上一个显著标记，这既是物理形状的也是时间维度的。"[1]"伴随着高度艺术化再现的城市，电影人深知如何据此展开其故事线。"[2]

索布切克认为科幻电影中的城市有两个层面，我们姑且将其称作"故事容器"与"叙事动力"。顾名思义，作为故事容器的未来城市仅仅是装载科幻故事的一个容器，或者说搭建未来世界的一堆材料。相对而言，作为叙事动力的未来城市则给科幻世界打上了独有的印记，在时间维度上深刻影响了叙事进程。简言之，前者与叙事无涉，只是沉默无言的幕布背景；后者与叙事有关，城市的空间形态会决定电影的叙事走向与叙事风格。尽管这两个层面在某些时候是合二为一的，但这种区分有助于我们观察和理解入镜科幻电影的未来城市。

作为故事容器的未来城市，只是故事的发生之地，并不会左右叙事的进程。在科幻灾难电影中，未来上海将与纽约、伦敦、东京等城市一同面临全球性的威胁，世界休戚与共，寰球同此凉热。《神奇四侠2：银

---

[1] Vivian Sobchack, V. "Cities on the Edge of Time: The Urban Science Fiction Film," *East-West Film Journal*, Vol. 3, No. 1, 1988, pp. 4-19.
[2] John R. Gold, "Under Darkened Skies: The City in Science-Fiction Film," *Geography*, Vol. 86, No. 4, 2001, pp. 337-345.

魔现身》（*Fantastic 4：Rise of the Silver Surfer*，2007）最后决战地被设定为上海。《变形金刚2：堕落者的复仇》（*Transformers：Revenge of the Fallen*，2009）的开头，擎天柱正率队肃清霸天虎在地球上的残余势力。擎天柱从高空跳下，背后就是东方明珠。中国作为抗击邪恶势力的全球战略的一个片区，上海首当其冲。用"收编"一词可能会过重，但这的确透露出好莱坞电影一种强烈的整合意图：中国不能置身事外，得与西方世界同一阵营。即便不是同一战壕里的密友，也势必会牵涉其中。

尽管爆炸连天、损毁无数，但上海这座城市并未深刻介入电影的叙事轨迹。上海可以替换为巴黎，擎天柱同样可以从埃菲尔铁塔上纵身跳下。出于成本考虑，两部电影的拍摄地点其实都不在上海，《神奇四侠2》的拍摄地点选在洛杉矶的唐人街，《变形金刚2》同样也是在美国搭景拍摄的，后期再加上合适的远景镜头以及特效即可出炉。上海仅仅只是露脸而已——片方甚至无须亲赴上海取景，只要剪辑拼贴进几个"上海元素"，便足以"以假乱真"。张天潘认为这是"市场诱惑下的去政治化的文化示好"[1]。简言之，好莱坞为的不过是讨好华人观众，以赚取更多的票房。在这个意义上，上海的偶一入镜，与以配角出演的华人明星并无差别，都是示好性的"中国元素"，背后的商业意图不言而喻。

那么，为什么是上海呢？

首先，上海的城市景观，因为摩登所以超前。摩天大楼符合我们对未来城市物理外观的预期：摩天大楼简直就是逆天的存在，它们不光要克服重力还要抵御强风。它们打造了一条异乎寻常的天际线，不仅意味着能源与空间的高效利用，而且永远都代表着能力超凡与雄心壮志。尤其是外滩对岸的陆家嘴，摩天大楼直插云霄，建筑外观反复无常，颇具未来感。《环形使者》的主人公漫步外滩，这一岸是英租界时代的古老建筑，另一岸是浦东的摩登天际线。传统与摩登混杂一处，同时出镜。

其次，上海的城市景观，因为陌生所以未来。对于北美及国际观众而言，纽约、洛杉矶还有旧金山都太过于熟悉了，而上海则是一座"看不见"的匿名城市。例如，纽约的帝国大厦在灾难片中被反复摧毁，情节老套，几乎叫人生厌。而上海却未必人人都熟。"上海之所以常被用作

---

[1] 张天潘：《另一种"东方主义"——好莱坞的中国元素背后》，《南风窗》，2013年第12期。

未来城市的材料，大概是因为美国人没认出来。"① 作为未来城市的上海，是一座现成的陌生城市，片方由此可以省下大笔布景及特效的开销。

再次，与传统的地标性建筑相比，上海的摩登建筑并无太多的象征含义。正因为上海可以是去政治化的，所以对其展开的幻想即便是过激的，在政治上也是安全的。可以设想，在科幻电影中即便陆家嘴遭到致命打击，成了一片废墟，也不至于引来过多的猜测与议论。

最后，之所以呈现未来上海，与站在它背后的未来中国不无关系。未来城市之所以选中上海，其背后的预期是：中国即将崛起，上海或为中心，在未来世界举足轻重。《环形使者》的主人公原本打算退休之后去法国，但从未来穿越而来的黑帮老大却极力劝主人公去中国，因为中国将成为新的世界中心。有意思的是，这样一个令人欢欣鼓舞的愿景实际上离不开现实资本的支持。在最初的剧本中，有很多情节是发生在巴黎的，在中国 DMG 娱乐传媒加盟投资后，《环形使者》改为由中美合拍，巴黎也改成了上海②。

不过，作为故事容器的未来上海，只是一个随时可以更换的背景幕布，并不影响叙事的既定轨迹，也没有给未来上海打上独有的印记。与此相对的是作为叙事动力的未来城市，在它的身上，我们将发现城市和叙事二者之间的紧密勾连与频繁互动。

二、作为叙事动力的未来城市

科幻世界里的未来城市，尽管造型各异，但是仔细辨认之下，多数似曾相识。无穷延伸的摩天大楼、密集复杂的立体交通，以及反复出现的哥特式的暗黑风格。未来城市通常并不美妙，也少自由。它们即便不是敌托邦，也绝非美丽新世界。

如前所述，作为叙事动力的未来城市给科幻世界打上了独有的印记，在时间维度上深刻地影响了叙事进程。城市空间从静默的物理状态被唤醒，变成一股活跃积极的力量。它不会如同幽灵般地横空出世或者悄然消失，而是将无数人卷入其中。作为叙事动力的未来城市通常可以分为

---

① Adam Rothstein, "The Cities Science Fiction Built," 2015-04-20, retrieved from http://motherboard.vice.com/read/the-cities-science-fiction-built.
② Gregg Goldstein, "China Partner Helps 'Looper' Win Big," 2012-10-06. retrieved from http://variety.com/2012/film/box-office-china-partner-helps-looper-win-big-1118060324/.

三类：受制的城市，禁闭的城市，以及废墟的城市①。这也可以理解为一个连续的分类光谱：某种威胁自由的压迫性力量渐次滋长，最终禁锢全城；与此同时，维护自由的反抗性力量也在增长；最后，两股势力展开终极对决，而城市则要付出沦为废墟的代价。绝大多数未来城市可以在此光谱中找到属于自己的位置。

第一类是受制的城市。受制的未来城市其实并不遥远，可能在下一个拐角就会遇上。它看似中规中矩，实际上技术与媒介早已实现了对人类的深刻改造。城市的有序运转，或许靠的是机械动力，或许靠的是网络空间。因为机械动力，人类的力量被放大，似乎无所不能；因为赛博空间，人们永远可以随时随地在线。人们处于人工制品的甜蜜怀抱之中，但同时也是处于人工制品的潜在阴影之下。尽管身处其中的人们会感到有些异样、有些不快，甚至有些慌张，但人们无法提供一个更好的办法去解决技术所带来的困扰。技术试图包揽一切，却难称遂心如意，技术的黑暗缝隙永远潜伏在侧。技术与媒介的可怕之处逐渐浮出水面，新的威胁在暗中蠢蠢欲动。不过，最坏的时代似乎还很遥远，因为彻底禁闭、自由绝迹的敌托邦尚未降临，可能也未必会降临。压迫不算太过，反抗亦未奋起。

多数人对这个时代甚为满意，只有少数人发现了技术的幽暗一面，并由此遭遇了绝望的时刻。英国电视剧《黑镜》系列就是很好的例子：如《天佑吾主》（*The National Anthem*，2011），社交网络的舆情既是汹涌的民意也可以是残忍的暴力；如《你的全部历史》（*The Entire History of You*，2011），人人都植入内置芯片的时代，记忆影像可以被随时翻查；如《白熊》（*White Bear*，2013），从昏迷中醒来的主人公发现，自己不仅被杀人狂追杀，而且满大街都是拿着手机拍照的无情看客，主人公身处都市街头，却仿佛置身于莽荒丛林。

第二类是禁闭的城市。禁闭的城市无疑是一个敌托邦。城市依旧是技术创新的温床，然而技术已经彻底走向了人的对立面。人口爆炸，高楼林立，污染随处可见，阶级分野加剧，社会矛盾激化，无人机在贫民窟的上空来回巡逻，监控设备无处不在。城市或许还是那么光芒四射，但却付出了一个沉痛的代价——自由的空气极其稀薄。禁闭的城市严丝合缝，静止不动。隔离不容置疑，流动不再可能。城市生活和非城市生

---

① SF – Encyclopedia, "Cities," 2015 – 07 – 15, retrieved from http://www.sf-encyclopedia.com/entry/cities.

活之间彻底对立,毫无交集。未来城市常常被封闭在一个巨大的人工穹顶之内,与城市之外的自由荒野形成鲜明对比。幽闭是压迫与恐惧的源头,而旷野则意味着舒适与自由。电影里的主人公为了争取自由而奋起抗争,试图从禁闭之中逃脱出来,于是一路砍砍杀杀,关掉或毁掉机器,奔向敌对势力鞭长莫及的旷野。

自电影《大都会》(*Metropolis*,1927)以来,禁闭城市在幻想世界中的出场可谓频繁。"大都会"是一座恐怖的现代工业城市,为了维系城市的日常运作,机器日夜轰鸣,如同怪兽,工人们挥汗如雨,濒临枯竭。电影《黑客帝国》中,不是人类主动进入赛博空间,而是人本身就生存在赛博空间即"矩阵"之中而不自知。人类惨败于机器人之后,肉身被囚禁,形同电池一般为"矩阵"提供日常所需的能源,反过来,"矩阵"则为人类营造出一个虚假的世界,并模拟出人类生活的一切感觉。《雪国列车》中人类近乎灭绝,只有为数不多的幸存者登上了威尔福德工业开发的列车(城市的另一种形态),成为永不停歇的流浪者。没有人能够下车,因为滚滚向前的雪国列车之外是万劫不复的极寒深渊。需要说明的是,禁闭的城市并不意味着所有人都被严加禁锢,但自由舒适的空间永远只向极少数人敞开。这也导致阶级矛盾异常激烈,斗争与暴乱在所难免。

第三类是废墟的城市。未来城市犹如坐在火药桶之上,随时可能会遭受致命一击。毁灭城市的幻想与浪漫主义精神不无渊源,也与禁闭的城市一脉相通。倘或反抗者兵临禁忌之城下,无非两种结果,要么反抗被镇压,要么城市毁于反抗者的进击。曾经让人引以为傲的城市轰然倒塌,断壁残垣处处可见,腐烂与死亡的气息四处弥漫。

废墟城市的典型例子就是流行文化中被频频毁灭的纽约城。纽约城在幻像中的毁灭,并不是说纽约城被夷为平地,什么都没留下,而是说"物理世界的秩序或社会秩序被击得粉碎以至于再难辨认:看似不可征服的摩天大楼猛然坍塌,幸存者孤零零地走在废弃的第五大道上,无家可归的流浪者占满了地铁通道好似在洞穴中蜗居,自由女神像被海水吞没、坍塌、拦腰截断,没有人去修复她,甚至没有人来得及为之叹息哀悼"[①]。不过,废墟并不一定意味着城市的终结,有时也意味着新的希望、新的开始。

---

① Max Page, *The City's End*: *Two Centuries of Fantasies*, *Fears*, *and Premonitions of New York*. New Haven: Yale University Press, 2008, p. 12.

不过，作为叙事动力的未来城市要想"落地"上海，绝非生搬硬套即可办到，而是以一种迂回的互文方式，实现对未来上海的想象。

三、未来城市的肮脏与洁净

（一）肮脏的恐慌

科幻电影中所谓的"肮脏"是一种不在掌控的异质性力量，可以是阶层，可以是族裔，也可以是性别。"肮脏"意味着潜在的污染，意味着蔓延的恐慌，也意味着隔离的必要。

"肮脏"一词出自弗里德里克·詹姆逊对《银翼杀手》的评价。电影中的未来洛杉矶意味着传统城市的终结，是一种新的文明社会的形态，詹姆逊将其称为"肮脏的现实主义"（Dirty Realism）[①]。未来洛杉矶似乎并不是一个令人愉快的地方。整座城市黑色阴郁，到处燃烧着火球，似乎从来没见过阳光。高楼林立密布，交通拥堵不堪，酸雨下个不停，垃圾遍地都是，霓虹闪烁，终日泥泞。不仅如此，洛杉矶城还是一个混杂的空间。异域风情点缀其间，幽暗的小道可以通往任何藏污纳垢的地方，兀地透出几分危险。被当局视作威胁的复制人正藏匿于地下舞厅、废弃大楼之中。衰落的内城住满了外来移民，放眼望去尽是亚洲元素：街头挤满了兜售汤面的摊位，操着混杂口音的亚裔小贩，摩天大楼的屏幕上播放着日本艺伎拍的广告，还有路边的汉字涂鸦。电影讲的是"银翼杀手"戴克奉命追杀"非法"入侵的复制人的故事。就拍摄电影的时代背景而言，这并不难理解：20世纪70年代末正是日本经济崛起之时，不少日本企业纷纷收购美国地产，故而电影中掺杂了美国人对"黄祸"的恐惧心态。《银翼杀手》一举奠定了洛杉矶未来城市的地位，可谓影响深远。

"如果你是1982年邪典电影《银翼杀手》的粉丝的话，你看到21世纪的上海可能会颇感眼熟。"[②] 已有不少影评人指出电影《代码46》深受《银翼杀手》影响，或可视作对《银翼杀手》的某种致敬。摩天大楼摩肩接踵，巨型天桥环绕延伸，广告炫目，雾气升腾，上海像极了电影中的

[①] Fredric Jameson, *The Seeds of Time*, New York: Columbia University Press, 1994, pp. 138-160.

[②] Amanda Lagerkvist, *Media and Memory in New Shanghai: Western Performances of Futures Past*, London: Palgrave Macmillan, 2013, p. 63.

第五章　复魅化：跨媒介叙事的文化批评

洛杉矶。《代码46》中的未来上海是一个封闭的城市，除非取得通行证件，否则将被拒绝入城。城市之外的区域是一片荒漠，人们被禁止进入文明地带，过着简陋而又困顿的生活。人们想方设法进入城市，不惜冒险伪造通行证。主人公威廉被派到上海去调查一桩证件伪造案。城外一个兜售饮料食品的小贩对西装革履的威廉半开玩笑地说："让我进去，先生，我会理发，待在这里真是浪费人才！你想和我换个位置吗？我穿你的西服，你穿这个。"威廉对小贩倒不失好感，而司机却一脸严肃地告诉他："我不认为鼓励他们是件好事。如果他们得不到进城的证件，那一定是有原因的。"持有假冒通行证的人终于进入自己梦想的城市之时，却不幸感染病毒而死。原来，当局正是为了安全起见才限制其通行的。最终证明，隔离是合法也是合理的，"斯芬克斯知道一切"。进入一个本不该进入的城市，面临的将是驱逐甚至死亡。

　　这一点与《银翼杀手》中移民围城的"黄祸"恐慌不谋而合。这是一个双重投射的过程：现实（亚裔移民围城的20世纪80年代的洛杉矶）—投射（《银翼杀手》中未来洛杉矶控制非法移民，即复制人）—投射（《代码46》中未来上海控制非法移民，即得不到通行证的人）。《代码46》中对异质"他者"的恐慌延续了《银翼杀手》的传统，未来上海以此实现了对未来洛杉矶的某种复制。

　　如果套用萨义德的东方主义的观点，未来上海理解起来似乎再简单不过了——未来上海被"他者化"了。然而这种套用可能失之简单了。未来上海并不能被视作萨义德所谓的将真实的东方排除在外的、只能被话语表述的"东方"①，笔者更倾向于将其视作一个交互性的文本。萨义德认为东方主义跟真实的东方并无关系，但与此相反，可能存在一个西方和非西方文化文本之间的对话场所。骆里山（Lisa Lowe）指出，亚裔美国移民被视作永久的"内部外来人"，她强调了历史和民族特殊性造成的不同形式的东方主义②。普拉特（Mary Louise Pratt）也强调，东方并非幻想或者投影，而是"交流地带"（contact zone）中产生的跨文化产物③。于是，将未来上海视作一个各类文本的"交流地带"似乎更为

---

①　［美］爱德华·萨义德：《东方学》，王宇根译，北京：生活·读书·新知三联书店，1999年版，第28—29页。

②　Lisa Lowe, *Immigrant Acts: On Asian American Cultural Politics*, Durham, NC: Duke University Press, 1996, pp. 5—6.

③　Mary Louise Pratt, *Imperial Eyes: Travel Writing and Transculturation*, New York: Routledge, 1992, p. 20.

合适。

（二）洁净的威胁

洁净是肮脏的反面，也意味着隔离的大获全胜。人们获得安全感的同时也深受隔离与规训，尽管这种隔离可能是隐蔽的。

电影《她》取景于上海，却借其外壳讲了一个未来洛杉矶的故事。广告牌、霓虹灯的汉字要么被大光圈虚化，要么被取景框遮掉，有关上海的痕迹被一一抹去。借此，摄像机才能在洛杉矶与上海之间随意穿梭、剪切无碍。倘或没有提前告知，你很难想象西奥多正置身于中国上海。

如果说在流行文化中洛杉矶通常被设置为一种敌托邦的话，那么在电影《她》中上海就是被设置为一种未来生活。洛杉矶是一个压抑难耐的噩梦，而上海却有着温馨无比的阳光。洛杉矶日益催生出新的反抗，而上海却并没有让人们觉得生活有多糟糕。未来上海既不混乱，也不肮脏。机器并未一统天下，敌托邦也没有降临。未来上海传达了这样一个信息：未来城市或许并不一定意味着残酷的压迫与血腥的对抗。

"如果未来你可以得到任何你想要的东西，那为什么你会选择给自己创造一个冰冷的世界？"造型设计师如是说①。电影再现的未来上海，诚然是一个温暖的世界，街道干净整洁，室内材质更多使用的是棉花和羊毛，而不是金属和塑料。设计总监坦言："我们指望电影是乌托邦的，如果不是，那至少也得是一个舒适的世界，用不着西奥多去跟整个邪恶世界开战。"②

在未来上海，你找不到对抗的蛛丝马迹，因为赛博空间吸纳了人们的大部分精力，人工智能则满足了人们的基本需求，包括情感需要。技术对人的裹挟是如此全方位，以至于在未来已经没有人愿意跟周围的人说话了，即便偶尔说上几句也尽是客套和敷衍。面对面的交流，不仅内容干瘪，而且欲望枯竭，于是大家只能始终低着头与人工智能没完没了地聊天。桑内特（Richard Sennett）期待的一个互不相识、相互注视的公共领域不见了，陌生人之间区隔甚深，不再相遇③。最终，西奥多跌

---

① Rachel Lee Harris, "Clothes and Character: 'Her'," retrieved from http://carpetbagger.blogs.nytimes.com.

② Tierney Sneed, "Creating the Brave New World of 'Her'," retrieved from http://www.usnews.com.

③ ［美］理查德·桑内特：《公共人的衰落》，李继宏译，上海：上海译文出版社，2014年版，第3—78页。

坐在通道的台阶上，面对川流不息的人流，却犹如身在无人的旷野。

自由派杂志《新共和》（*New Republic*）刊文，直言《她》是2013年最为恐怖的电影，因为主人公允许人工智能任意读取自己的邮件、获取自己的痕迹信息，甚至自己一举一动无不在其掌控之中。我们并没有被机器人奴役，而是被人工智能背后的企业奴役。生产和消费之间界限模糊，看似是情感消费，实则是情感劳动。技术变得如此精细复杂，以至于剥削的残暴与商业的贪婪都消散在空气之中。这就是未来版的"老大哥正在看着你"，这就是我们走在这座干干净净的乌托邦城市中所付出的代价[①]。

导演如是说道："我们把未来城市设计成了一个乌托邦，如罂粟一般叫人上瘾。这里的一切都无比美好，即便如此，仍有人在反抗孤独，渴望沟通。"[②] 在未来，我们或许不再担心技术对我们统治或者迫害。相反，技术变得更加定制、更加无缝——这也是我们现在所致力的方向。然而，这丝毫不能减少我们对于技术的焦虑，因为我们越是依赖技术，一旦从中断裂，我们越是深受其害。届时，我们将焦躁不安，寸步难行[③]。

抛开技术对人潜在的宰制不谈，未来上海似乎还是不错的。街头摊贩不见了，肮脏混乱不见了，阴暗潮湿不见了。但问题在于，上海景观的阳光明媚被挪用在未来洛杉矶身上了；上海只有在以洛杉矶的"替身"身份出现时，才可能是貌似理想的未来。

总之，根据是否介入叙事，未来城市可以分为故事容器与叙事动力。作为故事容器的未来城市只是作为背景，并不参与叙事。作为叙事动力的未来城市则深刻影响了叙事进程与叙事风格。未来上海作为叙事动力，或因移民恐慌被复制为肮脏未来，或因技术甜腻被挪用为洁净未来——不过洁净未来并不是完美的伊甸园，也有着潜在的威胁，这正是甜腻技术惊悚的一面。对未来并不乐观的预期，既孕育了触手可及的糟糕环境，也孕育了光鲜外表之下的危险裂缝。

未来上海的影像再现虽然频繁，但其丰富性和可能性还有待展开。

---

① Jason Farago, "'Her' is the Scariest Movie of 2013," retrieved from http://www.newrepublic.com.

② Michael Phillips, "In Jonze's Hands, Future in 'Her' Feels a lot Like Now," retrieved from http://articles.chicagotribune.com.

③ Andrew Romano, "How 'Her' Gets the Future Fight," retrieved from http://www.thedailybeast.com.

看似独特的未来上海，实际上已经被纳入未来城市类型的既有序列之中。上海需要在未来城市谱系（受制、禁闭、废墟）之中找到一个位置，将幻想安置下来。科幻电影所涉及的恐慌除了移民恐慌，还往往包括阶层、族裔、性别等恐慌。人们为了增加安全感而诉诸隔离的手段，同时虚拟革命也在加剧这种隔离。一座冰冷严峻的禁闭城市由此诞生，一个关乎自由的反抗故事就此展开。

本章小结

在跨媒介叙事浪潮之下，叙事正日益成为一种世界构筑的艺术。故事世界多为幻想世界，其核心特质在于历史、地理、人物等维度的"可扩展性"。构筑故事世界的技艺在于：精密创建，持续扩充，同时保持前后相续的连贯性。故事世界的消费者因未知驱动而不断探索，其模式可归为"收集体验"与"研究问题"：前者迁徙游历，收集新鲜事物；后者博闻强识，致力于深入钻研。故事世界的兴盛体现了对以"祛魅"为特质的现代社会的不满，即"复魅"文化。"复魅"意味着一个日益动荡的幻想世界，有迫近的威胁，有即刻的使命，故事世界的消费者借此逃离日常秩序并重拾意义与认同。

就幻想文学而言，地图不仅是辅助读者理解的副文本配件，更是一套不断运作的沉浸机制。对宗教信仰而言，幻想地图提供指引，并训诫世人。对乌托邦及科幻小说而言，幻想地图带来了某种真实的感觉。对冒险小说而言，幻想地图是诱人的召唤。托尔金致力于打造具有内在逻辑的世界架构，为幻想世界树立了理性规则。"可写的"幻想地图是世界架构的基础构件之一，既是故事之内的、召唤英雄前来冒险的叙事引擎，也是故事之外的、可供多方主体广泛参与的跨媒介平台。基于幻想地图的跨媒介叙事体现为"英雄的游荡"与"地图的铺展"，故事世界由此实现叙事增殖乃至无限叙事。

就科幻影像而言，20世纪以来被构想的各式各样的未来城市，其空间政治在于隔离与混杂的对立和交锋。按照空间形态，未来城市可以划分为四个阶段：垂直城市、极权城市、堡垒城市与虚拟城市。隔离空间意味着阻隔视听，限制流动，拒绝分享空间的功能。隔离主义的逻辑是现代性的逻辑，因未来城市所面临的重重危机而势在必行。隔离主义合乎理性，也颇有效率，却并非道德，因为隔离空间难免妨害自由。混杂的力量不容小觑，混杂不仅意味着自由，而且是遏制隔离空间扩张的最后希望，它提醒空间统治者所有的秩序可能猝然消失。自由是身处未来城市的主人公的首要诉求。"混杂势力对抗隔离空间"的"未来叙事"体现了西方科幻电影的自由主义传统，这也是未来城市的空间政治的真正浮现。

就未来纽约的跨媒介想象而言，百余年来流行文化产品中的纽约城被一次又一次地毁灭。时时翻新的毁灭方式，折射出每一个时代人们所面临的恐慌与期待。毁灭城市，既是宗教末世预言的延伸，也寄托了人们对都市湮灭个性、疏离冷漠、区隔分裂的不满。唯有危机来临方能重拾温情，唯有废墟过后方能涅槃重生。之所以挑中纽约，是基于纽约的三重身份：作为物理景观的纽约，摩天大楼林立，又为观众们所熟悉，毁灭起来震撼人心；作为资本大厦的纽约，资本的高傲与蛮横引人仇恨，推翻一切或为一场革命；作为文化符号的纽约，既是美国国家的象征，又是世界城市的巅峰，想象中的毁灭恰恰反证了纽约城自身的重要意义。毁灭纽约的幻想，既是恐惧的产物，也是欲望的产物，从中折射出现代人类的精神困境：害怕失去现有之物，却又不甘现状。在这个意义上，在想像中被毁灭的纽约城，既是无端的侥幸，也是无尽的饕餮。

就未来上海的跨媒介想象而言，作为叙事动力的未来城市深刻影响了叙事进程与叙事风格。以科幻电影为主的流行文化中，作为叙事动力的未来城市可以分为受制的城市、禁闭的城市、废墟的城市三种类型。作为叙事动力的未来上海，或因其肮脏而引发恐慌，或因其洁净而潜藏威胁。对未来并不乐观的预期，既孕育了触手可及的糟糕环境，也孕育了光鲜外表之下的危险裂缝。未来上海所讲述的故事可以总结为：在隔离的城市空间中，自由岌岌可危，并试图反抗。

故事世界即幻想重临的复魅世界。祛魅后的世界是可理解的、可解释的、可预见的，不过同时也是沉闷无趣、庸俗不堪的，因为我们不再被允许拥抱幻想。然而在复魅的世界中，科幻、奇幻等幻想内容可以重新"附魔"这个世界。"复魅"之"魅"，指的是那些为理性秩序所驱散、不见容于现代性的幻想。而归来之"魅"不再是原初的那个前现代的"魅"了，不再是需要全盘领受的宗教幻想，也不再是荒诞不经的奇思妙想，而是结构完整、遵从理性的世界架构。幻想的复魅并不意味着理性的溃散，它不过是让那些被现代性无情抹去了的东西重新显露出来。事实上，人们并没有忘记它们，而是无比怀念，甚至迫不及待地试图召唤它们。尽管我们深知这种召唤是暂时的、脆弱的、转瞬即逝的，但我们还是愿意将它们一次又一次地带回来，郑重其事，不厌其烦。我们渴望与那些久违的事物再度相逢。

第六章　探索构建中国当代跨媒介叙事体系

中国和世界在跨媒介叙事领域的差距在哪里？一提起跨媒介叙事，我们第一时间想到的是"魔戒""冰与火之歌""哈利·波特""漫威英雄""奥特曼""魔兽世界"等世界知名 IP。抛开"三国""西游"等传统 IP 不谈，当代中国能诞生出具有世界级影响力传播力的中国式"魔戒"或"哈利·波特"吗？目前显然还有很长的道路要走，不过我们也不必妄自菲薄。近年来我国本土跨媒介叙事愈发昌盛，伴随着中国的"文化出海"，愈来愈多跨媒介叙事实践正日益受到世界的瞩目。

中国本土化的跨媒介叙事体系，以三体宇宙、仙侠江湖、"盗墓"空间[①]、修仙世界、权谋后宫等为代表。就三体宇宙而言，刘慈欣单枪匹马将中国科幻提升至世界水平，跻身世界科幻之林，包括小说、动漫、影视在内的跨媒介叙事实践为我们展现了一个恢宏壮阔的宇宙世界。就仙侠江湖而言，仙侠故事承继金庸武侠之传统，其跨媒介叙事为我们展示了一个绚丽多姿的仙侠世界。就"盗墓"空间而言，"盗墓"网文从小说到有声书再到影视作品，为我们开启了惊悚悬疑、鬼灵精怪的异域大门。就修仙世界而言，众多修仙网文被改编为影视、动漫、游戏等，乐此不疲地讲述一个个出身卑微的穷小子如何逆天改命而最终逆袭的故事。就权谋后宫而言，围绕后宫世界展开的跨媒介叙事历久弥新，构筑了一个等级森严且充满争斗的后宫世界。

我国跨媒介叙事的丰富实践，深深根植于悠久历史与本土传统之中。《三体》系列着眼于面对外星文明侵犯时人类命运共同体的犹疑与决绝；仙侠题材讲究以天下苍生为己任，其理想典范依旧是"侠之大者"；"盗墓"题材热衷于探险寻宝，纵然千难万险但仍有团队伙伴值得信任与倚靠；修仙题材聚焦身处下位的个体如何奋斗逆袭，进而实现理想与自由；

---

① 本书讨论"盗墓"，仅将其作为一种网文题材与创作类型，而非对现实中盗墓行为本身的赞许与鼓吹。

后宫女性的成长故事则体现了对爱情的追求与幻灭，以及对封建皇权的质疑与批判……这些故事世界有着广泛的粉丝基础，乃至于不少海外粉丝受众也对此如痴如醉。他们勤于体验，乐于探索，通过小说去了解故事情节，通过电影动漫去领略异域风光，通过游戏去体验人物的视角与悲欢。

本章沿着以下问题探访中国当代跨媒介叙事的代表性实践：其一，就世界构筑而言，这些跨媒介叙事实践构筑了一个怎样的故事世界（世界的组成、结构、格局、秩序等）？它们如何营造出沉浸感，又如何令人信以为真？其二，就媒介融合而言，不同媒介如何协同构筑了同一个故事世界？故事世界是如何借助跨媒介实现扩展的？其三，就粉丝参与而言，粉丝如何"文本盗猎"，如何"游牧迁徙"，如何另行讲述，如何探索体验，又如何勤于钻研？粉丝如此热衷参与，体现了何种内在诉求与社会心态？

第一节　三体宇宙：大国科幻的跨媒介叙事[①]

2015年，中国作家刘慈欣的小说《三体》荣获美国第73届雨果奖，这是亚洲人首次获得科幻文学领域的国际最高奖项。刘慈欣本人也被誉为"单枪匹马，把中国科幻文学提升到了世界级的水平"[②]。出版十多年来，《三体》的热度不降反升，并频频引发热议。随着它在全球范围内的跨媒介传播，这个宏大的科幻故事逐渐为更多人所熟知：面临家园被入侵的危机，地球文明与位于半人马座α星的三体文明持续博弈过招，历经数百年后共同归于灭寂。

从跨媒介叙事的角度看，统一的世界观之下，《三体》叙事资源在禀赋各异的媒介间流动转化，不同创作主体纷至沓来，绚烂瑰丽的宇宙世界得以在观众面前不断铺展。这是跨媒介叙事理论在我国文化产业领域的一次生动实践，更为媒体融合时代大国科幻叙事提供了重要启示。以《三体》及其跨媒介叙事实践为例，一个栩栩如生的幻想世界何以拔地而起，宇宙秩序如何确立强化？如何借助不同叙事技艺扩展其叙事空间？

[①] 暨南大学新闻与传播学院硕士研究生杨方之对本节写作亦有贡献。
[②] 严锋：《光荣与梦想——刘慈欣的世界》，刘慈欣著，《流浪地球——刘慈欣获奖作品》，武汉：长江文艺出版社，2008年版，序第3页。

粉丝如何勤于钻研，又如何另行讲述？本节尝试回应上述问题，以期探索跨媒介视域下大国科幻叙事的可能路径，为"讲好中国科幻故事"提供经验和借鉴。

一、三体宇宙的构筑之道

"故事世界"是由叙事唤起的、具有可扩展性的幻想世界。对故事世界的"构筑"（building）包含两层意思，一是创建（creation），二是扩展（expansion）。[①] IP开发至今，《三体》已然演变为多方创作主体、多元媒介形态共同构筑的跨媒介故事世界。不同类型的媒介内容相继延伸出相对独立的故事群落，正式确立并不断强化故事世界的法则与秩序。

在《三体》故事世界的构筑过程中，"宇宙秩序"是支撑故事世界架构的关键所在。罗辑在叶文洁启发下悟出的"黑暗森林"生存法则，即为《三体》世界颠扑不破的宇宙秩序：生存是文明的第一需要；文明不断增长和扩张，但宇宙中的物质总量保持不变；由于猜疑链的存在，双方无法判断对方是否为善意文明；弱小的文明有机会在短时间内凭"技术爆炸"超越强大的文明。就情节发展而言，领悟了这一法则的罗辑方能制订其"面壁计划"，这也是地球文明生死攸关的转折点；就世界架构而言，这一法则决定了刘慈欣笔下宇宙的残酷真相——在至黑至暗的宇宙中，每个文明都是带枪的猎手，一旦暴露自己的位置就必然迎来无情的剿灭。文明生存的条件、宇宙发展的特性，以及星际文明交战的前提，都在这四条法则中被一一限定。

"地球往事三部曲"是《三体》的前身，第一部《地球往事：三体》最初于2006年在《科幻世界》杂志连载，后出版单行本，在第三部《死神永生》出版后正式更名为"三体三部曲"。《三体Ⅰ》中，历经磨难的天文学家叶文洁对人类不再抱有信心，凭借军方工程"红岸"与外星文明通信；处于水深火热中的三体星球收到信息后将地球作为新的家园，并派舰队向地球进发。2007年，纳米学者汪淼被科学家自杀、眼前倒计时、宇宙闪烁等未解之谜困扰，在"破案"的过程中逐渐了解真相，而此时三体舰队正跨越数光年的茫茫宇宙空间，直奔地球而来。整个人类已经注定身处一片难以自救的火海之中。

《三体Ⅰ》并未以紧张刺激的星球大战开篇，甚至直至结尾三体人都未能真正抵达地球，但三体人还是借助"三体游戏"展现其历史，以

[①] 施畅：《故事世界的兴起：构筑技艺与复魅文化》，《文艺理论研究》，2022年第6期。

"神迹"彰显其力量。刘慈欣所构筑的是一个现实主义与幻想主义交织的世界，历史事件与热点新闻不时穿插于情节之中，"外星来客"仿佛只是现实世界的点缀而已。而在接下来的星际文明对决中，尽管刘慈欣展开了天马行空的想象，但他仍然秉持自己一贯的"硬科幻"风格，使用了大量物理学、天文学的名词术语。于是，虚构世界在严谨的科学理论包裹之下落地生根，科幻想象与现实经验在《三体》故事世界中实现了真正的水乳交融。

由此，《三体》世界的故事框架与风格基调正式确立，相关跨媒介叙事在故事世界的基座上有序展开。2018年，专注于幻想类IP开发的三体宇宙（上海）文化发展有限公司（下文简称"三体宇宙"）成立，很快成为三体IP开发的官方团队。众所周知，跨媒介叙事的关键在于版权，即原创者将文化产品的版权有偿授予他人经营。处于版权经营核心地位的三体宇宙团队依照协同增效的理念打造出一系列跨媒介产品，确保消费者无论从哪一部作品开始，都能顺利进入恢宏灿烂的三体世界。

作为《三体》IP的开发者，三体宇宙的相关跨媒介叙事实践既丰富多样，又颇具创意。用户不仅可以欣赏影视剧、动画、广播剧等一系列跨媒介产品，还可在浏览器中输入"www.3body.com"的神秘网址以探访三体世界。该网址本是原著中"三体游戏"的入口，但在现实中通向由三体宇宙打造的三体官方网站。网站设有三体文化馆、三体生活馆、三体档案馆等板块，其中"三体文化馆"汇集了三体宇宙出品的全部跨媒介产品，包括中文剧集、国创动画、同人动画、国际剧集、世界观、插画集、人文综艺、广播剧、有声小说、互动娱乐、沉浸式体验、展览、舞台剧等。这为有志于游历故事世界各个角落的"游牧型粉丝"提供了便利。他们据此按图索骥，充分探索、反复品味《三体》故事世界的神秘与奥妙。

针对那些试图掌握《三体》故事世界全部奥秘的研究型粉丝，三体宇宙于2022年出版了《三体世界观》（以下简称《世界观》）。[①]《世界观》按照内容被划分为"时代与文化""组织与人物""科幻概念"三册，系统梳理了原著小说的时空结构和故事流程，并汇编了百科式的词条大全。《世界观》所附的时空结构图、人物编年史、战舰设计稿等构成了《三体》故事世界的绵密注脚。一方面，完备的细节陈设可以保障《三体》IP开发过程中人物、道具等视觉设定的统一性，确保所打造出的跨媒介

[①] 三体宇宙：《三体世界观》，杭州：浙江人民美术出版社，2022年版。

产品均能符合"世界逻辑";另一方面,详尽的图文注解又为粉丝提供了有效参照,帮助他们获取更多关于《三体》故事世界的可靠知识。

从单一叙事文本到跨媒介文本并立,《三体》逐渐形成了一个丰富完备的故事世界:严谨细致的文字叙事为故事世界打下牢固根基;影视剧、动画等视听媒介凭其直观具象令故事世界跃然眼前;沉浸式线下体验充分调动消费者的具身感知;网络媒介凭借其跨越时空的优势,赋予故事世界以无限延展、永不终结的特性。粉丝借此自由穿梭、任意抵达故事世界的各个角落,获得丰富而独特的审美体验。

二、三体故事的扩展之法

就《三体》故事世界的扩展而言,创作者主要面临三个挑战:时间维度上如何延展故事世界的生命周期,空间维度上如何丰富故事世界的版图疆域,个体维度上如何转换人物视点以揭示其命运。接下来笔者将借助"填补历史之缝隙""探索未知之疆域""补充人物之经历"[1]来讨论《三体》故事世界的扩展技艺。

其一,《三体》以"多段纪元"填补历史之缝隙。《三体》故事在地球纪年或者宇宙纪年的尺度中展开,多段纪元将横跨数百万年的故事切割为若干历史单元,不仅让"现在"的事件得以充分展现,更让"历史"与"未来"得以充分延展。所谓历史,既指向"文明对决"这一主线故事的缘起,又指向更早之前地球文明接轨宇宙的湮灭往事。主线故事的滥觞需追溯至20世纪六七十年代,1979年对人类彻底绝望的叶文洁向太阳发出恒星级功率电波,自此"偶然"的幻象被打破,人类的幸运结束了。不过,世界的异常实际上并不仅始于此,《三体Ⅲ》将故事的源起追溯至1453年拜占庭帝国陷落的前夕,宇宙中的四维空间碎块在这一时刻首次接触地球,妓女狄奥伦娜借其展现自己隔空杀人的"魔法"——原来地球早在中世纪便与"远方异客"打过照面。在历史的任意横截面延伸开去,我们不禁要问,世界究竟在何时偏离了日常轨道?已知历史的细节与未知历史的情境,都有待更多的创作者上溯下延填充"往事"缝隙。杨宸认为,《三体》的历史模式以上帝叙述者的预叙、实录及对接现实三种叙述干预和第二叙述者的历史化功能,呈现出一种"未来过去现在时",凸显了"我们"的"时间性",将消退的时间意识还原为统一

---

[1] 施畅:《共世性:作为方法的跨媒介叙事》,《艺术学研究》,2022年第3期。

的有机经验。[①] 所谓末日,既指向地球文明的终结,又指向那些与宇宙整体命运息息相关的、正在迫近的重大事件。三体舰队远征地球需要450年时间,为了迎战实力远高于自己的三体文明,人类需要制订方案以应对末日的到来,而这也成为《三体Ⅱ》的情节主干:"面壁者"临危受命,旨在确保地球不受侵袭。然而真正的末日却是歌者文明漫不经心的降维打击。在太阳系全面二维化的一千万年后,宇宙将引来新一轮坍缩或者膨胀,无数文明的生存成为未知数。同历史时间一样,末日时间亦有相当多的空隙可供草根创作者施展才华与创意。网络社区有不少题为《三体4》的同人小说,或续写后传故事,或为次要人物立传。"末日"事件在不同创作者笔下各自展开,为《三体》平行宇宙贡献了更为丰富的可能性。

其二,《三体》以"多维空间"探索未知之疆域。《三体》前半部分故事发生在地球,其空间场景多基于现实地点。除此之外,地球上的人类亦可体验溢出现实空间之外的虚拟空间。虚拟空间主要借助"三体游戏"实现,该游戏的玩家将亲眼看到三体文明的进化,并需要凭借自己的聪明才智方可解锁游戏关卡;若无法顺利解锁过关或者与游戏制作方价值观不合,玩家将被强制退出。《三体Ⅱ》中,地球三体组织残余的精英们在此虚拟空间中秘密相聚,制订了与"面壁计划"针锋相对的"破壁计划"。在杨磊导演的剧集《三体》(2023)中,三体世界向地球远征的计划也借虚拟游戏的形式呈现在观众眼前。相较平铺直叙地讲述三体星系的文明发展史或"破壁计划"的来龙去脉,将这些设定挪入虚拟空间并呈现为游戏景观,显然更能为读者提供身临其境的沉浸体验。除地球空间之外,宇宙自然也是科幻叙事的重要场景。三体星系是小说中出现的第一处地球之外的空间,由于生存环境极为恶劣,这个星球没有艺术与情感,文明如金属般冷漠麻木。再如"方寸之间,深不见底"的四维空间,其信息含量是三维空间的上万倍,一切物体的横截面与内部细节在此空间暴露无遗,所有进入过四维空间的人都会觉得三维空间逼仄无比。诸如此类的奇妙空间在浩瀚宇宙中比比皆是,地球幸存者不断辗转迁徙,以寻觅地球文明的归宿。

其三,《三体》以"多重视点"补充人物之经历。《三体》颇有史诗风格,其叙事并非仅围绕某个单一人物而展开,而是通过多人物视点转

[①] 杨宸:《"历史"与"末日"——论刘慈欣〈三体〉的叙述模式》,《文艺研究》,2017年第2期。

换如同探照灯一般各自"照亮"其所身处的场景。面对三体文明的入侵，数位面壁者挺身而出，各自拟定救亡方案，但都被破壁人——识破击败。面壁者中最为特殊的当属罗辑，他从隐匿山间、逃避现实到真正承担起责任，最终成功威慑三体人。被读者称为"第五面壁者"的章北海隐忍多年只为驾舰逃亡，将文明的种子洒向太空。执剑人程心勇挑重任，却一次又一次地将人类推向深渊。这些末日英雄成少败多，但均体现了人类的智慧与勇气。剧集《三体》中还增加了一位名叫慕星的女记者，慕星为查明科学界动乱的真相，开始接触潘寒、申玉菲、史强等关键人物，正邪两方的斗争、降临派与拯救派的冲突随着她的调查之路——浮现。一场恢宏而悲壮的文明对决在若干角色眼前徐徐展开，不同个体的所处所见所感大不相同，但均为那场末日战役的浮光掠影。当然，栖居于故事世界的并非只有英雄角色，刘慈欣也借普通人的视点开展叙事，来管窥末日世界的现实社会图景。例如《三体Ⅱ》穿插了普通老百姓竞相为子孙购买逃亡基金、考虑自己的后事等故事，从普通人的视角展现"末日进行时"的日常生活。跨越百年的文明对决，既有"少数人"的参与，也有"多数人"的见证。"末日"作为一个共同的终点，将所有人的命运扭结到一起，英雄与凡人栖居于故事世界各处，共同谱写时代之歌。

这里我们不妨以腾讯、网飞两版剧集为例，来讨论《三体》故事世界扩展的成败得失。比起腾讯版剧集，网飞版剧集削弱了《三体》故事的"共世性"。原著故事时间跨度大、涉及人物多，许多角色自始至终都没有打过照面。而网飞版剧集以高度浓缩的方式重新整合了人物与情节，增强了戏剧冲突，加快了叙事节奏，这导致原著的史诗气质被大幅削弱：原著里年代有别、身份各异的众多人物为地球命运奔走、奋斗与牺牲，而网飞却将其改写为某个小圈子中几个孤单英雄的"精英游戏"。网飞版剧集不仅在人物、情节上做了高度浓缩，还在时间上做了高度浓缩。它设定了相当短的时限，让原本缓慢逼近的"危机纪元"坍缩为一个即刻发生的"危机事件"。这样做的好处在于删减了枝枝蔓蔓，便于观众理解，但也牺牲了原著的丰富性与复杂性。尽管网飞版剧集通过性别、肤色、国籍等方面的改动标榜其多元文化主义（Multiculturalism），但叙事太过紧密而难有空隙可供后续填充，这无疑削弱了《三体》的跨媒介叙事潜能。

三、三体宇宙的粉丝参与

受故事世界的召唤，不少粉丝深度参与到《三体》的跨媒介叙事进程之中，成为助力故事世界构筑的一股不可小觑的强劲势力。他们既积极探索、勤于钻研，汇聚集体智慧解析复杂文本，又游牧迁徙、另行创造，勤勤恳恳对故事世界展开续写填充。研究型粉丝和创意型粉丝通过自己的努力协同构筑故事世界，令《三体》故事世界愈发丰富迷人。

对于研究型粉丝而言，他们汇聚集体智慧，勤于对故事世界钻研解析。"创世者"刘慈欣以一己之力创建了恢宏壮阔的《三体》故事世界，粉丝在此基础上深究每一处文本，或拼合情节，或挖掘细节，或给出见解。这一过程并非粉丝个体的孤军奋战，而是一场集体智慧的接力与汇聚——来自天南海北的粉丝通过网络社群交流共享，通力合作以提升对故事世界的认知。例如，在知乎社区关于"《三体》讲了个什么故事"的众多回答中，知乎用户"头颅"认为，《三体》实际上讲的是七个社会（"文化大革命"、主神降临、三体、末日审判、黑暗森林、大逃杀、流亡社会）的故事，人物不过是穿插其中的线索与引子，象征了全人类际遇的七个社会才是故事真正的主角。[1] 原著文本所隐含的主题在充分讨论中被挖掘提炼出来，故事世界的意义亦在粉丝千差万别的解读中被无限次激活。此外，时间轴等故事世界的"基础设施"也由热心网友费心编制。原著小说的时间轴相对简洁疏落，刘慈欣仅给出了《三体》三部曲跨越的八个纪元及其对应的起止年份，未能列出详细的大事年表。乐于钻研的忠实粉丝拍马前来，群策群力按照时间顺序对历史事件进行整理排列，编制出故事世界的大事年表。其中较早的一份表格，先是 2011 年由豆瓣网友"时雨"草创，后经百度贴吧网友"richard906"二次整理，后由知乎网友"安峰"整合上述两个版本。[2] 在这张多位热心网友共同创制的时间表中，时代、日期、事件、参考书目等一应俱全，为《三体》粉丝探访故事世界提供了方向与掌控感。

对于创意型粉丝而言，他们不满于情节或内容的缺漏，乐于续写填充故事世界。粉丝借助沙盒游戏《我的世界》（Minecraft）自制的动画剧集《我的三体》始更于 2014 年。作为《三体》资深粉丝的制作者并没有局限于原作小说，而是将《三体Ⅱ》的故事拆为罗辑视角的"面壁线"与章北海视角的"逃亡线"，分两部呈现故事的全貌。其中，《我的三体

---

[1] 知乎网友"头颅"对问题"《三体》讲了个什么故事"的回答，2017 年 1 月 11 日，https://www.zhihu.com/question/34998482/answer/121684760。

[2] 知乎网友"安峰"对问题"《三体》讲了个什么故事"的回答，2015 年 9 月 2 日，https://www.zhihu.com/question/34998482/answer/61966040。

之章北海传》(2020)完善了原著中着墨较少的"钢印族"剧情，并补足了章北海从冬眠者到接任舰长的逻辑链，使得这部分剧情更为合理自洽。《我的三体》在 2016 年被三体宇宙正式吸纳，延续了原先的乐高风格，画面也愈发精良成熟。由此一来，游荡四方的"骑士"被"领主"赏识收编，成为官方故事世界的重要组成部分。与《我的三体》相似，网络社区上仍存在不少创意满满的二次创作。例如，游学海外的王壬向《三体Ⅱ》致敬的同人短片《水滴》(2015)，开头从最初的无数圆点环状团物逐渐扩充，由小至大，镜头一步步拉伸后撤，从微观到宏观，舰船上的螺丝钉、褶皱、表面的裂痕、排列有序的地球舰队一一呈现，极具视觉震撼。科幻作家宝树的同人作品《三体X：观想之宙》(2011)以云天明为主角，讲述其被送往三体星球后的历险故事。读者对《三体X》的评价褒贬不一，赞誉者称其想象丰富，较好填补了原著中的留白；批评者则称其完全背离了刘慈欣的风格，有挂"科幻"卖"玄幻"之嫌。不过无论如何，在故事世界的典范版本之外，粉丝的填充续写总归是为读者提供了新的故事。除粉丝小说之外，Bilibili 等视频网站亦不乏与《三体》有关的二创视频。创作者重新剪辑剧集、动画片段，利用官方素材生成一个或荒诞搞笑、或激情热血、或感人至深的故事。文本盗猎者通过嵌入《三体》之外的元素，置换、颠覆原本的意涵，向官方典范叙事发起挑战，创造属于自己的意义空间和文化风格。

四、"大国新科幻"如何可能？

20 世纪 90 年代以来，中国科幻出现了复兴运动，诞生了所谓的"中国科幻新浪潮"（宋明炜语）。该命名借鉴了英美科幻文学史的相关概念，指科幻小说成为在知识论和文学性上领先于时代、打破文类和思维成规、在美学上具有先锋精神的新型写作。[①] 在中国科幻崛起过程中，刘慈欣并非"单枪匹马"的英雄，他与王晋康、韩松、江波、赵海虹、七月、陈楸帆、飞氘、宝树、夏笳、刘洋等作家一起，共同创造出中国科幻的新境界。

历史告诉我们，科幻创作往往与其身处的时代背景命运相连。20 世纪七八十年代美国科幻电影大爆发，除了冷战的政治需要，同样也是国家实力的战略性彰显。八九十年代日本经济腾飞之际，正值日本科幻动

---

① 王德威：《哈佛新编中国现代文学史》，张治等译，成都：四川人民出版社，2022 年版，第 1133 页。

漫在全球范围内声名鹊起。如今，以《三体》为代表的中国科幻已不再是早年间"一支寂寞的伏兵"[①]，而是身处世界的聚光灯之下，这无疑是中华民族伟大复兴历史进程不断推进的一个有力例证。那么，我国的科幻创作实践如何以《三体》为镜鉴，加快构建具有国际传播影响力、中华文化感召力、中国形象亲和力的大国科幻叙事体系？从《三体》跨媒介叙事实践的相关经验出发，笔者尝试总结了三点经验，以供批评讨论。

其一，构想世界秩序，扩展故事世界。

世界秩序就好比故事的骨架，是故事世界运行所依据的、严谨而连续的秩序法则，统摄整个故事的情节发展逻辑。大国科幻不能止于着眼近未来，而是需要放眼远未来，想象并建构一种不同于当下的世界秩序乃至宇宙秩序，从更为宏大、更为长远的视角去构想未来。刘慈欣拒绝个人化、内向化、碎片化的书写，而是尝试去把握整体的、宏观的、战略性的态势，也即李广益所谓的"中国转向外在"[②]。科幻创作者不能止步于描述某项科技的发明如何提供了新的生活方式或者带来了新的个体困扰，而是应当追问科技的变革如何深刻影响了国际秩序乃至世界秩序，如何左右了全球社会经济发展，如何重塑了国际、全球乃至宇宙的权力格局。刘慈欣的《流浪地球》、韩松的《火星照耀美国》、陈楸帆的《荒潮》等，均不同程度地体现了重塑世界秩序的构想，暗示中国将在未来国际体系中扮演更为重要的角色。正如贾立元所言，贯穿在那一幅幅"科幻中国"画卷背后的是文化启蒙、民族复兴、自我救赎的多重变奏。[③]

除构想世界秩序之外，跨媒介叙事还要求我们精细创建并不断扩展故事世界。就精细创建而言，跨媒介叙事的参与者可借助时间轴、地图、人物谱系等"基础设施"不断完善相关设定，确保 IP 产品链的前后相续、彼此呼应，同时尽可能遵照典范版本的叙事逻辑，精心复刻原著中的场景与细节，最大限度保证用户的消费、参与体验。就不断扩展而言，跨媒介叙事者可借助多段纪元、多维空间、多重视点等路径开展跨媒介叙事。多段纪元意味着，不仅"现在"可供充分展开，"过去"与"将来"亦可供创作者与消费者上溯下延；多维空间意味着，已知的现实空间总归有其限度，不妨将目光转向虚拟空间、宇宙空间等疆域，借此丰

---

① 飞氘：《寂寞的伏兵：新世纪科幻小说中的中国形象》，吴岩主编：《2010 年度中国最佳科幻小说集》，成都：四川人民出版社，2011 年版，第 317 页。
② 李广益：《中国转向外在：论刘慈欣科幻小说的文学史意义》，《中国现代文学研究丛刊》，2017 年第 8 期。
③ 贾立元：《中国科幻与"科幻中国"》，《南方文坛》，2010 年第 6 期。

富故事世界的空间景观；多重视点意味着，围绕单一主人公所展开的叙事难免限制了故事世界的扩展，不妨尝试以多人物视点呈现不同阶段不同事件的不同切面。时间、空间、人物三个维度均在不断扩展，故事世界也由此实现生生不息。

其二，探寻中国历史，打开时空褶皱。

历史总是充满褶皱、布满云层、高低不平。在中华文明历史长河中，更多隐秘幽深之处有待探寻，更多百思难解之事有待厘清，更多湮灭无闻之人有待发掘。宝树在《科幻中的中国历史》一书中将"历史科幻"分为三种类型：一是"秘史"，即以科幻元素来对历史做新的诠释，揭示其中隐秘；二是"别史"，也称或然/另类历史，即已发生的历史以某种方式发生了改变，转到一个迥异的方向；三是"错史"，即历史经验的全然错乱和碎片。[1]《三体Ⅰ》更接近"秘史"与"别史"的混合。正如王洪喆所言，它指向了20世纪内部尚未被充分书写和打开的时间褶皱，并向我们展示了其危机与可能性并存的复杂面貌。[2]

值得一提的是改编自美国华裔科幻作家刘宇昆短篇小说的《狩猎愉快》（Good Hunting），该短片收录于网飞剧集《爱，死亡和机器人》（Love，Death & Robots，2019）。《狩猎愉快》以中国传统狐仙故事为线索，为观众揭示了一段关于现代性"祛魅"的隐秘往事：随着以火车为代表的现代工业文明对传统中国的入侵，旧观念逐渐式微，古老灵力消逝不见，鬼灵精怪之物被驱逐扫荡一空，驱魔人的祖传技艺也不再被现代社会需要。然而，借助科技的力量，被贬损、被侮辱、被剥削的女性被改装成为"赛博狐狸精"，成为惩恶扬善的都市新传说。该片不仅讨论了被压迫的女性借助科技力量重拾主体性的可能，而且深刻反思了西方殖民主义对古老文明的剧烈冲击。2023年雨果奖最佳短中篇小说获奖作品《时空画师》也属于"秘史"。作者海漄以北宋名画《千里江山图》为线索，将历史、推理、科幻相结合，将朝野权力斗争故事娓娓道来。漫长的中国历史不乏空隙与褶皱，其中有更多的秘史有待发掘，更多的别史有待讲述。

其三，汇聚集体智慧，提供解决方案。

作为一种颠覆性、思想性、战略性的文体，科幻创作不能仅仅停留

---

[1] 宝树：《科幻中的中国历史》，北京：生活·读书·新知三联书店，2017年版，第3—10页。

[2] 王洪喆：《冷战的孩子——刘慈欣的战略文学密码》，《读书》，2016年第7期。

在对当前社会的陌生化变形上,而是应该直面时代之问与世界之问,努力为全球性危机寻找整体性解决方案。2023年在成都举行的世界科幻大会以"共生纪元"为主题。在刘慈欣看来:"科幻文学是最能够引起不同文化、种族、国家的人们共鸣的一种题材,因为里边所描写的梦想是全人类共同的梦想,描写的噩梦、危机也是我们要共同面对的噩梦和危机,所以它确实是一座连接起全世界不同文化的桥梁。"① 《三体》中,面对日益迫近的三体人威胁,少数人面壁苦思,全人类群策群力,尝试提供应对危机的解决方案。在国际政治经济格局加速演变、全球发展深层次矛盾日益突出的今天,这一设定呼应了日益紧迫的时代命题。冷战结束后,人类航天技术、基础物理学等"硬科技"并没有取得颠覆性的进步与突破,创新主要集中在改善生活品质方面的"软科技"领域,可谓"外向不足,内敛有余"。刘慈欣曾引述国际象棋大师卡斯帕罗夫(Garry Kasparov)的犀利判断:IT技术的进步可能是一层迷雾,它掩盖了人类在其他科技领域的停滞不前。② 如今,人们温和顺从地走进良夜,舒舒服服地躺在由技术构筑的安乐窝内,却在"硬科技"领域的开拓创新上裹足不前。作为一种"外向型"而非"内敛型"书写,《三体》提醒我们,不该故步自封,更不该抱残守缺,而是应该努力探索未知,在任何境遇下都不放弃希望与信念,踔厉奋发,久久为功。中国科幻应当以星辰大海为目标,让享乐中的人类重新仰望星空,唤回曾经的光荣与梦想。

解决方案的设计与践行,需要更多的集体智慧。《三体》以"文明对决"为核心事件,召唤广大科幻粉丝参与到叙事中来。他们热衷于讨论各种版本的解决方案,比较孰优孰劣。不少人更是尝试跳出原有框架,设想更多全新的解决方案。在中国网络文学中,与之类似的典型案例就是《临高启明》。2006年,网友"独孤求婚"在SC论坛的军事架空版上提出了一个问题:"如果我们携带大量现代物资穿越到了明末,会怎么活下去并改变历史?"该帖引爆了论坛网友的创作热情,他们不仅利用自己的专业所长出谋划策,甚至到后来还集体创作了一部八百多万字的"群体穿越小说"。网络作者们在"大国崛起"的当代语境中试图弥补晚明的历史遗憾。不过需要警惕的是,穿越者的"启明"最终走向了其反面:

---

① 陈威敬:《中国的科幻之都,是这座城?》,发布于"中国新闻周刊"微信公众号,2023年10月24日。

② 丘濂:《刘慈欣:科幻小说与宇宙情怀》,《三联生活周刊》,2014年12月8日。

他们不是如启明星般为旧世界引路，而是要在旧世界中获得特权与优越感。[1] 这是穿越小说的思想陷阱。鉴于此，中国科幻在动员粉丝参与跨媒介叙事的过程中，要以构建人类命运共同体为指引，着眼于全人类共同利益和共同福祉，同时也要抗拒西方帝国主义、殖民主义、种族主义如同塞壬歌声般的危险诱惑。

随着跨媒介叙事的不断推进，新时代的大国科幻正逐渐熔铸成型。《三体》作为大国科幻的创作标杆，其价值不仅仅在于"为中国文学注入整体性的思维和超越性的视野"[2]，还在于以跨媒介叙事的逻辑打造科幻作品生产传播的全新路径，通过世界构筑、时空扩展、叙事增殖等方式，建立了多元开放、持续生长的科幻故事世界，召唤全球科幻爱好者融入人类命运共同体之中。以跨媒介叙事为路径的中国科幻具有无限可能，而讲好中国故事、传播好中国声音将是它永不偏移的航向。

第二节　仙侠江湖：侠骨柔情的跨媒介叙事[3]

仙，"或竦身入云，无翅而飞，或驾龙乘云，上造天阶"[4]；侠，"救人于厄，振人不赡，仁者有乎"[5]。中国文人的理想境界可概括为"少年游侠—中年游宦—老年游仙"[6]，仙侠题材作品可谓汇聚了中华传统文化中令人神往的两种境界，其中最具开创性的代表之作当属1995年发布的角色扮演游戏（Role-Playing Game，简称RPG）《仙剑奇侠传》（以下简称《仙剑一》）。"仙剑"系列游戏有着极具东方特色的玄幻世界设定，塑造了丰富多元的人物形象，讲述了荡气回肠的传奇故事。在仙侠世界中，既有"仙"的奇幻逍遥，也有"侠"的重情重义，激发了国人对仙侠世界的向往之情。本节将聚焦"仙剑"系列游戏的跨媒介叙事实践，考察仙侠作品如何融会远古神话与侠客文化，分析仙侠故事世界的构筑、扩

---

[1] 李强：《"集体智慧"的多重变奏——由〈临高启明〉看网文生产机制与意识形态之关系》，《文艺理论与批评》，2018年第2期。
[2] 严锋：《创世与灭寂——刘慈欣的宇宙诗学》，《南方文坛》，2011年第5期。
[3] 暨南大学新闻与传播学院硕士研究生汤君妍对本节写作亦有贡献。
[4] 葛洪：《神仙传》，谢青云译注，北京：中华书局，2017年版，第52页。
[5] 司马迁：《史记》，北京：中华书局，2003年版，第3318页。
[6] 陈平原：《千古文人侠客梦（增订本）》，北京：北京大学出版社，2010年版，第179页。

展之道,探讨仙侠作品的精神价值追求及海外传播挑战。

一、仙侠江湖的构筑之道

跨媒介叙事研究者玛丽-劳尔·瑞安将跨媒介叙事分成两种:一种是"滚雪球效应"(snowball effect),即因产品颇受市场欢迎而持续产出前传或续集;另一种则是一开始就以不同媒介的文本生产为定位。[①] 回顾《仙剑》跨媒介叙事的历史,其发展路径与前者较为接近:它起源于单机游戏,爆火之后催生出各种续集、前传,而后被改编为电视剧、动漫、舞台剧等跨媒介产品。不同媒介各擅胜场,不同文本相互勾连,共同打造出一个瑰丽奇幻、快意恩仇的仙侠世界。

武侠题材的起源可追溯至春秋战国。那时的社会动荡不已,以武犯禁的任侠之风颇为盛行。有取必予,有恩必报,讲的是义;一诺千金,不避生死,讲的是信。"士为知己者死"成为任侠者的理想极致。成书于明代的《封神演义》属于奇幻而非仙侠,但其奇特瑰丽的想象力为后世的仙侠小说提供了不少灵感。清末民初,时局动荡,求仙问道、白日飞升的游仙想象开始融入武侠之中。比如光绪年间问世的仙侠小说《七剑十三侠》,主人公辟谷飞升、御剑百里,每当家国有难之时,就毅然挺身而出,解百姓于倒悬。民国时期,被称为当代仙侠小说鼻祖的《蜀山剑侠传》横空出世,其中难掩其作者还珠楼主李寿民逃离乱世战争、期盼世外高人的心态。早期仙侠作品通过打造一个超越尘世的幻想空间,来疏解彼时民众的困顿与无力。

新中国成立后,武侠和仙侠类作品的创作一度沉寂。直至改革开放后,中国内地和港台武侠文学不断碰撞,令仙侠焕发新生。1995年,由大宇资讯开发出品的角色扮演游戏《仙剑奇侠传》正式发布。彼时以武侠、言情为代表的港台通俗文学及其影视改编正掀起连番热潮,被誉为"仙剑之父"的游戏制作人姚壮宪在创作这款游戏时曾大量参考借鉴金庸、琼瑶等人的代表作。《仙剑一》所讲述的故事,既有金庸武侠中铁血丹心的英雄壮志,也有琼瑶言情中缠绵悱恻的儿女情长。《仙剑一》不同于西方同类游戏对动作打斗的凸显,而是融入了更为丰富的叙事及情感元素,借此唤起玩家的深度共情。相比于传统武侠游戏,这款仙侠游戏的情节和画面更为梦幻飘逸,想象力也更胜一筹,因此迅速赢得了广大

[①] Marie-Laure Ryan, "Transmedial Storytelling and Transfictionality," *Poetics Today*, Vol. 34, No. 3, 2013, pp. 361-388.

玩家的喜爱。

就故事世界的构筑而言，如果说《仙剑一》还是小试牛刀，那么2003年发行的《仙剑奇侠传三》（以下简称《仙剑三》）则真正搭建起完整的仙侠世界观，甚至有学者将其视作"电子游戏中的神话主义"[①]。《仙剑三》以中国上古神话为模板打造了一个"六界五灵"的世界体系，整个世界被分成了神、魔、仙、妖、人、鬼六界。神与魔不共戴天，互相仇视，长年征战；鬼界是所有生灵的终结之地，也是转世与重生的起点；神界不老不死，魔界无生无死，鬼界非生非死，这三界注视下的芸芸众生，就是人、妖、仙三界。基于此种设定，"仙剑"系列游戏获得了极为丰富的可扩展性——出场人物纷至沓来，地理疆域纵横八荒，时间跨度世代更替，仙侠世界成为一个包罗万象且不断生长的故事世界。

发轫于角色扮演游戏的"仙剑"系列，以主角团的冒险为情节主线，以闯关打怪为升级模式，场景瑰丽诡谲，战斗法术炫酷，因此具备IP跨媒介开发的独特优势。"仙剑"系列游戏的战斗系统采用"风、雷、水、火、土"五灵设定。玩家运用五灵之术，既可以攻击对手，也可以产生治疗或增益效果。其中的战斗特效颇具想象力，如罡风惊天、炼狱火海、雷动九天、流星火雨等。相比于真刀真枪、硬桥硬马的武侠打斗，仙侠战斗有了玄幻元素的附魔与加持，从而呈现出绚烂炫酷的视觉特效。彼时玩家多为"80后""90后"青少年，仙侠游戏为他们提供了学业重压之下短暂逃避的神奇出口，允许他们化身主角仗剑江湖，轻松开启逆袭人生。

《仙剑一》《仙剑三》游戏在2005年、2009年被先后改编为电视剧，继而引发收视热潮，后续相关跨媒介叙事实践亦络绎不绝。"仙剑"系列的大陆版权方"中手游"（CMGE）官网显示，截至2023年"仙剑"系列一共产出单机游戏9款，手游8款，端游2款，影视剧3部，动漫4部，等等。跨媒介叙事研究者亨利·詹金斯表示："跨媒体叙事最理想的形式，就是每一种媒体出色地各司其职，各尽其责……任何一个产品都是进入作为整体的产品系列的一个切入点。"[②] 在相关跨媒介叙事实践中，游戏提供了强烈的互动体验，令玩家更容易代入主人公视角，从而

[①] 杨利慧等：《神话主义：遗产旅游与电子媒介中的神话挪用和重构》，北京：中国社会科学出版社，2021年版，第314—362页。

[②] ［美］亨利·詹金斯：《融合文化：新媒体和旧媒体的冲突地带》，杜永明译，北京：商务印书馆，2012年版，第157页。

引发更多的情感共鸣；由游戏改编创作而成的影视剧集则更为细致地展示了仙侠世界的全貌，令故事世界更为具象、跃然眼前。各种媒介各擅胜场，都对"仙剑"故事世界的构筑与扩展做出自己独特的贡献。

由管平潮改编创作的官方同名小说系列自2012年起陆续推出。该系列首次系统介绍"仙剑"世界观，并尝试将历代故事整合勾连，最终构建起一个时间跨越千年、人物更迭七代的仙侠故事世界。比游戏更具优势的是，小说叙述有利于塑造一以贯之的世界观，帮助读者深刻把握仙侠世界的诸种设定与规则。此外，部分情节的前因后果也在小说中被一一补充细化，譬如细致描述夕瑶与飞蓬在仙界相知相爱的过程，有助于人们理解夕瑶对飞蓬的痴缠爱恋。

不过"仙剑"系列的辉煌并没有始终延续。玩家对《仙剑六》反响不佳，认为它无论是画面制作还是故事情节都缺乏创新，游戏也被批评为"炒冷饭""卖情怀"。加之近年来《王者荣耀》《绝地求生》等多人在线战术竞技（Multiplayer Online Battle Arena，简称MOBA）类手游的兴起，更多玩家被爽快刺激的游戏体验吸引，很难再静下心来耗费几十乃至上百个小时独自一人体验角色扮演游戏。红极一时的"仙剑"系列游戏如今风光不再，其跨媒介叙事的热潮亦暂告一段落。

二、仙侠故事的扩展之术

围绕"仙剑"系列游戏而展开的各种跨媒介叙事均指向同一个仙侠故事世界，这是跨媒介叙事的前提基础。资深游戏研究者马克·沃尔夫曾细致分析故事世界构筑的诸种"基础设施"（infrastructures），如地图、时间线、家族谱系、自然环境、社会文化、语言、神话传说，等等。[1] 如果将分发的媒介文本视作故事世界的"入口"，从一致性和连续性的维度来看，其中最为关键的是时间线、地图及人物。[2] 故事世界的扩展常借助"填补历史之缝隙""探索未知之疆域""补充人物之经历"等方式。接下来，我们将从历史、地理、人物三个维度对"仙剑"故事世界展开讨论。

其一，"仙剑"系列游戏以周而复始的宿命观来扩展历史。从《仙剑一》主角李逍遥成为一代大侠的传奇故事说起，再到《仙剑二》中与李

---

[1] Mark J. P. Wolf, *Building Imaginary Worlds: The Theory and History of Subcreation*, New York: Routledge, 2012, pp.154-155.

[2] 潘智欣：《走向游戏学：跨媒介叙事的问题与方法》，《电影艺术》，2022年第3期。

逍遥同村的后辈王小虎历经艰险开启大侠之路,又有《仙剑三》《仙剑四》讲述前人故事,将蜀山派传奇娓娓道来,后来《仙剑五》《仙剑六》《仙剑七》延续女娲后人感情线,讲述蜀山派、仙霞派等仙侠往事。"仙剑"故事横跨上千年,这种时间上的可扩展性赋予了创作者极大的施展空间。与此同时,一以贯之的宿命观又让漫长时间线上发生的故事拥有了相似的演变逻辑,借此维系故事世界的连续性与统一性。根据其所设定的宿命观,女娲族是女娲被贬人间后繁育的后代,属于半神半人,寿命永生不老;倘若其与凡人结合,繁衍的后代就会褪去神体,如常人般生老病死。此种设定暗示了每任女娲后人的沉重命运,亦为后续情节埋下伏笔。紫萱、青儿、灵儿等女娲族人欲与天命抗争,最终多以身殉道。《仙剑》少有皆大欢喜的大团圆结局,更多的是斯人已逝空余恨。不过,热血少年对宿命的无畏挑战,以及彼此之间的守护与救赎,还是在人们心中留下了难以磨灭的印记。正如电视剧《仙剑一》(2005)主题曲《杀破狼》所唱:"生,是为了证明爱存在的痕迹。火,燃烧后更伟大的生命。杀,是为了歌颂破灭前的壮丽。"总之,故事世界一代又一代的人物角色在价值观与精神取向上也具有相当的延续性。

其二,"仙剑"系列游戏以英雄游历的地图术来扩展地理。詹金斯认为,作为世界架构的地图意味着一种新的叙事方式:传统叙事倚赖"阐述"(exposition),通过告知读者前因后果来推进线性叙事;而世界架构诉诸"描述"(description),鼓励人们对细节的积攒和探索——这些细节或许不能直接组装为情节,但正是基于我们的不断游历与不断接触,世界才由此被多方位地架构。[1] 地图既是故事之内的、召唤英雄前来冒险的叙事引擎,也是故事之外的、可供多方主体广泛参与的跨媒介平台。前几代"仙剑"游戏的地图多为相对割裂的地点地图,游戏制作方并未将这些地图予以整合。有热心粉丝根据自身的经验与理解,尝试绘制针对整个仙侠世界的全貌地图。譬如百度贴吧网友"源9公子"曾在仙剑奇侠传吧里发布过《仙剑历代大地图》,将历代仙剑各个地点、各处场景予以整合。地图的后出转精,也大大激发了玩家的想象力。在游戏社区中,有不少玩家热衷于推测游戏地点的具体位置,并根据游戏人物路线轨迹标注具体方位。对地图的钻研有时还不乏意外收获,比如主角李逍遥进入大理地下迷宫后是否可直通大理附近的南绍城,以及此番历险是

---

[1] Henry Jenkins, "All Over the Map: Building (and Rebuilding) Oz," *Sapientiae, Film and Media Studies*, Vol. 9, 2014, pp. 7-29.

否涉及苗疆秘密。已知版图的外围还存在大量尚待探索的迷雾地带，玩家可据此推断是否存在隐藏的故事副本或情节支线。

其三，"仙剑"系列游戏以主角团的视点转换来扩展人物。"仙剑"系列游戏主要以主人公为"视点人物"来讲述故事，所有冲突都围绕他展开，他的行动推动着故事情节的发展；电视剧、小说等跨媒介叙事产品，则将其扩展成主角团的群像故事。主角团里的不同人物可以为受众提供不同的代入感：出身贫贱者曾终日为生计奔波，但临危之际也会舍生取义、自我牺牲；出身高贵者志向高远、心怀大义，但也会被情爱羁绊而难以抉择。比如电视剧《仙剑一》中，主角团成员不再是脸谱化的，而是拥有各自的成长轨迹：女主赵灵儿面临失去至亲、被爱人遗忘的困境，却并未被怨气和仇恨裹挟，而是脱离男主去独立探索世界；唐钰小宝原来在游戏中仅为一名 NPC（非玩家控制角色），在剧中则成为主角团的一员，并与阿奴产生了感情线。唐钰小宝也因此被塑造得有血有肉，而不再是纯粹为主角、为剧情服务的"工具人"。

三、仙侠故事的精神追求

"仙剑"系列游戏主要讲述少年结伴勇闯天涯的故事，是披着奇幻外衣的青春写作。主角之间日常拌嘴逗乐，吵架又和好，爱慕又怨恨，时而亢奋异常，时而失落沮丧。这些青春成长故事容易令正值花季雨季的青少年观众产生共情。文化研究学者洪美恩（Ien Ang）发现，观众在收看电视剧时，其实并不关心剧中所述是否实际发生，而是更加关切剧中人物所经历的心路历程与情感体验是否贴近自身际遇。剧中人物的纠结与苦恼、欲求与挣扎、欢乐与忧愁，令观众颇受触动、心有戚戚。即便电视剧设定科幻、情节虚构，但只要主人公所体验的情感历程能够激发观众的同理心，便能让观众获得情感层面的真实感，这也被洪美恩称作"情感现实主义"（emotional realism）。[1] 何天平认为，尽管玄幻外壳包裹下的《仙剑一》讲述的是一份简单又永恒的残酷青春物语，但作为"小人物"的男女主角仍然凭借自身的毅力和努力兀自对抗反派，最终成功瓦解意欲摧毁人世间的黑暗力量，在此过程中也实现了自身的成长。[2]

---

[1] Ien Ang, *Watching Dallas: Soap Opera and the Melodramatic Imagination*, trans. Della Couling, London: Methuen, 1985, pp. 44—45.

[2] 何天平：《藏在中国电视剧里的 40 年》，杭州：浙江工商大学出版社，2018 年版，第 175 页。

20世纪90年代电脑游戏的大火,以及21世纪以来改编剧集的风行,究其原因:一方面,游戏《仙剑一》问世的90年代,正是我国改革开放如火如荼的阶段,社会节奏与生活压力变大,加之玩家多为独生子女,他们在成长过程中渴望友情和陪伴,因此仙侠世界对渴望仗剑走天涯的青少年群体别具吸引力。另一方面,"仙剑"游戏中富有人格魅力的主角,可谓少年意气,挥斥方遒,信奉"我命由我不由天"的人生哲学。无论是《仙剑一》女主赵灵儿于锁妖塔内喊出的"道归道,魔归魔,而我是我,神佛也不能决定我的命运",还是《仙剑四》中父亲对男主云天河的教诲"死生在手,变化由心,地不能埋,天不能煞,此之为我命在于我也,不在于天",还是《仙剑六》男主越今朝的郑重宣告"我不会再盲目依赖或是随便听信预言。我有刀,有同伴,我会让命运走上我要它走的路",都表明了热血少年不畏命途艰险的坚定信念。这一信念对身处中国社会转型时期的青少年颇有吸引力,因为他们常常遭遇包括学业、情感在内的各种困扰,但又乐于怀揣"天才梦"和"成功梦",相信依靠信念和友情就能战胜困难。"仙剑"系列的叙事逻辑与人物设定符合那时还是青少年的"80后""90后"的口味,因此它也成为不少人难以忘怀的"白月光"。

自影视剧《仙剑一》《仙剑三》大获成功以来,涌现出了《古剑奇谭》《花千骨》《三生三世十里桃花》《香蜜沉沉烬如霜》等仙侠作品。然而,故事"魔改"、类型同质化、价值观脱节等问题引发的争议不绝于耳。

其一,"仙侠"沦为"仙情",精神价值流失。"仙剑"故事基本遵循"英雄历险"的成长轨迹,也即"神话中的英雄从他们日常的小屋或城堡出发,被诱惑、被带走或自愿走向历险的阈限"[①]。《仙剑一》的故事遵循了主人公从平凡少年成长为武林高手的成长轨迹,同时穿插了荡气回肠的爱情故事以及拯救苍生的大义大爱。《仙剑一》的主角李逍遥是余杭镇盛渔村的一名店小二,《仙剑二》主角王小虎是与李逍遥同村的一名乡野少年。不过自《仙剑三》开始,"穷小子逆袭"的叙事母题被弃置不用,主角从一开始就拥有了高贵的出身和血统,或者是在某一时刻猛然发现自己的显赫身份。例如《仙剑三》主角景天是神界飞蓬将军的转世,《仙剑四》主角云天河为琼华派最出色的弟子后代,《仙剑五》主角姜云

---

① [美]约瑟夫·坎贝尔:《千面英雄》,黄钰苹译,杭州:浙江人民出版社,2016年版,第217页。

凡是魔君姜世离之子兼蚩尤后人……主角的出身越来越高贵，战力法术越来越炸裂，俨然出现了"努力被血统代替""只见上神不见凡人"的精神价值窄化倾向。

与此同时，故事的核心也从主角团不断历练的成长过程，变成了男女主角如何克服重重阻碍终成眷属的情感历程。如此一来，行侠仗义沦为主角爱情故事的点缀修饰，"仙侠"徒留"仙"的形式而没有"侠"的内核。当然这并非否定仙侠作品中爱情的意义。在初代作品中，主角并非"咀嚼着身边的小小的悲欢，而且就看这小悲欢为全世界"①，而是因为拥有爱的力量而逐渐成长变强，同时不忘初心与责任，毅然承担起拯救世界的使命。比如《仙剑一》中的赵灵儿在个人情爱与苍生大爱之间做抉择时，曾竭力反抗，但最终还是甘愿选择背负女娲后人的使命。悲剧的结局强调了宿命的注定和无常，但也反过来凸显了人性的光辉与爱情的唯美。正所谓"为国为民，侠之大者"②，"仙剑"故事中的"侠"蕴含了挑战权威、以弱胜强的反叛精神，更展现了惩恶扬善、济世苍生的使命担当，这正是《仙剑一》令人念念不忘的重要原因。在仙侠作品日益泛滥的当下，人们反而愈发怀念初代经典，怀念那个侠骨与柔情携手并置的仙侠世界。

其二，"爱恨情仇"褪为"爱无能"，情感困境凸显。仙侠世界，"仙"为表，"侠"为里，"道"为骨，"情"为神。尽管仙剑故事以玄幻为外表，但令人难以忘怀的终究是求道过程中的复杂情爱。在仙侠世界中，从妖到人再到神，所有生命体的纠结痛苦，都难逃一个"情"字。电视剧《仙剑一》中，妖、神、人都难免为情所困、为爱痴狂。妖之爱，热烈而直接。狐妖蛇妖修炼千年，只为生生世世，朝朝暮暮；蛤蟆精为了丈夫练功不惜自毁容貌，即便后来被抛弃但也还是对他爱恨交织；为了报恩的蝴蝶精自愿用千年修为换刘晋元十年阳寿。女娲后人，既有神的使命，也有人的血脉，身负拯救苍生的重任，不得不放下人间小爱，肩负起对天下的大爱。而人的爱情，夹在妖的纯粹和神的无我之间。他们在爱情里有猜疑、有逃避，自私时一味索取占有，幡然醒悟之际又甘愿放手。剧中人物在求仙证道的过程中生情悟爱，反过来促成了"道"的实现。这样的"情"与"爱"，不局限于小我，更关乎大我，往往还是主角逆转宿命、拯救世界的关键所在。

---

① 鲁迅：《鲁迅全集（第六卷）》，北京：人民文学出版社，2005年版，第250页。
② 金庸：《神雕侠侣》，广州：广州出版社，2009年版，第639页。

反观当下的仙侠作品，热门作品常常落入"如何把'高岭之花'①拉下神坛""如何让'万恶之源'只为我心动"等俗套情节，树立"拔情绝爱"的主角人设，设置"爱一人"与"爱苍生"之间的根本冲突，书写三生三世的劫难，安排花式"撒糖"的情节，重复"虐妻一时爽，追妻火葬场"②的桥段……这种创作思路的转变与窄化，一定程度也暴露出现代人对情感的胆怯与不信任，仿佛主角一往无前、为爱冲锋的故事才能向观众证明爱情的切实存在。在现代社会逐渐原子化的当下，个体更关心自我命运的安放，更关心个人得失的筹谋，人们渴望被爱，却又不敢去爱。初代仙剑作品"为爱牺牲""为义赴死"的主旨已变得陈旧且可疑，但如今流行的"爱泛滥"的故事更是只会让受众沉溺于无菌的温室而愈发逃避复杂的现实。仙侠作品如何突破一己之爱恨，充实亲密关系的内涵价值，有效共鸣当下时代观众的悲欢，重燃他们对爱情的向往与坚持，这些问题值得我们深思。

其三，东方侠客与西方英雄徒具形似，海外传播效果受限。近年来，仙侠题材的作品不仅在国内获得众多追捧，在海外也获得不俗的传播效果。例如《苍兰诀》《沉香如屑》等仙侠剧集在海外的播放量数以亿计，不少仙侠游戏更是屡屡登上游戏平台热门下载榜单。玄幻瑰丽的仙侠题材作品对海外受众而言似乎别具吸引力，但国外玩家对游戏的评价多集中于炫目画面和精美场景，不少人对游戏故事本身缺乏进一步了解的兴趣。姚壮宪在接受"游戏风云"频道采访时曾谈及"仙剑"系列游戏的海外市场，直言美国游戏厂商对中国神话存在诸多不解，譬如美国玩家对"人首蛇身"的女娲是正义之神感到极度费解，很难接受与蛇相关的神话人物被美化、被正义化。

尽管中外英雄历险的故事情节不乏相似之处，但东方侠客与西方英雄的价值追求仍有不同，这一定程度上阻碍了"仙剑"系列获得部分西方玩家的认可与认同。历史学家摩西·芬利（Moses I. Finley）曾指出，英雄主义建立在"力量"和"荣誉"之上，前者是英雄的基本特征，后者是其根本目标，为了荣誉英雄甚至不惜献出生命。③这种为个人荣誉而战的英雄主义亦见于不少国外游戏，譬如暴雪出品的动作类角色扮演

---

① 网络流行语，用来比喻只能远观、无法触及的人或物。
② 网络流行语，指起初男主对女主爱答不理、非常傲娇，后来回心转意，拼命讨好女主。
③ [英] M. I. 芬利：《奥德修斯的世界》，刘淳、曾毅译，北京：北京大学出版社，2019年版，第119页。

游戏《暗黑破坏神2》（2000）的结局，玩家扮演的英雄击败终极恶魔后，大天使降临并赋予主角"守护者"的崇高荣誉，令其事迹为后世传颂。相比于西方英雄的荣誉追求，中国侠客往往"事了拂衣去，深藏身与名"（李白《侠客行》），不仅行事低调，淡薄功利，更是在意所作所为是否合乎心中的"道"，而侠客的归宿总不外乎退隐江湖。譬如《仙剑三》主角景天诛灭邪剑仙、击败魔尊重楼后，重回渝州经营当铺；《仙剑四》主角云天河归隐黄山青鸾峰。然而，西方受众对中国侠客功成身退并隐姓埋名的选择不太理解。比如海外主流游戏平台 Steam 用户"dshs70"如此抱怨道："《仙剑7》是一部美学杰作，却不是一款电子游戏，因为它有着平庸的结局和令人费解的主角行为。"远渡重洋的中国仙侠作品要想进一步赢得海外受众的喜爱与认可，仍有不小的挑战。承载中国优秀传统文化的仙侠作品，如何进一步助力增强中华文明传播力影响力、提升中华文化感召力，或将成为加快构建中国叙事体系的持久关注。

第三节　盗墓空间：探险寻宝的跨媒介叙事[①]

2006 年，《鬼吹灯》和《盗墓笔记》两部网络小说先后面世。它们起初在网络平台上连载，很快便被出版社相中正式出版，由此掀起的阅读热潮令盗墓题材作品迅速"破圈"。晚近以来，围绕《鬼吹灯》《盗墓笔记》而展开的跨媒介叙事实践源源不绝，这令盗墓故事不再止步于小说文本，而是跨越媒介流转呈现。那么，盗墓小说究竟构筑了一个怎样的盗墓空间？它为何令我们如此着迷？其故事世界的扩展采用了何种技艺？粉丝又在其中扮演了何种角色？本节旨在探索当代中国探险故事的跨媒介叙事路径，以期为中国跨媒介叙事体系的构建提供参考借鉴。

一、盗墓空间的构筑之道

盗墓小说是融合了探险、悬疑、恐怖、玄幻等多种类型的网文类型，包含远古的文明、失落的宝藏、凶险的古墓、神秘的亡灵等要素，其亮点在于对盗墓空间的构筑与悬疑氛围的营造。《鬼吹灯》最初在天涯论坛上发布，经网友传播后转至起点中文网连载。2006 年 9 月，安徽文艺出

[①] 暨南大学新闻与传播学院硕士研究生张国威对本节写作亦有贡献。

版社出版了《鬼吹灯》系列第一本实体书《精绝古城》，直至2008年第八卷《巫峡棺山》正式完结。《鬼吹灯》中，主角胡八一借助一本祖传的秘书残卷，与王胖子、雪莉杨组成"摸金铁三角"，开启精彩迭出的古墓探险之旅。他们踏过龙岭迷窟，深入云南虫谷，探访昆仑神宫，寻找失落的文明与遗址。受其启发，南派三叔开始在百度贴吧"鬼吹灯吧"更新其创作的《盗墓笔记》。最初《盗墓笔记》是《鬼吹灯》的同人文，但很快就自成一派，卓然另立。在贴吧拥有一定知名度后，《鬼吹灯》《盗墓笔记》转至起点中文网连载。《盗墓笔记》中，吴邪、胖子等人奔赴异域边疆，寻找永生与"终极"的秘密，同时也不断揭开老九门多股势力之间扑朔迷离的关系。惊险刺激的故事情节、神秘诡谲的场景设置、自我拯救的叙事动机等元素，同样被纳入《盗墓笔记》之中。略微夸张地说，《鬼吹灯》和《盗墓笔记》开创了中国网络文学的盗墓类型，"'盗墓'整个类型中绝大部分作品都可视作这两部作品的'同人小说'"[1]。

故事世界是由叙事唤起的、具有可扩展性的幻想世界。发轫于《鬼吹灯》《盗墓笔记》的盗墓故事，在创作者、改编团队和广大粉丝的协同作用之下，逐渐构筑出一个体系严整、细节完备的故事世界。大到门派源流，小到行话暗语，均有其详细设定。就门派源流而言，《鬼吹灯》虚构了摸金、发丘、卸岭、搬山四大盗墓门派，《盗墓笔记》则煞有介事地虚构了长沙盗墓世家体系"老九门"——这九个盗墓家族势力庞大，几乎所有明器流出长沙，都要经过他们之手。就行话暗语而言，盗墓者在北方叫"灰八爷""土耗子"，在南方叫"掘地虫""土夫子"；尸体叫"粽子"；盗墓叫"倒斗"……这些暗号切口有些是历史上真实存在的，也有不少是创作者"夹带私货"式的现编现造。其中，故事秩序是故事世界的支撑性框架，也可以理解为"游戏设置的通则"[2]，在盗墓故事中主要指对神、鬼、精怪、梦、神谕等事物的基本设定。譬如摸金派世代遵守的规矩：进入古墓后必先在东南角点燃一支蜡烛才能启棺摸金，且摸金时要给墓主人留下一两件陪葬品，倘或蜡烛熄灭，务必速速退出，不可取一物，正所谓"人点烛，鬼吹灯"；启棺摸金时倘或尸体发生变异，则意味着大难临头，相传可以用黑驴蹄子和糯米来对付僵尸。

在亡者精心营造的充满危险与死亡的地宫墓室中，有机关陷阱，有诡异怪物，有稀世宝物。亡者处心积虑，生者奋力一搏，这是生者与亡

---

[1] 邵燕君：《网络文学经典解读》，北京：北京大学出版社，2016年版，第113页。
[2] 施爱东：《故事法则》，北京：生活·读书·新知三联书店，2021年版，第45—47页。

者跨越千年的较量。在此过程中,恐惧或许是最具吸引力的情感体验之一。贸然闯入寂静地下世界的盗墓者,不经意间就会触发致命的机关或唤醒地底的怪物,随之呼啸而来的是令人战栗的恐惧。考古学家波拉·佩图尔斯多蒂尔(Þóra Pétursdóttir)如此写道:"问题的关键不在于地层中深埋着的那些东西,而在于它们相当持久,比凡人的寿命更久,而且有朝一日会裹挟着我们从未意识到的巨大力量卷土重来……它们就像是'沉睡的巨人'(sleeping giants),从'深时'(deep time)的睡眠中被唤醒。"① "深时"是地下世界的纪年术语,用以形容地球那令人眩晕的漫长历史。当"沉睡的巨人"被猝然唤醒,在场的每一个人都要直面最为浓烈的恐惧。面对生死一线的危急时刻,人性中的光辉与阴影、勇敢与怯懦、无私与贪婪都将暴露无遗。

中国盗墓故事的情节设定类似于好莱坞版的《夺宝奇兵》。《鬼吹灯》与《夺宝奇兵》均以超自然现象作为故事发生的背景,都是标准的探险故事,甚至连其中的主角形象都颇为相似——一手罗盘分金定穴、一手工兵铲挖洞搏斗的胡八一,好似头戴牛仔帽、腰挂长鞭的探险家印第安纳·琼斯。琼斯博士既是富有学识的考古学家,又是身手不凡的冒险家,还极富担当,重情重义。胡八一可谓琼斯博士的中国翻版,不过老胡更"接地气",他掌握的寻龙定穴等诸种手段并非来源于考古学科,而是从一本名为《十六字阴阳风水秘术》的祖传残卷中自学而来。老胡当过兵打过仗,上过山下过乡,练得一身好本领,遇事沉稳不慌张。起初应邀去精绝古城是因为手头缺钱想发笔小财,横遭鬼洞诅咒之后,他与同伴只好被迫在一个又一个地宫墓穴中寻找自我拯救的办法。

但"盗墓"终究是"盗",既不合法也不光彩。电影《夺宝奇兵》(Raiders of the Lost Ark)和《古墓丽影》(Lara Croft: Tomb Raider)片名中的"Raider"有劫掠之意,直译作"盗墓者琼斯""盗墓者罗拉"恐怕更为合适,"奇兵""丽影"不过是一个美化的说法,更何况欧美盗墓者前往埃及、柬埔寨等第三世界国家,更像是帝国主义的无情掠夺。不过在故事中盗墓者的道德困境也不难解决。《古墓丽影》主角劳拉是一位住在古堡里的富二代,生活优渥,身手敏捷,酷爱考古与探险,古墓探险不为金银财宝,而是为了寻找失踪父亲的下落。《夺宝奇兵》主角印第安纳·琼斯是一名拥有考古学博士学位的大学教授,看着也并不缺钱,

---

① Þóra Pétursdóttir, "Climate Change? Archaeology and Anthropocene," *Archaeological Dialogues*, Vol. 24, No. 2, 2017, pp. 175-205.

探险寻宝只是为了抢先一步阻止恶人的计谋得逞。反派希望掌握并利用古墓中的神秘力量，而劳拉和琼斯总能抢先一步，阻止邪恶势力（如光照会、圣三一、纳粹等）统治世界的惊天阴谋。这让劳拉和琼斯不自觉地成为帝国主义、殖民主义的对抗者，从而解决了他们在异国他乡探险夺宝的道德困境，更令他们成为和平、自由等价值观的守护者。中国作家笔下的盗墓故事同样借鉴了自我拯救和真相探求的动机设定，但更强调探险寻宝只是主角的无奈之举。《鬼吹灯》中，意外得到摸金符的胡八一和胖子起初对摸金大业也是踌躇满志，但精绝古城之行后，"铁三角"开始以寻找雮尘珠为目标，为的是破除自身的致命诅咒。此外，作者还额外强调老胡摸金倒斗也是为了帮助牺牲战友的亲人，还有帮扶下乡做知青时岗岗营子的父老乡亲。借亡者之财，解生者之急，这让主角平添了几分急公好义的英雄气概。

拥有庞大粉丝群体的《鬼吹灯》《盗墓笔记》毫无疑问是网文届最抢手、最热门的原创 IP 之一。其故事世界通过跨媒介叙事的不断构筑而愈见完备：小说文本奠定了悬疑奇幻的情节基础，提供了一系列设定与规则；剧集、电影、动画等影视改编致力于打造幻境，令奇幻诡谲之物如在眼前；舞台剧、体验馆等线下展演给观众带来身临其境的沉浸体验；游戏、周边等产品则增强了游戏性与互动性。围绕盗墓空间而展开的跨媒介叙事层见叠出，给予消费者更多体验的可能性。

二、盗墓故事的扩展之术

故事世界成立的必要条件，不在于其材质是幻想抑或现实，而在于历史、地理、人物等维度的可扩展性。接下来我们将立足历史、地理、人物三个维度来分析盗墓故事的扩展之术。

就历史扩展而言，不仅盗墓者（盗墓主体）的代际有源流可考，而且墓主（盗墓对象）的历史亦可考掘回溯。历史的扩展，既指向盗墓家族的前赴后继，又指向失落文明的神秘往事。《鬼吹灯》中，从爷爷胡国华到父亲胡云宣，再到主角胡八一，祖孙三代的命运与 20 世纪的历史风云变幻紧密相连。盗墓世代不断重启，接力探索盗墓空间的终极秘密。人物身上亦有着鲜明的时代痕迹，长在红旗下的胡八一就经常高声朗读毛主席语录来激励逆境中的同伴。《盗墓笔记》跨越四千年历史，永生之密术世代流传：上古时代的西王母、西周时期的周穆王、13 世纪的东夏政权、明清以降的汪氏家族……这些地宫墓穴尽管四散各方，但都被同一个关于永生的秘密勾连起来，历史的草蛇灰线延绵千里。需要留意的是，古墓本身就是历史遗迹，沉淀了文明兴衰、时代变迁的痕迹。历史遗迹，既属于历史，又属于现在。只有看到它们，人们才会确信这段历史曾经真实地存在过。只要看到它们，人们就会情不自禁地坠入欲知往事的诱惑。《鬼吹灯》中的绝大多数历史遗迹都有迹可考，黄沙之下的精绝古城、湘西密林的元代古墓、戈壁深处的西夏黑水城……探险者经过艰难跋涉驻足遗迹之前，历史风云仿佛重现眼前，邀请人们去叩访跨越千年的神秘往事。李玥阳认为，在当代盗墓作品中，主人公在多样的文明中反复历险，进行自我与他者的划分，在中国传统资源中寻找整合差异性文明的方案，并以此确立民族主体在文明冲突时代的合法性和优越性。[①] 正是这些伫立千年的历史遗迹以及绵延不绝的民族血脉，令中国盗墓小说与西方探险小说有了明显的分野，使之成为极具中国特色的探险寻宝故事。

就地理扩展而言，风尘仆仆的盗墓者手持地图，马不停蹄地叩访散落四方的地宫墓穴，从而实现对盗墓空间的渐次扩展。在地图的召唤之下，远方既是令人兴奋不已的新征程，也是令人心生畏惧的未知世界。《盗墓笔记》主角团所探索的那些古墓，正是上古时期携带永生奥秘的陨石残片的坠落之地，也因此成为试图揭开终极奥秘的探险者的必经之地。新疆沙漠、昆仑古山、南洋深海、西藏秘地……盗墓空间既与边疆相连，更与民族国家的想象相连。探险者行旅边疆，领略雄奇壮丽的边地风光，并与边地同胞交流交往，有助于铸牢中华民族共同体意识。[②] 就单个具体的盗墓空间而言，地理扩展体现为三维空间的渐次扩展。奇形怪状的洞穴、错综复杂的甬道、宏伟肃穆的地下宫殿，正是创作者挥洒才智与想象力的重要空间。在《鬼吹灯之云南虫谷》中，胡八一一行穿虫谷，访神殿，过葫芦山洞，上凌云宫，下深潭，涉水墓道，开千斤石门，经三世桥，抵阴宫，探尸洞……历经重重考验，神秘莫测的地下空间最终被一一探察，墓主人携带入棺的稀世珍宝与惊天秘密亦浮出水面。

就人物扩展而言，盗墓故事的主角并非局限于单个人或某几个人，而是可以在不同门派不同家族之间灵活转换。譬如，在《鬼吹灯之怒晴湘西》中，主角胡八一被换作了陈玉楼，而后者正是《鬼吹灯之龙岭迷

[①] 李玥阳：《想象"异类"——大众文化中的"盗墓"与文明探险》，《文艺理论与批评》，2023 年第 5 期。

[②] 房伟：《复活的民间、亡灵的财富与话语的秩序——论网络盗墓小说的类型学发生》，《当代作家评论》，2023 年第 1 期。

窟》中的配角陈瞎子。前者小说中，陈玉楼曾是卸岭一派的总把头，心高气傲，圆滑世故，叱咤一时；后者小说中，陈玉楼是个瞎了双眼、隐姓埋名的年迈老头，沿街算命以糊口，却也在关键时候提醒指点新一代主角胡八一。《盗墓笔记》则构想了长沙盗墓界的老九门，详细绘制了这九大盗墓世家的家族谱系。以老九门为代表的各方势力尔虞我诈，纷争不休，但也能为了共同的目标临时组队，尽管临时搭伙的团队不免裂隙暗生。由此，跨媒介叙事借助人物视点的转换，不断引入新的人物，讲述新的故事。

三、盗墓空间的粉丝参与

伴随着盗墓空间的不断扩展，粉丝仿佛受到召唤，主动参与到盗墓故事世界的建构之中，或还原复刻，或钻研深究，或躬身入局，制造出新的意义空间。

首先，粉丝们热衷于细致勾勒、高度还原盗墓空间。以地图制作为例，原著小说中盗墓主角团每到一地都要辗转各处、历经艰险，才能最终抵达目的地，但读者对盗墓空间的复杂地形结构通常很难有确切的认知。上海财经大学学生邵宇宸绘制了《盗墓笔记》系列的相关地图，知乎网友"会飞的猪"绘制了《鬼吹灯》系列的相关地图。地图令地形、地宫、墓道、墓穴等地理信息一目了然，帮助粉丝理清思路的同时，亦向读者发起一场探索地下世界的动人邀约。

其次，粉丝们热衷于钻研探究，并对故事世界裨补缺漏。在构筑一个盘根错节的故事世界之余，还要兼顾历史、地理、人物的持续延展，创作者仅凭一己之力难免左支右绌，故事情节的矛盾和缺漏之处亦在所难免。这些缺憾令粉丝感到迷惑，但反过来也激发了他们钻研谜团、填补缺漏的动力。相较于《鬼吹灯》情节逻辑之缜密，《盗墓笔记》更热衷于给读者不断"挖坑"（指小说作者预留线索、伏笔等）：青铜门后隐藏着什么？张起灵又因何而守护？所谓的"终极"究竟是什么？《盗墓笔记》整个故事围绕一个巨大的谜团层层展开，既引人入胜，又迷雾重重。在知乎热门话题"《盗墓笔记》讲了什么？"中，网友"叁良"细致梳理了该小说系列的历史脉络，条分缕析地解开了诸多难解之谜。在他看来，"永生"是人类最为致命的诱惑，也是所谓"终极"的真相，无数当权者对其趋之若鹜，直至吴邪等人的干预与阻挠，关于"永生"的骗局才宣告结束。① 不少知乎网友看罢直呼过瘾。此帖下面点赞最多的热评是："南派三叔：原来是这么回事！"② 由此可见，研究型粉丝的不懈探索与不断梳理，再度激活了盗墓空间的意义。甚至可以夸张地说，研究型粉丝对故事世界的熟悉及理解程度，已经不亚于作者本人了。

最后，粉丝们还热衷于打破"次元壁"，秉持信念，躬身入局。《盗墓笔记》的粉丝自称"稻米"（谐音"盗迷"），一年一度的"八一七稻米节"是粉丝们自发的节日。根据小说情节，张起灵需要进入长白山青铜门守护十年，而2015年8月17日是他从长白山归来的日子，也正是吴邪、张起灵两位虚构人物约定重逢的日子。这一天，来自全国各地的大批粉丝集聚长白山，与主角吴邪一同等候小哥的归来。③ 粉丝们如此大费周章且身体力行，或许令人大感诧异，但这恰恰说明，粉丝们不愿意老老实实地待在"就这样吧"（just so）的世界，而是渴望跨入"幻想成真"（as if）的世界。④ 在这个世界中依旧有伟大的英雄、伟大的冒险和伟大的目标，故而粉丝明知其为虚构却也信以为真。正如"稻米"中广泛流传着一句来源已不可考、但足以剖明心迹的话——"长白山没有青铜门，西湖没有吴山居，世上没有他们，这些我都知道。但爱与存在并不冲突。"

然而，盗墓空间的跨媒介叙事并非完美，其最大的问题在于"自我重复"。首创之后便有无数效仿之作，千篇一律的故事套路令人们兴趣锐减，其吸引力难以久持。尽管盗墓题材作品层出不穷，但超越前作者寥若晨星。当古尸怪物、机关陷阱、人心险恶等元素被一一用尽，创作者的想象力也难免濒临枯竭，盗墓小说或将沦落为毫无新意的"探险八股文"。故事世界想象力土壤的"板结"，对盗墓空间的跨媒介叙事将会是一个长期的挑战。

总之，《鬼吹灯》《盗墓笔记》等盗墓小说及其跨媒介叙事实践，为我们开启了异彩纷呈又恢诡谲怪的盗墓空间。这里有悠久的历史，有失落的遗迹，有隐秘的宝物，有惊险的旅程，有致命的陷阱，有比鬼神更可怕的人心，更有生死与共的真挚友情。讲好中国特色的探险寻宝故事，

---

① "《盗墓笔记》讲了什么？"，知乎，2021年5月28日，"叁良"答。
② "《盗墓笔记》讲了什么？"，知乎，2021年5月15日，"头发乱了"答。
③ 张建：《〈盗墓笔记〉粉丝赴吉林长白山兑现"十年之约"》，新华网，2015年8月17日。
④ Michael Saler, *As If: Modern Enchantment and the Literary Prehistory of Virtual Reality*, New York: Oxford University Press, 2012, p. 20.

也是探索"文艺大众化的中国经验"[1]的重要内容。我们既要对故事世界展开精细构筑与持续扩展，探索中华文明的深度与广度，也要避免精神内涵的"贫血症与败血症"[2]，将故事命意提升至构建人类命运共同体的高度，坚持和弘扬全人类共同价值，从而更好实现中国网络文学的全球跨文化传播。

第四节　修仙世界：个体逆袭的跨媒介叙事

"逆袭"指作为下位者的个体通过各种努力实现自身地位的跃迁。它既是当下社会的流行词，也是网络文学中常见的叙事母题，尤其以卷帙浩繁的修仙网文为代表。修仙网文大多讲述一个出身底层的平凡少年通过不断修炼而实力大增，一路披荆斩棘，最终取得辉煌成就的故事。尽管修仙与武侠共享这一叙事母题，但二者的区分还是很明显："修仙小说写的不是江湖侠客寻仙访道的故事，其核心是由人修炼成仙的过程，没有也不需要侠的存在——修仙者与游侠儿拥有的是两种截然不同的精神气质与行为方式。"[3] 修仙网文多为热衷打怪升级的"小白文"，不仅在国内有着规模庞大的读者群体，还颇受海外读者的追捧。倪湛舸认为，当代修仙（修真）小说之所以能够成功"出海"，是因为"自我修炼"（self-cultivation）既是中国传统文化的核心主题之一，也是当今全球背景之下每个人的共同命运——人们自我克制（self-possessed）、自我治理（self-governed）、自我进取（self-enterprising），不断提升实力以应对无尽的挑战。[4]

故事世界是由叙事唤起的、具有可扩展性的幻想世界。本节采取文化社会学的分析路径，着重考察故事世界内部人物的经历、观念及情感，并将故事世界理解为各种社会观念缠斗、交锋的场所。诚如英国文化研究学者斯图亚特·霍尔（Stuart Hall）所言，大众文化是"创造总体性

---

[1] 黎杨全：《文艺大众化的中国经验与现代文艺观念的再反思》，《中国社会科学》，2023年第1期。
[2] 陶东风：《把装神弄鬼进行到底？》，《小康》，2008年第6期。
[3] 邵燕君、王玉玊：《破壁书：网络文化关键词》，北京：生活·读书·新知三联书店，2018年版，第254页。
[4] Ni Zhange, "Xiuzhen (Immortality Cultivation) Fantasy: Science, Religion, and the Novels of Magic/Superstition in Contemporary China," *Religions*, Vol.11, No.1, 2020, pp.1-24.

的社会观念"的场所，是"意指的政治"（the politics of signification）彼此争夺、诱使人们按照某些特定的方式观察世界的竞技场。① 本节的研究对象是以《凡人修仙传》（以下简称《凡人》）为代表的修仙网络小说及其跨媒介叙事。笔者所关心的不是修仙网文中的斗法过程或爱恋纠葛，而是修仙世界中人们的行为逻辑与情感体验。本节循着以下问题展开论述：竞争激烈、阶层森严的修仙界，对于一个出身平凡、资质普通的修仙者而言究竟意味着什么？他如何做到"修炼尘世中，终究平凡不平庸"②，如何实现自身实力的跨越式发展？个体逆袭的背后又蕴含着怎样的社会心态与情感结构？

一、修仙世界的日益内卷

个体自踏足修仙界的那一刻起，就被迫卷入了一场以"进阶"为根本目标的修仙竞赛。这场竞赛不仅异常激烈，而且高度一体化，不允许失败和退出。③ 倘若"卷"不赢，轻则地位不保，重则被残酷灭杀。如此一来，深陷其中的个体只能利用游戏规则挣扎求生，力争向上。同名动画剧集《凡人修仙传》（以下简称《凡人》动画）一开篇，主角韩立参与七玄门入门测试，其考核内容就是在规定的时间内登顶危崖。未经世事的韩立惊讶地发现，在攀爬的过程中，部分领先的候选人会故意阻挠后来者，甚至不惜痛下杀手。他骇然意识到，今后的旅途不啻一场漫长的攀登，不仅异常凶险，而且难称公平。意外陨落者比比皆是，但也并非全因努力不够或技不如人。最终抵达山巅之人，既靠实力，也靠运气。

矗立在修仙个体面前的，是一个庞大的社会分层体系。首先，修仙界有着严格而明确的社会分层（social stratification）。依照修为境界高低，修仙者们被划分为三六九等，如《凡人》人界篇中修仙者的修为按等级分为"炼气—筑基—结丹—元婴—化神"。高阶修仙者在实力上碾压低阶修仙者，故而在社会地位上远胜后者。部分高阶修仙者甚至视低阶修仙者如蝼蚁，一言不合，一击杀之。其次，修仙者的修为等级通常是

---

① Stuart Hall, "The Rediscovery of 'Ideology': Return of the Repressed in Media Studies," in Michael Gurevitch, et al. (eds.), *Culture, Society and the Media*, London: Routledge, 2005, pp. 52—86.
② 出自动画剧集《凡人修仙传》（2020—）的片头曲《不凡》。
③ 人类学家项飙认为，"内卷"背后是高度一体化的竞争，即竞争方式、价值评价、奖惩方式均高度单一，且不允许失败和退出。防止下滑和力争向上，成为所有阶层的日常焦虑。参见项飙、王芊霓：《人类学家项飙谈内卷：一种不允许失败和退出的竞争》，《澎湃新闻》，2020年10月22日。

"可见"的，除非采取特殊手段刻意隐瞒。在武侠世界中，武功高手通常深藏不露，其貌不扬却也可能身负上乘武学；在修仙世界中，修仙者可以通过"神识"迅速察觉对方的"灵力波动"，从而判断对方的修为等级究竟在何种层次。最后，修仙界森严又可见的社会分层，构成了人们认识世界、定位自身的一种基本方式。修仙界好比一座直入云霄的天梯，攀爬晋升成为每一名修仙者的人生追求。于是，修仙成为封闭单一的统摄性赛道，每个人都卷入其中，难以挣脱，只能想方设法提升自己的修为等级。

"修仙资源的累积"是提升自身修为的关键所在。武侠与修仙在"积累的逻辑"上有着明显的分野：武侠遵从"技艺积累的逻辑"，即主角在机缘之下掌握了某项特殊技艺（如降龙十八掌、九阴真经），并在之后的观摩和对战中不断内化领悟；修仙则遵从"资源积累的逻辑"，即通过培育、交易、掠夺等手段实现修仙资源的持续积累。技艺的积累并非越多越好，贪多求全容易杂而不精，而资源的积累则多多益善，没有止境（储物袋的设定允许使用者收纳并携带大量资源）。因此，修仙者的修为进阶之旅，亦是修仙资源积累的漫长过程。韩立发展出一套"生产－贸易－军事"三位一体的修仙资源积累路径。凭借能快速催熟灵草的神秘小瓶，韩立有了近乎无限供给的灵药资源。他一方面炼制、服用丹药以改良自身体质，另一方面用这些灵草灵药交易购置自身所需的其他资源及装备。除了生产和贸易之外，军事掠夺也是快速获取修仙资源的途径之一，其重要性在修仙中后期愈发凸显。

优质修仙资源的稀缺性，注定了修仙者将对其展开不懈的争夺。考虑到修仙界既灵气稀薄又资源匮乏，小到洗髓易筋的丹药，大到灵力充盈的地盘，都是修仙者觊觎、争夺的对象。修仙并不是一场"公平游戏"（fair game），凭借勤修苦练成为人上人并不现实。修仙资源的重要性远超个体禀赋，韩立正是靠大量服用自制筑基丹来弥补自身"伪灵根"的先天不足进而成功筑基。换言之，谁能够最大限度地攫取并占据大量的修仙资源，谁就能在这场修仙竞赛中占得先机。修仙者通过斗争获取优质修仙资源，而在这些资源的加持之下，他们又能够涉足更为凶险、回报也更为丰厚的斗争。换言之，修仙导致争斗，争斗又成就修仙，这是一个循环往复的过程。

这里有必要引入大卫·哈维用以批判新自由主义（neo-liberalism）的关键概念——"掠夺性积累"（accumulation by dispossession）。"掠夺性积累"表明了一种"损不足以奉有余"的集中过程，其前提为高度的私有化与商品化。① 就私有化而言，储物袋等空间道具为修仙者提供了储藏物资的随身空间。只要韩立愿意，他可以开山凿石搬走整座洞府，甚至将一整座元磁山收入囊中。就商品化而言，修仙者可以通过交易所、拍卖会交易物品，以灵石（修仙界货币）购入，或者干脆以物易物，还可以"以承诺换资源"。擅长交易、信奉契约的韩立被房伟称为典型的"交易人格"。② 除资源交易之外，"掠夺性积累"还集中体现在围绕优质修仙资源而展开的争夺，包括威逼、争斗乃至灭杀。"杀人夺宝"是常见的桥段，斗争的落败者不仅身死道消，而且全部家当也尽归他人。这一点与电子游戏中的"爆装备"相似，却在武侠中很少见——有道德感的侠客在获胜之后往往不会痛下杀手。

二、修仙丛林的慕强心态

修仙世界不仅是一个实力至上的分层社会，还是一个弱肉强食的危险丛林。在魔道六宗侵入越国、七大派奋起反击的混乱时期，修仙者的争斗厮杀已成家常便饭。此时长生成了修仙的次要目标，迅速提升实力并让自己在动乱中保全性命，反倒成了修仙的首要目标。《凡人》动画中，当结丹修士李化元（主角韩立的师傅）为守护心仪之人凭一己之力挑战元婴修士的那一刻（也即低阶挑战高阶），他会想起自己入门第一天师傅令狐老祖对他的告诫："弱者就该低眉顺眼，强者才能予取予求。不管是权力、地位、力量，哪怕是别人的人生，只要想要，全都可以抢过来。这就是这个世道的法则铁律。想要活得久，就必须明白这一点。"③ 不过他并没有听从这份告诫，而是慨然出战，力竭而亡。

"实力至上"是修仙丛林中约定俗成的法则。修仙界容易令人联想起社会达尔文主义"弱肉强食"的丛林法则，或者英国政治哲学家托马斯·霍布斯（Thomas Hobbes）所谓的"自然状态"。霍布斯意识到，如果没有法律、道德和社会的约束，人类就会不可避免地陷入你死我活的争斗之中。严酷的现实是，人们只要追求各自的利益就会与他人产生直

---

① ［美］大卫·哈维：《新自由主义简史》，王钦译，上海译文出版社，2010年版，第183—190页。
② 房伟：《修仙·交易人格·成功学——〈凡人修仙传〉的网生性隐喻景观》，《当代作家评论》，2022年第2期。
③ 出自动画剧集《凡人修仙传》第57话"再别天南11"。

第六章 探索构建中国当代跨媒介叙事体系

接的冲突，从而陷入"每一个人对每一个人的战争"[1]。修仙游戏是一场残酷的零和博弈，不是大获全胜就是死路一条。在一场名为"血色试炼"的大逃杀中，修仙丛林的残酷法则被展现得淋漓尽致。"血色试炼"名义上是各门派选派弟子采集灵草的竞赛，但也默许各派弟子之间的争夺与杀戮。初出茅庐的韩立在血色禁地中经历了数场至死方休的苦斗，所幸他是为数不多的幸存者之一。

修仙者自我提升的根本动力，来自一个残酷异常的竞争环境——"不进阶，即陨落。"面对"恐怖如斯"的高阶修仙者，如果放弃竞争选择"躺平"，那么陨落的不幸迟早要降临，因此不断奋斗就是"自我拯救"[2]的唯一可行方式。修仙之道犹如攀登山峰，人人必须奋力攀爬，放弃攀爬或者稍有懈怠，都会被狠狠惩罚，尤其是那些怀璧其罪但又能力平平之人。弱者只能任人宰割，所有心慈手软之人终将被淘汰出局。如此一来，修仙者必须狡黠又强大，"同时效法狐狸和狮子"[3]，既要提防自己落入陷阱，又要保存实力抵御强敌，如此方能在斗争的修罗场中幸存下来。然而，参与修仙竞争为的只是增加少量的进阶概率，却要冒失去所有幸福的风险。修仙游戏失败的潜在牺牲实在太大，所以"不参与"或为明智的选择。随着主角韩立修为的不断进阶，不少高阶修士在韩立的挑战下一一陨落，部分被击杀的高阶修士甚至都不太清楚冲突的具体缘由。或许《凡人》最重要的教诲是：权力是转瞬即逝的，即便是最强大的人，一旦变得懒惰或是无意间行差踏错，也会遭受灭顶之灾。任何人都毫无安全感可言，即便是高阶修士也不例外。修仙者们尽管内心清楚却往往有意忽视一个事实：失败就在距离成功的不远处，眼前既有的生活可能是一种假象。

残酷竞争的修仙界，必然导致人们对"实力至上"的普遍信仰。强者予取予求，弱者委曲求全，世人则惯于拜高踩低。大家依据实力来确定各自的社会地位，并根据实力的消长来重新调整各自的位置。有"今天你对我爱理不理，明天我让你高攀不起"的由弱变强，也有"衰草枯杨曾为歌舞场"的由盛而衰。前者如持续跨越式进阶、最终纵横天南的韩立，后者如那些因得罪强者而遭到报复的门派，例如曾为大晋十大魔

---

[1] [英]托马斯·霍布斯：《利维坦》，黎思复、黎廷弼译，北京：商务印书馆，2009年版，第95页。
[2] 邵燕君：《网络文学经典解读》，北京：北京大学出版社，2016年版，第86页。
[3] [意]尼科洛·马基雅维里：《君主论》，潘汉典译，北京：商务印书馆，2009年版，第83—84页。

宗之一的阴罗宗在接连折损数名元婴长老之后一蹶不振，迅速被其他宗门蚕食瓜分。

慕强心态的结果之一就是令个体以成败为唯一衡量标准，而不太在乎声望与美德。为了攫取胜利与成功，个体更倾向于不择手段，毕竟道德上的考虑会让修仙者变得脆弱，而不太在乎道德的人似乎更容易击败对手。因此在《凡人》中我们很少看到有人真正关心正义，也很少看到有人路见不平就出手对抗奸邪。原著小说中，魔道与七派大战爆发在即，燕家堡竟然暗中投靠魔道，并借机开启大阵血祭大批无辜的修仙者。目睹这一切的韩立远非见义勇为之人，他毫不犹豫地抛下自己的女伴并以最快的速度逃离了这个是非之地。考虑到他堪堪自保的实力，或许我们无法对他的"跑路"过分苛责，不过见义勇为的念头确实很少出现在他的选项之中，除非他迫不得已或是有足够的胜算。早年间施医救人反遭被救者威胁的经历令韩立暗下决心，"没有足够的好处和十全的把握，下次自己决不再出手救人"[①]。

慕强心态的另一个结果就是窄化了人们对自身、对世界的认知。一旦遭到不公正的待遇，个体更倾向于将之归咎于自身的等级低微或实力不够，故而当务之急就是"自我提升"，然后再拿回那些原本属于自己的东西，或者索要那些自己一直渴望的东西。如此一来，个体就容易形成一种报复心态：自己弱势时的隐忍与发奋，是为了自己强势时的爆发与回击。韩立缺乏足够的背景或后台，面对那些声名显赫且资源丰沛的世家子弟（比如鬼灵门少主王蝉、六道传人温天仁）的缠斗与追杀，他并没有足够的胜算，经常落荒而逃。不过当他实力大进之后，也不忘将那些曾经的对头狠狠踩在脚下。因此，修仙网文亦可视作"底层被压迫者的胜利"这一主题的反复变奏。

慕强心态还会导致我们对竞争落败者缺乏关注与同理心。网文读者往往代入的是主人公的视角，不太容易对那些意外陨落的失败者产生共情。网文作者通常对这些失败者也很少着墨，他们姓甚名谁有时都无暇顾及。我们不关心他们从何而来，将往何去，有着怎样的野心，又有着怎样的不甘。我们对这些失败者不甚了解，心想这些人不过是自取灭亡罢了：要么对自身实力估计过高，要么对他的对手过分轻视。或许有人会幸灾乐祸地反问："实力不够，为什么要出来丢人现眼？"慕强心态的盛行，导致弱者的心声不曾被听见，失败者的声音消散在风中。

[①] 出自网文《凡人修仙传》第 21 章 "止痛药"。

三、修仙个人主义及其后果

20世纪90年代以来，社会价值观发生了多元化、个体化、世俗化和物质化的深刻嬗变。人们开始追求世俗的成功，普遍相信靠个人奋斗可以突破社会阶层的壁垒，相信全体社会成员是在同一套经济与社会规则之下相互竞争，胜者有望实现阶层跨越。王玉玊认为，这正是以《斗破苍穹》（天蚕土豆著）为代表的修仙升级文流行爆火的时代背景。[1] 项飙认为，当前社会有一种乐观心态，觉得自己只要跑得足够快就行了，如果跑不快而落后那是自己的责任。人人积极参与其中，是因为"他们还觉得自己在这个游戏里面，能够玩下去"[2]。

尽管修仙竞争日益内卷，修仙丛林危机四伏，但韩立显然认为自己还能在这场修仙游戏中"玩下去"。韩立秉持"修仙个人主义"的信念，勇于直面残酷的现实，努力应对接连的挑战。韩立的"目标"是个人主义的，体现为一种唯我主义的"自利"。他关心的是自身而非政治、社会与群体。他不谋求霸权，毫无统治野心，只盼增强实力，不断进阶，最终抵达实力永续的"永生"。韩立的"路径"同样也是个人主义的，体现为一种不依赖他人的"自助"。韩立坚信，与其依靠别人，不如自己想办法。个体在修仙世界中的沉浮荣辱，不能指望他人的同情与援手，而是得靠自己的智慧与力量。他深知，自己要用最小的时间和精力来取得最大的收益，因为没有人会在自己失败的时候提供有效的兜底。总之，秉持修仙个人主义的个体会把全部心思花在自身等级进阶之上，为了最终能在激烈而残酷的修仙竞争中脱颖而出。

在个体层面，修仙成败取决于某种"自我技术"，包括身体改造、发展规划等。笔者在这里借用了米歇尔·福柯（Michel Foucault）"自我技术"（technologies of the self）的概念——"它使个体能够通过自己的力量，或者他人的帮助，进行一系列对他们自身的身体及灵魂、思想、行为、存在方式的操控，以此达成自我的转变，以求获得某种幸福、纯洁、智慧、完美或不朽的状态。"[3] 就身体改造而言，修炼本就包括修仙者对

---

[1] 王玉玊：《从升级文到无限流：游戏化的网络文学与时代想象力》，澎湃新闻，2021年12月16日。

[2] 项飙、吴琦：《把自己作为方法：与项飙谈话》，上海：上海文艺出版社，2020年版，第260页。

[3] ［法］米歇尔·福柯：《自我技术：福柯文选Ⅲ》，汪民安编，北京：北京大学出版社，2016年版，第54页。

自身身体的持续改造——个体不断服食丹药以伐毛洗髓，借此增加突破瓶颈与斗法制胜的概率。就发展规划而言，摆在修仙者面前的是若干有待点亮的"技能树"，个体有必要对各项技能的学习与提升做出合理规划。韩立并未依赖于某种单一的修仙路径，而是采取"多元分散配置"的策略。除了基础功法之外，他也在符箓、傀儡、阵法、炼器、驯兽等方面多有涉猎且造诣不俗，从而令自身实力得到全方面发展，也为自己在临战对敌之际留出制胜大招。

如果说修仙是一份工作，韩立就相当于一名自由职业者——自我驱动，自行决策，自主掌控，自己负责。韩立自己设定目标，自己控制进程，自己寻找工作的意义和动力，而非被动完成由他人设置、控制的任务。换言之，韩立不是复杂机器中的微小齿轮，他事实上成为韩裔德国哲学家韩炳哲（Byung-Chul Han）所谓的"功绩主体"（the achievement-subject）。韩炳哲认为，现代社会的每个人都是功绩主体，就好似你成了自己的雇主，无论鞭策你自己还是放弃你自己，都只跟你自己有关。韩炳哲判断，不断试图超越自己却又永远无法抵达终点的功绩主体，最终不可避免会走向精疲力竭与自我毁灭。[①] 修仙之途漫漫，不过韩立自有摆脱倦怠的一揽子解决方案：修炼时，通过小绿瓶获得灵草灵药资源的无限补给；工作时，通过分神之术驱动傀儡帮忙做杂务；战斗时，通过"万年灵乳"随时随地瞬时恢复体能。更为重要的是，勤勉工作总有正向回馈，修炼瓶颈总能意外突破，这令作为功绩主体的韩立免于内卷社会所带来的停滞感与倦怠感，从而始终保持一往无前的昂扬状态。

功绩主体造成的后果之一就是"成败只能归因于自己"。成功者自然值得庆贺，而落败者只能归咎于自身原因——埋怨自己为何没有身具灵根，为何错失仙缘，为何为心魔所困致使大道难以通达……对富有进取心的修仙者而言，迟迟未能突破进阶瓶颈，意味着对自己的人生丧失控制，伴随而来的是难以克服的低自尊与羞耻感。个体更倾向于反躬自省，将其归咎为自己"没天赋"或"不够努力"，而无力将之转化为公共议题（如修仙资源分配不均）。作为封闭权力结构中孤身奋斗的原子化个体，成与败都只能归结为个体努力的差异。

在社会关系层面，修仙个人主义表现为对组织或社群的有意疏离，

[①] ［德］韩炳哲：《倦怠社会》，王一力译，北京：中信出版集团，2019年版，第70、82页。

也即从各种修仙体制、修仙机构中"脱嵌"出来。韩立有限的集体主义观念体现于原生家庭或最初的小团体（如七玄门挚友、黄枫谷同门），而自此之后，他就很少表现出对特定组织或社群的认同感。在黄枫谷危急存亡之际，韩立被作为弃子无情抛弃。这段不愉快的经历让他对师门心灰意冷，决心不再依附于任何组织，而是做一个"社会上的人"（散修）。与"兼济天下"的宏愿相比，他毫不犹豫地选择更为务实的"独善其身"。除非是迫不得已的自保，抑或谋求重要修仙资源，否则绝不冒险出手。韩立深知，联盟是脆弱的，纽带是易断的，人们只能依靠自己而非组织。

不过，韩立并非就此远离了体制。严格意义上讲，他与体制始终保持着若即若离的状态——在享受体制带来的便利同时又不受体制的束缚。韩立一方面通过体制获取情报和资源，一方面却又极为审慎地与体制拉开距离。在他看来，正式加入某一修仙机构并担任特定职务固然好处不菲，但也颇多束缚，且难免琐事缠身，耽误大道修行，故而得不偿失。韩立对公共事务避之不及，即便不得不出任某一机构的高级职务也坚持只做名义上的"客卿长老"，避免牵扯过多的精力。我们似乎可以指责韩立是一个"精致的利己主义者"，批评他逃避作为组织成员的义务。不过结果证明，唯有如此才能令个体不被俗务杂事拖累。"一个人如果拥有所有必要的资源，这些资源可作为使其他人提供给他所需要的服务和利益的有效诱因，那么他就免于依赖于任何人。"[①]

在历史解释层面，修仙个人主义表现为"去历史"或"去政治"。历史主义（historicism）可以理解为一种关于共同体的宏大叙事：你生而带有一种历史，你的生命历程是更为宏大的社会历史的一部分，其中也蕴含了无数他人的故事。金庸武侠小说就带有一种明显的历史主义解释：小到一个武林门派，"我××派百年基业不可就此毁于一旦"；大到中原武林，侠之大者，为国为民。很多时候，个体经验、感受、情绪在这一解释框架中被认为是不重要的、不相关的、不具有公共性的，因为它与宏大历史叙事存在相当的距离。

修仙个人主义对历史的理解方式，构成了对历史主义的挑战或者说反叛。当魔道大举来袭、黄枫谷兵败撤退之际，韩立犹如弃子一般被宗门无情抛弃。他苦涩地意识到，门派兴亡荣辱背后是各方势力对修仙地

[①] ［美］彼得·M. 布劳：《社会生活中的交换与权力》，李国武译，北京：商务印书馆，2008年版，第181页。

盘及资源的争夺，元婴期高阶修士置身事外，而低阶修士则成了这场不义战争的无辜炮灰。自此之后，所有一切都被剥离了意识形态幻象，他对门派、师长、同伴等不再抱有任何不切实际的期待。现实经验告诉韩立，让别人去争斗吧，自己是时候换个活法了，大可不必做他人的棋子、无谓的牺牲。这一刻既是韩立的"清醒时刻"，也是后现代主义所预言的"宏大叙事的消亡"[①]。那些原本坚固的信念分崩离析，意义与价值无可挽回地衰落。个体不再关心政治，也不再关心历史。在韩立看来，个人无须为历史负责，而只需为自己负责，个体不必背负历史的重任（如拯救门派于危急存亡，或将门派发扬光大）。修仙个人主义令个体沉溺于自己的小世界，除了实力增长之外再无与之相提并论的价值追求。

四、修仙个体的逆袭之道

《凡人》中，出身强势宗门、世家大族的少数人占据、享用修仙世界的大部分资源，拥有令人艳羡的特权和通往成功的捷径，而大部分人穷其一生都被困在山底，修仙成了他们向上攀爬的唯一绳索。这正是"凡人修仙"故事的吸引力所在：一个资质平平的普通人，如何通过各种努力来实现自身地位的跃迁？在传统武侠中，主角的逆袭一般凭借美德（如侠义之心）和机缘，且机缘的降临通常以美德为前提，例如《射雕英雄传》里的郭靖。而在修仙网文中，光靠美德是不够的，凡人逆袭既靠故事人物逆袭的"实用攻略"（包括自致技能与人物策略），也靠作者化解矛盾的"神奇方案"（包括天赋技能与作者策略）。前者强调故事主角对自身命运的掌控，后者则强调创作者对叙事的操纵。在二者的助力下，主人公克服倦怠，摆脱内卷，从而实现跨越式发展。

表 6-1 凡人逆袭的四大要素

主体	技能	策略
人物	自致技能	人物策略
作者	天赋技能	作者策略

第一，自致技能，即主角后天习得的各种技能。正所谓"技多不压身"，韩立对技能学习展现出高度的热情。包括炼丹、炼器、阵法、符箓、傀儡等在内的各项技能，他都乐于尝试，并尽力做到精通。作为学

[①] ［法］让-弗朗索瓦·利奥塔尔：《后现代状态：关于知识的报告》，车槿山译，南京：南京大学出版社，2011年版，第3—4页。

习者的韩立擅长自我规划，在不耽误修为提升的前提下合理分配时间，促进各项技能的均衡发展。全面发展的好处是综合实力较同阶修士更强，实际对战中出其不意的额外技能往往是克敌制胜的关键。譬如越皇宫之战，倘或韩立没能预先布下颠倒五行阵留作后手，那么对战黑煞教教主究竟鹿死谁手就殊难预料了。

第二，人物策略，即主角采取的处世之道及临场策略。在竞争激烈的修仙丛林中，避免厄运的最佳办法就是预见所有可能的偶发事件并快速应对，也即"谋定而后动"。言归正传创作的修仙网文《我师兄实在太稳健了》借主角李长生之口总结了凡人修仙的三个生存之道：第一，谨慎行事，切忌惹是生非；第二，隐藏实力，让对手低估自己；第三，打不过，赶紧逃。[1] 这也正是韩立奉行的处世之道，他素来谨慎行事，很少行差踏错，也注重隐藏实力，常常扮猪吃虎。更重要的是，韩立没有《龙珠》《海贼王》《鬼灭之刃》等日系热血少年动漫主角的那种"知其不可而为之"的气概——热血少年遇强则强，挑战强大的对手反而会激发自身的无限潜力。临敌对战之际，韩立一旦意识到事不可为，就会选择"跑路"。在他看来，挑战一个显然比自己强大的对手，无异于以卵击石。这种勇气并不值得褒奖，反倒更像是盲目的愚蠢。

第三，天赋技能，即主角被作者预设或赋予的某项技能，助力主角获取成功。天赋技能相当于"金手指"，包括无限供给（《凡人》）、前世记忆（《斗罗大陆》）、随身指导（《斗破苍穹》）等。韩立的天赋技能之一是"无限供给"——早年意外拾获的小绿瓶可以源源不绝地提供快速催熟灵草的灵液，这就相当于他被赋予了"快速催熟灵草"的技能，这为他今后漫长的修仙竞赛提供了稳定而充裕的丹药资源。韩立的另一项天赋技能是"随身指导"，即作者有意安排前辈高人，如大衍神君、天澜圣兽等，以"随身携带"[2]的方式为主角答疑解惑。天赋技能体现了网文的"游戏逻辑"，也即网络文学对电子游戏预设规则的借用。[3]

第四，作者策略，即作者对情节的刻意安排，借此帮助主角摆脱困境。《凡人》常见的作者策略包括"意外之喜""紧急出口"等。韩立在一次遭受围攻时苦苦支撑，幸得结丹修士雷万鹤出手相助，这便属于

---

[1] 出自网文《我师兄实在太稳健了》第4章"世界很危险"。

[2] 黎杨全：《虚拟体验与文学想象——中国网络文学新论》，《中国社会科学》，2018年第1期。

[3] 许苗苗：《游戏逻辑：网络文学的认同规则与抵抗策略》，《文学评论》，2018年第1期。

"机械降神"式的"意外之喜";韩立为躲避战祸与追杀,通过古传送阵逃离天南,这便属于濒临绝境时的"紧急出口"。作者策略相当于英国文化研究学者雷蒙德·威廉斯所谓的"神奇解决方案"(magical solutions)。基于他对19世纪欧洲小说的观察,主要有两种方式能令主人公摆脱困境:其一是"意外之喜",例如一笔意想不到的馈赠、心爱之人的妻子意外死亡(见夏洛蒂·勃朗特的《简·爱》);其二是"远走他乡"(威廉斯称之为"帝国"),例如走投无路的主人公孤身前往大英帝国的海外殖民地(见盖斯凯尔夫人的《玛丽·巴顿》)。[1] 诚如威廉斯所言:"没有什么总体方案可以解决那个时代的社会问题,有的只是个人性的解决方案——通过获得遗产或是移民来得到拯救,通过某种及时的洗心革面来解决问题。"[2] 倘若小说叙事过度依赖"神奇解决方案",难免会招致批评。英国文学批评家特里·伊格尔顿(Terry Eagleton)就曾辛辣地讽刺小说家们"为了实现小说的意图常常操纵叙事":叙事要么像受雇于主角的杀手,随时准备把主角不敢干的脏活干掉;要么像惩恶扬善的救世主,给连遭厄运的好人奉上财富,叫自鸣得意的恶人倒大霉。[3] 不过在威廉斯看来,"神奇解决方案"正映射出社会转型时期人们的深层次"情感结构"(structure of feeling),往往出现在支配性意识形态与作家实感经验发生冲突之际。[4] 尤其是社会转型过程中的个体,既积极上进又脆弱无力,既满怀热望又不乏怨念,[5] 在小说中就表现为必须依靠"神奇解决方案"的出场来化解广泛存在的冲突与矛盾。

一方面,实用攻略提醒我们"成功是可以复制的",这为资质普通而又渴望成功的我们提供了更多的可能性。凡人要想逆袭,可以紧握手中的唯有这份实用攻略:既包括高度理性的规划意识,全面发展,勤勉为之,也包括"打得过就打"的掠夺思维,以及"打不过就逃"的避险意识。修仙网文似乎在暗示读者:只要熟习攻略,逆袭并非难事,困局总有解法,成功总能实现,自己的命运必将掌握在自己手中。这种对实用

---

[1] [英]雷蒙德·威廉斯:《漫长的革命》,倪伟译,上海:上海人民出版社,2013年版,第76页。
[2] [英]雷蒙德·威廉斯:《漫长的革命》,倪伟译,上海:上海人民出版社,2013年版,第77页。
[3] [英]特里·伊格尔顿:《文学阅读指南》,范浩译,郑州:河南大学出版社,2015年版,第116—117页。
[4] 赵国新:《情感结构》,《外国文学》,2002年第5期。
[5] 张登峰:《"感觉结构"作为"关键概念":理论系谱与文化实践》,《中国图书评论》,2019年第12期。

攻略的信仰,体现为一种昂扬向上的乐观主义精神,但这更像是凡人逆袭的当代神话,毕竟故事主角要想实现逆袭,实用攻略与神奇方案二者缺一不可。脱离了神奇方案的实用攻略宛如空中楼阁,所有技巧与策略都效用大减。倘或没有小绿瓶这一"金手指"的加持,韩立在早期根本无法突破修炼瓶颈,毕竟"无限供给"的神奇方案是韩立一步步走向成功的最大依仗。

另一方面,神奇方案可以视作"例外向常态的妥协",即突破世俗的"例外"状态最终转变为被世俗接受的"常态"。尝试突破世俗的束缚,但最终往往又与世俗妥协,这体现了作者的情感挣扎。以《简·爱》为例,家庭教师简·爱与罗切斯特相爱,但由于两人地位悬殊,且后者尚在婚姻关系中,两人相爱是一个难以被世人接受的"例外";之后罗切斯特的妻子意外身亡,他自己也被烧瞎了双眼并失去了一只手,加之简·爱获得了一笔意外遗产,二人地位一降一升,看上去似乎更匹配了,故而不被世俗接受的"例外"转变为可以被世俗理解的"常态"。就《凡人》而言,平凡小子韩立的猝然崛起,确实是一个"例外";但考虑到小绿瓶这一"金手指"设定所带来的源源不断的稀缺药材,韩立的成功就不再是难以接受的"例外",而是一个可以理解的"常态"。再比如唐家三少创作的玄幻网文《斗罗大陆》,主角唐三在历练过程中惊奇地发现了自己的显赫出身。人们在解释唐三为何能够一步一步走向人生巅峰时,会自觉地"合理化"他的成功——"难怪他能成功,他家世并不普通,他爸爸是封号斗罗,他妈妈是万年蓝银皇。"在情感结构中,"世俗的真理"并没有被真正突破,反而再一次被验证了它的颠扑不破。

逆袭叙事对实用攻略的强调,很有可能导致一套固化的"攻略化思维"。个体努力钻研制度体系,为的是寻找漏洞、寻找捷径、寻找高性价比赛道,以便更好地提升自身实力,进而在竞争中胜出。韩立无时无刻不在计算:自己进阶的概率究竟有多大,以何种方式能够有效提升这一概率;对头的实力究竟有多强,凭借自身战力是否能够战胜他。韩立试图弄懂修仙的全部门道,不断调整自身去适应规则,同时努力寻找规则中的漏洞与突破点(譬如"伪灵根"之人如何实现结丹),以此服务于自身的奋斗目标。当攻略化思维成为支配性逻辑,它会将批判的剑锋指向自己,"如果没成功,一定是我攻略做得不够"。这一逻辑令人"反求诸己",默认了制度体系合法性的同时削弱了个体的批判性思维能力。然而问题在于,真实的人生充满了失误和受挫,但攻略化思维所追求的是生命历程中的每一步都"成功"且"正确",它会迫使我们以一种近乎狭隘的方式面对人生的岔路口：稳扎稳打、步步为营固然可喜，但也更容易陷入"一着不慎满盘皆输"的巨大恐惧之中。

从修仙网文的类型演变来看，修仙世界同样是一个逐渐"内卷化"的过程。以《凡人》人界为例，天地灵气不断流失，修仙环境与修炼条件早已大不如前。尽管如此，只要主角肯想办法，总能找到有待开发或资源更丰沛的区域。然而，晚近以来的修仙网文，"末法时代"成为普遍设定：古时候山川地脉灵力充沛，人兽修道成精并非难事；而末法时代，天地灵力稀薄乃至枯竭，各种大道古经遗失湮灭，修仙悟道难度陡增，或成奢望。可见，末法时代的修仙世界，其设定更为内卷。如果说实用攻略与神奇方案在韩立那里还行得通，在末法时代恐怕难以为继。

如此一来，似乎也就不难理解当代修仙网文的多元化发展趋势了。奋斗逆袭不再是修仙者的唯一目标，修仙个人主义也不再是修仙成功的必要品质，有时不参与竞争甚至"躺平"也能顺利进阶（如猫腻《大道朝天》）。王玉玊观察到，在部分"女性向"的修仙文中，主角并没有一味信奉慕强的逻辑，譬如《我的徒弟又挂了》（尤前著）的主角祝遥就反对"弱肉强食、排除异己"的社会运行法则，她常怀善念，尊重生命，赏罚分明，并尝试拥抱人生的无限可能[①]。逆袭的可行道路一旦被堵死，"反类型"的修仙故事也就呼之欲出了。主角不再一味追求提升实力，而是别出心裁、打破常规。譬如"修仙与吐槽并重"的《从前有座灵剑山》（国王陛下著）就是一个典型案例。面对庞大严苛的社会分层体系，主角不再谨小慎微，而是不按常理出牌，另辟蹊径，且频频吐槽，以轻松搞怪的游戏心态与制度体系见招拆招、斗智斗勇。有网友如此评价道："主角智商超高、情商感人，言行完全跳出正常套路，面对传统意义上的两难选择总能找到'第三条路'，千古难题迎刃而解。"[②] 这构成了对内卷社会的封闭性制度体系的挑衅与反叛。

总之，修仙网文构筑了一个高度竞争、日益内卷的修仙世界，也刻画了慕强及修仙个人主义的普遍心态。当一切都在期待并鼓励我们成为人生赢家时，所有的蔑视以及践踏失败者的逻辑都似乎成了一种必然。修仙网文的主角反抗的基本上是强者对自己的压迫，而非剑指修仙制度

---

① 王玉玊：《编码新世界：游戏化向度的网络文学》，北京：中国文联出版社，2021年版，第153—154页。

② 邵燕君、高寒凝：《中国网络文学二十年·好文集》，广西：漓江出版社，2019年版，第208页。

本身对弱者的不公与压迫。以"升级"为支配性逻辑的修仙网文复刻并强化了当前世界的现实境况与不良心态,更多展现的是一套暴力掠夺、赢家通吃的竞争实践,其局限性在于"没有超越性的共同追求","导致权力和力量到达巅峰之时,就是极度空虚之时"[1]。然而晚近以来修仙网文的多元化、反类型化也让我们看到了另一种可能——主角在修仙历练中仍能坚持情怀、不忘初心,并常以戏谑、调侃、吐槽的方式对现实予以迎头痛击。修仙目标不只是升级,修仙世界也远不止一种生活方式。或许我们有必要提醒自己,人生与修仙相似,不应只是循环往复、难以挣脱的轨道,而应是充满无限可能的旷野。

第五节 权谋后宫:女性成长的跨媒介叙事[2]

电视剧《甄嬛传》改编自流潋紫的网络小说《后宫·甄嬛传》,2011年甫一开播便引发收视狂潮,围绕其剧情人物展开的各种讨论层出不穷。直至今日,《甄嬛传》的热度也并未随时间的流逝而冷却,幽深宫苑中的那些前尘过往仍被当下观众不断翻检,在时代变迁中生发出新的意义,历久而弥新。该剧强劲的生命力正源于跨媒介叙事所构筑的繁复而精细的故事世界。

作为国内 IP 界当之无愧的"顶流"之一,《甄嬛传》的故事讲述流转于诸种媒介之间,一个春光旖旎但不乏刀光剑影的后宫世界由此崛起。除了原著小说、电视剧所讲述的典范版本,粉丝们自行创作的各种衍生作品,如同人小说、漫画、二创视频、游戏等,更是如同探照灯一般不断探察故事世界的未明未尽之处。尤为重要的是,无论流转迁徙媒介几何,《甄嬛传》中权谋与爱恨紧紧交缠的故事世界总能激发人们一次又一次地驻足探访、讨论诠释。那么,《甄嬛传》究竟构筑了一个怎样的故事世界?该故事世界如何被不同媒介协同构筑,又如何借助跨媒介实现扩展?粉丝如何探索体验,如何游牧迁徙?其中又体现了何种内在诉求与社会心态?

---

[1] 邵燕君:《破壁书:网络文化关键词》,北京:生活·读书·新知三联书店,2018 年版,第 282 页。

[2] 南京大学新闻传播学院硕士研究生赵萱飞对本节写作亦有贡献。

一、后宫世界的构筑之道

宫斗剧是历史剧的一个分支，往往以中国古代封建王朝为背景，以后宫嫔妃或女官等女性角色为人物主体，以人物情感纠葛或政治权力斗争为剧情主线。[①] 21 世纪以来，历史正剧式微，宫斗剧日渐风行，剧情内容从"前朝权争"转变为"后宫权斗"，其中最具代表性的当属《甄嬛传》。女主甄嬛温文尔雅、满腹才华，凭借一张神似皇帝原配兼终生挚爱纯元皇后的面容受到皇帝别样的宠爱。但她仍然需要与层出不穷的"情敌"展开无休止的对决。刚开始她自视甚高，并不刻意争宠，因为她认为皇帝对自己和对别人不一样。但后来她发现自己只是死去皇后的现实替身，因此备受打击。历经各种挫折与磨难，她变得心机深沉、手段狠辣。她逐个铲除异己，并最终成为皇贵妃，还在皇帝弥留之际说出真相气死了他。

原著作者流潋紫曾在接受采访时表示："中国的史书是属于男人的历史，作为女性，能在历史中留下寥寥数笔的只是一些极善或极恶的人物，像丰碑或是警戒一般存在，完全失去个性。女性的心理其实是非常细腻的，所以我极力想写下历史上那些生活在帝王将相背后的女人的故事，还原真实的后宫女子心态图。"[②] 在电视剧改编中，《甄嬛传》一改"以爽为本"的消遣文学[③]，变成了颇具批判性的文化产品。主角甄嬛选秀入宫，在后宫争斗中步步为营、费尽心血，虽屡遭挫折，但也往往能够逆转败局，最终走上后宫权力巅峰。《甄嬛传》全面继承了相关前作频繁使用的"宫斗"元素，并将之紧密编织、推向极致。

为了更为精准地构筑后宫世界，《甄嬛传》高度还原了清宫日常生活图景。为了最大限度地还原史实，导演郑晓龙尤其注重剧中的礼仪、吃穿等场景细节，专门从北京运来道具，尽力呈现出清朝宫廷应有的样貌。借助考究的布景和精致的服化道，一个巨细无遗的后宫世界拔地而起。礼仪、服饰、妆容、言辞、诗词、器物、糕点、药材，不一而足，《甄嬛传》全面细致地打造了一个清廷后宫。在这里，麝香是害人子嗣的"落胎神药"，椒房是皇帝恩宠的最高象征，妃子们礼仪周全，言语文雅并暗

[①] 曾于理：《宫斗剧爆红背后：类型化、现实投射以及进退失据的女性意识》，澎湃新闻，2018 年 8 月 16 日。

[②] 孟静：《后宫里的历史观》，《三联生活周刊》，2012 年第 1 期。

[③] 邵燕君：《以媒介变革为契机的"爱欲生产力"的解放——对中国网络文学发展动因的再认识》，《文艺研究》，2020 年第 10 期。

藏机锋。

隐藏在生活图景之后的，是深入毛细血管的权力体系。后宫被设定为一个等级森严的封闭世界，所有人都被同一套权力体系统摄。皇帝作为宫廷的最高权威，掌握着资源分配的最高权力，也因此成为众妃嫔竞相取悦的最高目标。后宫女性位份从皇后到答应依次分为九等，位份越高则权力越大，形成了一种类似现代职场的科层制。[1] 不过，表面的位份未必代表实际的地位，后宫女性真正的资本是皇帝的重视与宠爱。面对恩宠正浓的低位嫔妃，即便执掌六宫大权的皇后也要退避三舍。森严的等级体系默许高位者对低位者的倾轧，例如正得圣宠的华妃稍一皱眉，便可令人将新入宫的常在夏冬春活活打死。同时，权力也体现在宫廷生活的诸种细节之中，大到居所安排离皇帝寝宫的远近，小到服饰、赏玩、膳食、冰炭等生活用度，皆会因位份高低及宠爱多寡而有差别。[2] 内务府、御膳房等宫廷机构更是对位低少宠者极尽怠慢克扣之能事，后宫女性的生活品质乃至举家荣辱皆系于一身沉浮。后宫内外有别、尊卑有序的微观礼制与权力体系高度适配，描绘出后宫运转的日常逻辑。

宫斗剧的主要看点在于"斗"，故事世界中最具吸引力的莫过于攀升之路与权谋之争。历史学者指出，清代宫闱秩序的核心是"无情"——君王在相当长时间内都避免展现出对某一位妃嫔的格外宠爱，并且还会通过"内外隔离"等一系列措施限制后宫女性权力体系。[3] 正如入宫前母亲叮嘱甄嬛的那句话：一入宫门深似海。《甄嬛传》所构筑的后宫世界表面波澜不惊，实则危机四伏，人人暗中较劲、各显神通，各种势力盘根错节、轮番登场。巍峨华美的宫廷不啻一个牢笼，令后宫女性难以逃离，一身本领只能用于宫斗争宠之上。甄嬛初入宫时，一幅关于权力格局的现实图景在她面前徐徐展开：皇后与华妃经营多年、实力雄厚，各自结党形成了强势的既得利益集团；端妃、敬妃之流避开争斗，实力堪可自保；其余的低位嫔妃身处权力夹缝之中，只能躲闪腾挪、努力求存，唯愿某日得到皇帝的意外垂怜；而身处最底层的宫女太监则要费尽心思择选明主、苦心经营，从而借助主人的势力向上攀爬。在庞大复杂的后

---

[1] 张慧瑜：《当代中国的文化想象与社会重构》，广州：中山大学出版社，2014年版，第237页。

[2] 毛立平、沈欣：《壶政：清代宫廷女性研究》，北京：中国人民大学出版社，2022年版，第97—103页。

[3] 毛立平、沈欣：《壶政：清代宫廷女性研究》，北京：中国人民大学出版社，2022年版，第46页。

宫权力体系中，甄嬛一路"打怪升级"，从一个出身不算显赫的秀女，成长为位居权力巅峰的太后，为观众创造了一个"黑化逆袭"的职场神话。

另外，宫斗剧往往还隐含着一层对封建制度的反思和批判。在后宫这个封闭空间之内，女性无力跳出皇权－男权的统摄性框架，她们的斗争意识仅仅在个体层面上产生，对权力体系本身是高度认同与服从的。[1] 身处个人荣辱与家族兴衰的压力之下，她们只能在既定规则之下不断挣扎，并注定卷入一场场残酷的博弈。后宫纷争注定不会有真正的胜者。后宫女性的命运大多殊途同归，芳华在有关爱情的美好想象里凋零殆尽，徒留那些无法与天斗，无法与地斗，更无法与制度斗的琐碎日常。[2] 故事的最后，主角确实胜利了，但怅然若失到底还是爬满心头："春光正好，妆容精致，满头珠翠的甄嬛躺在金榻上，闭着眼回忆往昔。她还那么年轻，敌人们都被打败了，好友们几乎都逝去了，这个吃人不眨眼的宫殿，吞噬了她的大半生，而她也终于与它融为一体。等她醒来，她又是一个疲倦但顽强的女人，她会再慢慢思考，接下来要往何处去。"[3]

"清宫"是近年来宫斗剧百拍不厌的主题，历史上真实的权力结构为故事世界的构筑提供了基础架构。皇帝是王朝最高权力唯一合法拥有者，而清朝皇位继承制度并未完全遵循前朝的长子继承制。只要是皇帝的儿子，无论序齿出身，皆可参与对皇位的争夺，其结果注定是赢家通吃一切，输家性命难保。康熙时期"九子夺嫡"的竞争倾轧尤其惨烈，幽深宫苑不啻权力斗争的至暗森林。皇位之争的白热化辐射到前朝后宫，乃至更远的市井江湖，各种势力盘根错节，每个人都卷入其中。这种高度竞争、不允许退出的结构性困境，呼应了项飙所说现代东亚社会"不允许失败和退出"的内卷竞争[4]，使得清宫成为权谋斗争空间的天然基座。

值得注意的是，在《甄嬛传》所构筑的故事世界中，甘露寺（剧中甄嬛离宫带发修行之地）就像是"后宫世界的一个缺口"，尽管地处边缘，却和后宫的权力逻辑构成了微妙的平衡。对于部分观众而言，比起终日厮杀的后宫，甘露寺的清苦修行以及果郡王与甄嬛的甜蜜爱情或许

---

[1] 高翔：《女性主体性建构的文化悖论——当代文化场域中的"大女主剧"》，《探索与争鸣》，2021年第5期。
[2] 何天平：《藏在中国电视剧里的40年》，杭州：浙江工商大学出版社，2018年版，第225页。
[3] 陆天又：《〈甄嬛传〉凭什么火了十年》，《三联生活周刊》，2021年11月23日。
[4] 王芊霓、葛诗凡：《人类学家项飙谈内卷：一种不允许失败和退出的竞争》，澎湃新闻，2020年10月22日。

偏于平淡，没什么看头或"爽点"。但正如甄嬛和果郡王在这里曾有过逃离后宫世界的可能性，甘露寺的存在也为现实生活中困于内卷赛道的我们提供了某种逃离的可能和小小的慰藉。

二、后宫故事的扩展之术

故事世界的典范版本一旦形成，创作者就得以在此基础之上发挥才智，尝试扩展故事世界。根据奇幻作家托尔金的"探照灯"（searchlight）比喻，"扩展故事世界的技艺"可归纳为人物视点转换、地图铺展、世代更替这三款"探照灯"：随着人物视点的转换照亮个体处境，随着地图的铺展照亮陌生疆域，以及随着世代的更替照亮未来之路。后宫的空间版图固然有限，但创作者们还是会选择"人物视点转换"与"世代更替"两种方式来扩展后宫世界。

许多创作者沿着"人物视点转换"的思路，以不同人物视角照亮故事世界的未知角落。正如玛丽-劳尔·瑞安将《黑客帝国》系列比作"一块充满孔洞的瑞士奶酪"[①]，原剧观众循着主人公甄嬛的视角去观察后宫，而未曾体会过其他人物的视角与立场，这就为故事讲述留出了大量可供填充的空隙。粉丝故而可以尽情想象与阐释，不断填充人物的过往经历，挖掘表象背后的诸种隐情。Bilibili视频博主"香菜碎碎念鸭"创作的《××视角看〈甄嬛传〉》系列视频，通过剪切原剧并将片段重新拼合，以次要人物的限知视角复述故事，为观者带来一种全新的叙事体验。在她创作的《后宫的水太深你把握不住，让我来！》《宫斗要从娃娃抓起，拿来吧你！》等系列视频中，皇后化身为一位内心戏极其丰富的"吐槽达人"，以诙谐幽默的方式讲述了自己接连失去福晋之位和亲生骨肉，还要强颜欢笑服侍怀有身孕的姐姐的辛酸往事。通过这些"视点人物转换"的二创视频，次要人物的内心世界得以揭示，我们可以倾听她们的隐秘心事，感受她们的现实困境，理解她们的言行和抉择。同时，故事世界通过多元视角呈现，也能够让观众看到同一事件发生发展过程的不同侧面，从而令故事世界更具层次性与多样性。

创作者还可以沿着历史脉络向前或向后延展时空，进而丰富故事世界。《甄嬛传》大获成功之后，作者流潋紫又着眼于续写下一代的爱恨纠葛，创作出了《后宫·如懿传》并亲自操刀将其改编为电视剧。《如懿

[①] Marie-Laure Ryan, "Transmedia Storytelling: Industry Buzzword or New Narrative Experience?," *Storyworlds: A Journal of Narrative Studies*, Vol. 7, No. 2, 2015, pp. 1–19.

传》自然与前作《甄嬛传》有着千丝万缕的联系，前作中的前尘往事常常是理解剧情的关键。不过，创作者借用前作人物及其恩怨以资推动剧情发展，有时难免给人以生硬之感。在《如懿传》中，曾经在"后宫战争"中所向披靡的甄嬛变成了一个狭隘无力而又睚眦必报的老太太，因为与皇后的旧怨而迁怒于主角青樱，处处为难而又屡屡败退，甚至在女儿胧月远嫁准噶尔之际束手无策。人物人设的偏移和崩塌成为粉丝"吐槽"的重点，以至于部分观众坚定认为《如懿传》并非《甄嬛传》续作，而只是发生在平行世界的姊妹篇。相比之下，网文作者马小丁在"磨铁中文网"首发的《后宫琳妃传》将目光投向前朝，以太后（康熙皇帝的琳妃）作为主角，讲述康熙后宫中的恩怨权争，倒是延续了《甄嬛传》的故事内核。在相关豆瓣小组中，《后宫琳妃传》被粉丝作为分析端妃人物性格成因的佐证材料，并在相关同人文的推荐帖中被频频提及，足见其故事逻辑与细节支撑得到了"甄嬛粉"的广泛认可。

与一般意义上跨媒介叙事力图构筑幅员辽阔的故事世界有所不同，《甄嬛传》将故事发生的空间版图限制在皇家高墙深院之中。由于版图所限，与其他故事世界鼓励主角人物向外探索、解锁未知之地不同，《甄嬛传》在人物塑造和情节设计中大量铺设细节、埋藏线索，充分利用有限的叙事空间，架构起一个可供不断挖掘、探索、体验的后宫世界。十多年过去了，《甄嬛传》所构筑的后宫世界依旧栩栩如生，拥有现实世界的质感与温度，其中每个人物都有其可爱、可恨、可怜、可悲之处，每个情节都可以抽丝剥茧、深入钻研，甚至每句台词、每个表情都经得起细细推敲、反复琢磨。总之，一个丰富立体的故事世界意味着粉丝探索游历的无限可能。

三、后宫世界的粉丝参与

面对后宫世界发出的召唤，粉丝们的态度也有所不同：研究型粉丝安于受众地位，将典范版本奉为圭臬，相对被动地进行体验和探索；盗猎型粉丝则乐于反抗主流叙事，在典范版本的基础上将叙事资源尽情挪为己用。我们可以从这两种角度出发，考察《甄嬛传》丰富多元的粉丝文化图景。

研究型粉丝受典范版本召唤而来，力求获取故事世界的全部信息与体验。一方面，部分粉丝致力于在诸种媒介文本之间游牧迁徙，收集故事世界的全部知识。在社交媒体平台上，粉丝仿照"红学"而自创"甄学"。那些掌握最多"甄学"知识的粉丝，则被戏称为"甄学家"或"甄学十级学者"。网络上流传着各种版本的"《甄嬛传》十级学者试卷",其中不少问题堪称刁钻:华妃最喜欢的点心是什么?果郡王香囊里放的花瓣是哪种?太后与隆科多相识在哪天?学者型粉丝不仅将典范版本一刷再刷,还常常以严谨的学术态度对个别问题反复探讨论证。Bilibili 视频博主"S 同学甄不错"是最早创作"中译中"视频的博主之一。她以通俗直白又不失幽默的语言,逐字逐句翻译原剧中委婉含蓄的对白,系列视频已经做了上百期,其中新颖的解读观点常常引来高频点赞与热烈讨论,网友评论表示"不看翻译我跟齐妃半斤八两""原来这才是正确的打开方式,还得是'中译中'!"

另一方面,借助相关游戏,部分粉丝乐于躬身入局。十几年前,《甄嬛传》凭一己之力带起了宫斗剧的热度,这股热度很快又从电视剧行业蔓延到游戏行业,以宫斗为主题的游戏层出不穷。其中,2020 年 9 月发布在网易易次元平台的《深宫曲》是各类宫斗游戏中热度较高的一款。玩家可以对人物剧情进行自主设定,从而开启一个高还原度、高自由度的后宫世界。网友"Lan 熙"在易次元平台讨论区分享了"在《深宫曲》里玩《甄嬛传》"所需的人物数值及设定方式。借此,玩家便可以任意角色的身份"入宫",通过对主角言行的决策来影响后续情节的走向,书写属于自己的宫斗传奇。借助故事世界中的选择与行动,粉丝们追寻、确立、重建了某种身份认同。另外,《甄嬛传》复杂的人物关系也启发了各类社交游戏,其中《血战甄嬛传》就诞生于粉丝的自发创作。这款游戏基于当下热度较高的身份推理社交游戏《血染钟楼》,巧妙融入《甄嬛传》的人物设定,开发了一套新的角色体系和技能机制。游戏沿用了传统的双阵营聊天推理形式,将甄嬛、眉庄、胧月等角色设定为正派阵营,皇帝、华妃、安陵容等则被划入反派阵营。通过"聊天"和"发动技能",玩家逐步推理出他人的真实身份与动机,从而达成胜利条件。游戏还融入了许多"圈中热梗",譬如将"翠果,打烂她的嘴"等经典台词转化为角色技能,常令玩家会心一笑。

盗猎型粉丝不满于规规矩矩地阅读故事世界的典范版本,他们肆意开展文本盗猎,将相关素材挪为己用。表情包和鬼畜视频是粉丝文本盗猎的普遍形态。粉丝截取原片影像予以巧妙处理,或是辅之以文字注释,或是与其他文本融合,从而生发出新的意义。在 Bilibili 的"鬼畜区",《甄嬛传》也与《亮剑》《三国演义》等经典电视剧一道,成为粉丝二次创作的绝佳素材库,譬如基于"祺贵人告发熹贵妃私通"等名场面创作的鬼畜视频数不胜数。粉丝们或是颠覆其原本意涵,或是将其置于另类场景中重新拼接，带来包袱连连、笑料不断的观看体验。

　　近年来，不少着眼于次要人物"重生"的同人创作频频出圈爆火，其中尤以"安陵容重生小说"最受瞩目。在典范叙事中，安陵容是一个复杂的人物，关于她的争议也最为激烈。从主角甄嬛的角度来看，前期的安陵容多受自己的照顾和庇佑，原本情同姐妹，后来却因嫉妒之心，在他人挑拨下轻易倒戈背叛，是一个自私自利、落井下石的卑鄙小人。这同样也是早年间观剧者的主流观点，饰演安陵容的演员甚至曾因为自己扮演的角色不讨喜而遭到网友谩骂。时隔多年，当人们重新回望审视安陵容时，许多人惊觉她恰恰就是现代"小镇做题家"的化身：安陵容出身寒门，父亲只是小小松阳县丞；同为嫔妃，但她没有忠心婢女供差遣，没有钱财珠宝撑场面；前朝的父亲不仅不能提供助力还时常拖累她，令她进退失据。家世低微导致她敏感自卑，无法像其他嫔妃那样自如得体、落落大方，严峻的生存环境令她无时无刻不是如履薄冰。这种"小家子气"让她在宫中受尽冷眼，始终无法得到他人的真心尊重，最终在命运交错之际，一步踏错终身错，不可逆转地堕入深渊。当人们以安陵容的视角进入后宫世界，人物身上的悲剧性便尽数显现。出身贫寒的安陵容没有大女主光环加持，身处逆境不得不谨小慎微，努力内卷却又并不如意，似乎是现实中悲催"打工人"的一个缩影。因此，部分粉丝不满于安陵容在典范版本中成为宫斗傀儡和皇帝玩物的命运，更反感主流叙事"按照地位分配善良"的做法，于是试图将她复活并另外讲述一个别开生面的故事。知乎网友"麻辣菊花小团子"因不满电视剧《甄嬛传》中安陵容的惨淡结局，自发创作了《甄嬛传之安陵容重生》。重生一世的安陵容增长了谋略和自信，利用已知的深宫秘辛攻无不克，登上后宫巅峰，也与甄嬛达成了最后的和解。《甄嬛传》开播十年后，饰演安陵容的演员陶昕然再次登上舞台，演绎了这一粉丝所幻想的重生结局。时隔多年，她感慨道："十年前大家想掐死安陵容，十年后大家想让她活着。"[①]

　　围绕《甄嬛传》文本盗猎的狂欢背后，折射出近年来某种社会观念的变迁。一方面，随着女性主义意识的觉醒，粉丝对《甄嬛传》的解读视角逐渐从崇拜甄嬛的职场逆境生存智慧，转变为关注后宫女性个体在父权社会中经历的压迫与觉醒。通过同人作者笔下人物命运的扭转颠覆，

[①] 黄茗婷：《陶昕然："安陵容"在重生》，《南风窗》，2023年第14期。

原作中对性别不公的"想象性叛逆"[1]得到更为深刻的体现。另一方面，人们对于弱者、不幸者的命运有了更多的共情与体察。狭隘狠毒的安陵容、深情却错付的华妃、心比天高却身为婢女的浣碧……她们没有闪亮的主角光环，人格上也并非完美无瑕，但平心而论，她们不过是像我们一样的普通人而已，有梦想也有欲望，有缺点也有软肋，努力打拼却也很难得偿所愿。粉丝们穷尽笔墨为后宫女子们描绘重生后的奇遇，营造"逆袭"的幻梦，似乎也是在为自己的现实处境寻找某种出路。不过有论者指出，粉丝们的实践建立在《甄嬛传》"伪真实"的历史书写基础上，某种程度上也只能是一种"伪实践"。尽管大众在文化消费中获得了充斥娱乐性、反叛性的"替代性的满足"，但难以在理性反思中理解历史真相与公共政治。[2]

总之，《甄嬛传》是一部生命力极强且不断扩展的跨媒介叙事作品。四面宫墙限制了后宫世界的空间版图，但也令叙事更为聚焦。人物关系错综复杂，剧情发展环环相扣，赋予了故事世界可供粉丝不断深入挖掘的丰富内涵。后宫世界诚为虚构想象，但也颇具现实质感，剧情恰到好处的留白，不仅给粉丝留下极大的想象空间，更是激起了粉丝的好奇心和探索欲。粉丝们遨游其间，尽情拾取有用的碎片，或挪为己用，或另行讲述。在可以预见的未来，后宫世界必然还会借助粉丝们的想象力不断生长，深深宫苑之中的恩怨往事历久弥新，在更多的当下时刻生发出更为多元的故事版本与意义空间。

本章小结

谚语有云："远行之人，必有故事。"说的是出门在外的、有过冒险经历的人，都有故事可讲。面对三体人日益迫近的进犯，大学老师罗辑开始了他的执剑人之旅；面对邪教势力的日益庞大，店小二李逍遥走出渔村开始了他的仙侠之旅；盗墓小分队奔赴一个又一个墓穴，开启了探险寻宝之旅；穷小子韩立走出小乡村，开始了刻苦修行、个体逆袭的修

---

[1] 许苗苗：《新媒介时代的"大女主"：网络文学女作者媒介身份的转变》，《扬子江文学评论》，2022年第2期。

[2] 丁文俊：《替代性的欲望满足：宫斗题材作品中的乌托邦书写》，《文化研究》，2018年第1期。

仙之旅；青春年少的甄嬛辞别家中双亲，入宫开启了绝地求生的宫斗之旅……他们一个个或情愿或不情愿地奔赴远方，远方给予他们无限的遐想与无穷的悲欢。他们急于向前奔，间或审视来时路。不过隔着数十载的辛苦路往回看，再好的风景也不免有些凄凉。伴随着主角的迁徙，故事世界被打开，被铺展，被激活。

就可扩展性而言，"三体宇宙"采取末日救亡的叙事结构，以"救世主体"为主要人物，叙事动力在于构想面向未来的解决方案。时间可扩展性在于其面向未来，地理可扩展性在于其面向宇宙空间，人物可扩展性在于其立场多元、策略多样的"救世主体"。"仙侠江湖"采取游戏任务的开放结构，以"侠义主体"为主要人物，叙事动力在于行侠仗义的游戏任务。时间可扩展性在于其根植于神话传说，地理可扩展性在于其主角团的漫游，人物可扩展性在于其世代更替、跨代重启。"盗墓空间"采取冒险故事的链式结构，以"探险主体"为主要人物，叙事动力在于探寻稀世珍宝与历史真相。时间可扩展性在于其根植于历史考掘，地理可扩展性在于其渐次展开的冒险旅程，人物可扩展性在于主角团的人物更替。"修仙世界"采取个体逆袭的开放结构，以"练级主体"为主要人物，叙事动力在于提升实力以求逆袭突破。时间可扩展性在于修仙者拥有近乎无限的生命，地理可扩展性在于其频繁"换地图"做任务，人物可扩展性则稍逊一筹，因为修仙个体往往缺乏同行伙伴。"权谋后宫"采取女性成长的叙事结构，以"后宫女性"为主要人物，叙事动力在于精心筹谋以求生存进阶。时间可扩展性在于宫廷历史可供上溯下延，人物可扩展性在于次要人物的人生境遇与心路历程有待揭示，空间可扩展性则受限于后宫的封闭环境。

就三体宇宙而言，刘慈欣小说《三体》作为大国科幻的创作标杆，通过世界构筑、时空扩展、叙事增殖等跨媒介叙事路径，构筑了一个多元开放、持续生长的故事世界。讲好大国科幻故事，可以从《三体》跨媒介叙事实践中获得经验与启示：一是精心构想别样的世界秩序并积极扩展故事世界；二是探寻叩访中国历史，以"秘史""别史"等书写打开多重时空褶皱；三是鼓励粉丝汇聚集体智慧，直面时代之问与世界之问，努力贡献中国智慧与中国方案。

就仙侠江湖而言，"无道难以成仙，无情何以为侠"，兼具武侠情怀与言情特质的仙侠世界可谓中国人独有的浪漫想象。角色扮演游戏《仙剑奇侠传》于1995年横空出世，凭借其唯美视觉与浓烈情感，以及武侠内核与成长叙事，打造出了颇具东方美学风格与侠义精神价值的仙侠典范。多年来，关于仙侠世界的跨媒介叙事实践前赴后继，一个恢弘壮丽的仙侠世界被精心构筑并不断扩展。其中最令人触动的是侠骨与柔情的交错纠缠，以及关于道与情的价值讨论。在越来越原子化的当代社会，晚近以来的仙侠作品逐渐出现精神意义流失、情感困境凸显等问题。作为中华优秀传统文化传承传播的重要载体，仙侠故事及其跨媒介叙事实践或将成为加快构建中国跨媒介叙事体系的持久关注。

就盗墓空间而言，《鬼吹灯》和《盗墓笔记》共同开启了中国网络文学的"盗墓时代"。盗墓空间是一个源流丰富且不断扩展的故事世界，对历史、地理、人物的扩展令探险故事始终保持吸引力。粉丝们乐此不疲地探访由创作者精心构筑的故事世界，钻研并填充故事的缝隙，充分体验地下世界的玄幻与诡谲。讲好中国特色的探险寻宝故事，既要对故事世界进行精细构筑，也要将故事命意提升至构建人类命运共同体的高度，从而更好实现中国网络文学的全球跨文化传播。

就修仙世界而言，修仙世界既是实力至上的分层社会，也是高度竞争的内卷社会，修仙者对优质修仙资源展开近乎惨烈的争夺。修仙主体是自我驱动、自我规划的"功绩主体"，借助"实用攻略"与"神奇方案"突破修炼瓶颈，从而克服持续竞争所带来的倦怠感。网文作者化解矛盾的神奇方案，揭示了社会转型时期的特定情感结构——"例外向常态的妥协"，即冲破世俗的"例外"最终转变为被世俗理解的"常态"，致使原本鼓舞人心的逆袭人生滑向某种理固宜然的成功故事。

就权谋后宫而言，宫斗剧典范之作《甄嬛传》构筑了一个等级森严且充满争斗的后宫世界，主角地位攀升与精彩权谋斗争的背后是大众的政治想象。在典范叙事的基础之上，创作者使用"人物视点转换"和"世代更替"两款"探照灯"，或以次要人物的限知视角复述故事，或沿着世代脉络挖掘新的故事，从而不断扩展故事世界的边界。《甄嬛传》的研究型粉丝乐此不疲地收集知识、钻研细节，探索游历故事世界，而盗猎者们则肆无忌惮地开展文本盗猎，其中"重生文"等同人创作致力于挑战甚至颠覆典范版本的权威叙事，体现了现代人对弱者命运的体察及女性主义观念的兴起。

结语　迎向复魅空间的永恒探索

一个世界在等待。

——网络游戏《魔兽世界》早期广告语

本书既是理论研究，更是图景描绘。"理论"在拉丁文里就是"图景"的意思，给出一个理论，就是给出一幅图景。对跨媒介叙事而言，笔者希望尽可能描绘出一幅过去与现在的图景，同时也呈现其背后透出的未来可能图景。这里包含两层意思，一是对现在面貌的概括，二是对未来走向的把握。本研究既注重对跨媒介叙事理论的探索与构建，也注重对个案开展集中深入的追溯与分析，试图将纵览全局与力求创见二者紧密结合起来。本书所讨论的数字时代的跨媒介叙事，与其说是"面貌"，毋宁说是"面向"（可译为 facet 或 orientation），意指某种趋势或发展方向。本研究以"虚拟化""融合化""复魅化"等关键词作为线索，整理其历史发展，爬梳其理论脉络，将幻想、技术、文化互相关联，从而阐释它们交错丛生的复杂关系与协同共生的运作机制。这并非一组孤立的个案，而是相互缠绕、彼此呼应的线索。

本书所要尝试解决的问题可一言以蔽之：自 20 世纪后半叶以来，以数字技术应用为基础架构的故事世界缘何逐渐兴起，并在晚近以来大获风行？

笔者试图将关于跨媒介叙事与数字化的讨论结合起来，并将前者纳入后者的历史进程之中——这也是本研究最为突出的亮点之一。首先，跨媒介叙事的兴起深刻根植于 20 世纪历史发展的脉络之中，集中反映了特定时代的文化心理和社会诉求；其次，跨媒介叙事的发展受益于 20 世纪以来媒介技术的激烈变革与创新实践；最后，结合虚拟化历史、媒介化分析与社会化批评，笔者以"复魅空间"（Re-Enchantment Space）为核心概念对该问题做出解释：跨媒介叙事既是"复魅的空间"，也是"空间的复魅"。

"复魅空间"是根植于历史现实的"另类空间",提供"另一种可能"(或者说"另一种选项"或"另一条道路")。在第二章中,笔者曾强调了"复魅"的两层含义:首先,"魅"是幻想,"复魅"是幻想的重临;其次,幻想的卷土重来,与人们对现代性(祛魅)的不满有关。"复魅"可以视作人们对理性樊笼中的现代社会的补充与反抗。"复魅空间"不仅仅是"复魅的空间"(the spaces of re-enchantment,即幻想世界的空间架构),也是"空间的复魅"(the re-enchantment of spaces,即虚拟媒介如何改造了空间)。"复魅空间"由此将幻想、技术、文化三者勾连起来。在笔者看来,"复魅空间"可以概括为以下三点:

第一,在跨媒介叙事浪潮之下,叙事正日益成为一种世界构筑的艺术,"共世性"成为跨媒介叙事的重要特性。

故事世界多为幻想世界,其核心特质在于历史、地理、人物等维度的"可扩展性"。构筑故事世界的技艺在于:精密创建,持续扩充,同时保持前后相续的连贯性。故事世界的兴盛体现了对以"祛魅"为特质的现代社会的不满,即"复魅"文化。"复魅"意味着一个日益动荡的幻想世界,有迫近的威胁,有即刻的使命,故事世界的消费者借此逃离日常秩序并重拾意义与认同。

跨媒介叙事并非媒体平台的简单相加,也不同于商业营销手段,而是媒介融合的文化转型:不同媒体各擅胜场,互为驰援;消费者自由流动,无远弗届。跨媒介叙事的洞见在于对盗猎、游牧、故事世界等理论的构建。盗猎强调对媒介产品中的现有材料加以挪用,制造出新的意义。游牧强调消费者在媒介世界中的居无定所、自由迁徙。面对粉丝的抵抗与散漫,故事世界是跨媒介叙事的隐秘收编方式:通过使命召唤将粉丝纳入预定的运行轨道。故事世界不断扩展,召唤粉丝成为学士或骑士。学士将试图掌握故事世界的全部隐秘,骑士将受命游历故事世界以获得独特体验。粉丝自有粉丝的盗猎计,媒介自有媒介的召唤术,这正是跨媒介叙事的一体两面。

跨媒介叙事的风行,得益于多元媒介对故事世界的丰富表达与精细构筑。"构筑"包含两层意思:一是创建,二是扩充。同时,"构筑"还体现为讲究精细的工匠精神,即故事世界必须被认真搭建,保持一致性与连续性,犹如建筑工程一般精准无误,而不是被兴之所至地随意涂抹。精细构筑的好处在于,环境路线被准确描绘,时间轴线被妥善安排,人物不至于设置杂乱,情节不至于无序冲突。被精细构筑的故事世界犹如一个坚实的基座,在不断丰富扩展的同时,也欢迎广大粉丝前来共同打造、参与叙事。

跨媒介叙事的前提并非"互文性",而是"共世性",即基于若干媒介的若干故事发生在同一个故事世界之内。故事世界成立的关键,不在于其材质是幻想抑或现实,而是取决于历史、地理、人物等维度的"可扩展性",其扩展方式分别对应:填补历史之缝隙,探索未知之疆域,以及关注次要人物之经历。跨媒介叙事扩展可以借助"协同论"与"冲突论"两类视角来考察:前者关注与典范版本保持一致的叙事扩展;后者关注与典范版本存在明显矛盾冲突的叙事扩展,尤其是草根创作者有意为之的"另类叙述"。故事世界的消费者因未知驱动而不断探索,其模式可归为"收集体验"与"研究问题":前者迁徙游历,收集新鲜事物;后者博闻强识,致力于深入钻研。

第二,在数字时代,跨媒介叙事所架构的故事世界为我们提供了除历史现实之外的"另一种可能"(another potential),它允许人们投身其中,这既是逃避的权宜之计,也意味着欲望和反抗。

故事世界往往被架构为日趋混乱的幻想世界,不过仍深深地根植于历史现实的土壤之中。幻想世界既是故事世界的建筑材质,也是故事世界的文化土壤。幻想世界始终根植于历史现实,与现实中的政治、历史、社会、文化保持千丝万缕的勾连。换言之,幻想世界正是历史现实的某种文本实践。

人们所架构的故事世界往往是一个日趋混乱的幻想世界。自20世纪以来,作为现代性支柱的理性意志,不复往昔风光,颓势愈显,甚至节节败退。随着理性大厦的罅隙丛生,复魅的冲动日益强劲。失序正在发生,混杂开始复兴。原本被现代性压制、收编、改造的"魅"开始强势回归,一切坚固的东西都崩毁的流动的世界正在降临。以流行文化产品中的未来城市为例,人们期待未来城市遭遇一场大混乱,借此挑战并不令人满意的隔离秩序,甚至不惜毁灭城市,如"被毁灭的纽约城"。幻想世界的混乱图景,既是危情时刻,也是机遇难得,意味着"另一种可能",作为对现代性的反思与补充。

故事世界不是封闭的世界,而是高度开放的世界。人们希望自立于故事世界之中,自作主张,自寻方向。就"疆域/地图"而言,作为故事世界的参与方式之一的"地图术",就是将"踪迹"还原为"地图",将以往单一的故事套路转化为无限的叙事可能。人们进入故事世界展开自由的游历,路线可变,方向任意,全凭个人偏好。混乱世界固然危机四伏,却也正是孕育希望的关键时刻。人们或接受邀约,或聆听召唤,在苍茫无边的异域大陆上追逐梦想与荣光。这意味着自我实现的高度开放性,你可以成为自己希望成为的那个人。

我们通常将故事世界看作一个逃避的世界,是现实生活中的无力者、无能者的无奈选择。然而,通过对"未来城市""未来纽约"的讨论,我们发现,纵身跃入故事世界,并非完全是一种无奈的、短暂的逃避,也是一种积极的、持续的、历久弥新的欲望。正如桑塔格所指出的,恐惧也是一种欲望——从日常琐事、持续焦虑中摆脱出来的欲望,正是世界崩坏的"大恐惧"让人们从日常生活中的"小焦虑"摆脱出来。因此,"复魅"不仅仅是恐惧的体验,而且是一种毁坏的欲求。正如"被毁灭的纽约城",既是恐惧的产物,也是欲望的产物,从中折射出当代人的精神困境:害怕失去现有之物,却又不甘心于现状。

第三,就媒介形态而言,未来的虚拟世界意味着虚拟对现实的不断进击,即一个虚拟与现实日益混合的世界。

"复魅空间"是现实空间遭遇虚拟之物的过程,是现实与虚拟两相混合的过程,即"混合现实"(mixed reality)。运用新式虚拟技术,虚拟世界不再被事先框取(如电影),而是遮断、隔离现实,或弥漫、叠加于现实之上。前者是在幻境的自由视野中展开游历,后者是在现实的移动场景下实现掌控。虚拟技术的潜在威胁在于致人迷失、受人操控。换言之,我们既利用了虚拟,同时也受制于虚拟背后的力量,但我们仍然试图反抗。

以虚拟现实为例,虚拟是对现实的隔绝与置换。虚拟遮断现实,另起炉灶,让人恍然置身于另一个世界。虚拟现实致力于模糊现实与虚拟的边界,利用沉浸与交互,试图令人相信虚拟世界即为真实世界。虚拟现实是一种"瞬时逃逸",是对相当漫长、甚至有些无望的现状的即刻抽离。这是具有象征意义的自我放逐,同时也是自我认识、自我实现的渐进过程。

以增强现实为例,虚拟是对现实的增益与叠加。增强现实起源于"对瞬时的把握",即克服"瞬时"所带来的失控趋势。增强现实是对现实景观的虚拟改动,既可能是某种添加,也可能是某种遮蔽或移除。这种改动可能是强制性的,甚至可能是欺骗性的。增强现实还意味着个体信息的"即时敞露"。这种"敞露"与网络化的数据库相互配合,商业资本将不失时机地侵犯个体隐私,人们或将身不由己地被卷入一个充满计算和规训的数字监控社会。不过,增强现实亦可以为我所用,填充虚拟之物,激活幻想元素,以激进的、反叛的姿态改造并不令人满意的现实景观。

　　再也没有一个完好如初、真切无比的现实空间了。出于各种目的，虚拟之物总是试图侵入、修改、覆盖、占领、取代现实空间。这或许出于个体的需求，也常常受制于资本的力量。虚拟在迎合你、讨好你的同时，很可能也在规训着你、愚化着你。这是虚拟对现实的进击，这是虚实之间的永恒战争。

　　数字技术不断进化更新，重塑社会的奇点将至；跨媒介叙事不断持续展开，故事世界构筑愈发精细。只要对流行文化、媒介技术有所留心，谁都无法否认幻想世界这一庞然大物的悍然崛起。这是幻想重临的空间，这是晦暗不明的世界。广袤的地图提醒我们，还有更多我们未曾抵达的地方有待探索。人们敞开感官、脱离现实，人们敞开视界、增添虚拟。复魅的世界，是世界的崩解，是虚拟的进击，也是人们接受召唤、踏上征途、自我实现的开始。这是动荡不安的异质世界，也是无限可能的希望空间。

参考文献

一、中文参考文献

阿达利. 智慧之路——论迷宫［M］. 邱海婴，译. 北京：商务印书馆，1999.

阿铎. 剧场及其复象［M］. 刘俐，译. 杭州：浙江大学出版社，2010.

爱因汉姆. 电影作为艺术［M］. 邵牧君，译. 北京：中国电影出版社，2003.

安德鲁. 经典电影理论导论［M］. 李伟峰，译. 北京：世界图书出版公司，2013.

安德森. 想象的共同体：民族主义的起源与散布（增订版）［M］. 吴叡人，译. 上海：上海人民出版社，2016.

奥维德. 变形记［M］. 杨周翰，译. 北京：人民文学出版社，1958.

巴赞. 电影是什么？［M］. 崔君衍，译. 北京：中国电影出版社，1987.

柏拉图. 理想国［M］. 郭斌和，张竹明，译. 北京：商务印书馆，1986.

鲍曼. 后现代伦理学［M］. 张成岗，译. 南京：江苏人民出版社，2003.

鲍曼. 流动的现代性［M］. 欧阳景根，译. 上海：上海三联书店，2002.

贝克. 风险社会［M］. 张文杰，何博闻，译. 南京：译林出版社，2004.

本雅明. 德国悲剧的起源［M］. 陈永国，译. 北京：文化艺术出版社，2001.

本雅明. 机械复制时代的艺术作品［M］. 王才勇，译，北京：中国城市出版社，2002.

卞冬磊. 古典心灵的现实转向：晚清报刊阅读史［M］. 北京：社会科学文献出版社，2015.

波德莱尔. 波德莱尔美学论文选［M］. 郭宏安，译. 北京：人民文学出版社，1987.

波德里亚. 艺术的共谋［M］. 张新木，杨全强，戴阿宝，译. 南京：南京大学出版社，2015.

波德里亚. 致命的策略［M］. 刘翔，戴阿宝，译. 南京：南京大学出版社，2015.

波德维尔. 电影诗学［M］. 张锦，译. 桂林：广西师范大学出版社，2010.

波德维尔. 好莱坞的叙事之道：现代电影中的故事与风格［M］. 谢冰冰，译. 北京：世界图书出版有限公司，2018.

伯格. 观看之道［M］. 戴行钺，译. 桂林：广西师范大学出版社，2005.

伯曼. 一切坚固的东西都烟消云散了——现代性体验［M］. 徐大建，张辑，译. 北京：商务印书馆，2003.

博德里亚尔. 完美的罪行［M］. 王为民，译. 北京：商务印书馆，2000.

布拉斯科维奇，拜伦森. 虚拟现实：从阿凡达到永生［M］. 辛江，译. 北京：科学出版社，2015.

操瑞青. "有闻必录"：一个中国新闻口号的兴衰［M］. 北京：中国社会科学出版社，2019.

查特曼. 故事与话语：小说和电影的叙事结构［M］. 徐强，译. 北京：中国人民大学出版社，2013.

陈国战. 走出"迷思"：网络传播公共性研究［M］. 北京：中国社会科学出版社，2017.

陈平原. 千古文人侠客梦（增订本）［M］. 北京：北京大学出版社，2018.

陈平原. 中国小说叙事模式的转变［M］. 北京：北京大学出版社，2010.

陈涛. 城市与现代性：重绘早期欧美电影［M］. 北京：中国人民大学出版社，2019.

陈晓云. 电影城市：中国电影与城市文化（1990—2007）［M］. 北京：中国电影出版社，2008.

陈旭光. 影像当代中国：艺术批评与文化研究［M］. 北京：北京大学出版社，2011.

陈琰娇. 当代中国电影"主旋律"美学发展史［J］. 电影艺术，2018（2）.

陈亦水. 同此凉热：当代中国电影艺术中的崇高美［M］. 北京：中国国际广播出版社，2021.

陈志良. 虚拟：人类中介系统的革命［J］. 中国人民大学学报，2000（4）.

程巍. 中产阶级的孩子们——60年代与文化领导权［M］. 北京：生

活·读书·新知三联书店，2006.

大都会博物馆. 大都会艺术博物馆指南［M］. 黄潇潇，译. 北京：北京联合出版公司，2016.

戴阿宝. 趣味批判：我们的日常机制与神话［M］. 北京：文化艺术出版社，2020.

戴阿宝. 终结的力量［M］. 北京：中国社会科学出版社，2006.

戴锦华. 电影理论与批评［M］. 北京：北京大学出版社，2007.

戴锦华. 镜与世俗神话：影片精读十八例［M］. 北京：中国人民大学出版社，2004.

戴锦华. 雾中风景——中国电影文化1978—1998［M］. 北京：北京大学出版社，2016.

戴维斯. 水晶之城——窥探洛杉矶的未来［M］. 林鹤，译. 上海：上海人民出版社，2010.

戴宇辰. 遭遇"视差之见"：齐泽克与文化研究［M］. 上海：华东师范大学出版社，2020.

德波. 景观社会［M］. 王昭风，译. 南京：南京大学出版社，2007.

德勒兹. 哲学与权力的谈判：德勒兹访谈录［M］. 刘汉全，译. 北京：商务印书馆，2000.

丁亚平. 百年中国电影理论文选［M］. 北京：文化艺术出版社，2005.

町村敬志，西泽晃彦. 都市社会学——社会显露表象的时刻［M］. 苏硕斌，译. 台北：群学出版社，2012.

段义孚. 逃避主义［M］. 周尚意，张春梅，译. 石家庄：河北教育出版社，2005.

范志忠. 当代电影思潮［M］. 杭州：浙江大学出版社，2008.

费斯克. 传播研究导论：过程与符号［M］. 许静，译. 北京：北京大学出版社，2008.

费斯克. 理解大众文化［M］. 王晓珏，宋伟杰，译. 北京：中央编译出版社，2006.

芬利. 奥德修斯的世界［M］. 刘淳，曾毅，译. 北京：北京大学出版社，2019.

福柯. 规训与惩罚：监狱的诞生［M］. 刘北成，杨远婴，译，北京：生活·读书·新知三联书店，1999.

福柯. 自我技术：福柯文选Ⅲ［M］. 汪民安，编. 北京：北京大学出版社，2016.

傅柯. 知识的考掘［M］. 王德威，译. 台北：麦田出版有限公司，1993.

傅修延. 听觉叙事研究［M］. 北京：北京大学出版社，2021.

傅修延. 中国叙事学［M］. 北京：北京大学出版社，2015.

高玉. "话语"视角的文学问题研究［M］. 北京：中国社会科学出版社，2009.

高玉. 现代汉语与中国现代文学［M］. 北京：中国社会科学出版社，2003.

格劳. 虚拟艺术［M］. 陈玲，译. 北京：清华大学出版社，2007.

贡布里希. 艺术的故事［M］. 范景中，译. 南宁：广西美术出版社，2008.

哈维. 后现代的状况：对文化变迁之缘起的探究［M］. 阎嘉，译. 北京：商务印书馆，2013.

哈维. 希望的空间［M］. 胡大平，译. 南京：南京大学出版社，2005.

哈维. 新自由主义简史［M］. 王钦，译. 上海：上海译文出版社，2010.

海姆. 从界面到网络空间——虚拟实在的形而上学［M］. 金吾伦，刘钢，译，上海：上海科技教育出版社，2000.

韩炳哲. 倦怠社会［M］. 王一力，译. 北京：中信出版社，2019.

豪泽尔. 艺术社会史［M］. 黄燎宇，译. 北京：商务印书馆，2014.

何成洲. 表演性理论：文学与艺术研究的新方向［M］. 北京：生活·读书·新知三联书店，2022.

何兰芳. 古典的再生：论尼采的艺术形而上学［M］. 北京：中国社会科学出版社，2016.

何明升，白淑英. 虚拟世界与现实社会［M］. 北京：社会科学文献出版社，2011.

何天平. 藏在中国电视剧里的40年［M］. 杭州：浙江工商大学出版社，2018.

何天平. 中国电视文化史（1978—2018）［M］. 北京：中国社会科学出版社，2023.

何威. 网众传播：一种关于数字媒体、网络化用户和中国社会的新范式［M］. 北京：清华大学出版社，2011.

赫伯迪格. 隐在亮光之中：流行文化中的形象与物［M］. 重庆：重庆大学出版社，2020.

赫伊津哈. 游戏的人：文化中游戏成分的研究［M］. 何道宽，译. 广州：花城出版社，2017.

胡亚敏. 叙事学［M］. 武汉：华中师范大学出版社，2004.

胡翼青. 再度发言：论社会学芝加哥学派传播思想［M］. 北京：中国大百科全书出版社，2007.

胡智锋，刘俊. 传媒艺术导论［M］. 北京：北京师范大学出版社，2020.

胡智锋. 电视传播艺术学［M］. 北京：北京大学出版社，2004.

胡智锋. 立论中国影视［M］. 北京：中华书局，2017.

怀特. 纽约是一首诗［J］. 叶子南，译. 中国翻译，2009（5）.

怀特. 这就是纽约［M］. 贾辉丰，译. 上海：上海译文出版社，2007.

黄旦. 传者图像：新闻专业主义的建构与消解［M］. 上海：复旦大学出版社，2005.

黄旦. 范式的变更：新报刊史书写［M］. 上海：上海交通大学出版社，2018.

黄金城. 有机的现代性：青年黑格尔与审美现代性话语［M］. 上海：上海人民出版社，2019.

黄鸣奋. 新媒体与西方数码艺术理论［M］. 上海：学林出版社，2009.

黄修己，刘卫国，等. 中国现代文学研究通史［M］. 广州：广东人民出版社，2020.

霍布斯. 利维坦［M］. 黎思复，黎廷弼，译. 北京：商务印书馆，2009.

霍克海默，阿道尔诺. 启蒙辩证法：哲学断片［M］. 渠敬东，曹卫东，译. 上海：上海人民出版社，2006.

吉登斯. 现代性的后果［M］. 田禾，译. 南京：译林出版社，2011.

江晓原. 江晓原科幻电影指南［M］. 上海：上海交通大学出版社，2015.

姜宇辉. 德勒兹身体美学研究［M］. 上海：华东师范大学出版社，2007.

金浪. 理论的边际：中国现当代文学与美学探思［M］. 上海：上海人民出版社，2023.

卡勒. 结构主义诗学［M］. 盛宁，译. 北京：中国社会科学出版社，1991.

凯尔纳，贝斯特. 后现代理论：批判性的质疑［M］. 张志斌，译. 北京：中央编译出版社，2011.

凯尔纳. 波德里亚：批判性的读本［M］. 陈维振，陈明达，王峰，译. 南京：江苏人民出版社，2005.

凯瑞. 作为文化的传播［M］. 丁未，译. 北京：华夏出版社，2005.

坎贝尔. 千面英雄［M］. 黄珏苹，译. 杭州：浙江人民出版社，2016.

康拉德. 吉姆爷，黑暗深处，水仙花号上的黑水手［M］. 熊蕾，译. 北京：人民文学出版社，1998.

柯布西耶. 明日之城市［M］. 李浩，译. 北京：中国建筑工业出版社，2009.

克拉考尔. 电影的本性［M］. 邵牧君，译. 南京：江苏教育出版社，2006.

克劳福德. 游戏大师 Chris Crawford 谈互动叙事［M］. 方舟，译. 北京：人民邮电出版社，2015.

克雷斯韦尔. 地方：记忆、想像与认同［M］. 王志弘，徐苔玲，译. 台北：群学出版社，2006.

克里斯蒂娃. 符号学：符义分析探索集［M］. 史忠义，等译. 上海：复旦大学出版社，2015.

拉灵顿. 凛冬将至：揭秘"权力的游戏"［M］. 罗钦芳，译. 哈尔滨：黑龙江教育出版社，2017.

朗西埃. 美学中的不满［M］. 蓝江，李三达，译. 南京：南京大学出版社，2018.

勒菲弗. 空间与政治［M］. 李春，译. 上海：上海人民出版社，2008.

雷启立. 传媒的幻象：当代生活与媒体文化分析［M］. 上海：上海书店出版社，2008.

黎杨全. 数字媒介与文学批评的转型［M］. 上海：上海三联书店，2013.

黎杨全. 中国网络文学与虚拟生存体验［M］. 北京：中国社会科学出版社，2021.

李道新. 中国电影批评史［M］. 北京：北京大学出版社，2007.

李道新. 中国电影文化史（1905—2004）［M］. 北京：北京大学出版社，2005.

李广益. 中国科幻文学再出发［M］. 重庆：重庆大学出版社，2016.

李广益，陈颀.《三体》的 X 种读法［M］. 北京：生活·读书·新知三联书店，2017.

李健. 跨学科视域中的当代艺术理论［M］. 北京：北京大学出版社，2018.

李宁. 与光书：当代影视文化笔记［M］. 北京：中国国际广播出版社，2022.

李诗语. 从跨文本改编到跨媒介叙事：互文性视角下的故事世界建构［J］. 北京电影学院学报，2016（6）.

李诗语. 文化同构与跨代重启：跨媒介故事世界的可能边界［J］. 当代

电影，2018（8）.

李松睿. 文学的时代印痕：中国现代文学论集［M］. 北京：北京时代华文书局，2017.

李洋. 迷影文化史［M］. 上海：复旦大学出版社，2010.

刘慈欣. 流浪地球［M］. 武汉：长江文艺出版社，2008.

刘慈欣. 三体［M］. 重庆：重庆出版社，2008.

刘海龙. 重访灰色地带：传播研究史的书写与记忆［M］. 北京：北京大学出版社，2015.

刘俊. 融合时代的传媒艺术［M］. 北京：中国传媒大学出版社，2017.

刘起. 粉丝文化与后现代主义大众文化的生产逻辑［J］. 电影评介，2022（13）.

刘涛. 视觉修辞学［M］. 北京：北京大学出版社，2021.

刘洋. 科幻创作［M］. 成都：四川人民出版社，2023.

刘煜，张红军. 遍在与重构："跨媒体叙事"及其空间建构逻辑［J］. 新闻与传播研究，2019（9）.

龙迪勇. "出位之思"与跨媒介叙事［J］. 文艺理论研究，2019（3）.

龙迪勇. 空间叙事本质上是一种跨媒介叙事［J］. 河北学刊，2016（6）.

龙迪勇. 空间叙事研究［M］. 北京：生活·读书·新知三联书店，2014.

卢文超. 作为互动的艺术：霍华德·贝克尔艺术社会学理论研究［M］. 北京：北京师范大学出版社，2023.

鲁迅. 鲁迅全集（第六卷）［M］. 北京：人民文学出版社，2005.

吕新雨. 书写与遮蔽［M］. 桂林：广西师范大学出版社，2008.

吕新雨. 学术、传媒与公共性［M］. 上海：华东师范大学出版社，2015.

罗岗. 想象城市的方式［M］. 南京：江苏人民出版社，2006.

罗斯. 观看的方法：如何解读视觉材料［M］. 肖伟胜，译，重庆：重庆大学出版社，2017.

马丁，等. 冰与火之歌的世界［M］. 屈畅，赵琳，译. 重庆：重庆出版社，2016.

马基雅维里. 君主论［M］. 潘汉典，译. 北京：商务印书馆，2009.

马克思，恩格斯. 共产党宣言［M］. 中共中央马克思恩格斯列宁斯大林著作编译局，译. 北京：人民出版社，1997.

马诺维奇. 新媒体的语言［M］. 车琳，译. 贵阳：贵州人民出版社，2020.

麦克卢汉. 理解媒介：论人的延伸［M］. 何道宽，译. 南京：译林出版社，2011.

芒福德. 城市发展史——起源、演变和前景 [M]. 宋俊岭，倪文彦，译. 北京：中国建筑工业出版社，2005.

芒福德. 技术与文明 [M]. 陈允明，王克仁，李华山，译. 北京：中国建筑工业出版社，2009.

毛立平，沈欣. 壸政：清代宫廷女性研究 [M]. 北京：中国人民大学出版社，2022.

梅里菲尔德. 居伊·德波 [M]. 赵柔柔，崔晓红，译. 北京：北京大学出版社，2011.

梅洛-庞蒂. 知觉现象学 [M]. 姜志辉，译. 北京：商务印书馆，2001.

梅新林，葛永海. 文学地理学原理 [M]. 北京：中国社会科学出版社，2017.

梅新林. 论文学地图 [J]. 中国社会科学，2015（8）.

孟威. 网络"虚拟世界"的符号意义 [J]. 新闻与传播研究，2001（4）.

米切尔森. 电影与激进的渴望：实验电影文论选 [M]. 武汉：长江文艺出版社，2022.

米歇尔. 图像理论 [M]. 陈永国，胡文征，译. 北京：北京大学出版社，2006.

莫尔. 乌托邦 [M]. 戴镏龄，译. 北京：商务印书馆，1982.

欧阳宏生. 中国电视批评史 [M]. 北京：北京大学出版社，2010.

欧阳宏生. 电视批评：理论·方法·实践 [M]. 成都：四川大学出版社，2007.

潘智欣. 跨媒体叙事：世界搭建与游戏体验 [J]. 北京电影学院学报，2021（1）.

潘智欣. 走向游戏学：跨媒介叙事的问题与方法 [J]. 电影艺术，2022（3）.

彭锋. 艺术学通论 [M]. 北京：北京大学出版社，2016.

普鲁斯特. 追忆似水年华（1）：在斯万家那边 [M]. 李恒基，徐继曾，译. 南京：译林出版社，1989.

乔国强. 叙说的文学史 [M]. 北京：北京大学出版社，2017.

秦兰珺. 编码日常：大众软件批判 [M]. 北京：文化艺术出版社，2023.

秦兴华. 论新媒介的形式与规则及其对当代艺术的影响 [J]. 现代传播，2020（8）.

秦兴华. 艺术媒介研究的理论分歧与类型建构 [J]. 艺术评论，2022

（4）.

邱江宁. 明清江南消费文化与文体演变研究［M］. 上海：上海三联书店，2009.

邱江宁. 元代文人群体的地理分布与文学格局［M］. 北京：中华书局，2021.

热奈特. 热奈特论文集［M］. 史忠义，译. 天津：百花文艺出版社，2001.

热奈特. 叙事话语　新叙事话语［M］. 王文融，译. 北京：中国社会科学出版社，1990.

荣格. 象征生活［M］. 储昭华，王世鹏，译. 北京：国际文化出版公司，2011.

瑞安. 故事的变身［M］. 张新军，译. 南京：译林出版社，2014.

瑞安. 跨媒介叙事［M］. 张新军，林文娟，等译. 成都：四川大学出版社，2019.

萨默克. 哈利·波特：艺术设定集［M］. 巴扬，译. 北京：新星出版社，2019.

萨义德. 东方学［M］. 王宇根，译. 北京：生活·读书·新知三联书店，1999.

塞托. 日常生活实践1：实践的艺术［M］. 方琳琳，黄春柳，译. 南京：南京大学出版社，2015.

三体宇宙. 三体世界观［M］. 杭州：浙江人民美术出版社，2022.

桑内特. 公共人的衰落［M］. 李继宏，译. 上海：上海译文出版社，2014.

桑塔格. 反对阐释［M］. 程巍，译. 上海：上海译文出版社，2003.

尚必武. 当代西方后经典叙事学研究［M］. 北京：人民文学出版社，2013.

邵燕君. 破壁书：网络文化关键词［M］. 北京：生活·读书·新知三联书店，2018.

邵燕君. 网络文学经典解读［M］. 北京：北京大学出版社，2016.

邵燕君. 以媒介变革为契机的"爱欲生产力"的解放——对中国网络文学发展动因的再认识［J］. 文艺研究，2020（10）.

申丹，王丽亚. 西方叙事学：经典与后经典［M］. 北京：北京大学出版社，2010.

施爱东. 故事法则［M］. 北京：生活·读书·新知三联书店，2021.

史蒂文森. 城市与城市文化［M］. 李东航，译. 北京：北京大学出版社，2015.

斯蒂文森. 金银岛·化身博士［M］. 荣如德，译. 上海：上海译文出版社，2012.

苏贾. 后现代地理学——重申批判社会理论中的空间［M］. 王文斌，译. 北京：商务印书馆，2004.

孙佳山. "镀金时代"的中国影像［M］. 北京：文化艺术出版社，2017.

孙静，邓剑. 中国游戏研究：游戏的历史［M］. 上海：华东师范大学出版社，2023.

孙绍谊. 二十一世纪西方电影思潮［M］. 上海：复旦大学出版社，2018.

孙晓霞. 西方艺术学科史：从古希腊到18世纪［M］. 北京：文化艺术出版社，2021.

谭君强. 叙事学导论——从经典叙事学到后经典叙事学（第二版）［M］. 北京：高等教育出版社，2014.

唐宏峰. 现代性的视觉政体［M］. 郑州：河南大学出版社，2018.

唐宏峰. 透明：中国视觉现代性（1872—1911）［M］. 北京：生活·读书·新知三联书店，2022.

陶东风. 粉丝文化读本［M］. 北京：北京大学出版社，2009.

滕尼斯. 共同体与社会——纯粹社会学的基本概念［M］. 林荣远，译. 北京：商务印书馆，1999.

田亦洲. 电影摄影术与眼泪——民国电影理论译文选［M］. 郑州：河南大学出版社，2018.

托尔金. 哈比人［M］. 朱学恒，等译，道格拉斯·A. 安德森，注释. 南京：译林出版社，2011.

汪民安. 文化研究关键词［M］. 南京：江苏人民出版社，2020.

汪民安，陈永国，马海良. 城市文化读本［M］. 北京：北京大学出版社，2008.

汪民安，陈永国，马海良. 后现代性的哲学话语——从福柯到赛义德［M］. 杭州：浙江人民出版社，2001.

汪民安. 现代性［M］. 南京：南京大学出版社，2012.

汪坦，陈志华. 现代西方建筑美学文选［M］. 北京：清华大学出版社，2013.

王尔德. 谎言的衰落：王尔德艺术批评文选［M］. 萧易，译. 南京：江苏教育出版社，2004.

王峰. 意义诠释与未来时间维度［M］. 上海：上海人民出版社，2007.

王海洲. 镜像与文化：港台电影研究［M］. 北京：中国电影出版社，2002.

王进. 新历史主义文化诗学：格林布拉特批评理论研究［M］. 广州：暨南大学出版社，2012.

王垚. "东愁"与怀旧的政治学——从《再见列宁!》到罗马尼亚"新浪潮"电影［J］. 文艺研究，2018（8）.

王玉玊. 编码新世界：游戏化向度的网络文学［M］. 北京：中国文联出版社，2021.

威廉斯. 马克思主义与文学［M］. 王尔勃，周莉，译. 郑州：河南大学出版社，2008.

威廉斯. 漫长的革命［M］. 倪伟，译. 上海：上海人民出版社，2013.

韦伯. 新教伦理与资本主义精神［M］. 于晓，陈维纲，译. 北京：生活·读书·新知三联书店，1987.

韦伯. 学术与政治：韦伯的两篇演说［M］. 冯克利，译. 北京：生活·读书·新知三联书店，2013.

吴冠军. 从元宇宙到量子现实：迈向后人类主义政治本体论［M］. 北京：中信出版社，2023.

吴冠军. 陷入奇点：人类世政治哲学研究［M］. 北京：商务印书馆，2022.

吴璟薇，毛万熙. 媒介与技术研究经典导读［M］. 北京：中国传媒大学出版社，2022.

吴琦. 把自己作为方法：与项飙谈话［M］. 上海：上海文艺出版社，2020.

吴岩. 科幻文学理论和学科体系建设［M］. 重庆：重庆出版社，2008.

吴岩. 科幻文学论纲［M］. 重庆：重庆出版社，2011.

西美尔. 货币哲学［M］. 陈戎女，译. 北京：华夏出版社，2002.

新垣平. 剑桥简明金庸武侠史［M］. 武汉：长江文艺出版社，2013.

许苗苗. 网络文学：互动性、想象力与新媒介中国经验［J］. 中国社会科学，2023（2）.

许苗苗. 游戏逻辑：网络文学的认同规则与抵抗策略［J］. 文学评论，2018（1）.

雅各布斯. 伟大的街道［M］. 王又佳，金秋野，译. 北京：中国建筑工业出版社，2009.

亚里士多德. 形而上学［M］. 吴寿彭，译，北京：商务印书馆，1997.

严锋. 跨媒体的诗学［M］. 上海：复旦大学出版社，2013.

杨宸. "历史"与"末日"——论刘慈欣《三体》的叙述模式［J］. 文艺研究，2017（2）.

杨鹏鑫. 屏幕电影：媒体挪用与新电影形态的生成［J］. 文艺研究，2020（2）.

杨远婴. 电影理论读本［M］. 北京：世界图书出版公司，2012.

杨远婴，徐建生. 外国电影批评文选［M］. 北京：世界图书出版公司，2014.

姚国强. 审美空间延伸与拓展：电影声音艺术理论［M］. 北京：中国电影出版社，2002.

叶启政. 虚拟与真实的浑沌化——网路世界的实作理路［J］. 社会学研究，1998（3）.

伊格尔顿. 文学阅读指南［M］. 范浩，译. 郑州：河南大学出版社，2015.

尹鸿. 跨越百年：全球化背景下的中国电影［M］. 北京：清华大学出版社，2007.

尹鸿. 尹鸿自选集：媒介图景·中国影像［M］. 上海：复旦大学出版社，2004.

于德山. 中国图像叙述传播［M］. 济南：山东文艺出版社，2008.

曾军. 观看的文化分析［M］. 济南：山东文艺出版社，2008.

曾一果. 西方媒介文化理论研究［M］. 北京：学习出版社，2017.

詹金斯，等. 参与的胜利：网络时代的参与文化［M］. 高芳芳，译. 杭州：浙江大学出版社，2017.

詹金斯. 跨媒体，到底是跨什么？［J］. 赵斌，等译. 北京电影学院学报，2017（5）.

詹金斯. 融合文化：新媒体和旧媒体的冲突地带［M］. 杜永明，译. 北京：商务印书馆，2012.

詹金斯. 文本盗猎者：电视粉丝与参与式文化［M］. 北京：北京大学出版社，2016.

詹姆逊. 未来考古学：乌托邦欲望及其他科幻小说［M］. 吴静，译. 南京：译林出版社，2014.

詹姆逊. 政治无意识：作为社会象征行为的叙事［M］. 王逢振，陈永国，译. 北京：中国社会科学出版社，1999.

张德明. 从岛国到帝国：近现代英国旅行文学研究［M］. 北京：北京大学出版社，2014.

张国涛. 电视剧本体美学研究：连续性视角［M］. 北京：北京大学出版社，2013.

张慧瑜. 视觉现代性：20世纪中国的主体呈现［M］. 北京：人民出版社，2012.

张慧瑜. 影像书写：大众文化的社会观察［M］. 北京：生活·读书·新知三联书店，2012.

张均. 中国当代文学制度研究［M］. 北京：北京大学出版社，2011.

张新军. 数字时代的叙事学：玛丽-劳尔·瑞安叙事理论研究［M］. 成都：四川大学出版社，2017.

张英进. 中国现代文学与电影中的城市：空间、时间与性别构形［M］. 南京：江苏人民出版社，2007.

张颖. 意义与视觉：梅洛-庞蒂美学及其他［M］. 北京：北京时代华文书局，2017.

张勇. 影像突围：非洲电影之光［M］. 北京：北京大学出版社，2023.

赵斌. 电影语言修辞研究［M］. 北京：中国电影出版社，2009.

赵奎英. 中西语言诗学：基本问题比较研究［M］. 北京：中国社会科学出版社，2009.

赵宪章. 文学图像论［M］. 北京：商务印书馆，2022.

赵宜. 发现青年：新时期以来中国电影中的青年银幕形象与文化景观研究［M］. 北京：中国电影出版社，2016.

赵毅衡. 符号学：原理与推演［M］. 成都：四川大学出版社，2023.

赵月枝. 传播与社会——政治经济与文化分析［M］. 北京：中国传媒大学出版社，2011.

周计武. 艺术的祛魅与艺术理论的重构［M］. 北京：北京大学出版社，2018.

周宪. 艺术理论基本文献——西方当代卷［M］. 北京：生活·读书·新知三联书店，2014.

周宪. 视觉文化的转向［M］. 北京：北京大学出版社，2008.

周宪. 艺术理论的文化逻辑［M］. 北京：北京大学出版社，2018.

周星. 中国电影艺术史［M］. 北京：北京大学出版社，2005.

周志强. 寓言论批评：当代中国文学与文化研究论纲［M］. 北京：北京

大学出版社，2020.

朱国华. 权力的文化逻辑——布迪厄的社会学诗学［M］. 上海：上海人民出版社，2016.

朱志荣. 西方文论史［M］. 北京：北京大学出版社，2007.

二、外文参考文献

Aarseth E. Cybertext：Perspectives on Ergodic Literature［M］. Baltimore, MD：Johns Hopkins University Press，1997.

Arvidson J, et al. eds. Changing Borders：Contemporary Positions in Intermediality［M］. Lund：Intermedia Studies Press，2007.

Attebery B. Decoding Gender in Science Fiction［M］. New York：Routledge，2002.

Baldick C. The Oxford Concise Dictionary of Literary Terms［M］. Oxford：Oxford University Press，2001.

Barr M S. Alien to Femininity［M］. New York：Greenwood Press，1987.

Barthes R. Mythologies［M］. trans. Howard R, New York：Hill and Wang，2012.

Baum L F. The Master Key：An Electrical Fairy Tale［M］. Indianapolis：The Bowen-Merrill Company，1991.

Bauman Z. Liquid Modernity［M］. Cambridge, UK：Polity，2012.

Bauman Z. Liquid Times：Living in an Age of Uncertainty［M］. Cambridge, UK：Polity，2007.

Bauman Z. Postmodern Ethics［M］. Oxford：Basil Blackwell，1993.

Benjamin W. The Arcades Project［M］. trans. Eiland H, McLaughlin K, Cambridge, MA：Belknap Press of Harvard University Press，2002.

Biocca F, Levy M R, eds. Communication in the Age of Virtual Reality［M］. Hillsdale, New Jersey：Lawrence Erlbaum Associates，1995.

Blake W. Jerusalem：The Emanation of the Giant Albion［M］. Princeton, NJ：Princeton University Press，1991.

Blascovich J, Bailenson J. Infinite Reality：Avatars, Eternal Life, New Worlds, and the Dawn of the Virtual Revolution［M］. New York：Harper Collins，2011.

Bode C, Dietrich R. Future Narratives：Theory, Poetics, and Media-

Historical Moment [M]. Berlin: De Gruyter, 2013.

Boellstorff T. Coming of Age in Second Life: An Anthropologist Explores the Virtually Human [M]. Princeton: Princeton University Press, 2008.

Bolter J D, Grusin R. Remediation: Understanding New Media [M]. Cambridge, MA: MIT Press, 1999.

Boni M, ed. World Building: Transmedia, Fans, Industries [M]. Amsterdam: Amsterdam University Press, 2017.

Booker M K. Monsters, Mushroom Clouds, and the Cold War: American Science Fiction and the Roots of Postmodernism, 1946—1964 [M]. Westport, CT: Greenwood Press, 2001.

Bould M. Red Planets: Marxism and Science Fiction [M]. Middletown, CT: Wesleyan University Press, 2009.

Boyer P. When Time Shall Be No More: Prophecy Belief in Modern American Culture [M]. Cambridge, MA: Harvard University Press, 2009.

Bruhn J, Gjelsvik A. Cinema Between Media: An Intermediality Approach [M]. Edinburgh: Edinburgh University Press, 2018.

Bukatman S. Terminal Identity: The Virtual Subject in Postmodern Science Fiction [M]. Durham: Duke University Press, 1993.

Bulson E. Novels, Maps, Modernity: The Spatial Imagination, 1850—2000 [M]. New York: Routledge, 2007.

Burgess J, Gold J R, eds. Geography, the Media and Popular Culture [M]. London: Croom Helm, 1985: 123—143.

Campbell C. The Romantic Ethic and the Spirit of Modern Consumerism [M]. Oxford, UK: Basil Blackwell, 1987.

Carpenter H. J. R. R. Tolkien: A Biography [M]. London: Allen & Unwin, 1977.

Carroll N. Engaging the Moving Image [M]. New Haven, NY: Yale University Press, 2003.

Carroll N. Theorizing the Moving Image [M]. Cambridge: Cambridge University Press, 1996.

Castells M. The Rise of the Network Society [M]. Oxford, UK: Blackwell, 2000.

Chakrabarty D. Provincializing Europe: Postcolonial Thought and Historical Difference [M]. Princeton, NJ: Princeton University Press, 2009.

Chernus I. Dr. Strangegod: On the Symbolic Meaning of Nuclear Weapons [M]. Columbia: University of South Carolina Press, 1986.

Cline M S. Power, Madness, and Immortality: The Future of Virtual Reality [M]. Seattle, WA: University Village Press, 2005.

Cosgrove D, ed. Mappings [M]. London: Reaktion, 1999.

Crang M, Crang P, May J. Virtual Geographies: Bodies, Space and Relations [M]. New York: Routledge, 1999.

Crossley R. Imagining Mars: A Literary History [M]. Middletown, CT: Wesleyan University Press, 2011.

Davis M. City of Quartz: Excavating the Future in Los Angeles [M]. London: Vintage, 1990.

Davis M. Ecology of Fear: Los Angeles and the Imagination of Disaster [M]. London: Macmillan, 1998.

Deleuze G, Guattari F. A Thousand Plateaus: Capitalism and Schizophrenia [M]. trans. Massumi B, Minneapolis, MN: University of Minnesota Press, 1987.

Doležel L. Heterocosmica: Fiction and Possible Worlds [M]. Baltimore, MD: Johns Hopkins University Press, 1998.

Ekman S. Here be Dragons: Exploring Fantasy Maps and Settings [M]. Middletown, Connecticut: Wesleyan University Press, 2013.

Elleström L. ed. Media Borders, Multimodality and Intermediality [M]. Hampshire: Palgrave Macmillan, 2010.

Fonstad K W. The Atlas of Middle-Earth [M]. Boston: Houghton Mifflin, 1991.

Gabilliet J, Beaty B, Nguyen N. Of Comics and Men: A Cultural History of American Comic Books [M]. Jackson, MS: University Press of Mississippi, 2010.

Galloway A. Gaming: Essays on Algorithmic Culture [M]. Minneapolis, MN: University of Minnesota Press, 2006.

Gellner E. The Rubber Cage: Disenchantment with Disenchantment [M] //Gellner E. Culture, Identity, and Politics. Cambridge:

Cambridge University Press, 1987.

Genette G. Paratexts: Thresholds of Interpretation [M]. trans. Lewin J E, New York: Cambridge University Press, 1997.

Grimshaw M, ed. The Oxford Handbook of Virtuality [M]. New York: Oxford University Press, 2014.

Gunn J E, Candelaria M. Speculations on Speculation: Theories of Science Fiction [M]. Lanham, MD: Scarecrow Press, 2005.

Gutiérrez M A A, Vexo F, Thalmann D. Stepping into Virtual Reality [M]. London: Springer, 2008.

Haggard H R. King Solomon's Mines [M]. London: Cassell, 1885.

Hansen M B N. Bodies in Code: Interfaces with Digital Media [M]. New York: Routledge, 2006.

Hansen M B N. New Philosophy for New Media [M]. Cambridge: The MIT Press, 2004.

Haraway D J. Simians, Cyborgs, and Women: The Reinvention of Nature [M]. New York: Routledge, 2013.

Harvey D. The Condition of Postmodernity: An Enquiry into the Origins of Cultural Change [M]. Cambridge, MA: Blackwell, 1990.

Hassler-Forest D. Science Fiction, Fantasy and Politics: Transmedia World-building Beyond Capitalism [M]. London: Rowman & Littlefield, 2016.

Haw R. The Brooklyn Bridge: A Cultural History [M]. New Brunswick, NJ: Rutgers University Press, 2005.

Hayles N K. How We Became Posthuman: Virtual Bodies in Cybernetics, Literature, and Informatics [M]. Chicago: University of Chicago Press, 2008.

Heilig M. The cinema of the future [M] //Packer R, Jordan K. Multimedia: From Wagner to Virtual Reality. New York: W. W. Norton, 2002.

Heim M R. The paradox of virtuality [M] //Grimshaw M. The Oxford Handbook of Virtuality. New York: Oxford University Press, 2014.

Heim M. The Metaphysics of Virtual Reality [M]. New York: Oxford University Press, 1994.

Herman D. Story Logic: Problems and Possibilities of Narrative [M].

Lincoln, NE: University of Nebraska Press, 2002.

Hillis K. Digital Sensations: Space, Identity, and Embodiment in Virtual Reality [M]. Minneapolis: University of Minnesota Press, 1999.

Houwen J. Film and Video Intermediality: The Question of Medium Specificity in Contemporary Moving Images [M]. New York: Bloomsbury, 2017.

Hume K. Fantasy and Mimesis: Responses to Reality in Western Literature [M]. New York: Routledge, 2014.

Jackson R. Fantasy: The Literature of Subversion [M]. New York: Routledge, 2013.

Jameson F. The Seeds of Time [M]. New York: Columbia University Press, 1994.

Jenkins H. Convergence Culture: Where Old and New Media Collide [M]. New York: New York University Press, 2006.

Jenkins H. Textual Poachers: Television Fans and Participatory Culture [M]. New York: Routledge, 2012.

Johnson S. Interface Culture: How New Technology Transforms the Way We Create and Communicate [M]. New York: HarperCollins, 1997.

Kinder M. Playing with Power in Movies, Television, and Video Games [M]. Berkeley, CA: University of California Press, 1991.

Knowles K, Schmid M, eds. Cinematic Intermediality: Theory and Practice [M]. Edinburgh, Scotland: Edinburgh University Press, 2021.

Korzybski A. Science and Sanity: An Introduction to Non-Aristotelian Systems and General Semantics [M]. New York: Institute of General Semantics, 1958.

Krauss R. "A Voyage on the North Sea": Art in the Age of the Post-Medium Condition [M]. London: Thames & Hudson, 2000.

Landy J, Saler M T. The Re-Enchantment of the World: Secular Magic in a Rational Age [M]. Redwood City, CA: Stanford University Press, 2009.

Langer J. Postcolonialism and Science Fiction [M]. Basingstoke, UK: Palgrave Macmillan, 2011.

Latham R. The Oxford Handbook of Science Fiction [M]. New York: Oxford University Press, 2014.

Lefebvre H. The Production of Space [M]. trans. Nicholson-Smith D, Oxford: Blackwell, 1991.

Lévy P. Becoming Virtual: Reality in the Digital Age [M]. trans. Bonono R, New York: Plenum Trade, 1998.

Long G. Transmedia Storytelling: Business, Aesthetics and Production at the Jim Henson Company [M]. Cambridge, MA: Massachusetts Institute of Technology, 2007.

Lyon D. The Electronic Eye: The Rise of Surveillance Society [M]. Minneapolis, MN: University of Minnesota Press, 1994.

McDougall W A. The Heavens and the Earth: A Political History of the Space Age [M]. Baltimore, Maryland: The Johns Hopkins University Press, 1985.

McGonigal J. Reality Is Broken: Why Games Make Us Better and How They Can Change the World [M]. New York: Penguin Books, 2011.

Merleau-Ponty M. Phenomenology of Perception [M]. trans. Smith C, Delhi: Motilal Banarsidass Publishers, 1996.

Moskowitz S. The Immortal Storm: A History of Science Fiction Fandom [M]. Atlanta: Atlanta Science Fiction Organization Press, 1954.

Moylan T. Scraps of the Untainted Sky: Science Fiction, Utopia, Dystopia [M]. Boulder, CO: Westview Press, 2001.

Mumford L. Sketches from Life: The Autobiography of Lewis Mumford: The Early Years [M]. Boston, MA: Beacon Press, 1982.

Murray J. Hamlet on the Holodeck: The Future of Narrative in Cyberspace [M]. New York: Free Press, 1997.

Nintendo. The Legend of Zelda: Instruction Booklet [M]. Redmond, WA: Nintendo of America, 1987.

Page M. The City's End: Two Centuries of Fantasies, Fears, and Premonitions of New York's Destruction [M]. New Haven: Yale University Press, 2008.

Page M. The Future of New York's Destruction: Fantasies, Fictions, and Premonitions after 9/11 [M] //Bridge G, Watson S. The New

Blackwell Companion to the City. Hoboken: Wiley-Blackwell, 2011.

Partridge C. The Re-Enchantment of the West (Volume 1): Alternative Spiritualities, Popular Culture, and Occulture [M]. London: T&T Clark International, 2004.

Pethö Á. Cinema and Intermediality: The Passion for the In-Between [M]. Newcastle upon Tyne: Cambridge Scholars, 2011.

Poster M. The Mode of Information: Poststructuralism and Social Context [M]. Cambridge, UK: Polity Press, 1990.

Pustz M. Comic Books and American Cultural History: An Anthology [M]. London: Bloomsbury Publishing, 2012.

Rancière J. The Politics of Aesthetics: The Distribution of the Sensible [M]. trans. Rockhill G, London: Continuum, 2004.

Rheingold H. The Virtual Community: Finding Connection in a Computerized World [M]. Boston, MA: Addison-Wesley Longman, 1993.

Rheingold H. Virtual Reality: The Revolutionary Technology of Computer-Generated Artificial Worlds-and How It Promises to Transform Society [M]. New York: Simon & Schuster, 1992.

Rose F. The Art of Immersion: How the Digital Generation Is Remaking Hollywood, Madison Avenue, and the Way We Tell Stories [M]. New York: W. W. Norton & Company, 2011.

Rozario K. The Culture of Calamity: Disaster and the Making of Modern America [M]. Chicago: University of Chicago Press, 2007.

Russ J. To Write Like a Woman: Essays in Feminism and Science Fiction [M]. Bloomington, CA: Indiana University Press, 1995.

Ryan M, Thon J, eds. Story-worlds across Media: Toward a Media-Conscious Narratology [M]. Lincoln, NE: University of Nebraska Press, 2014.

Ryan M, ed. Narrative across Media: The Languages of Storytelling [M]. Lincoln, NE: University of Nebraska Press, 2004.

Ryan M, Emerson L, Robertson B, eds. The Johns Hopkins Guide to Digital Media [M]. Baltimore, MD: Johns Hopkins University Press, 2014.

Ryan M. Narrative as Virtual Reality 2: Revisiting Immersion and Interactivity in Literature and Electronic Media [M]. Baltimore,

Maryland: Johns Hopkins University Press, 2015.

Ryan M. Narrative as Virtual Reality: Immersion and Interactivity in literature and Electronic Media [M]. Baltimore: Johns Hopkins University Press, 2001.

Saler M. As if: Modern Enchantment and the Literary Prehistory of Virtual Reality [M]. New York: Oxford University Press, 2012.

Schneider M A. Culture and Enchantment [M]. Chicago: University of Chicago Press, 1993.

Scott A O. Film; A hunger for fantasy, an empire to feed it [N]. The New York Times, 2002, 6 (16).

Seed D. American Science Fiction and the Cold War: Literature and Film [M]. Edinburgh, Scotland: Edinburgh University Press, 1999.

Shippey T. The Road to Middle-Earth: How J. R. R. Tolkien Created a New Mythology [M]. London: Harper Collins, 1992.

Simmel G. The Sociology of Georg Simmel [M]. trans. Kettler D, Glencoe, Ill. : The Free Press, 1959.

Sobchack V C. Screening Space: The American Science Fiction Film [M]. New Brunswick: Rutgers University Press, 1987.

Spengler O. The Decline of the West [M]. trans. Atkinson C F, New York: Alfred A. Knopf, Inc. , 1926.

Stableford B. The A to Z of Fantasy Literature [M]. Plymouth, MA: Scarecrow Press, 2005.

Stern R, Gilmartin G, Mellins T. New York 1930: Architecture and Urbanism between the Two World Wars [M]. New York: Rizzoli, 1987.

Stevenson R L. Treasure Island [M]. London: Cassell, 1885.

Suvin D. Metamorphoses of Science Fiction: On the Poetics and History of a Literary Genre [M]. New Haven: Yale University Press, 1979.

Telotte J P. Replications: A Robotic History of the Science Fiction Film [M]. Champaign: University of Illinois Press, 1995.

Telotte J P. Science Fiction Film [M]. Cambridge, UK: Cambridge University Press, 2001.

Thon J. Transmedial Narratology and Contemporary Media Culture [M]. Lincoln, NE: University of Nebraska Press, 2016.

Tolkien J R R. Poems and Stories [M]. Boston: Houghton Mifflin, 1994.

Tolkien J R R. The Hobbit, or There and Back Again [M]. London: George Allen & Unwin, 1937.

Weber M. From Max Weber: Essays in Sociology [M]. trans. Gerth H H, Mills C W, New York: Routledge, 2009.

Weinbaum S G. Pygmalion's Spectacles [M]. Auckland: The Floating Press, 2012.

Wertheim M. The Pearly Gates of Cyberspace: A History of Space from Dante to the Internet [M]. New York: W. W. Norton & Company, 1999.

Westfahl G. Cosmic Engineers: A Study of Hard Science Fiction [M]. Westport, CT: Praeger, 1996.

White E B. Here is New York [M]. New York: Harper & Bros., 1949.

White I. The History of Air Intercept Radar & the British Nightfigher: 1935-1959 [M]. Barnsley, UK: Pen and Sword, 2007.

Wolf M J. Building Imaginary Worlds: The Theory and History of Subcreation [M]. New York: Routledge, 2014.

Wolfe G K. Critical Terms for Science Fiction and Fantasy: A Glossary and Guide to Scholarship [M]. Westport, CT: Greenwood, 1986.

Wolfe G K. The Known and the Unknown: The Iconography of Science Fiction [M]. Kent, OH: Kent State University Press, 1979.

Woolley B. Virtual Worlds: A Journey in Hype and Hyperreality [M]. New York: Penguin, 1993.

Yablon N. Untimely Ruins: An Archaeology of American Urban Modernity, 1819-1919 [M]. Chicago and London: The University of Chicago Press, 2009.

Youngblood G. Expanded Cinema [M]. New York: E. P. Dutton, 1970.

Zimmerman M E. Heidegger's Confrontation with Modernity: Technology, Politics, and Art Indiana Series in the Philosophy of Technology [M]. Bloomington, IN: Indiana University Press, 1990.

Zukin S. Landscapes of Power: From Detroit to Disney World [M]. Berkeley, CA: University of California Press, 1991.

后 记

自2014年攻读博士研究生以来，在授业恩师吕新雨教授的悉心指导下，我持续关注国内外关于跨媒介叙事理论与批评的研究动向。2021年成功获批国家社会科学基金后期资助项目之后，相关研究仍在持续展开，直至今日算是暂告一段落。本书汇聚了我读博以来十年时间的相关成果，部分内容发表于《文学评论》《文艺研究》《新闻与传播研究》《文艺理论研究》《现代传播》《当代电影》《电影艺术》《北京电影学院学报》《文艺理论与批评》《中国文艺评论》《艺术学研究》《贵州大学学报》等刊物，其中多篇被《新华文摘》《中国社会科学文摘》《高等学校文科学术文摘》以及人大复印报刊资料《影视艺术》《文化研究》等选刊转载。由衷感谢这些学术期刊对我的帮助和鼓励，是编辑老师们的肯定让我敢于学术探索，也让我有了"写一篇再写一篇"的勇气与动力。

我要感谢在我的学术道路上对我产生过重要影响的老师们，他们是：我在复旦大学攻读博士学位时的授业恩师吕新雨教授，在中山大学攻读硕士学位时的学术引路人张均教授和刘卫国教授，在浙江师范大学本科阶段的学术启蒙者高玉教授和邱江宁教授；复旦大学求学时的黄旦教授、张涛甫教授、朱春阳教授、孙玮教授、陆晔教授和周葆华教授；中国社会科学院的朱鸿军研究员、刘瑞生研究员和何兰芳研究员；中国艺术研究院的戴阿宝研究员、李修建研究员、张颖研究员和孙晓霞研究员；北京大学的戴锦华教授、彭锋教授、陈旭光教授、李道新教授、李洋教授、邱章红教授和唐宏峰教授；清华大学的赵月枝教授和吴璟薇教授；中国人民大学的邓绍根教授和刘海龙教授；北京师范大学的胡智锋教授；南开大学的周志强教授；南京大学的周宪教授、何成洲教授和胡翼青教授；东南大学的龙迪勇教授；华东师范大学的罗岗教授、王峰教授、吴冠军教授、王嘉军教授和姜宇辉教授；中国传媒大学的张国涛教授和刘俊教授；北京电影学院的杨远婴教授；纽约城市大学的理查德·迈克斯韦尔教授。

我还要向那些一直在学识、思想和人格等方面给予我正面引导的老师和朋友表示感谢，他们是：卞冬磊、蔡润芳、操瑞青、陈国战、陈琰娇、陈涛、陈亦水、戴宇辰、邓剑、方晨、方兆力、冯庆、韩晓强、郝帅斌、何天平、胡冯彬、胡一峰、黄金城、黄文杰、黄相宜、黄欣、黄兆杰、姜海、金浪、李广益、李辉、李钧鹏、李宁、李诗语、李玥阳、林海聪、林锦燚、刘琨、刘起、刘杨、刘洋、卢瑜、骆世查、吕薏、马明、齐伟、秦朝森、秦兰珺、秦兴华、石力月、孙佳山、孙静、孙伊、唐诗人、陶璐、陶冶、滕威、王洪喆、王进、王垚、王玉玊、吴志远、谢阳、徐晨亮、徐偲骕、徐亚萍、许苗苗、杨宸、杨天东、姚睿、虞淑娟、藏策、张殿元、张慧瑜、张岩松、张艳、张洋、张勇、张昱辰、张韵、章戈浩、赵斌、赵柔柔、赵宜、郑焕钊、郑逸农、钟芝红、周海晏、周睿鸣和朱德超。

感谢暨南大学新闻与传播学院支庭荣书记、刘涛院长以及诸位同事对我一直以来的关怀、鼓励与支持，让我得以在一个氛围融洽、关系和谐的温暖大家庭中从容治学。感谢他们对我的不足和缺点给予充分的理解与包容。

暨南大学新闻与传播学院的多名学生参与了本书第六章的资料收集与整理，他们是：杨方之（第一节）、汤君妍（第二节）、张国威（第三节）、赵萱飞（第五节）。他们对中国跨媒介叙事本土实践的掌握与理解，令我颇受启发。

感谢在我纽约访学期间，纽约公共图书馆、大都会艺术博物馆、现代艺术博物馆等机构提供的馆藏资源、文献传递、导览服务等支持。

感谢我的家人，感谢他们一直以来给予我的无私支持。

最后，必须隆重向四川大学出版社的王冰老师致以诚挚的谢意，感谢她对书稿的耐心审校与全力推进，让本书得以顺利面世。

鲁迅先生曾作诗慨叹，"岂有豪情似旧时，花开花落两由之"。隔着十年的江湖夜雨往回看，曾经的万丈豪情似乎变得有些模糊了。但愿我能唤回昔日豪情，重整行装再出发，不会因为走得太远而忘记曾经启程的初心。

2024 年 4 月于暨南园